בס"ד

DES ENSEIGNEMENTS SUR LA

PARACHA

# *Le Cri du Cerf*

COMMENTAIRES, MIDRACHIM, HISTOIRES, PARABOLES, ETC.

RABBIN RONEN A. ABITBOL

Titre Original:

*KéAyal Taârog*

Traduction française:

# *Le Cri du Cerf*

Tome 1



Rabbi Ronen A. Abitbol
1-514-831-4530

Distribution:

Boutique Cadeaux Victoria
5875 avenue Victoria
Montréal, Canada
H3W 2R6
Tél: 1-514-738-1414

R' Nissim Bouzaglo
**רחוב קדש 39**
**ישראל, אשקלון**
**טל :** 08-671-1462

# Préface

Loué soit le Créateur, Lui le Magnanime, qui nous a permis d'atteindre ce moment où nous nous trouvons devant ce livre imprimé dans sa traduction de l'hébreu au français. Ne suis-je pourtant pas conscient de l'imperfection de mon être, et du peu de valeur que peut bien représenter une torche en plein jour? Mais voilà, j'ai retenu de nos saints maîtres cet enseignement (Traité Chabbat, 118b): «Rabbi Yossi a déclaré: "De toute ma vie, je n'ai jamais agi à l'encontre des paroles de mes amis. Je sais parfaitement que je ne suis pas Cohen. Mais si mes amis me demandaient de monter sur l'estrade, j'y monterais."». Ainsi en est-il pour moi-même: je ne voulais pas contrarier ces amis qui m'ont incité à publier par écrit certaines réflexions qu'il m'est arrivé de tenir en public, à l'occasion des Chabbat et des jours de fête, ou lors d'heureux évènements. Ces paroles s'adressent à tous, de tous les niveaux et de toutes les tendances.

Le livre Le Cri du Cerf (KéAyal Taârog) prend essentiellement appui sur le Midrach, sur les premiers commentateurs de la Tora et sur leurs prédécesseurs. On y trouvera exprimés les grands principes que développèrent nos Sages, les maîtres du Moussar. Je me suis permis d'y ajouter un certain nombre de pierres précieuses que j'ai moi-même créées en agrémentant chaque paracha d'allégories et d'anecdotes reliées aux grands maîtres en Tora à travers les générations. En effet, les histoires sont à même d'exalter les esprits et de susciter une oreille attentive de tout Juif et de toute Juive. Grâce à elles, l'auteur est susceptible de pénétrer le cœur de ses lecteurs afin de leur montrer la voie à suivre et les actions qu'il convient d'accomplir.

De fait, ce livre concerne tout autant les Bénè Tora, eux qui ont élu domicile dans les saintes Yéchivot. Et pour cause: chacune des histoires qui l'agrémentent a été méticuleusement choisie conformément au thème proposé, et ce, afin d'engager le lecteur à explorer davantage le sens des passages étudiés, sans relâche, jusqu'à en atteindre les profondeurs.

Voilà en effet ce qu'on trouve écrit dans le Traité Sota (40a): «Rabbi Abahou et Rabbi 'Hiya bar Aba s'étaient retrouvés par hasard dans une même ville. Rabbi Abahou y fit un exposé conformément aux règles de la Aggada, tandis que Rabbi 'Hiya bar Aba disserta sur un sujet qui avait pour base l'étude de la Halakha (loi). Or, tous les habitants de la ville délaissèrent Rabbi 'Hiya bar Aba pour aller écouter Rabbi Abahou. Rabbi 'Hiya bar Aba s'en trouva fort accablé, si bien que Rabbi Abahou lui dit: "Laisse-moi t'expliquer à quoi cela ressemble. Imagine-toi deux hommes qui font leur entrée en ville. L'un vend des pierres précieuses et des perles, tandis que l'autre vend toutes sortes d'objets de pacotille. Sur lequel d'entre eux les gens vont-ils se précipiter? Sur celui qui vend les bibelots, n'est-ce pas?».

Et Rachi d'expliquer que, dans la mesure où ces objets sont bon marché, ils trouvent de nombreux acheteurs. Ce qui signifie, en d'autres termes, que les gens recherchent avant tout les Midrachim et le sens premier du texte (pchatim). Si l'on désire attirer les cœurs, il faut donc faire preuve de sagesse. Or, rien ne retient davantage l'attention que des histoires qui concernent des grandes figures d'Israël.

J'ai intitulé ce livre Le Cri du Cerf (KéAyal Taârog), en référence à un commentaire du Talmud que reprend Rachi sur le verset du Psaume: «Comme la biche qui aspire au cours d'eau, Éternel, mon âme a soif de Toi, D-ieu.» (Téhillim, 42, 1-2). Voilà en effet ce qu'il écrit:

«Nos Sages enseignent que la biche est l'animal le plus miséricordieux qui soit. En effet, lorsque les bêtes ont soif, elles se regroupent auprès d'elle afin qu'elle lève les yeux au Ciel. Et que fait-elle? Elle creuse un petit fossé avec ses cornes et commence à gémir. Le Saint béni soit-Il la prend alors en pitié et les eaux souterraines s'élèvent jusqu'à elle.». Le Talmud ajouter, par ailleurs, que la matrice de la biche étant très étroite, lorsqu'elle est sur le point de mettre bas, elle profère dans sa douleur soixante-dix sons. Le Saint béni soit-Il fait alors apparaître un drakon (une sorte de serpent) qui la mord à l'endroit de la matrice. Cette dernière se déchire alors et s'élargit afin de lui permettre d'enfanter paisiblement (Traité Baba Batra, 16b).

Rachi toutefois s'interroge: pour quelle raison le verset conjugue-t-il le verbe au féminin alors que son sujet est masculin? Car, de deux choses l'une: s'il est effectivement question d'une biche, le texte aurait dû porter: «KéAyala Taârog»; et s'il est question d'un cerf, il aurait fallu écrire: «Comme le cerf – KéAyal Yaârog...».

Pour répondre à cette contradiction, il convient de comprendre pourquoi la biche se tourne en pleurs vers l'Éternel dans les deux situations. En effet, soit les animaux assoiffés lui demandent de prier pour eux devant le Tout-Puissant, soit elle se trouve sur le point de mettre bas et demande alors à D-ieu qu'Il libère sa matrice. Or, l'auteur du Léket Amarim pose la question suivante: que se passerait-il dans le cas où ces deux situations apparaîtraient simultanément, c'est-à-dire dans le cas où les animaux lui demanderaient de prier pour la pluie précisément lorsque la biche se trouverait sur le point de mettre bas? Que demanderait-elle en premier lieu? Ce à quoi il répond, qu'oubliant ses propres souffrances, elle se comporterait comme si elle était un mâle qui ignore tout des douleurs de l'enfantement, et elle intercéderait tout d'abord en faveur de ses congénères, priant alors pour la pluie. Telle serait l'explication qu'il convient d'apporter à l'énigme de ce verset qui débute avec l'emploi du masculin (kéAyal) et poursuit au féminin (taârog)...

L'originalité de ce commentaire comporte par ailleurs un enseignement de toute première importance: tout homme doit être capable d'abandonner ses propres occupations afin de se tourner vers autrui pour lui venir en aide. Or, par la grâce de D-ieu, nous assistons aujourd'hui à la recrudescence incessante des baalé téchouva, et à une soif grandissante de Tora. Les paroles du prophète se réalisent sous nos yeux: «Voici, des jours arrivent, dit l'Éternel D-ieu, où J'enverrai la famine dans le pays, ce ne sera ni la faim demandant du pain, ni la soif de l'eau, mais le besoin d'entendre les paroles de l'Éternel.» (Amos, 8, 11).

À propos du passage de la Tora où Yaâqov Avinou, bénissant ses petits-enfants, Èfrayim et Ménachè, les compare à des poissons d'eau de mer, comme il est dit:

«Qu'ils grouillent à l'infini au sein du pays.» (Bérèchit, 48, 16). Le Midrach enseigne: «Bien que les poissons grandissent dans l'océan, dès qu'une goutte d'eau tombe du ciel, ils l'accueillent comme si, de toute leur vie, ils n'avaient jamais fait l'expérience de l'eau. Ainsi en est-il des enfants d'Israël: bien qu'ils grandissent dans l'eau de la Tora, lorsqu'ils assistent à une nouvelle interprétation, ils l'accueillent avec appétit, comme quelqu'un qui n'a jamais entendu de paroles de Tora de sa vie.» (Bérèchit Rabba, 97).

Or, notre génération a mérité de voir de quelle manière se réalisent les paroles de ce Midrach. Combien de nouveaux ouvrages de Tora, en effet, paraissent tous les jours sur le marché du livre! Combien sont nombreux ceux qui se rendent dans les librairies pour les consulter et se les procurer! Ils sont à l'image de ces poissons se délectant des gouttes d'eau qui s'enfoncent dans la mer, car il n'y a pas de maison d'étude qui n'ait ses propres découvertes, rendues publiques, chaque jour davantage.

Ainsi, bien que je fusse moi-même très occupé, j'ai rassemblé mes forces pour les élever jusqu'au Ciel, à travers la prière envers mes frères, une prière pour l'eau, car il n'y a d'eau que la Tora! afin que, du Ciel, on me permette d'être digne du public en diffusant mes réflexions personnelles: Le mérite du public a donc permis que ma prière soit exaucée et que soient publiés les fruits de ma plume.

L'expression kéAyal constitue par ailleurs une allusion à mon nom de famille, puisque sa valeur numérique (à laquelle il faut ajouter l'unité numérique du mot lui-même) est la même que celle du nom propre Abitbol (61). De plus, la phrase entière KéAyal Taârog vaut en tout 734, en contrepartie d'Acher et 'Haya Ra'hel, les noms de mes chers parents dont je suis l'expression de la jeunesse.

C'est donc tout naturellement que je les remercie et les bénis: mon père, Rabbi Acher, et son épouse, ma mère 'Haya Ra'hel. Puissent-ils encore vivre de nombreuses années! Ils nous ont fait grandir dans la Tora, se sont souciés que nous étudiions dans les meilleures Yéchivot qui soient, débordantes de Tora et de crainte du Ciel, et nous ont gratifiés de tout ce dont nous avions besoin. Puisse l'Éternel le leur rendre au centuple! Et puissent-ils recevoir la plus grande satisfaction qui soit de leur descendance, dans la santé et la prospérité, mériter une longue vie, le bonheur, la fortune et les honneurs. Amen! Qu'il en soit ainsi!

Je remercie aussi ce grand homme qui a tout fait pour promouvoir la Tora, ici, dans notre ville, que ce soit en offrant son argent ou son temps, mon beau-père, Rabbi Nissim Bouzaglo, lui qui fut pour nous un père et un refuge, et dont la main a œuvré dans de nombreuses directions, dans tous les pans de l'existence. Rappelons seulement, pour son mérite, qu'il nous a fourni la grande majorité des ouvrages se trouvant à notre disposition, et qu'il nous a soutenus financièrement afin que nous puissions nous consacrer à l'étude de la Tora. Qu'ils soient gratifiés, lui et son épouse, Mme Mazal Tov, ma belle-mère. Qu'ils puissent vivre encore de nombreuses années, mériter la santé, et recevoir la plus grande satisfaction qui soit de leur descendance, dans la richesse, le bonheur et les honneurs. Amen! Qu'il en soit ainsi!

Il me faut encore remercier mon frère et ma sœur, ainsi que leurs familles, mes beaux-frères et mes belles-sœurs, ainsi que leurs familles. Puissent-ils vivre, tous, dans l'opulence, dans le bonheur et les honneurs, et éduquer leurs fils et leurs filles dans un environnement de Tora et de crainte du Ciel. Amen! Qu'il en soit ainsi! Je remercie tout particulièrement mes belles-sœurs, Karen et Chifra, elles qui nous soutiennent et qui nous délestent de nombreuses charges.

J'aimerais aussi remercier chaleureusement M. Nissim Benharoche pour les traductions et les corrections linguistiques.

Je remercie enfin tous ceux qui furent mes maîtres et mes enseignants chlita, et leur souhaite de pouvoir encore engendrer de nombreux élèves afin que l'ensemble du peuple d'Israël puisse profiter de leur Tora.

Et parce qu'à la fin se trouve toujours ce qui est le plus essentiel, je rends grâce pour conclure à mon épouse Mérav, elle qui fait preuve d'un amour inconditionnel pour la Tora, et dont les lèvres sont toujours imprégnées de paroles de bienveillance. Elle a toujours le souci de m'épargner toutes sortes de fardeaux, ceux qui viennent de l'intérieur comme de l'extérieur du foyer. C'est grâce à elle qu'il m'est donné d'étudier la Tora jour et nuit. Puissions-nous mériter de recevoir ensemble la plus grande satisfaction qui soit de nos fils et de nos filles, et de les voir devenir de véritables érudits apportant le plus grand mérite qui soit au peuple d'Israël. Que la crainte de l'Éternel soit leur lot! Puisse le Saint béni soit-Il être toujours à nos côtés comme aux leurs. Amen! Qu'il en soit ainsi!

# Table des matières

## IV - BÉMIDBAR - LES NOMBRES



## V - DÉVARIM - LE DEUTERONOME

# Parachat Bérèchit

*Une bonne jalousie*

**«Et D-ieu l'Éternel façonna l'homme, poussière de la terre, et Il insuffla dans ses narines un souffle de vie.»** **(Bérèchit, 2, 7).**

**Dans Parachat Bérèchit, un thème se retrouve en filigrane, celui de la jalousie chez l'homme et chez les autres créatures de la création. Quand D-ieu créa l'homme, Il le façonna à partir des réalités supérieures et des réalités inférieures, comme il est dit: «Et D-ieu l'Éternel façonna l'homme, poussière de la terre, et Il insuffla dans ses narines un souffle de vie.» (Bérèchit, 2, 7).**

**Sur ce verset, Rachi (Rabbi Chélomo Bèn Yits'haq, 1040-1105) commente:**

«"Il insuffla dans ses narines"; [l'homme] fut créé à partir des réalités supérieures et des réalités inférieures, le corps à partir des réalités inférieures et l'âme à partir des réalités supérieures. Car les cieux et la terre furent créés le premier jour, et la voûte céleste le lendemain; le troisième jour, la terre ferme fit son apparition pour les êtres d'en bas; le quatrième, D-ieu créa les astres en vue des réalités supérieures; le cinquième, les eaux fourmillèrent pour les créatures d'en bas; et le sixième jour, il fut nécessaire de produire [une créature] qui relève des mondes supérieurs autant que des mondes inférieurs, car dans le cas contraire, la jalousie se serait installée au cœur de l'œuvre créatrice, ceux-là ayant eu l'avantage sur les autres d'un jour de création supplémentaire.».

**Le fait de voir apparaître le concept de la jalousie, au cœur même de la création, est tout à fait inattendu. Pour la contrer, D-ieu a créé l'homme à la fois à partir des mondes supérieurs et des mondes inférieurs.**

**Or, la Paracha rapporte qu'avant de créer l'homme, D-ieu prit conseil auprès des anges et, selon le Midrach, ceux-ci**

**s'affrontèrent en clans rivaux: certains affirmaient qu'il fallait créer l'homme et d'autres prétendaient le contraire. D-ieu créa l'homme à leur insu et déclara: «Pourquoi êtes-vous encore en train de tergiverser? La création de l'homme a déjà eu lieu.».**

**Mais pour quelle raison prendre conseil auprès des anges, ainsi qu'il est dit: «Et D-ieu dit: "Faisons l'homme à notre image, à notre ressemblance."» (Bérèchit, 1, 26)?**

**Rachi écrit:**

«...l'homme étant créé à l'image des anges, ceux-ci auraient pu être jaloux de lui. Aussi, D-ieu prit-Il conseil auprès d'eux.».

**La jalousie est problématique, certes, mais il nous faut comprendre en quoi consistait cette crainte de voir s'installer la jalousie au sein de la création, et même chez les anges, et quelle aurait bien pu en être la conséquence.**

**Pour répondre à ces questions, engageons-nous au préalable dans l'étude d'un passage des Pirqé de Rabbi Èliêzèr (chap. 12). L'ange Sama-el, jaloux de l'homme, cherche à le tuer pour lui prendre sa femme. Il envoie donc le serpent en tant qu'émissaire pour faire fauter 'Hawa qui, à son tour, entraînera Adam à pécher. Le serpent injecte au cœur de 'Hawa la force de l'impureté. Quelle est la nature de cette impureté? Le serpent séduit 'Hawa et lui fait manger du fruit de l'arbre; celle-ci se rend ensuite auprès de son mari et lui offre de ce fruit, ainsi qu'il est dit: «Puis elle en donna à son époux et il en mangea.» (Bérèchit, 3, 6).**

**Nos Sages nous apprennent que l'ange Samekh-Mem (Ndt.: les deux premières lettres du nom de Sama-el) était le plus noble des anges: en effet, à la différence des autres créatures célestes, qui possèdent quatre ou six ailes, lui en possédait douze. Pourtant, parce qu'il poussa le serpent à faire fauter Adam à travers sa femme 'Hawa, il fut à son tour déchu du monde de la divinité.**

Mais qu'est-ce donc qui a motivé 'Hawa à se rendre auprès de son mari pour l'inviter à manger du fruit de l'arbre de la connaissance du bien et du mal, alors qu'elle savait pertinemment qu'en consommer constituait une faute sanctionnée par la mort? La réponse de Rachi est implacable: 'Hawa agit de la sorte par jalousie. Elle ne voulait pas mourir et laisser continuer à vivre son époux qui, éventuellement, se remarierait; elle préférait qu'il faute et qu'il meure avec elle.

**Ainsi, cette impureté injectée au cœur de 'Hawa et entraînant la mort dans le monde, n'est rien d'autre que le sentiment de jalousie. N'y a-t-il pas là de quoi s'étonner? Mû par un sentiment de jalousie, l'être humain devient donc prêt à faire mourir son prochain, et à le faire disparaître de ce monde?**

**La réponse semble devoir être positive, car cette même jalousie prit également racine chez les enfants de 'Hawa et Adam. En effet, la Parachat Bérèchit relate comment Qayine assassina Hèvèl, son propre frère. La jalousie en est la cause. Rachi, citant le Midrach, explique qu'à la venue au monde de Qayine, une sœur jumelle l'accompagnait; à la naissance de Hèvèl, ce sont deux sœurs jumelles qui virent le jour. Or, il est connu que D-ieu avait donné l'autorisation aux premières générations de se marier avec leurs propres sœurs afin de produire leur descendance. Cependant, Qayine jalousait Hèvèl parce qu'il s'était marié avec deux femmes. Animé d'une rancune profonde, il en vint à tuer son frère. C'est exactement de cette façon que sa mère s'est comportée envers son mari: elle a préféré le faire fauter et causer sa mort plutôt que de mourir et laisser vivre Adam qui aurait pu, éventuellement, épouser une autre femme. En définitive, tout cela est la conséquence directe de l'impureté injectée par le serpent.**

**Nous pouvons d'ores et déjà mieux comprendre la crainte de voir s'installer la jalousie au cœur même de la création du monde ou encore chez les anges: la jalousie est précisément une puissance de mort, susceptible de causer la destruction de l'univers. Si la jalousie avait trouvé sa place dès le moment de la création, elle se serait alors enracinée en l'homme et chez ses descendants pour l'éternité, sans qu'ils n'aient plus la capacité de s'en débarrasser.**

**Or, ce n'est pas le cas. Nous savons que nos saints patriarches, Avraham, Yits'haq et Yaâqov, réparèrent la faute**

**d'Adam et 'Hawa, à un point tel que cette terrible disposition de jalousie n'avait sur eux aucun effet. Pourtant, à notre grand désespoir, nous savons qu'elle fit à nouveau son apparition au sein des saintes tribus. Le commentaire du Kéli Yaqar (Èfrayim Chélomo de Lunchitz, 1550-1619) sur la Parachat Chémini peut se résumer ainsi: le huitième jour de l'inauguration du Tabernacle, le premier jour du mois de Nissan, Mochè Rabbénou demanda à son frère Aharone qu'il apporte en sacrifice un veau comme expiation (qorban 'hattat) de sa participation à la faute du veau d'or, alors qu'il exigea des enfants d'Israël qu'ils amènent un bouc pour sacrifice expiatoire (qorban ôla), et un veau en tant que sacrifice d'acquittement (qorban ôla). Mais pour quelle raison les enfants d'Israël doivent-ils offrir davantage de sacrifices qu'Aharone? Une Tosséfta répond:**

«Mochè parla ainsi aux enfants d'Israël: "Vous avez entre les mains le début et la fin". "Le début", comme il est dit: "Et ils égorgèrent un bouc et trempèrent la tunique dans son sang" (Bérèchit, 37, 31); "la fin", comme il est dit: "Et ils firent un veau de métal" (Chémot, 32, 4), qu'approche le veau et qu'il expie la faute du veau d'or.».

**Sur cette réponse, le Kéli Yaqar se demande pour quelle raison Aharone est exclu de l'épisode du bouc? N'est-il pas descendant de Lévi? Or, nous savons que ceux qui, parmi les fils de Yaâqov, s'impliquèrent le plus dans la vente de Yossèf furent précisément Chimône et Lévi, comme le dit expressément Rachi au sujet du verset: «Chimône et Lévi, les frères». Par ailleurs, pourquoi cette Tosséfta affirme-t-elle que les fautes du bouc et du veau sont liées l'une à l'autre, déclarant: «Vous avez entre les mains le début et la fin.»? N'était-il pas possible de faire mention de ces deux fautes, celle de la vente de Yossèf et celle du veau d'or, sans pourtant les faire dépendre l'une de l'autre?**

**Le Kéli Yaqar explique la nature du lien qui unit, selon lui, ces deux fautes. Nous savons, dit-il, que les fils de Yaâqov jalousaient Yossèf, comme il est écrit: «Et ses frères le jalousaient.» (Bérèchit, 37, 11), et que c'est ce sentiment qui les poussa à égorger ce bouc. La jalousie, ayant pris désormais racine en eux pour toutes les générations à venir, comme il est écrit: «Tu m'as**

**nourri de la jalousie de ta maison», s'installa au sein d'Israël davantage encore que chez les autres nations. La faute du veau d'or en fut elle-même la conséquence directe: la multitude avait jalousé Mochè au milieu du campement, à l'instar de Qora'h et de ses fidèles (Bémidbar, 16, 4 et suiv.). Ainsi, tous déclarèrent, afin de se libérer de son joug et de nommer à leur tête un veau: «Cet homme, Mochè, nous ne savons pas ce qu'il en est de lui.» (Chémot, 32, 1). La nature de la jalousie est précisément de provoquer la division des cœurs.**

**Nous comprenons alors en quoi la Tosséfta fait dépendre les deux fautes l'une de l'autre, la première ayant causé la seconde. À cause de la division des cœurs des fils de Yaâqov, c'est l'épisode du bouc, égorgé pour tacher de sang la tunique de Yossèf, qui, beaucoup plus tard, rendit possible la faute du veau d'or. Quant à Aharone, le grand-prêtre, parce qu'il aimait la paix et la recherchait, qu'il aimait les créatures et les approchait de la Tora, il avait déjà réussi la réparation de la faute du bouc, liée à la jalousie. C'est pourquoi le sacrifice qu'il apporta était un veau, dans la mesure où il avait à expier uniquement sa participation à la faute du veau d'or.**

**Comment ne pas être saisi d'effroi en découvrant, dans ce commentaire, les terribles conséquences de la jalousie et son enracinement en notre peuple pour toutes les générations!**

Citant une métaphore du Rèchit 'Hokhma, notre maître (Gaon Rabbi Èliyahou bèn Mochè Vidas, 16e siècle), lumière de l'exil, le Rav Yossèf 'Hayim Zt"l de Bagdad (Bèn Ich 'Haï, 1833-1909), dans son livre Ôd Yossèf 'Haï, Parachat Qora'h, raconte comment le jaloux et l'envieux croisent en chemin le roi. Ce dernier leur propose un cadeau: ce que l'un demandera, il l'obtiendra, et l'autre en recevra le double. Et voilà que le jaloux et l'envieux se disputent pour déterminer qui fera sa demande en premier, en sachant que le second recevra le double. Au bout du compte, le jaloux se décide et demande qu'on lui crève un œil. Le roi n'en croit pas ses oreilles: comment peut-on désirer une telle chose?

Mais l'explication du jaloux ne tarde pas à en donner le sens: «Majesté, crevez-moi un œil afin que mon compagnon, l'envieux, s'en fasse crever deux.».

Pour quelle raison le jaloux ne demande-t-il pas un sac rempli de pièces d'or, ou tout autre don de valeur? C'est qu'il ne peut souffrir que son compère reçoive deux sacs d'or, ou le double de tout ce qu'il pourrait obtenir. C'est la raison pour laquelle, il estime préférable de perdre un œil afin que l'autre en perde deux. Voilà de quoi nous faire trembler: la jalousie conduit droit à la destruction.

**Dans le livre Na'halat Tsvi de Rabbi Èl'âzar Yéhouda Leib Pinter, on trouve un autre exemple terrible du fait que la jalousie conduit droit à la destruction:**

Dans un hôpital des États-Unis se trouvaient deux malades au seuil de la mort. Pour passer le temps, ils se racontaient des histoires. L'un deux avait son lit sous la fenêtre de la chambre. Son compagnon lui demanda de jeter un regard par la fenêtre afin de lui raconter ce qui se passait dehors. Le premier accepta la requête, éleva son lit, et commença à décrire un monde enchanté et merveilleux: sur le bord d'une rivière, des enfants jouaient au ballon, un autre groupe jetait du pain aux poissons; et ainsi continua-t-il, racontant comment le soleil était sur le point de se coucher, que bientôt les enfants rentreraient chez eux pour le repas et pour se mettre au lit afin de prendre des forces pour un jour nouveau.

Le lendemain, le récit reprit, dépeignant ce monde merveilleux, plein de mouvement et de vie; et il en fut ainsi durant de nombreux jours. Avec le temps, la jalousie grandit dans le cœur du malade qui était couché de l'autre côté de la pièce et qui ne supportait plus de ne pas être témoin direct de ce spectacle. Cloué au lit, il ne pouvait que tendre l'oreille à ces histoires fabuleuses, sans avoir la possibilité de voir de ses propres yeux ce qui se passait dehors.

Une nuit, il fut réveillé par les cris étouffés de son voisin couché sous la fenêtre, terrassé par les symptômes d'une crise cardiaque. Celui-ci essayait désespérément d'atteindre la sonnette afin de prévenir les infirmières, mais en vain. Le second malade ne fit rien pour lui venir en aide. Animé du désir d'hériter du lit sous la fenêtre, il tourna la tête dans la direction opposée, ignorant délibérément l'agonie de son voisin. Le lendemain matin, les infirmières trouvèrent le malade gisant sans vie et en informèrent immédiatement les médecins.

Le corps fut remis aux services funéraires. Puis les préposés à l'entretien ménager vinrent nettoyer la chambre et les infirmières préparèrent le lit pour le prochain patient. Notre malade profita alors de l'occasion pour demander aux infirmières de le faire passer sur le lit sous la fenêtre. Elles acceptèrent de bon gré. Une fois couché sur ce lit, il sentit alors que son bonheur approchait: il pourrait enfin voir de ses propres yeux ce monde enchanté. Envahi par l'émotion, il pressa le bouton pour élever le lit. Puis il tourna son regard vers la fenêtre, mais il n'en crut pas ses yeux. La fenêtre ne donnait pas sur une rivière, ni même sur la rue, mais sur un couloir de l'hôpital, aux murs blancs...

**Voilà un terrible exemple illustrant le pouvoir de destruction sans limite du sentiment de jalousie.**

**Un autre exemple de jalousie est rapporté dans le Traité Ména'hot (109b):**

Avant de mourir, Chimône haTsaddiq le Grand Prêtre, ayant servi au Temple durant quarante ans, avait déclaré: «C'est 'Honio, mon fils, qui servira au Temple après moi, parce qu'il est plus familier et plus compétent à l'office du Temple que son frère Chimî.». Mais 'Honio refusa cette fonction de Cohen Gadol parce que son frère Chimî était son aîné de deux ans et demi. Et c'est donc Chimî qui fut nommé Cohen Gadol à la suite de son père.

Pourtant, après quelques jours, 'Honio commença à jalouser son frère Chimî et il lui dit: «Viens, je t'apprendrai l'ordre de l'office.». Et c'est alors qu'il le vêtit de cette fine tunique que portent les femmes à même le corps et sur laquelle il apposa une petite ceinture. Puis, l'amenant dans cet accoutrement devant l'autel des sacrifices, il sortit ensuite et dit à ses frères les Cohanim: «Voyez quel vœu prononça celui-là et ce qu'il fit pour sa bien-aimée le jour même de sa nomination en tant que Cohen Gadol, il a vêtu sa tunique et il s'est ceint de sa ceinture.». Les Cohanim demandèrent à ce qu'on le tue, et Chimî leur raconta alors tout ce qui s'était passé. Les Cohanim demandèrent alors à ce que l'on tue 'Honio. Celui-ci s'empressa d'aller jusqu'au palais royal, mais tous ceux qui le voyaient s'exclamaient: «C'est lui!». Il prit finalement la fuite pour Alexandrie, en Égypte, où se trouvaient de nombreux Juifs, il y construisit un Temple, et y fit élever un autel sur lequel il présentait des offrandes à D-ieu. Et c'est à propos de cet autel que le prophète Yéchâya dit: «En ce jour, il y aura un autel pour D-ieu au cœur même du pays d'Égypte.» (Yéchâya, 19, 19). Cet édifice se maintint près de deux cent ans; il avait pour nom «le temple de 'Honio» et tous les Cohanim qui servirent dans ce temple ne furent plus jamais autorisés à officier au Temple de Yérouchalayim, car celui qui apporte un sacrifice en dehors du Temple de Yérouchalayim est passible de mort.

**Nous voyons encore là la force de destruction que provoqua la jalousie de 'Honio envers son frère, au point où il fut forcé de s'exiler, entraînant dans sa faute une multitude de Juifs à Alexandrie, en Égypte, où ils offrirent des sacrifices en dehors du Temple pendant près de deux cents ans.**

**Le Midrach Rabba (Dévarim, chap. 9) rapporte que Mochè Rabbénou affirma préférer quitter ce monde plutôt que de goûter à la jalousie, ainsi qu'il est dit:**

«Les Sages ont dit: "Quand Mochè apprit qu'il allait mourir, que fit-il?" Rabbi Yanaï répondit: "Il écrivit treize Torot (Livres de Tora). Il en donna une à chacune des douze tribus, et déposa la dernière dans le Tabernacle, de telle sorte que si quelqu'un cherchait à en falsifier la moindre Parole, on sortirait celle du Tabernacle." Mochè déclara: "Grâce au fait de m'être adonné à la Tora qui n'est que vie, le jour se couche et le décret de ma mort est annulé." Que fit D-ieu? Il fit un signe au soleil afin qu'il continue à briller au-dessus de lui. Le soleil dit: "Je ne me coucherai pas tant que Mochè est au monde." C'est pourquoi Iyob commente: "Moi-même, je n'ai pas pleuré sur les victimes du sort." (Iyob, 30) quand le jour lui était difficile. "Soit". "Comment cela 'soit'? Ta fin approche!" Cela ressemble à cet homme qui dit à son ami: "Untel a été reçu en ton nom devant le roi." Mochè appela Yéhochouâ et dit: “Maître du monde, Tu n’as qu’à prendre Yéhochouâ. C’est moi qui gouverne, et je vivrai!” D-ieu dit alors: “Nous nous comporterons envers lui comme il se comporte envers toi!” Mochè se leva sur le champ et se rendit chez Yéhochouâ. Ce dernier prit peur, et Mochè dit: “Maître, viens chez moi”. Ils sortirent pour partir, et Mochè se tint à la gauche de Yéhochouâ. Ils pénétrèrent ensuite dans la tente d’assignation, puis les Nuées de gloire descendirent et établirent une séparation entre eux deux. Quand elles se retirèrent, Mochè demanda à Yéhochouâ: “Qu’est-ce qui t’a été dit?” Yéhochouâ répondit: “Quand la Voix se dévoilait à toi, savais-je quant à moi ce qui t’était dit?” À ce moment, Mochè poussa un cri et s’exclama: “ Il vaut mieux cent morts que la moindre forme de jalousie. Et le Chélomo haMélèkh l’explique dans Chir haChirim (8, 6): “L’amour est fort comme la mort, la jalousie aussi terrible que l’enfer”».

**Pourtant, il est évident que tout le monde n’est pas au niveau de Mochè pour préférer quitter ce monde plutôt que de succomber à la jalousie. C’est pourquoi nous avons l’obligation de savoir quelle est la marche à suivre pour ne pas donner prise à ce sentiment. Or, la seule manière qui nous est donnée d’étouffer notre penchant de la jalousie, c’est de toujours garder à l’esprit que, de la même manière que nous désirons le bien de notre prochain, nous devons être prêts aussi à accepter le mal qui accompagne ce désir.**

**Et pour mieux le comprendre, attardons-nous aux paroles du Mèchèkh ‘Hokhma (Rabbi Méir Sim‘ha haCohen, rabbin de Dvinsk, 1843-1926) qui pose la question suivante: «Pour quelle raison la Tora nous raconte-t-elle l’histoire du maître panetier, puisqu’en définitive la réussite de Yossèf fut rendue possible par l’intervention du maître échanson? Quel sens a pour nous le fait d’apprendre que le maître panetier fut pendu?». En réalité, répond le Rav, c’est le maître panetier en personne qui provoqua la réussite de Yossèf, puisque, suite à l’interprétation que donna Yossèf du rêve du maître échanson, ce dernier pouvait penser qu’il ne s’agissait que d’un concours de circonstances que Yossèf interprétait ainsi afin d’éviter d’être puni au cas où s’il se tromperait. Mais quand le maître panetier raconta à son tour le rêve, le fait que Yossèf l’interpréta en mal, l’interprétation étant**

**une manifestation d'une réalité, convainquit le maître échanson que Yossèf était un homme saint.**

**Le livre Âlènou léChabéa'h (Rabbi Yits'haq Zilberstein), Parachat Wayèchèv, nous incite à nous représenter cet instant où le maître échanson fut choisi pour son poste éminent. Une bonne dizaine de personnes devait certainement espérer accéder à cette fonction qui comportait honneurs et richesses, et il ne fait pas de doute que cette nomination avait de quoi provoquer leur jalousie. Toutefois, si quelqu'un s'était trouvé là à cet instant, murmurant aux oreilles de chacun que celui qui serait choisi pour cette charge serait bientôt pendu, peut-on envisager une seule personne qui aurait continué à envier l'«heureux élu»? La réponse est claire. Et c'est précisément l'attitude à suivre si nous voulons faire taire notre penchant de la jalousie, car si nous jalousons le sort de qui que ce soit, il faudrait se tenir prêt à endosser aussi les douleurs qui font également partie du lot.**

**Toutefois, ne sommes-nous pas obligés de reconnaître que, si D-ieu créa cette mauvaise disposition, c'est pour que nous l'utilisions pour la Tora? Nos Sages l'affirment dans le Traité Baba Batra (21a): «La jalousie des sages accroît la sagesse.». Ce que Rabbénou Ba'hyé commente ainsi sur la Parachat Yitro: «Nos Sages disent que: "La jalousie des sages accroît la sagesse". Or, ce type d'envie et de jalousie est permis, l'homme pouvant même s'en trouver récompensé.».**

On raconte à ce sujet l'histoire d'un érudit qui habitait en face d'un cordonnier. Il remarqua que, tous les soirs, cet homme restait assis jusque tard dans la nuit pour réparer les chaussures. Il prit alors la décision de rester éveillé, lui aussi, une bonne partie de la nuit et d'étudier la Tora. À son tour, le cordonnier constata que son voisin étudiait la Tora tous les soirs jusqu'à deux heures du matin; il décida de travailler jusqu'à trois heures. Voyant cela, l'érudit prit sur lui d'étudier jusqu'à quatre heures, sur la base du raisonnement suivant: «Si ce monde-ci est tellement précieux à ses yeux, à plus forte raison doit-il en être autant pour le monde à venir.». En fin de compte, après plusieurs jours, nos deux hommes restaient éveillés toutes les nuits, l'un réparant des chaussures et l'autre étudiant la Tora. Et ce, grâce à la jalousie...

Tirons un enseignement des paroles du Rav haGaon, Rabbi Nathan Gestetner Chlita dans son livre LéHorot Nathan, au sujet de ce qu'écrit le 'Hatam Sofèr (Rabbi Mochè Sofèr, 1782-1840) dans les Responsa (Ora'h 'Hayim, 208). Celui-ci stipule que tout celui qui écrirait un livre, et le ferait par orgueil, outrepasserait un interdit de la Tora, dans la mesure où les paroles orales n'ont pas le droit d'être couchées sur papier si ce n'est en vertu de la permission qui repose sur l'idée exceptionnelle d'«une occasion où l'on agit pour D-ieu». Mais si l'on n'agissait pas «pour D-ieu», alors la transgression demeurerait complète.

Et le Rav Gestetner écrit que cette recommandation du 'Hatam Sofèr n'a de sens que pour des personnes de son rang. En revanche, il ne fait aucun doute qu'il revient à tout un chacun de s'efforcer de publier ses propres essais sur la Tora, puisque «La jalousie des sages accroît la sagesse.». Et même si l'on doutait d'avoir étudié de manière désintéressée, quoiqu'il en soit, cela peut être utile pour en éveiller d'autres à l'étude désintéressée. À plus forte raison dans notre génération, à propos de laquelle nos Sages ont dit dans le Traité Sota (49b) que «La sagesse des érudits dégagera une mauvaise odeur et la crainte de la faute sera en pleine désintégration.», les «rescapés», que D-ieu nomme «ceux qui s'adonnent à la Tora», ont une véritable obligation de faire jaillir leur source vers le monde extérieur, car une telle action relève de la sanctification publique du Nom de D-ieu.

# Parachat Noa'h

*Il suffit d'une allusion*

**«Et D-ieu dit à Noa'h: "Ceci est le signe de l'alliance que Je mets entre vous et Moi et entre chaque créature vivante qui est avec vous pour les générations."» (Bérèchit, 9, 12).**

**Sous la plume du Sforno, on trouve le commentaire suivant: «Et D-ieu dit: "Ceci est le signe de l'alliance", il s'agit de l'arc-en-ciel qui t'indiquera le signe de l'alliance. À sa vue, il te reviendra, à toi et à ceux qui te ressemblent, d'éveiller les hommes au repentir et à la réflexion droite.». Il nous est dévoilé ici un secret merveilleux quant à l'attitude du Créateur. Il arrive parfois, en effet, que D-ieu envoie des signes afin d'éveiller l'homme au repentir. Pourtant, ils ne sont qu'une poignée d'élus à y prêter attention et à pouvoir les comprendre. C'est donc à eux que revient l'obligation de pousser les hommes de leur génération à améliorer leurs actes.**

C'est ce que l'on trouve dans le Traité Taânit (21a) au sujet d'Ilfa et Rabbi Yo'hanan qui, alors qu'ils étudiaient sans interruption la Tora, durent sortir de la maison d'étude, à cause de difficultés financières importantes, afin de faire du commerce, pour accomplir le verset: «Sous aucun prétexte il n'y aura d'indigent en ton sein.». En chemin, alors qu'ils s'étaient assis sous un pont branlant pour manger, deux anges s'approchèrent. Et Rabbi Yo'hanan put surprendre leur conversation: «Faisons tomber le pont sur eux et tuons-les, puisque ces sages ont abandonné la vie éternelle pour se préoccuper des problèmes de la vie transitoire.», dit l'un des anges à son comparse. Celui-ci répondit: «Laissons-les. Car l'un d'eux doit devenir le dirigeant spirituel du peuple juif, il ne doit pas encore mourir.». Rabbi Yo'hanan dit à Ilfa: «N'as-tu rien entendu?».«Non.», répondit-il. Rabbi Yo'hanan fit alors le raisonnement suivant: «Puisque que je suis le seul à avoir surpris cette conversation, cela signifie que je suis celui qui doit devenir le dirigeant du peuple juif.». Il se leva et fit marche arrière pour reprendre son étude au Bèt haMidrach. Il fut alors nommé Roch Yéchiva, s'enrichit et sa renommée ne fit que grandir. Quant à Ilfa, il continua son chemin. Quand il revint et prit connaissance de la notoriété de Rabbi Yo'hanan, il en fut étonné. Il se demandait pour quelle raison n'avait-il pas été choisi, lui, pour cette fonction. C'est alors qu'on lui répondit que, s'il était resté assis au Bèt haMidrach et avait étudié comme l'avait fait Rabbi Yo'hanan, c'est certainement lui qui aurait été nommé Roch Yéchiva, dans la mesure où Ilfa était plus érudit que Rabbi Yo'hanan.

**Nous apprenons de cette histoire que si un homme est attentif aux signes qui lui sont envoyés du Ciel, et qu'il sait les interpréter, alors le temps joue pour lui et tout lui est donné pour réussir. C'est ce que Rabbi Yo'hanan entendit et non Ilfa, et qui lui fit faire marche arrière pour occuper à nouveau les bancs du Bèt haMidrach et devenir le dirigeant spirituel d'Israël. Ainsi, écrit le Sforno: «Il te reviendra, à toi et à ceux qui te ressemblent, d'éveiller les hommes.». Ces hommes, ce sont les étudiants en Tora de chaque génération, une poignée d'élus, comme le fut Noa'h en son temps, dont le cœur aux aguets cherchait à capter les signes venus du Ciel. C'est à eux qu'il revient de s'éveiller et de se renforcer dans l'étude et qui, au bout du compte, grandiront et réussiront.**

**Parlons des signes du Ciel. Dans le livre Pénimim Yéqarim de Rabbi Chimône Betsalèl Neuman, au sujet du verset: «Réouven entendit et le sauva de leurs mains.» (Bérèchit, 37, 21), l'auteur se demande ce qu'entendit donc Réouven. Or, dans le verset précédent, il est écrit: «Et nous verrons ce que seront ses rêves.», sur quoi Rachi précise: «C'est l'esprit saint qui s'exprime ainsi, disant: "Nous verrons bien de qui les paroles se réaliseront."». Et le seul à l'avoir perçu, c'est Réouven. C'est pourquoi, quand il remarqua que personne d'autre que lui n'avait entendu cette voix, il comprit qu'il s'agissait là d'un signe du Ciel afin qu'il vienne en aide à son frère. Tel est le sens du verset: «Réouven entendit», sous-entendu, l'esprit saint; «et il le sauva de leurs mains.» (Bérèchit, 37, 22).**

**D'ailleurs, la même idée se retrouve dans la Parachat Wayiqra (1, 1): «Et D-ieu lui parla de la tente d'assignation pour lui dire...». Sur quoi Rachi écrit: «"De la tente d'assignation". Cela nous apprend que le son de la voix s'arrêtait et ne sortait**

pas en dehors de la tente. On pourrait penser que c'était parce que le ton de la voix était faible, mais le verset dit: "La voix" (Bémidbar, 7, 89). De quelle voix s'agit-il? C'est celle décrite explicitement dans les Psaumes: "La voix de l'Éternel est forte, la voix de l'Éternel est majestueuse, la voix de l'Éternel brise les cèdres." (Téhillim, 29, 4-5). S'il en est ainsi, pourquoi est-il dit: "Depuis la tente d'assignation"? Afin de nous enseigner que la voix s'arrêtait et ne dépassait pas la tente d'assignation.».

Malgré la puissance de la voix de l'Éternel, capable de briser les cèdres, D-ieu fit un miracle, nous dit Rachi, afin qu'elle ne soit pas entendue en dehors de la tente d'assignation. Toutefois, il y a lieu de s'interroger sur la pertinence d'un tel miracle. C'est à cette question que répond le Rav Newman Z"l dans son livre Darké Moussar. En réalité, dit-il, la voix de l'Éternel dépassait les limites de la tente d'assignation, mais paradoxalement, pour la percevoir, il fallait se trouver à l'intérieur, au cœur même de la sainteté. C'est pourquoi ceux qui se trouvaient à l'extérieur de la tente d'assignation ne l'entendaient pas, car il leur manquait cette sainteté. «Et tu entendras Sa voix», c'est proportionnellement à notre proximité de D-ieu que l'on peut mériter d'entendre Sa voix.

De même, commentant ce passage des Pirqé Avot (Maximes des Pères, chap.6, Michna 2) où il est dit que «Tous les jours une voix sortait du mont 'Horev et déclarait: "Malheur à l'humanité pour l'humiliation de la Tora"», le Baal Chem Tov pose la question suivante: «Pour quelle raison une voix sortait-elle et proclamait-elle ceci? Y avait-il quelqu'un pour l'entendre?!». En réalité, répond-il, tout le monde entendait cette voix. Il arrive souvent en effet qu'un homme ait subitement envie d'accomplir une Mitswa précise. Or, cette volonté et ce désir qui l'animent proviennent directement de cette voix que son âme perçoit, lui demandant de réaliser cet acte auquel il s'est éveillé. C'est la raison pour laquelle un sage doit agir sans attendre à chaque fois qu'il est habité d'un tel éveil.

Dans le livre Maâyane Bèt haChoeva, sur la Parachat Ki Tissa, le Rav Chimône Chouv Z"tl raconte que le jour où il eut le mérite de recevoir chez lui le 'Hafèts 'Hayim (Israël Méir HaCohen

**Kagan, 1839-1933), le Rav lui demanda:**

-Sais-tu que je suis Cohen?

-Bien sûr.

-Et toi, es-tu Cohen?

-Non.

-Peut-être Lévi?

-Non.

-Le 'Hafèts 'Hayim lui dit alors:

-C'est dommage! Sache que, quand le Temple sera reconstruit, chacun éprouvera le souhait d'avoir sa part dans le service sans pourtant avoir la possibilité de le réaliser, car la Tora nous a prévenus: "L'étranger qui s'approche serait passible de mort.". Et sais-tu pour quelle raison nous avons mérité cela? Parce que, il y a de cela de nombreuses générations, quand Mochè Rabbénou se tint dans le camp et qu'il appela: "À moi ceux qui sont pour l'Éternel! Et tous les enfants de Lévi s'assemblèrent auprès de lui." (Chémot, 32, 26), seuls les Léviim le suivirent, tandis que les ancêtres de tes ancêtres n'accoururent pas, perdant de la sorte, pour eux et pour leurs descendants, le mérite de prendre part au service du Temple.

**Ce qui signifie que, quand une Mitswa se présente à nous, nous ne devons pas en retarder l'accomplissement; il faut au contraire se précipiter pour la réaliser. Et chaque fois que l'on se retrouve dans une situation d'éveil, il convient de se repentir et d'éveiller aussi les hommes de notre génération à faire repentance, à étudier et à faire le bien.**

# Parachat Lèkh Lèkha

*Israël au-dessus des astres*

**«Et D-ieu dit à Avram: “Va pour toi, de ta terre, de ton pays natal et de la maison de ton père vers la terre que Je te montrerai.”» (Bérèchit, 12, 1).**

**On trouve dans le Traité Roch haChana (16b) le passage suivant:**

«Rabbi Yits‘haq déclara que quatre choses ont le pouvoir d’annuler un mauvais décret: les bonnes œuvres, la prière, un nouveau nom et la modification de ses actes... D’autres y ajoutent aussi le changement de domicile, comme il est dit: “Et D-ieu dit à Avram, va pour toi, de ta terre”, et qu’il est écrit ensuite: “Et Je ferai de toi une grande nation.”».

**Avraham et Sara n’étaient pas nés sous une bonne étoile: ils n’avaient pas d’enfant. Pour annuler le décret qui pesait sur eux et leur permettre de mériter de mettre au monde leur descendance, il fallut que D-ieu change leurs noms et leur ordonne de déménager. C’est ce que l’on trouve sous la plume de Rachi, au nom du Midrach, au sujet du verset suivant: «Il le fit sortir vers l’extérieur et lui dit: “Regarde, Je t’en prie, vers le ciel et compte les étoiles, si tu peux les dénombrer.” Et Il lui dit: “Ainsi sera ta descendance.”» (Bérèchit, 15, 5). D’après le Midrach, dit Rachi, «D-ieu lui dit: “Sors de tes spéculations astrologiques, car tu as vu dans les planètes que tu n’étais pas destiné à élever un fils. Certes, Avram n’a pas de fils, mais Avraham aura un fils; et de même Saraï n’enfante pas, mais Sara enfantera. Je vous appellerai par un autre nom et votre destinée changera.”».**

**Avraham Avinou et Sara Imménou n’auraient pas dû avoir d’enfant. D-ieu changea leurs noms et leur ordonna de déménager. Mais toutes ces modifications n’étaient pas encore suffisantes, car Avraham et Sara étaient appelés à réaliser de grandes choses. Et il fallait encore, affirment nos Sages, que D-ieu libère Avraham de la domination astrologique.**

**Ainsi, nous voyons autour de nous des gens qui, parce qu'ils sont nés sous une bonne étoile, réussissent tout ce qu'ils entreprennent; tandis que d'autres, au contraire, n'ont jamais de chance. On raconte que Rabbénou Ibn Êzra, qui n'était pas né sous une bonne étoile, aurait déclaré que s'il avait voulu vendre des linceuls, plus personne ne serait mort... Il témoigne lui-même, que lors de sa rencontre avec notre maître, le Rambam (Mochè bèn Maïmon, Maïmonide, 1135-1204), ce dernier voulut lui faire la charité, mais Rabbénou Ibn Êzra refusa de toutes ses forces. Convoquant alors l'un de ses élèves, le Rambam lui demanda de déposer une bourse remplie de pièces sur le pont où devait passer dans l'heure suivante le Rav Ibn Êzra qui la ramasserait, sans aucun doute. Or, quand le Rav Ibn Êzra sortit de chez lui, une pluie violente s'abattit sur la région, et alors qu'il arriva vers le pont en question, le Rav ne prit pas le risque de le traverser de crainte de glisser et de tomber dans le fleuve. Préférant emprunter les bas côtés du fleuve, il n'eut pas la chance d'apercevoir la bourse déposée sur le pont. Quand ces faits arrivèrent aux oreilles du Rambam, il comprit alors que Rabbénou Ibn Êzra était vraiment né sous une mauvaise étoile.**

**Inversement, certaines personnes réussissent tout ce qu'elles entreprennent. Une histoire illustre cette affirmation dans le livre du Rav Bouaz Haddad, Les Sages d'Israël de Djerba et Tunis(p.102).**

Parmi les élèves auxquels le Rambam enseignait la Tora et la médecine se trouvait un étudiant qui, se croyant plus intelligent que les autres, décida, après quelques jours seulement, qu'il avait suffisamment étudié, et partit ouvrir un cabinet médical. Aussi extraordinaire que cela puisse paraître, il donnait le même remède à tous les malades qui se rendaient chez lui, un purgatif, et tous guérissaient. Très vite, il fut connu de tous comme un médecin exceptionnel, et on venait le voir de partout. Un jour, vint chez lui un homme qui déclara avoir perdu son âne. Le médecin lui prescrivit le fameux purgatif que l'homme prit comme un véritable élixir avant de se mettre en quête de son âne.

Alors qu'il était en chemin, la potion commença à faire son effet, notre homme descendit donc dans un ravin afin de se soulager, et quelle ne fut pas sa surprise lorsqu'il tomba nez à nez avec son âne...

Puis ce fut au tour du Rambam de se trouver en fâcheuse position alors qu'un os s'était bloqué dans sa gorge. En toute hâte, on fit venir un médecin expérimenté: cet ancien étudiant, bien entendu. Quand ce dernier entra dans la pièce où vivait son maître et enseignant, le Rambam l'aperçut et se souvint de l'épisode de l'âne. Il fut pris d'un éclat de rire qui projeta l'os hors de sa gorge. Guéri, il déclara: «Ce n'est pas sa médecine qui soigne, c'est sa bonne étoile.». Ainsi avait-on coutume de dire à Tunis: «Avec ne serait-ce qu'une goutte de chance, tu pourrais me jeter à la mer et je m'en sortirais indemne.».

**Il existe par ailleurs des jours de l'année plus propices que d'autres à la chance. Comme cela est dit au nom du Rav haGaon, Rabbi 'Hayim Faladji Zt"l (1788-1868): toute affaire qui serait conclue le 10 du mois de Mar'Hechvan naît sous une bonne étoile, parce que c'est ce même jour que naquit Gad bèn Yaâqov au sujet duquel la Tora écrit: «Vint Gad.» (Bérèchit, 30, 11), sous-entendu: «La bonne étoile est arrivée.». Inversement, on trouve dans l'année certains jours absolument opposés à toute idée de réussite, comme c'est le cas du 9 Av. Car ce jour fut, à des périodes différentes, celui où Israël eut à subir ses plus grands malheurs. Et nos Sages nous ont déjà avertis que celui qui aurait à se présenter au tribunal devant un non juif, qu'il s'en abstienne le 9 Av et tous les jours de cette période, dénommée celle «des défilés étroits» (Bèn haMétsarim).**

**Nous trouvons encore sous la plume de nos Sages que non seulement les hommes et les jours de l'année sont influencés par les astres, mais les objets eux-mêmes. Comme il est dit: «Tout se trouve sous l'influence des étoiles, même le Séfèr Tora qui se trouve dans l'Arche!» (Tikouné Zohar, 69a). Et ce, parce qu'il arrive parfois qu'un Séfèr Tora d'excellente qualité reste pourtant entreposé dans l'Arche sainte, sans être utilisé parce que, par exemple, dans telle communauté, on ne prie que le Chabbat ou seulement aux jours de fête. Et ce rouleau de la Tora n'a pas la chance d'être sorti de l'Arche pour qu'on y lise la Tora**

**les lundis et jeudis, ainsi que les Roch 'Hodech (premier jour du mois). Ainsi, il arrive que même un Séfèr Tora soit tributaire de sa bonne étoile.**

**Et il faut bien comprendre que si D-ieu nous accorde la réussite, c'est parce qu'Il désire que nous utilisions ce potentiel pour la Tora et dans la crainte du Ciel, et non pas pour les futilités de ce monde.**

**Dans le livreMichelè Yaâqov sur la Parachat Noa'h, le Maguid Yaâqov de Douvna (1740-1805) explique cette affirmation par une métaphore:**

Un homme qui se trouvait en chemin rencontra un grand Tsaddiq dont il savait que celui qui recevait sa bénédiction était protégé. Il lui demanda: «Rabbi, bénis-moi!». Le Tsaddiq lui répondit: «Qu'il soit fait ainsi. Que la première chose que tu feras en rentrant chez toi soit une bénédiction et une source de réussite.». Notre homme se dit alors en son cœur que la première chose qu'il ferait, une fois rentré chez lui, serait de saisir une bourse remplie de pièces et de commencer à la compter afin que la bénédiction du Tsaddiq tombe sur elle. Et c'est ainsi qu'à peine avait-il franchi le seuil de sa maison, qu'il hurla au visage de sa femme: «Dépêche-toi, donne-moi nos économies!». Ne comprenant pas ce qui se passait, elle pensa que son mari était devenu fou. Et parce qu'elle n'exécuta pas ses paroles sur-le-champ, celui-ci commença à l'insulter. Puis à son tour, elle se mit à le maudire, ce qui augmenta encore sa colère, jusqu'à ce qu'une terrible dispute éclate et s'envenime. Et si cette querelle prit une telle ampleur, c'est parce qu'elle fut bien la première chose que cet homme fit une fois rentré chez lui...

**Que fit Noa'h, en tout premier lieu, quand il sortit de l'arche une fois la terre séchée? Ce jour-là, la générosité et la bénédiction divine étaient particulièrement propices à la reconstruction d'un nouveau monde. Ainsi, la première action qu'entreprendrait Noa'h allait être comblée d'une réussite hors du commun. Or, Noa'h planta un pied de vigne au lieu de se préoccuper de construire le monde, avec des maisons pour lui et ses enfants. La bénédiction hors du commun qui accompagna**

son acte fit que, le jour même où il la mit en terre, la vigne donna des grappes de raisin. Immédiatement, il les pressa et en but le vin délicieux jusqu'à s'enivrer, et personne n'ignore ce que son petit-fils, Canaân, lui fit alors. C'est la raison pour laquelle, la Tora dénomma Noa'h, «l'homme de la terre», une épithète pour le moins sarcastique puisqu'elle nous laisse entendre qu'au lieu de construire le nouveau monde qui s'offrait à lui, Noa'h se préoccupa de planter une vigne.

Un homme né sous une bonne étoile doit investir dans la Tora ce cadeau accordé par le Ciel: il assistera alors à la bénédiction de son étude. Et les Sages ont déjà enseigné: «Tu as acquis la sagesse, que te manque-t-il? S'il te manque la sagesse, qu'as-tu acquis?». Car il ne saurait y avoir d'acquisition véritable dans un monde auquel manque la Tora. Sachant poser des questions et y répondre, amener des preuves et résoudre des contradictions, heureux celui qui bonifie son étoile et qui a le mérite de s'asseoir entre les murs d'une maison d'étude pour y étudier la sainte Tora.

Le Zohar (Parachat Noa'h) mentionne qu'au sixième millénaire, un surplus de sagesse descendra dans le monde. Si le peuple d'Israël est méritant, il mettra à profit cette sagesse pour l'étude de la Tora, mais si non, 'Haswe Chalom, ce sont les nations de la terre qui récupéreront ce surplus de sagesse pour l'utiliser dans la recherche scientifique. Or, notre génération a eu le mérite de voir se réaliser ces paroles du Zohar puisque de nombreuses Yéchivot ont ouvert leurs portes, la voix de la Tora s'élevant de toutes les extrémités de la terre. Pourtant, d'un autre côté, la science aussi avance à pas de géant. La recherche en génétique ouvre des voies parfois inquiétantes, par exemple en ce qui concerne le clonage animal et le clonage humain. Pour profiter de ce «surplus de sagesse» et mériter les dévoilements extraordinaires qui sont encore enfouis au plus profond de la Tora, nous devons nous renforcer davantage et étudier la Tora sans relâche.

Lors d'une conférence, le Rav Yaâqov Galinsky Chlita expliqua comment notre génération avait tout particulièrement le mérite de profiter de «l'aide du Ciel». Le Rav a illustré son

**propos par l'histoire suivante:**

Un homme invita trois cents convives pour la réception au mariage de son fils. Toutefois, une tempête de neige s'étant abattue sur la ville, une centaine d'invités seulement se présenta à la fête. Lors du repas, après les entrées, on présente à nouveau aux convives les mêmes plats. Et, après qu'ils aient fini ces hors-d'œuvre, d'autres encore leur sont servis. Tout le monde s'étonne devant une telle opulence. C'est qu'ils ne connaissent pas la vérité: un nombre important d'invités ayant décommandé leur participation, l'hôte a décidé d'offrir les plats des absents à ceux qui avaient fait l'effort de venir se joindre à la sim'ha du mariage.

**Ce que cette parabole nous enseigne, c'est qu'au début de chaque année, D-ieu prépare un véritable trésor d'«aide du Ciel» à ceux qui étudièrent la Tora durant l'année précédente. Pourtant, s'il avait été décidé de distribuer cette «aide du Ciel» à un certain nombre d'étudiants à travers le monde entier, et qu'en définitive la moitié de ce nombre seulement s'est assis et a étudié, le surplus d'aide leur est rajouté, leur offrant ainsi la possibilité d'accéder à des dévoilements de la Tora hors du commun sur une période plus courte. Ainsi, dans notre génération, alors que certains délaissent les bancs d'étude, en particulier quand la situation financière est difficile et que la majorité des gens est obligeé de travailler dur pour subvenir aux besoins de leurs proches, heureux sont ceux qui parviennent à se suffire de peu et à s'asseoir sur les bancs d'étude. Ils sont comblés d'une aide exceptionnelle du Ciel, et des dévoilements hors du commun des profondeurs de la Tora leur sont offerts dans un laps de temps très court. Béni est leur lot.**

# Parachat Wayèra

*Spiritualité ou matérialité*

**«Le troisième jour, Avraham leva les yeux et vit l'endroit de loin.» (Bérèchit, 22, 4).**

Le Midrach demande (Bérèchit Rabba, chap. 56, 2): «Que vit-il? Il vit un nuage attaché à la montagne, et il se ditque tel devait être l'endroit où D-ieu lui ordonne de sacrifier son fils. Avraham dit à Yits'haq: "Mon fils, est-ce que tu vois ce que je vois?". Il lui répondit: "Oui.". Il demanda alors aux deux jeunes gens qui l'accompagnaient: "Est-ce que vous voyez ce que je vois?" Ils lui répondirent que non. Avraham dit alors: "Puisque l'âne ne voit pas et que vous non plus..., restez ici avec l'âne jusqu'à notre retour."».

**Le Midrach identifie ces deux jeunes gens comme étant Yichmaêl et Èliêzèr. Tous deux avaient été élevés dans la maison d'Avraham Avinou et, à leur tour, ils transmettaient aux autres la Tora qu'Avraham lui-même leur enseignait. Pourtant, au moment du sacrifice de Yist'haq, qui fut une épreuve sans pareille pour Avraham Avinou, la différence entre le maître et ses élèves, entre le maître et son serviteur allait devenir éclatante. En effet, Avraham et son fils Yits'haq, apercevant le nuage spirituel attaché à la montagne, continuent de s'élever spirituellement, alors qu'Yichmaêl et Èliêzèr demeurent au même niveau. L'intervalle qui les sépare dorénavant n'est pas différent de celui qui sépare l'homme de l'âne.**

**Afin de mieux comprendre l'élévation d'Avraham Avinou et de son fils Yits'haq jusqu'à de si hauts niveaux, reportons-nous à l'histoire qui suit. On la trouve dans le livre Na'halat Tsvi, sur la Parachat Wayètsè.**

Un jeune homme s'était rendu chez son Rav à la Yéchiva pour lui demander conseil sur la voie à suivre afin de mériter d'atteindre les plus hauts niveaux dans l'étude de la Tora et dans le service de D-ieu. Au moment où il arriva chez le Rav, celui-ci se trouvait sur le point de partir vers le fleuve afin de s'y immerger. L'étudiant lui demanda alors la permission de l'accompagner. Une fois au fleuve, le Rav fut le premier à entrer dans l'eau et le jeune homme lui emboîta le pas. Alors qu'ils se rapprochaient de la profondeur désirée, le Rav saisit alors la tête du jeune homme qu'il enfonça sous l'eau avec force, maintenant sa pression quelques instants en dépit des tentatives désespérées du jeune homme pour refaire surface. Puis, estimant que c'était suffisant, le Rav relâcha sa pression et laissa l'étudiant sortir la tête et aspirer l'air à grandes bouffées. Après quelques minutes, le temps que l'étudiant retrouve ses esprits et une respiration proche d'un rythme normal, le Rav lui demanda: «Dis-moi, mon fils, quand tu étais sous l'eau, que désirais-tu le plus?». «De l'air, répondit l'adolescent, de l'air!». Le Rav lui demanda alors: «N'aurais-tu pas préféré plutôt la richesse et les honneurs, ou quelque chose de semblable?». «Non, dit-il, je ne voulais que de l'air, je ne pensais qu'à ça.» «Alors, maintenant, tu es capable d'accéder aux plus hauts niveaux de la Tora et du service de D-ieu. Il faut que tu saches faire le tri entre tes pensées et les attraits de la vie, afin que ton unique préoccupation de jour comme de nuit soit de servir D-ieu et d'atteindre la sagesse de la Tora. Ce n'est que de cette manière que tu peux espérer réussir.»

**Les Patriarches désiraient intensément servir le Tout-Puissant. Quand D-ieu demanda à Yits'haq qu'il se présente en holocauste sur l'autel, et qu'il fut ordonné à Avraham d'égorger son fils unique, leurs pensées se rejoignaient: si telle est la volonté divine et la manière dont ils devaient servir D-ieu, alors telle était aussi leur volonté et leur unique préoccupation. Plus rien au monde n'était à leurs yeux aussi important, à l'inverse de Yichmaêl et d'Èliêzèr pour qui le monde matériel l'avait emporté sur la spiritualité. Or, cette attitude relève de cette dimension désignée par «l'âne», c'est-à-dire la matière (Ndt.: les mots'Hamor, l'âne, et 'Homer, la matière, ont en hébreu la même racine). L'écart qui les séparait de leur maître Avraham était infranchissable, bien qu'ils aient été les élèves d'Avraham Avinou et d'authentiques serviteurs de D-ieu. Quant à Avraham, la Tora affirme qu'«il se leva au petit matin et chevaucha son âne» (Bérèchit, 22, 3), c'est-à-dire qu'il «chevaucha» la matérialité, la domina en somme, et qu'il ne désirait qu'une seule chose: réaliser la volonté divine, s'élever dans le monde**

de la spiritualité.

Nous trouvons cette même idée au sujet de Yaâqov Avinou qui s'écarta des influences du monde matériel, et s'attacha complètement à la spiritualité. En effet, alors qu'il fuyait Êssaw, il atteignit Bèt El. Là-bas, il fit le rêve d'une échelle le long de laquelle des anges montaient et descendaient. Et quand, le lendemain matin, il se leva, il prit la pierre sur laquelle il avait posé la tête, l'enduit d'huile à son sommet, puis fit le vœu suivant: «Si D-ieu est avec moi et qu'Il me protège dans la voie que j'emprunte, puisse-t-Il me procurer du pain pour manger et des vêtements pour me couvrir... Alors l'Éternel sera pour moi D-ieu.» (Bérèchit, 28, 20-22). Or, le Rav Kéli Yaqar(Èfrayim Chélomo de Lunchitz, 1550-1619) pose la question suivante: «Pour quelle raison Yaâqov mentionne-t-il "du pain pour manger et des vêtements pour se couvrir"? N'aurait-il pas dû dire, plus simplement: "Puisse-t-Il me procurer du pain et des vêtements"? Pourquoi, cette redondance?». Le Kéli Yaqar y répond: «Cette répétition souligne l'idée que, ce que Yaâqov Avinou demanda, c'est que D-ieu ne lui procure pas plus de pain que nécessaire, ni davantage de vêtements que ce qu'il lui serait utile de porter. Car ne possédant que ce dont il avait besoin, il serait ainsi protégé de la faute.».

Telle est en effet une des qualités propres aux justes. Se suffisant de peu, ils s'éloignent des attraits du monde matériel afin de se mettre en quête de la plus authentique des spiritualités.

Ainsi, on peut lire dans le livre Or laYécharim du Rav Yé'hiel Mikhal Halévi Epstein (1829-1908), sur le verset: «Et D-ieu bénit Avraham en tout.» (Bérèchit, 24, 1), que D-ieu le bénit par cette qualité dénommée «tout», désignant par là précisément cette disposition morale qui permet à l'homme de se contenter de peu et de se suffire de tout ce qu'il possède, que ce soit en bien ou en mal. Pour cette raison, Avraham ne manquait de rien.

Il est dit par ailleurs que les justes manifestent cette autre qualité de remercier D-ieu sans cesse: «Béni sois-Tu, D-ieu, Toi qui pourvois à tous mes besoins.», reconnaissant envers D-ieu d'avoir tout ce dont ils ont besoin, sans que rien ne leur

**manque. Or, c'est cette qualité qu'Avraham Avinou inculqua à son fils Yits'haq, ainsi que le raconte le serviteur d'Avraham, Èliêzèr, à Lavan et à Bétouèl: «Et D-ieu a grandement béni mon maître... Et Sara, la femme de mon maître, a donné naissance à un fils alors qu'elle était âgée, et Avraham lui donna tout ce qu'il possèdait.» (Bérèchit, 24, 35-36), ce qui signifie qu'Avraham Avinou inculqua à Yits'haq cette qualité de se suffire de ce que l'on a.**

**Et Yits'haq enseigna à son tour cette qualité à son fils Yaâqov. En effet, alors qu'Êssaw était parti à la rencontre de Yaâqov, ce dernier lui fit parvenir un présent qu'Êssaw d'abord refusa. Yaâqov lui dit alors: «Prends, je t'en prie, ma bénédiction qui t'est apportée, car D-ieu m'a favorisé, puisque j'ai tout.» (Bérèchit, 33, 11). Yaâqov demanda donc à Êssaw qu'il reçoive son présent dans la mesure où il avait hérité de son père, et son père de son père, cette qualité qui permet à l'homme de se suffire de ce qu'il a. Telle est la qualité des justes, qui remercient D-ieu de leur avoir donné tout ce dont ils ont besoin.**

**L'histoire qui suit nous aide à réaliser combien les générations précédentes mettaient un point d'honneur à s'éloigner des attraits de la vie matérielle et à ne s'attacher qu'à la spiritualité. Elle est tirée du livre 'Hayim Chéèch bahem, sur la Parachat Wayètsè, au nomdu recueil Yérouchalayim chèl Maâlah par Ména'hèm Gerlitz.**

On raconte que, depuis le jour où l'un des grands érudits de Yérouchalayim, le Rav Pessa'h Trucker Zt"l, originaire de la ville de Kovna et connu de tous sous le nom de Rabbi Pessa'hlé, s'était s'installé à Yérouchalayim, il s'attacha aux sages qui s'y trouvaient. Il se lia plus particulièrement d'amitié avec le Rav haTsaddiq Rabbi 'Hayim Yits'haq Aharone, appelé le Maguid de Volkomir, qui vécut plus de cent ans. Toutes les nuits, ils faisaient ensemble le Tikoun 'Hatsot, pour étudier ensuite en 'Havrouta jusqu'au lever du jour dans le Bèt haMidrach 'Horevat Rabbi Yéhouda ha'Hassid. Après la prière, ils se plongeaient dans le Tour Or ha'Hayim et le Choul'han Aroukh. Leur étude durait toute la journée, entrecoupée de brèves interruptions pour manger.

Un jour, le Rav Pessa'hlé ressentit que le Maguid ne se

comportait plus comme avant. Il avait le sentiment que le Tsaddiq lui mettait constamment sous les yeux des textes de nos Sages et des extraits de livres de Moussar raillant la superficialité et les excès de ce monde, montrant comment ils sont susceptibles de détourner l'esprit de l'homme de son Créateur. Rabbi Pessa'hlé avait du mal à comprendre la raison de cette attitude soudaine. Ne vivait-il pas lui-même dans le plus grand dénuement? La viande et le poisson n'étaient-ils pas tout bonnement absents de son quotidien, le mobilier de sa maison des plus modestes, et ses propres enfants, tous vêtus d'habits usagés? S'il en est ainsi, où se trouvait donc la superficialité et les excès qu'il lui reprochait? N'y tenant plus, le Rav Pessa'hlé décida un matin d'interrompre le Maguid qui s'était à nouveau lancé dans une étude du Moussar. Il lui demanda: «Je vous prie de m'excuser, maître, mais si vous avez vu chez moi la moindre marque de superficialitéet d'excès, veuillez me le faire savoir et je m'empresserai de les détruire. ».

Le Maguid lui répondit: «Il y a de cela deux semaines, le jour de Roch 'Hodech, j'étais chez toi et j'ai vu qu'un napperon en soie ornait la table du salon. Ça commence ainsi: aujourd'hui un napperon en soie, et demain d'autres futilités. Il faut que tu prennes conscience des profanations du Nom de D-ieu que peut provoquer un détail aussi insignifiant.». À ces mots de «profanation du Nom de D-ieu», le visage de Rabbi Pessa'hlé blanchit et il décida alors de raconter au Maguid l'histoire du fameux «napperon de soie».

«Dans ma jeunesse, à Kovno, dit-il, l'un des bienfaiteurs de la communauté, le Naguid (un notable de la communauté) Rabbi Èliêzèr Freidin, tomba malade et, après quelque temps, je pris la décision de venir le voir chaque jour afin de lire à son chevet un chapitre de Michnaïot, la Paracha de la semaine et dix chapitres des Téhillim (Psaumes). Quand il se porta mieux, il me proposa un cadeau en guise de remerciement pour mon étude avec lui, mais je refusai. Et puis, je me suis installé en terre d'Israël. Quant à Rabbi Èliêzèr, il reprit ses affaires, et tout ce qui était arrivé fut aussi vite oublié. Il y a environ un mois, j'ai reçu un petit paquet de Kovno. Il était accompagné d'une lettre écrite de la main des enfants du Naguid. Dans cette lettre, ils me faisaient savoir que leur père était décédé, et qu'il leur avait demandé de m'envoyer ce napperon en soie si cher à ses yeux, afin de me remercier pour mon dévouement quand je l'avais accompagné lors de sa maladie, il y a de cela trente ans. C'est la raison pour laquelle, écrivaient-ils, nous demandons à Rabbi Pessa'h qu'il nous aide à réaliser la volonté du défunt en acceptant ce présent, et que ce napperon trône sur sa table dans la ville sainte.»

«Ma pieuse épouse, continua Rabbi Pessa'hlé, refusa de toutes ses forces d'accepter ce cadeau. "Pour quelle raison devrions-nous arborer un napperon de soie, est-ce qu'il augmentera notre crainte du Ciel, est-ce qu'il ajoutera à notre Tora?", demanda-t-elle. Elle avait déjà pris la décision de renvoyer le napperon à son propriétaire. Je lui fis alors la remarque suivante: "Il se peut, qu'agissant ainsi, nous fassions honte aux enfants en deuil de leur père. Pourrait-on les empêcher de réaliser les paroles du défunt?"»

Le Maguid écoutait attentivement l'histoire que lui racontait Rabbi Pessa'hlé, mais pourtant son esprit n'était pas apaisé. Après plus d'une heure de discussion, pendant laquelle chacun écoutait les arguments de l'autre, ils prirent la décision d'exposer leur différend au Rav de la ville, Rabbi Chémouèl Salante, Zt"l.

Pendant un long moment, le Rav évalua le problème, soupesant chacun des avis: d'un côté, il ne faisait aucun doute que le fait de réaliser les paroles d'un défunt était chose de la plus haute importance; pourtant, l'utilisation d'objets superflus ne l'était pas moins. Certes, si les enfants de Rabbi Èliêzèr apprenaient que Rabbi Pessa'hlé n'utilisait pas ce napperon, cela leur causerait une grande peine; mais par ailleurs, celui qui réside dans la ville sainte de Yérouchalayim ne doit pas faire preuve de signes ostentatoires de richesse... En définitive, la sagesse du Rav fut une fois de plus au rendez-vous, et telle fut sa décision:

Ce napperon de soie continuerait à orner la table du salon, mais on déposera sur lui un autre napperon, plus simple; ainsi, on évitera d'exposer des objets superficiels dans la ville sainte de Yérouchalayim.

# Parachat 'Hayé Sara

*L'épreuve de la plénitude*

«Avraham dit à son serviteur, le doyen de sa maison qui gouvernait sur tout ce qu'il avait: "...Et je te ferai jurer par D-ieu, le D-ieu du ciel et le D-ieu de la terre, que tu ne prendras pas une femme pour mon fils parmi les filles des Cananéens parmi lesquels je séjourne."» (Bérèchit, 24, 2-3). «Et le serviteur prit dix chameaux de son maître... Et il fit agenouiller les chameaux en dehors de la ville, près du puits d'eau... Puis il dit: "Ô D-ieu, le D-ieu de mon maître Avraham, fais-moi rencontrer, je T'en prie, aujourd'hui... Voici, je me tiens près de la fontaine d'eau et les filles des gens de la ville sortent pour puiser l'eau. Et qu'il en soit ainsi, que la jeune fille à laquelle je dirai: "Veuille pencher ta cruche, que je puisse boire", si elle dit: "Bois, et je ferai aussi boire tes chameaux", c'est elle que Tu auras désignée pour ton serviteur, pour Yits'haq, et par cela je saurai que Tu as montré de la bonté envers mon maître."» (Bérèchit, 24, 10-14).

Dans cette Paracha, nous découvrons les conditions fixées par Avraham au mariage de son fils, afin que sa descendance se multiplie et qu'elle rende publique la croyance dans le D-ieu unique. Parmi les questions qui surgissent à la lecture de cette Paracha, nous en choisissons deux:

Premièrement, pour quelle raison Avraham désirait-il choisir pour son fils Yits'haq une épouse parmi les filles du pays de la Haute-Mésopotamie? Et pourquoi ne voulait-il pas, sous aucun prétexte, que Yits'haq se marie avec l'une des filles des Cananéens avec lesquels il avait vécu? Ces deux peuples servant les idoles, en quoi les filles de la Haute-Mésopotamie étaient-elles tellement préférables à celles de Canaân?

Par ailleurs, pourquoi Èliêzèr fit-il ses prédictions précisément en rapport avec l'eau, annonçant que la jeune fille qui donnerait à boire à lui et à ses chameaux serait celle qui est promise à Yits'haq? Pour quelle raison ne choisit-il pas plutôt la nourriture, afin qu'elle lui en serve, ainsi qu'à ses gens et à

**ses chameaux? En effet, la Paracha raconte ensuite qu'Èliêzèr a rencontré Rivka et lui a demandé si sa famille avait un endroit pour y passer la nuit, une seule nuit; Rivka lui répondit par l'affirmative, l'invitant pour plusieurs nuits, et ajoutant même que sa famille avait de quoi nourrir ses chameaux. N'était-il pas suffisant de voir dans cette réponse l'expression de cette générosité, marque distinctive de la maison d'Avraham Avinou?**

**Avant de répondre à ces questions, rappelons ce passage du Traité Baba Métsiâ (86b):**

«Rabbi Yéhouda dit au nom du Rav: "Tout ce qu'Avraham fit spontanément pour les anges, D-ieu Lui-même le fit pour ses enfants. Et tout ce qu'Avraham réalisa par l'intervention d'un tiers, D-ieu le réalisa pour ses enfants par l'intermédiaire d'un messager. "Avraham courut vers le bétail" (Bérèchit, 18, 7), en contrepartie de quoi il est écrit: "Un vent venant de D-ieu se leva qui apporta des cailles de la mer." (Bémidbar, 11, 31); "Et il prit de la crème et du lait." (Bérèchit, 18, 8), en contrepartie de quoi il est dit: "Je vais faire pleuvoir pour vous une nourriture céleste." (Chémot, 16, 4); "Qu'on aille quérir un peu d'eau." (Bérèchit, 18, 4) – par l'intervention d'un tiers –, en contrepartie de quoi il est dit: "Tu frapperas ce rocher, il en sortira de l'eau, et le peuple boira." (Chémot, 17, 6)». C'est-à-dire que D-ieu donna de l'eau à Son peuple par l'intermédiaire de Mochè Rabbénou».

**Èliêzèr avait vu chez Avraham que la Mitswa du 'Hèssèd doit être effectuée par soi-même, car si elle l'était par l'intermédiaire d'un tiers, la récompense du Ciel s'accomplirait par le biais d'un messager. C'est pourquoi il décida de vérifier les qualités de la future compagne de Yits'haq par l'épreuve de l'eau, puisque c'est précisément vis-à-vis d'elle qu'Avraham ne remplit pas, pour ainsi dire, ses obligations vis-à-vis de la Mitswa de 'Hèssèd, dans la mesure où, lorsque les anges se présentèrent à lui, il agit directement, mais aussi par l'intervention d'un tiers, du moins en ce qui concernait l'eau. Èliêzèr prit ainsi l'initiative de tester Rivka précisément sur ce point qui fit difficulté à Avraham. Et s'il choisit des chameaux, c'est parce que leurs besoins obligent à un effort considérable. Tel serait donc le signe qui révèlerait si la jeune fille possède ces qualités de 'Hèssèd dans leur perfection.**

**En revanche, si cela lui était difficile ou si elle s'occupait des chameaux par l'intermédiaire d'un tiers, en demandant à Èliêzèr ou à l'un de ses serviteurs de l'aider, il serait alors évident que sa Middat ha'Hèssèd n'était pas parfaite.**

**Or, non seulement Rivka donna à boire à Èliêzèr, mais, en plus, elle s'occupa seule des chameaux. En dépit de son jeune âge (trois ans), la perfection de ses qualités ne faisait pas le moindre doute, devenant plus évidente encore quand elle déclara qu'il y avait à son domicile la place suffisante pour y séjourner plusieurs jours, alors qu'Èliêzèr ne lui avait demandé la possibilité de n'y dormir qu'une seule nuit. De plus, elle ajouta qu'il y avait à son domicile de quoi les nourrir tous. C'est ainsi qu'Èliêzèr fut totalement convaincu que cette jeune fille, qui avait atteint la perfection de ses qualités, était digne de vivre dans la maison d'Avraham Avinou.**

**Il nous faut maintenant répondre à la première question que nous avons posée, à savoir: pour quelle raison Avraham voulait-il précisément pour son fils une fille de la Haute-Mésopotamie, et non une Cananéenne, alors qu'on adorait les idoles dans ces deux endroits? Ayant soulevé cette question, voici comment le Kéli Yaqar y répond:**

«Il existe un autre type de crainte que voici: la nature des ancêtres se transmet à leurs enfants et ce, précisément en ce qui concerne les interdits tirant leur source de la matière, comme c'est le cas de la nourriture, de la dépravation, de l'avarice ou de la jalousie, et de toutes les dispositions attachées à la matière. Or, toutes ces tares se transmettent des parents aux enfants, et à leurs descendants. L'idolâtrie en revanche, étant fonction de l'esprit de l'homme, ne se transmet pas de père en fils, dans la mesure où il y a trois associés dans la création de l'homme, et que seul ce qui relève de la matière provient du père et de la mère. C'est pourquoi les enfants héritent de toutes les actions des parents qui dépendent de la matière, tandis que la foi est liée à la disposition d'esprit de l'homme. Or c'est D-ieu qui dépose en l'homme l'âme et l'esprit, qui ne se transmettent pas aux enfants. C'est la raison pour laquelle Avraham repoussa les Cananéens dont les mœurs étaient dépravées. Et dans la mesure où les fautes impliquées par la constitution matérielle de l'homme sont nombreuses, Avraham n'éloigna donc pas Bétouèl ni Lavan qui n'avaient pour seule tendance que l'idolâtrie.»

**S'il en est ainsi, nous comprenons pourquoi Avraham Avinou exigeait que la future compagne de Yits'haq soit avant tout une jeune fille aux qualités parfaites, dont les pensées, quoiqu'il en soit, seraient toujours susceptibles d'être modifiées.**

**Dans le recueil Léka'h Tov du Rav Yaâqov Israël Beifuss, il est écrit: «Une erreur de la pensée provient d'une négligence quand on a de mauvaises dispositions.». Et telle est la règle: «Plus l'erreur de pensée est grande, plus c'est le signe d'une négligence délibérée dans le travail sur soi.». On retrouve cette idée sous la plume du Rav Yossèf Babad (1801-1874) dans Min'hat 'Hinoukh(Mitswa 15): un homme est influencé par ses propres actes, et même le pire des hommes, s'il accomplissait les commandements de D-ieu, même sans en comprendre la signification, reviendrait à la foi. Mais inversement, un juste accompli qui s'habituerait pourtant à de mauvais comportements, deviendrait, 'Haswe Chalom, un parfait scélérat.**

**C'est la raison pour laquelle Avraham Avinou souhaitait ardemment qu'Èliêzèr choisisse une fille parmi celles de la Haute-Mésopotamie qui avaient de bonnes dispositions et dont l'esprit, par conséquent, devait être meilleur que celui des filles de la terre de Canaân. Èliêzèr, de surcroît, décida pour sa part de choisir la jeune fille ayant amené sa disposition de générosité au plus haut niveau d'achèvement, en optant justement pour l'acte qu'Avraham Avinou lui-même n'avait pas accompli à un degré de plénitude auquel on aurait pu s'attendre d'un homme de son envergure. Quant à Rivka, elle révéla ainsi qu'elle était une authentique fille d'Israël.**

**Nous pouvons comprendre encore l'importance de la perfection des traits de caractère grâce à l'histoire qui suit:**

Deux étudiants se rendirent, peu après la fête de Soukkot, à la Yéchiva du 'Hatam Sofèr à Presbourg afin d'y être reçus. L'un était très brillant, et l'autre moins favorisé que son compagnon. Pourtant, aussi étonnant que cela puisse paraître, le 'Hatam Sofèr accepta l'étudiant le moins remarquable et refusa l'autre. Quand on lui en demanda la raison, le Rav répondit: «Alors que les deux étudiants arrivaient à la Yéchiva, j'étais à la fenêtre et je vis que des branchages qui avaient servi pour le toit de la Soukka étaient étalés à même le sol. Le jeune homme le plus brillant les foula du pied, tandis que l'autre les contourna et fit attention de ne pas les piétiner. C'est alors que j'en vins à la conclusion qu'un étudiant susceptible de marcher sur des feuillages de Soukka après la fête de Soukkot n'est pas sensible à la sainteté des Mitswot. Or, ce sont de tels étudiants que je veux pour ma Yéchiva, l'autre n'a qu'à se trouver un autre endroit pour étudier.».

**Toujours dans l'idée de l'importance de la perfection, le Rav Yits'haq Zilberstein, l'auteur du livre Touvékha Yabiôu, sur la Parachat Waèt'hanan, raconte l'histoire suivante:**

Une famille respectable du quartier de Ramat El'hanan s'engagea dans des fiançailles avec une autre famille non moins respectable. Selon ce que la première avait appris, le père de famille était un érudit animé d'une authentique crainte du Ciel. Alors que ses enfants étaient réunis autour de la table de Chabbat pour réaliser le commandement de se délecter du Chabbat, chacun d'entre eux avait pris l'habitude de raconter les actes vertueux qu'il avait pu voir s'accomplir dans la semaine par l'un de ses frères ou l'une de ses sœurs. Cette attitude modifia complètement l'atmosphère qui régnait dans la maisonnée, au point où les jeunes enfants cessèrent de se quereller, sachant qu'ils étaient obligés de produire devant leurs frères, à la fin de la semaine, l'état des bonnes actions qu'ils avaient pu faire. C'est d'eux-mêmes qu'ils s'habituèrent ainsi à ne pas faire cas de la peccadille du prochain et à se concentrer davantage sur leurs propres progrès personnels.

Quand la famille de Ramat El'hanan entendit cela, il fut immédiatement décidé de procéder au mariage au plus vite.

# *Parachat Tolédot*

*Yissakhar et Zévoulon*

**«Ce fut lorsque Yits'haq fut vieux et que la vue de ses yeux était assombrie au point où il ne pouvait voir, qu'il appela Êssaw son fils aîné.» (Bérèchit, 27, 1).**

**La Parachat Tolédot raconte comment Yits'haq, devenu vieux, désira bénir son fils aîné, Êssaw, avant de mourir. Il l'envoya alors chasser dans les champs un animal qu'il cuisinerait pour lui, et cette nourriture réjouirait son âme, afin qu'il puisse le bénir. Pourtant, nombreuses sont les pensées qui s'agitent dans le cœur de l'homme, mais c'est la décision de l'Éternel qui se réalise. Du Ciel, il fut décidé que ce serait Yaâqov qui, sur le conseil de sa mère, recevrait la bénédiction pour lui-même et ses descendants.**

**Les commentateurs s'arrêtent souvent sur la question suivante: comment l'idée de bénir Êsssaw avait-elle pu naître dans le cœur de Yits'haq? Quand bien même Êssaw, comme le racontent certains, accordait un très grand respect à son père, c'est pourtant Yaâqov qui était assis dans les tentes de l'étude; pour quelle raison alors ne devait-il pas recevoir cette bénédiction? De plus, Yits'haq ne se devait-il pas, avant tout, de bénir le représentant de la Tora?!**

**Parmi tous les commentateurs qui ont cherché à répondre à cette question, nous choisissons de présenter celui du Malbim (Rabbi Méir Leibouche Mikhaèl Weisser, 1809-1979) qui explique cette apparente contradiction avec beaucoup de finesse. Yits'haq Avinou avait reconnu dans les actes d'Êssaw qu'il était un homme des champs et que, par conséquent, il ne parvenait pas à s'asseoir dans les tentes de l'étude, comme son frère Yaâqov. Or, le but de la création est précisément qu'apparaisse un homme juste et bon que la Chékhina (Présence divine) accompagnera afin de trouver en lui un lieu où résider sur la terre. Toutefois, puisque la possibilité de**

ce type de personne est rare, et qu'il est impossible qu'elle existe seule au monde, il fut créé d'autres êtres humains pour l'accompagner et la servir. L'image d'un arbre illustre cette idée: bien qu'il produise des branches, des feuilles et des écorces en grand nombre, l'essentiel de l'arbre reste son fruit, pourtant proportionnellement insignifiant comparé aux autres aspects.

Tel est d'ailleurs le sens de l'association entre Yissakhar et Zévoulon: afin que Yissakhar puisse étudier la Tora, Zévoulon le sert et pourvoit à tous ses besoins, en contrepartie de quoi il reçoit une récompense identique à celle de son frère. Ainsi, quand Yits'haq constata qu'Êssaw était un homme des champs et Yaâqov un homme d'étude, il voulut les associer à l'image de Yissakhar et Zévoulon. Êssaw aiderait financièrement Yaâqov, et Yaâqov soutiendrait Êssaw grâce à sa sagesse et à sa Tora. Yaâqov pourrait rester assis à étudier la Tora sans se préoccuper de peiner pour les besoins de ce monde. C'est pourquoi Yits'haq décida d'appeler son fils Êssaw et de le bénir «de la rosée du ciel et de l'opulence de la terre, de la profusion du blé et du vin» (Bérèchit, 27, 28) et de toute cette richesse, afin qu'il ait les moyens de soutenir Yaâqov sans se sentir lésé. Pourtant, 'Haswe 'Halila, si les choses avaient dû se passer ainsi, que serions-nous devenus aujourd'hui? Notre survie dépendrait des faveurs des mains d'Êssaw et, dans le cas où Êssaw refuserait cette responsabilité, Israël aurait pu se retrouver dans l'impossibilité d'étudier. Voilà qui est impensable, tant il est vrai qu'une telle situation aurait provoqué l'oubli de la Tora au sein du peuple d'Israël, laissé dans le dénuement le plus total. C'est la raison pour laquelle Celui qui connaît les évènements du monde, qui scrute et voit jusqu'à la fin des générations, fit en sorte que ce soit Yaâqov qui se saisisse de ces bénédictions afin de pouvoir subvenir à ses propres besoins, Yaâqov d'où sortiront Yissakhar et Zévoulon qui se soutiendront l'un l'autre.

Nous pouvons donc en conclure que celui qui a la possibilité d'agir comme Zévoulon et de soutenir son frère Yissakhar resté assis à étudier la Tora, et qui ne le fait pas, légitime les actes d'Êssaw qui a toujours cherché à interrompre les études de son frère. Il afflige le Créateur du monde dont l'intention fut que ceux qui, parmi les enfants d'Israël, sont des hommes des

**champs et qui n'ont pas la force de rester assis et d'étudier, apportent au moins leur aide à leurs frères présents dans les tentes de l'étude. Car si ceux-là devaient agir comme Êssaw, à quoi bon avoir subtilisé les bénédictions d'Êssaw pour les faire hériter à Yaâqov?**

**Le Rav haGaon, Reb 'Hayim Soloveitchik miBrisk Zt"l (1853-1918), dans l'introduction à son ouvrage Responsa Bèt haLévi, nous fait part d'une explication des plus novatrice à la hauteur de son génie.**

**On trouve, dit-il, dans le Traité Kétouvot (111 a), que «Rabbi Èliêzèr déclara:**

- Les ignorants ne se lèveront pas à la résurrection des morts, comme il est dit: "Les morts ne revivront pas." (Yéchâya, 26, 14).

Ce à quoi Rabbi Yo'hanan lui répondit:

- Il ne sied pas à D-ieu que tu interprètes le verset de cette manière, dans la mesure où il est possible de l'expliquer en référence aux idolâtres.

Il lui rétorqua:

- C'est en vertu d'un autre verset que je le commente ainsi, puisqu'il est dit: "Ta rosée est comme la rosée du matin." (Yéchâya, 26, 19): tout celui qui se sert de la lumière de la Tora, la lumière de la Tora le fera revivre; et tout celui qui ne l'utilise pas, elle ne lui accordera pas la vie.

Quand Rabbi Èliêzèr vit que Rabbi Yo'hanan était attristé de n'avoir pas pu trouver une autre explication à ce verset afin de donner du mérite aux ignorants, il lui dit:

- Rabbi, je leur ai trouvé un amendement à partir d'un verset de la Tora: "Et vous qui êtes restés fidèles à l'Éternel, votre D-ieu, vous êtes tous vivants aujourd'hui." (Dévarim, 4, 4). Or, est-il possible d'adhérer à D-ieu?! N'est-Il pas un feu dévorant?! C'est donc que le verset parle de ceux qui servent la maison d'un érudit et qui soutiennent les Sages; de ceux qui, avec leurs propres biens, se montrent agréables envers les Sages; le verset parle d'eux comme s'ils étaient collés à D-ieu.».

Et le Gaon Reb 'Hayim Soloveitchik miBrisk Zt"l d'expliquer que Rabbi Èliêzèr pensait, au début, que si les ignorants ne se lèvent pas lors de la résurrection des morts, c'est en vertu du fait qu'ils ne se préoccupent pas de la rosée de la Tora, quand bien même ils accomplissent les autres commandements. Et ce, parce que nous savons que les choses qui ne servent uniquement qu'à l'accomplissement des commandements, comme c'est le cas du Chofar, peuvent être jetés. Le Chofar, n'ayant aucune sainteté en lui-même, ne sert qu'à l'accomplissement d'un commandement qui nous permet d'entendre le son du Chofar. C'est pourquoi, un Chofar périmé pourrait, d'après la stricte halakha (loi), être jeté (même si nous n'agissons pas ainsi). Par contre, les objets qui servent à la sainteté, comme c'est le cas des parchemins d'un Séfèr Tora, possèdent en eux-mêmes une certaine sainteté. C'est pourquoi un Séfèr Tora usagé doit être déposé dans une Guéniza.

Les ignorants ressemblent justement à ces ustensiles utilisés pour le service d'une Mitswa: aussitôt qu'ils ont rempli leur tâche dans ce monde, ils reçoivent leur récompense dans le monde des âmes pour avoir accompli les commandements; par contre, leur corps est ramené à la poussière et ne se relèvera pas à la résurrection des morts. Les érudits, en revanche, sont au service de la sainteté, dans la mesure où ils se sont consacrés à l'étude de la sainte Tora; c'est pourquoi leur corps est enfoui dans la terre. Et c'est la sainteté de leur corps qui les fera revivre dans le futur et qui ramènera au monde à la fois leur corps et leur âme.

Or, dans la loi juive, il est stipulé que non seulement les objets qui servent à la sainteté doivent être déposés dans une Guéniza, mais aussi les ustensiles qui servent ces objets. Par exemple, quelque chose serait posée en dessous d'un objet servant la sainteté, comme une nappe sur laquelle on aurait déposé un Séfèr Tora; après avoir été en contact direct avec la sainteté, cette nappe est considérée comme ayant elle-même servi à cette sainteté. Tandis que la table sur laquelle on l'aurait déposé, du fait que le Séfèr Tora ne la touche pas directement, est considérée comme ayant servi les objets utilisés pour la sainteté (voir 'Hafèts 'Hayim dans Michna Béroura, chap.154, Chaâr haTsioun 8, au sujet de la loi concernant la table déposée sur l'estrade). Ainsi, explique le Rav, Rabbi Èliêzèr s'exprima au début à propos des érudits qui sont ces ustensiles servant la sainteté, et des ignorants qui sont les objets servant ces ustensiles, et qui par conséquent peuvent être jetés. Toutefois, après qu'il eut intégré cette nouvelle interprétation du verset: «Et vous qui adhérez à l'Éternel, votre D-ieu, vous êtes tous vivants aujourd'hui.» (Dévarim, 4, 4), il comprit que, dans la mesure où les ignorants soutiennent les Sages, ils s'attachent à la présence divine elle-même et, par là, sont considérés comme des ustensiles ayant directement servi la sainteté.

Il est par ailleurs intéressant de noter ce que dit le Zohar dans Parachat Way'hi:

«Pourquoi la bénédiction de Zévoulon devance-t-elle celle de Yissakhar, alors que Yissakhar s'adonna sans discontinuer à la Tora, et que la Tora doit toujours avoir la préséance? (...) C'est que, répond le Zohar, si Zévoulon mérita d'être béni avant Yissakhar, c'est par le mérite d'avoir sorti de sa bouche une ration de pain et de l'avoir donnée à Yissakhar.».

Nous voyons là l'importance qu'il y a de soutenir les étudiants en Tora, tant et si bien qu'il convient de prendre le pain de notre bouche, afin de soutenir les étudiants en Tora – puisque tel est le but même de la création. Ainsi, on reçoit la bénédiction d'en haut et d'en bas, et on mérite d'avoir sa part avec Yissakhar dans le monde à venir, grâce à cet honneur d'avoir soutenu la Tora.

C'est en ce sens que nous devons lire ces paroles extraordinaires du 'Hafèts 'Hayim sur la Parachat Wayichela'h, sur le verset: «Et il toucha la hanche de Yaâqov.».

Le Zohar écrit à ce sujet: «La hanche de Yaâqov, ce sont les bienfaiteurs de la Tora.». Le 'Hafèts 'Hayim explique ce verset en disant que l'ange se battit contre Yaâqov à cause des bénédictions qu'il subtilisa à Êssaw. Or, Yaâqov soutenait que, dans la mesure où ses enfants observaient la Tora, les bénédictions leur revenaient; les arguments de l'ange étaient donc vains, comme il est dit: «Il vit qu'il ne pouvait le vaincre.». Pourtant, quand l'ange vit qu'à la fin des temps, ceux qui soutiennent la Tora cesseraient de donner à ceux qui l'étudient et que, par voie de conséquence, l'étude de la Tora cesserait, il frappa Yaâqov à la hanche. C'est ce que dit le saint Zohar: «La hanche de Yaâqov, ce sont les bienfaiteurs de la Tora.». L'ange lui fit comprendre que, de la même manière que la jambe soutient l'homme, de même l'argent maintient les érudits. Et dans l'avenir, cette hanche se déboitera.

Ce commentaire du 'Hafèts 'Hayim s'accorde parfaitement à notre propos: le fait que Yaâqov subtilisa ces bénédictions avait pour but de donner la possibilité à ses fils de se soutenir mutuellement, ceux qui travaillent et ceux qui étudient la Tora. Pourtant, dès que ceux qui soutiennent la Tora cessent de remplir leur rôle, l'ange d'Êssaw accuse les enfants de Yaâqov d'avoir volé les bénédictions.

Dans le Yalqout Chimôni sur la Parachat Way'hi (chap.50, lettre 162), il est dit:

«Quand les tribus étaient en route vers la grotte de Makhpela pour y enterrer Yaâqov, Êssaw les empêcha de passer, prétextant que la grotte lui appartenait. Mais parce qu'ils avaient laissé l'acte d'acquisition de la grotte en Égypte, ils envoyèrent Naftali, dont la rapidité se comparait à celle de la biche, pour qu'il en rapporte le document. Pendant ce temps, 'Houchim, le fils de Dan, qui était sourd et n'avait donc pas compris un seul mot de ce qui se tramait, voyant que les enfants de Yaâqov se disputaient avec Êssaw, prit alors un bâton avec lequel il frappa Êssaw à la nuque, si fort que sa tête tomba et que ses deux yeux sortirent de leur orbite pour rouler jusqu'à la hanche de Yaâqov.».

Quel est le sens de cet enseignement de nos Sages?

Êssaw était dans une perpétuelle tristesse. Son frère Yaâqov, prétendant que les bénédictions de Yits'haq lui revenaient de droit dans la mesure où ses enfants avaient choisi la voie de la Tora, les lui avait subtilisées. C'est pourquoi, les yeux d'Êssaw

**surveillaient pour voir ce jour où les bienfaiteurs d'Israël cesseraient de soutenir les étudiants en Tora, provoquant ainsi la disparition de l'étude de la Tora. Êssaw pourrait ainsi, à nouveau, prétexter que Yaâqov lui avait volé les bénédictions qui lui revenaient. C'est pourquoi, les yeux d'Êssaw sortirent de leur orbite et atterrirent sur la hanche de Yaâqov qui représente «les bienfaiteurs de la Tora», comme l'écrit le Zohar haQadoch.**

**Ainsi, il nous incombe de nous renforcer dans l'étude de la Tora afin de faire taire ce mécréant. Mais ce, à l'unique condition que ceux qui soutiennent l'étude de la Tora ne cessent de le faire. À la fin de notre prière du matin, nous prions ainsi: «...une grande paix à ceux qui aiment la Tora, et ils ne tomberont point».**

**Rabbi Yits'haq Zilberstein, dans Touvékha Yabiôu, sur la Parachat Way'hi, nous livre l'histoire suivante:**

Alors qu'il se trouvait dans la maison de notre maître le Gaon Rav Yaâqov Israël Kanievsky Zt"l, le Steipeler (1899-1985), un Juif entra et présenta une demande de bénédiction pour son frère qui habite à l'extérieur de la Terre sainte, et avait besoin de la délivrance de ses problemes. Le Steipeler réfléchit en examinant le morceau de papier sur lequel était écrit la demande et questionna celui qui se tenait face à lui: «Est-ce que ton frère est marié avec une Juive?». Le visage de l'homme rougit et il finit par répondre par la négative. C'est alors que le Gaon se leva de sa chaise et, dans un mouvement de colère, prit la canne posée à ses côtés et la leva en l'air afin de chasser cette personne de la pièce, pour avoir osé demander une bénédiction pour un Juif de cette espèce. Mais aussi étonnant que cela puisse paraître, cet homme ne fut pas impressionné par les cris du Steipeler. Il se mit au contraire à vanter les mérites de son frère qui le soutenait financièrement, en lui envoyant régulièrement une importante somme d'argent, afin qu'il puisse étudier sans soucis. Quand il entendit cela, la colère du Steipeler s'atténua, il posa sa canne, revint à sa place, et s'assit. Et même s'il ne bénit pas cet homme, sa colère avait été calmée.

**Le Rav qui raconte cette anecdote ajoute que, dans le Traité**

**Pessa'him (53a), il est dit:**

«Rabbi Yossi déclara: Tudus (un notable juif de la communauté romaine) habitua sa communauté à manger des daims grillés la nuit de la fête de Pessa'h. On lui envoya cette missive: "Si tu n'avais pas été Tudus (le notable), on t'aurait chassé de Rome, pour avoir permis à Israël de manger des sacrifices à l'extérieur du Temple." (...) Rabbi Yossi, fils d'Avin, dit: Tudus, pour avoir rempli les poches des érudits, eut le mérite de s'asseoir dans la maison d'étude d'En-haut, comme il est dit: "À l'ombre de la sagesse, à l'ombre de l'argent."».

**Nous voyons donc combien est grande la récompense de celui qui subvient aux besoins de l'érudit. Et c'est peut-être pour cette même raison que la colère du Steipeler s'estompa.**

**Dans le livre Mèchèkh 'Hokhma du Rav Méir Sim'ha HaCohen (1943-1926), nous trouvons un commentaire sur la Parachat Bé'houqotaï, conformément à ce que nous disons dans la première bénédiction de prière «et qui Se souvient des bienfaits des Patriarches», qui nous montre les pouvoirs extraordinaires de la bienfaisance.**

**Dans le Talmud Yérouchalmi (Traité Sanhédrine, chap.'Helek), il est dit: «Si tu constates que le mérite des Patriarches s'estompe, et que celui des Matriarches d'Israël s'estompe aussi, va et attache-toi à la générosité.». Maïmonide (1135-204), l'auteur du Moré Névoukhim (Le Guide des Égarés), explique que chacune des actions des Patriarches et des Matriarches d'Israël avait pour but de donner naissance à une nation dont les membres seraient tous entièrement attachés à D-ieu et à sa connaissance. C'est la raison pour laquelle celui qui a l'honneur de soutenir la Tora ou de conduire ses enfants vers l'étude de la Tora obtient le même mérite que les Patriarches dont c'était la préoccupation première.**

**En revanche, si un homme ne soutient pas la Tora, que ses fils sont éloignés de D-ieu et de Sa Tora, et que le mérite des Patriarches s'estompe, qu'il s'attache à la générosité. Et si l'ange accusateur se présente, déclarant: «Ces personnes n'ont aucun**

**mérite, car la générosité est une qualité naturelle chez eux, ils sont fils d'Avraham, Yits'haq et Yaâqov qui ont tout donné.». Mais face à cette accusation, D-ieu lui répondrait: «Si donc il en est ainsi, que la générosité est chez eux une qualité qu'ils doivent à leurs ancêtres, c'est donc qu'ils se lient à nouveau au mérite des Patriarches!».**

**C'est pourquoi il est dit que «D-ieu Se souvient des bienfaits des Patriarches.».**

# Parachat Wayètsè

*Des montées et des descentes*

**«Il rêva et voici une échelle plantée dans la terre dont le sommet arrivait jusqu'au ciel.» (Bérèchit, 28, 12).**

**On peut lire dans le Midrach (Bérèchit Rabba, chap.68):**

«Les Sages l'interprètent comme étant le Sinaï: "Il rêva et voici une échelle", il s'agit du Sinaï; "plantée dans la terre", "et ils se plantèrent sous la montagne" (Chémot, 19, 17); "dont le sommet arrivait jusqu'au ciel", "la montagne était embrasée jusqu'au ciel" (Dévarim, 4, 11). Une autre explication: "échelle" a la même valeur numérique que celle du mot "Sinaï" (130). "Et des anges de D-ieu", il s'agit de Mochè et Aharone (...); "montaient", "Et Mochè monta vers" (Chémot, 19, 3); "et descendaient", c'est Mochè, "Et Mochè descendit" (ibid.)».

**Ce Midrach ouvre une nouvelle page quant à la manière d'étudier la Tora. En effet, le mont Sinaï est comparé ici à une échelle, ce qui signifie que l'étude de la Tora est elle-même une échelle. Quant aux «anges de D-ieu», il s'agit des étudiants en Tora, qui parfois y montent (réussissent dans leur études), et parfois en descendent (n'y réussissent pas). Qu'il soit adolescent ou déjà marié, l'étudiant en Tora est toujours soit en ascension, soit en descente. Car tel est le chemin à emprunter pour s'élever dans la Tora: c'est par le biais de descentes que l'on mérite d'atteindre les plus hauts sommets, puisqu'en définitive, l'homme n'est pas un ange qui, par nature, conserve toujours le même niveau, comme il est dit: «Je t'ai donné des chemins entre ceux (les anges) qui se tiennent debout.»(Zékharya 3, 7). Ce n'est pas le cas de l'homme qui avance étape par étape; même une descente peut lui servir de tremplin. Toutefois, quand le sage se sent faiblir dans son étude, il lui est interdit de se décourager. Au contraire, il doit y voir une raison de se renforcer, afin qu'à partir de là, il puisse s'élever davantage encore. Dans cet ordre d'idées, le Baâl Chem Tov (Rabbi Israël Bèn Èliêzèr, 1698-**

**1760), explique que le verset: «Qui se méprise à ses yeux est abject.» (Téhillim, 15, 4), sous-entend que celui qui se dénigre à ses propres yeux est abject aux yeux de D-ieu. C'est pourquoi chacun se doit de connaître sa propre valeur et ne jamais oublier, quand il est assis et qu'il étudie, que c'est pour lui que le monde a été créé.**

**Dans son livre Na'halat Tsvi, Rabbi Èl'âzar Yéhouda Leib Pinter, sur la Parachat A'harè mot, raconte l'histoire suivante:**

Un Avrèkh (un homme qui étudie la Tora à plein temps) étudiait, dans sa jeunesse, à la Yéchiva de Radine, auprès de notre maître le 'Hafèts 'Hayim Zt"l. Or, voilà qu'un beau jour, il se présente devant son Rav et lui déclare, le cœur brisé: «Je me suis, Baroukh HaChem, marié avec une fille de très bonne famille, et mon père se préoccupe de ma situation financière et de celle des membres de notre famille. Pourtant, je me sens faible au fond de moi-même parce que je ne vois pas de bénédiction dans mon étude. Depuis que je suis né, je me donne entièrement à la Tora, mais jusqu'à aujourd'hui, je n'ai pas mérité d'atteindre ses profondeurs. Ne serait-ce qu'une seule page de Guémara avec ses commentateurs, je ne parviens pas à la comprendre à la lueur de la loi.».

Le 'Hafèts 'Hayim le calma et lui répondit: «Laisse-moi te dire que tu t'inquiètes inutilement. N'es-tu pas marié à une fille de bonne famille qui t'a offert la possibilité d'accomplir le verset: "Et tu t'y adonneras jour et nuit" sans être dérangé? Maintenant, tu dois prendre conscience que D-ieu ne nous a pas demandés d'être des érudits géniaux. Tout ce qui nous a été ordonné, c'est de nous donner corps et âme à la Tora.». C'est de cette manière que le 'Hafèts 'Hayim apaisa le cœur brisé de cet homme, en lui donnant les forces de reprendre, avec plus de conviction et d'amour, son étude de la Tora.

**Et l'on rapporte au nom du Gaon, Rabbi Israël miRouzjin Zt"l, une explication sur le reproche qu'adressa D-ieu à Adam haRichon, lui demandant: «Qui t'a dit que tu étais nu?» (Bérèchit, 3, 11), illustrée par une anecdote.**

Alors que le Tsar de Russie, Nicolas, se trouvait en voyage, on avait posté des gardes à tous les ponts afin d'éviter toutes sortes d'incidents qui auraient pu se produire à son passage. Or, un soldat juif fut également désigné pour surveiller l'un de ces ponts. Du fait que l'heure à laquelle devait arriver le Tsar était passée, il pensa qu'un changement dans le programme avait dû se produire, et que le Tsar n'emprunterait plus ce pont. Retirant alors son uniforme, le soldat descendit jusqu'au fleuve pour nager. Mais à peine était-il entré dans l'eau qu'il entendit au loin les roues du carrosse impérial. Il se précipita immédiatement à son poste, nu, et fit avec la main le signal indiquant qu'il était possible de continuer car, sans ce geste de sa part, le cortège se serait arrêté. Le Tsar pourtant le fit appeler et lui demanda pour quelle raison il osait se tenir nu devant lui.

Le Juif répondit: «Il est vrai que j'ai fait une erreur en abandonnant mon poste de garde sans permission, mais serait-ce une raison pour me rendre coupable davantage en interrompant la marche de l'empereur?».
**Avec cette histoire, on peut comprendre le reproche qu'adressa D-ieu à Adam haRichon, lui demandant: «Qui t'a dit que tu étais nu?», sous-entendu: «Est-ce que c'est parce que tu as fauté, et que tu es nu, qu'il te faut nécessairement, en plus, continuer sur cette voie et te rendre davantage coupable?».**

**Ainsi, la sagesse authentique consiste à savoir de quelle manière continuer à monter après une descente. Le livre Touvékha Yabiôu du Rav Yits'haq Zilberstein, sur la Parachat Mattot, raconte l'histoire suivante:**

Un Rav, orateur des plus populaires, eut le mérite, deux semaines avant le décès de notre maître le 'Hazon Ich Zt"l, de lui rendre visite une dernière fois. Mais ce jour-là, la porte d'entrée de la maison était fermée, et le Rav décida donc de passer par la porte du cellier qui se trouvait à l'arrière de la maison et où étudient aujourd'hui les enfants d'un Talmud Tora, rue 'Hazon Ich. Or, alors qu'il traversait la cour, ses yeux s'arrêtèrent net sur ceux du 'Hazon Ich allongé sur son lit au balcon de son appartement. Le 'Hazon Ich demanda au Rav son nom. Quand celui-ci se présenta, ajoutant que la porte d'entrée était fermée, le 'Hazon Ich lui conseilla alors d'escalader le balcon afin d'entrer.

Bien entendu, le Rav ne le contredit pas et commença son escalade. Mais le manteau qu'il portait se prit dans la barrière et l'obligea à redescendre. Quand il recommença son ascension, le vêtement se prit à nouveau dans la balustrade, au point où il fut obligé de redescendre une seconde fois, et encore une troisième, une quatrième...

Pendant ce temps, le 'Hazon Ich examinait la scène, puis il finit par dire doucement: «Il ne faut jamais oublier de quoi est faite la vie d'un Juif. On monte et on redescend, on monte et on redescend ; et encore une fois, on monte et on redescend. Mais celui qui veut vraiment atteindre le but qu'il s'est fixé, il y arrivera, il y arrivera...».

**Telle est la voie de la Tora: elle comporte des montées et des descentes, celles-ci étant tout autant nécessaires que celles-là. Et tous sont passés par cette route, même les plus grands érudits. L'important est de savoir placer des butoirs sur la pente, afin que, 'Haswe Chalom, on ne dégringole pas jusqu'à la dernière marche.**

**Commentant ce verset des Psaumes, «Qui monterait sur la montagne de D-ieu? Et qui se tiendrait dans Sa sainte résidence?» (Téhillim, 24, 3), le Rav Bèt Chémouèl Aharone (Rabbi 'Hayim Aryé Leib de Yédvavna, fin XIXe siècle), dans son livre Chaâr Bat rabbim, sur la Parachat Wayèlèkh, présente une métaphore illustrant à merveille cette idée.**

Un cocher prend la route avec de bonnes montures. En chemin, il est rejoint par un jeune cocher, encore inexpérimenté, qui conduit des chevaux paresseux. Celui-ci emboîte le pas du premier. Alors qu'ils parviennent aux pieds d'une haute montagne, le premier cocher, expérimenté dans l'art du dressage, amène sans encombre son attelage jusqu'au sommet. Mais stoppé par l'indolence de ses chevaux, le jeune cocher ne parvient pas à les faire avancer. Élevant alors la voix de toutes ses forces, il les frappe violemment avec son bâton et, pris de peur, les chevaux s'élancent au galop vers le sommet. Après avoir parcouru plus de la moitié du chemin en quelques secondes, les chevaux essoufflés, s'arrêtent pour reprendre des forces. Le cocher, qui manque encore d'expérience, ne sait pas que, dans une telle position, il est urgent de tenir fortement les essieux de la charrette ou tout au moins de placer des pierres sous ses roues... Et donc, ce qui devait arriver arriva. Inévitablement, la charrette fit marche arrière, redescendant la pente dans une course folle, avant d'aller se briser en mille morceaux au pied de la montagne, le blessant, ainsi que ses chevaux.

**Ce que cette métaphore nous enseigne, c'est qu'il y a des gens qui font Téchouva, ou d'autres encore qui prennent la résolution d'améliorer leurs actes, et qui, de jour en jour, d'étape en étape, s'élèvent. Pourtant, comme cela arrive à chacun d'entre nous, on est parfois dans le risque de faire du surplace, cette station représentant alors un très grand danger, car celui qui n'avance pas, redescend en sens inverse, et risque fort de «se blesser», du point de vue spirituel. Le conseil, dans ce cas, c'est de déposer «de petites pierres» qui sont comme des barrières et des garde-fous, afin de pouvoir rester dans une position stable, même si elle est inconfortable, jusqu'à ce qu'il soit possible à nouveau de reprendre l'ascension et d'atteindre le sommet de la montagne.**

# Parachat Wayichela'h

*Repousser avec la gauche*

**«Timnâ était la concubine d'Èlifaz, le fils d'Êssaw, elle enfanta à Èlifaz Âmalèq.» (Bérèchit, 36, 12).**

**Selon Rachi, «Ce verset vient nous montrer la grandeur d'Avraham, et combien on désirait s'unir à sa descendance. Timnâ était fille de prince, comme il est dit: "Et la sœur de Lotan, Timnâ". Or, Lotan faisait partie des habitants de Séïr, des nobles qui y séjournaient alors. Elle dit à Èlifaz: "Je ne mérite pas de me marier avec toi. Si seulement je pouvais devenir ta concubine!"».**

**Avraham Avinou, qui convertissait les hommes, et Sara Imménou, les femmes, firent entrer des milliers de personnes sous les ailes de la Chékhina (Présence divine). Pour quelle raison refusèrent-ils alors la conversion de Timnâ qui fit tout ce qui était en son pouvoir pour se lier à leur famille, au point de devenir la concubine d'Èlifaz, lui-même petit-fils d'Avraham Avinou? Or, Timnâ mit au monde Âmalèq, l'ennemi juré d'Israël jusqu'à la fin des temps; nos Sages expliquent qu'il s'agit là d'une sorte de sanction à l'encontre d'Avraham et Sara. En effet, ils ont repoussé Timnâ à pleines mains au lieu de la convertir à la Tora et au Judaïsme; celle-ci allait devenir la mère de celui au sujet duquel D-ieu dit que «ni le trône de Gloire, ni Mon Nom ne sont parfaits tant qu'Âmalèq est encore de ce monde.» (voir Rachi, Chémot, 17, 14).**

**Quand le peuple d'Israël sortit d'Égypte, Âmalèq parcourut un long chemin de plus de 400 Parsaot (1600km) afin de venir livrer bataille à Israël. Pourtant, les enfants d'Israël étaient protégés par les Nuées de gloire qui les entouraient. Comment donc Âmalèq envisagea-t-il pouvoir attaquer Israël?**

**Pour répondre à cette question, reportons-nous à Parachat Ki Tètsè (Dévarim, 25, 17-18): «Souviens-toi de ce que t'a fait Âmalèq, lors de votre voyage, alors que vous sortiez d'Égypte. Il**

**t'a surpris en chemin, et se jeta par derrière sur les plus faibles, et tu étais fatigué et à bout de forces,et lui [Âmalèq] ne craignait pas D-ieu.». Âmalèq était prêt à faire une très longue route pour se jeter sur une poignée d'hommes qui avaient été rejetés hors des Nuées de gloire parce qu'ils avaient fauté.**

**C'était un message qu'Âmalèq envoyait à Israël: c'est parce qu'il est rejeté de toute union avec le peuple juif par le biais de son ancêtre qu'il surgit subitement afin de s'attaquer aux pécheurs d'Israël qui, rejetés hors des Nuées de gloire, étaient tenus, comme lui-même, à l'écart du peuple de D-ieu. Partageant pour ainsi dire leur sort, cela valait bien la peine de faire un si long détour, rien que pour eux, pour faire passer son message. Notre rôle est précisément de faire en sorte que celui que l'on repousse ne soit jamais rejeté définitivement: il faut plutôt chercher à rapprocher de la Tora tous les fauteurs d'Israël.**

**Dans la Paracha, nous apprenons la manière dont Yaâqov Avinou se prépara à rencontrer son frère Êssaw. La Tora raconte en effet que la nuit précédant cette rencontre, «[Yaâqov] se leva cette nuit-là, prit ses deux femmes et ses deux servantes ainsi que ses onze enfants, et traversa à gué le Yabok.» (Bérèchit, 32, 23). Or, au nom du Midrach, Rachi demande:**

«Et Dina, où était-elle? Il l'avait enfermée dans une malle, où il l'avait enfermée afin qu'Êssaw ne pose pas les yeux sur elle. Et Yaâqov fut puni pour l'avoir refusée à son frère, alors qu'elle aurait était capable de le faire revenir sur le droit chemin. C'est la raison pour laquelle elle tomba entre les mains de Chèkhèm.».

**Ces paroles du Midrach nécessitent une explication: est-ce parce que Yaâqov ne voulut pas donner en mariage son honnête fille à un scélérat comme Êssaw qu'il devait être puni de voir sa fille tomber entre les mains d'un païen en la personne de Chèkhèm?! Le Rav El'hanan Wasserman Zt"l (1875-1941) fait remarquer que cette question fut déjà posée par le Rav Ovadiâ MiBarténoura (XIIIe siècle) sur la Parachat Wayichela'h. Celui-ci écrit que Yaâqov craignait précisément que Dina ne ramène Êssaw sur le droit chemin. Il s'y opposa fermement dans la mesure où la loi stipule qu'il faut empêcher certains êtres**

malveillants de se repentir, ainsi que le note le Rambam (Mochè bèn Maïmon, Maïmonide, 1135-1204). Or, aux yeux de Yaâqov, Êssaw se trouve effectivement dans ce cas.

Si Yaâqov Avinou avait donné sa fille Dina en mariage à son frère, cela aurait permis d'amener Êssaw à un repentir complet et authentique; il aurait évité à sa postérité les multiples souffrances que lui infligera la descendance d'Êssaw et au sujet de laquelle il est dit qu'elle «déteste Israël jusqu'à ce jour». De fait, Yaâqov Avinou savait que Dina avait la possibilité de ramener Êssaw sur le droit chemin, et ce n'est que d'après sa seule évaluation personnelle qu'il arriva à la conclusion qu'Êssaw ne pouvait plus se repentir: D-ieu fit que ses petits-enfants souffriront à cause de la descendance d'Êssaw.

Il est vrai que Yaâqov Avinou ne convertissait pas les gens pour les faire entrer sous les ailes de la Chékhina (Présence divine), à l'instar de son grand-père Avraham Avinou. Selon le Traité Yoma (28b), Avraham Avinou observait le commandement du «Irouvé Tavchiline» (le mélange des plats) alors que Yaâqov Avinou instaura la loi de «Té'houmim» (limiter les frontières pour la ville). Or, le Rav Mèchèkh 'Hokhma (Rav Méir Sim'ha HaCohen MiDvinsk, 1843-1926), sur la Parachat Wayichela'h, explique le sens de ce passage. Il souligne qu'Avraham, en revanche, n'observait pas la loi du Té'houm, où il s'agit de mettre des frontières, car il voulait permettre à tout un chacun de se rendre chez lui pour lui exposer son idée du monde. Yaâqov Avinou, lui, n'agissait pas ainsi. Au contraire, c'est lui qui instaura la loi de Té'houmim, la séparation et la limitation, comme il ressort de ce verset de Parachat Wayichela'h: «Il campa devant la ville.» (Bérèchit, 33, 18), afin de séparer Israël des autres peuples.

Ainsi, d'après cette Guémara, on ne comprend pas les motifs qui poussèrent Avraham Avinou à refuser de recevoir Timnâ, lui qui était si précautionneux de ne rejeter quiconque. De même Yaâqov, quand bien même avait-il établi la loi des Té'houmim pour les membres de sa propre famille, les distinguant ainsi des autres peuples, pour quelle raison empêcha-t-il Dina de se marier avec Êssaw, alors qu'il savait pertinemment qu'elle était susceptible de ramener Êssaw sur le droit chemin?

Dans le même ordre d'idées, il est écrit dans le Pirqé Avot (Maximes des Pères, chap. 1, Michna 12): «Hillel dit: "Faites partie des disciples d'Aharone, aimant la paix et poursuivant la paix, aimant les créatures de D-ieu et les rapprochant de la Tora."». Or, il est connu que chaque fois qu'il est dit dans les Pirqé Avot: «Hillel dit», «Chamaï dit», ou encore «Rabban Gamliel dit», l'intention est toujours de nous faire savoir que les Tanaïm font des reproches à leur génération. Et c'est face aux manquements qu'ils observaient au sein de leur génération, qu'ils revenaient sans cesse sur tel ou tel reproche, autant de fois qu'ils le jugeaient nécessaire, afin qu'elle abandonne ses mauvaises actions. Et s'il en est ainsi, quels pouvaient bien être les manquements des hommes de la génération d'Hillel haZaqen pour qu'il en vienne à leur sommer d'aimer les créatures de D-ieu et de les rapprocher de la Tora?

Or, voilà, bé-Êzrat HaChem, comment il m'est apparu bon d'y répondre. Dans le recueil Les carences du Chass, où sont publiés de larges extraits du Talmud supprimés par la censure, un passage du Traité Sota (47a) relate comment Rabbi Yéhochouâ bèn Per'hia et son fameux élève (Gésus) s'étaient retrouvés un soir dans une auberge. Parce que la maîtresse des lieux avait accueilli ses hôtes avec beaucoup de déférence, Rabbi Yéhochouâ dit à son élève combien il trouvait l'endroit agréable, désignant par là les égards tout particuliers avec lesquels ils avaient été reçus. Mais son élève avait l'esprit occupé à d'autres pensées en contradiction avec notre sainte Tora, et il crut que son maître voulait parler de la beauté physique de l'aubergiste. Il répondit alors: «Maître, elle a l'œil vitreux.», sous-entendu «Ses yeuxsont laids.». Rabbi Yéhochouâ comprit que son élève le soupçonnait de porter ses regards sur la beauté physique de cette femme, et il le chassa. Cet élève n'avait alors de cesse de revenir chaque jour vers son maître afin que celui-ci annule son anathème, mais Rabbi Yéhochouâ n'y consentait pas.

Un jour, pourtant, le Rav eut sincèrement pour intention de le recevoir à nouveau. Mais parce qu'il était occupé à lire le Chémâ, Rabbi Yéhochouâ lui fit signe d'attendre. L'élève pensa alors que son maître le refoulait à nouveau. Il s'en alla dresser une stèle et se mit à la servir jusqu'à se perdre complètement. Plus tard, Rabbi Yéhochouâ lui demanda de se repentir de ses mauvaises actions, mais il lui répondit: «Voilà ce que j'ai appris de toi: tout celui qui faute, et qui fait fauter la foule, perd la possibilité de se repentir.». Et c'est à ce propos que nos Sages ont déclaré: «Toujours la gauche repoussera, et la droite rapprochera.». Car, après que Rabbi Yéhochouâ bèn Per'hia eut définitivement chassé cet élève, c'est une assemblée d'hommes qui suivit celui-ci et qui, aujourd'hui encore et jusqu'à la fin des temps, tourmente notre peuple. Tandis que si Rabbi Yéhochouâ l'avait ramené à lui, de lourdes souffrances auraient été évitées à notre peuple.

Dans le même texte (Michna 8), Rabbi Yéhochouâ dit par ailleurs qu'«Il convient de juger tout homme à son avantage.», et c'est sûrement le reproche qu'il adressait aux hommes de sa génération, dans la mesure où, parce que cet élève l'avait jugé à son désavantage, le soupçonnant d'avoir posé ses yeux sur la beauté physique d'une femme, celui-ci fut banni, puis se corrompit.

Les pièces s'emboîtent maintenant parfaitement. Hillel appartenait à une génération postérieure à celle de Rabbi Yéhochouâ bèn Per'hia, et les hommes de son époque souffraient alors des païens qui, alliés à l'assemblée de cet élève, tourmentaient le peuple juif. C'est ainsi qu'Hillel prouva aux membres de sa génération qu'une telle douleur était provoquée précisément par le fait que cet élève n'avait pas été réconcilié avec la Tora, mais qu'au contraire il en avait été exclu. C'est pourquoi il les exhortait à aimer les créatures de D-ieu et à les rapprocher de la Tora. Or, il est écrit, avec délicatesse, «aimant les créatures de D-ieu», et non pas «aimant les sages» ou «les justes», mais bien chacune des créatures, quelle qu'elle soit. Même si leurs pensées sont éloignées de la vérité, il convient de les rapprocher de la Tora, car qui sait ce qui peut bien arriver si on les repousse?

On rapporte l'histoire suivante au nom du Rav Èliyahou Lopian Zt"l (1876-1970).

Un homme lui avoua un jour que, bien qu'ayant quitté complètement le monde de la Tora et des Mitswot, il conservait une estime sans pareille pour les hommes de Tora. Et quand on lui en demanda la raison, il raconta que, jeune homme, il avait étudié à la Yéchiva de notre maître le 'Hafèts 'Hayim. Mais quand le Rav apprit que les vues d'esprit de cet adolescent n'étaient pas conformes à celles qu'on attend d'un élève de Yéchiva, il lui ordonna de faire ses bagages sur-le-champ et de quitter la Yéchiva. C'était déjà la nuit, et le Machguia'h demanda alors au 'Hafèts 'Hayim si le jeune homme pouvait encore dormir une dernière nuit à la Yéchiva pour ne partir qu'au lever du jour. Le 'Hafèts 'Hayim refusa catégoriquement, mais, vu l'heure tardive, il l'invita plutôt à venir dormir à son domicile. Cet homme raconta alors:

«Cette nuit-là était particulièrement éprouvante, le froid vous glaçait littéralement les os. Or, voilà qu'au beau milieu de la nuit, je vois le 'Hafèts 'Hayim pénétrer dans la chambre où je dormais. Pensant rêver, je vis le Rav ôter son manteau de fourrure et le déposer délicatement sur moi. Quant à lui, il resta sans manteau. De fait, cette fourrure me tint chaud toute la nuit, et jusqu'à ce jour je ressens encore cette chaleur. Voilà pourquoi j'ai toujours conservé de l'estime pour les hommes de Tora.».

**Telle était la sagesse de notre maître, le 'Hafèts 'Hayim. Quand bien même il avait chassé cet élève et avait exigé catégoriquement qu'il quitte la Yéchiva, malgré tout il se préoccupa de le réchauffer afin que, 'Haswe Chalom, ne sorte pas de lui un ennemi de la religion qui tourmente ses frères. Grâce à cette attitude du Rav, même si le jeune homme s'éloignait du monde de la Tora, il garderait toujours de l'estime pour ses représentants.**

# Parachat Wayèchèv

*Tes actes seront désintéressés*

**«Et l'on fit descendre Yossèf en Égypte, et Potifar, l'officier de Parô, capitaine des gardes, l'acheta.» (Bérèchit, 39, 1).**

**Le Midrach (Bérèchit Rabba, chap. 5, 2) demande:**

«Pour quelle raison l'épisode de Yéhouda et de Tamar, et celui de Yossèf avec la femme de Potifar, se suivent-ils? Rabbi Chémouèl bar Na'hmani dit: - Afin de nous enseigner que, de la même manière que l'intention de Tamar de donner naissance à une descendance à la maison de Yéhouda était désintéressée, de même l'intention de la femme de Potifar était pure. Car, comme le dit Rabbi Yéhochouâ bèn Lévi, elle vit dans son horoscope qu'elle devait engendrer un enfant de lui, mais elle ne savait si c'était elle ou sa fille qui allait le mettre au monde».

**Nous apprenons, de ce Midrach, que la conduite de la femme de Potifar, qui cherchait à isoler Yossèf afin d'avoir une relation avec lui, n'était guidée ni par son désir ni par une passion passagère. Son intention était pure, comme le fut celle de Tamar qui, par son mérite, eut l'honneur d'être la mère des descendants de la maison de David, d'où sortira le libérateur. C'est dans ce but que Tamar fut prête à donner jusqu'à sa vie, en acceptant de sauter dans la fournaise ardente, uniquement pour ne pas faire honte en public à Yéhouda – et ce, parce que son geste était animé d'une intention totalement désintéressée. Or, d'après les paroles de nos Sages, la femme de Potifar qui désirait donner une descendance à Yossèf, aurait aussi agi de manière désintéressée.**

**Pourtant, une question se pose: nous avons appris dans le Traité Sota (13b) que Potifar acheta Yossèf pour ses propres besoins, c'est-à-dire pour ses «délits», mais que l'ange intervint et castra Potifar. C'est la raison pour laquelle, il est appelé au**

début Potifar, et ensuite Potifara (Ndt.: «Fara» est un terme qui comporte l'idée d'altération.). S'il en est ainsi, que se serait-il passé si la femme de Potifar était tombée enceinte de Yossèf? Combien de temps aurait-elle pu faire face à son mari? N'aurait-il pas été immédiatement manifeste qu'elle l'avait trompé puisque, castré, Potifar était incapable de mettre sa femme enceinte? Nous sommes donc bien obligés d'admettre qu'elle prit cet élément en compte. Pour donner naissance à la sainte descendance de Yossèf, elle fut prête à risquer les injures et le blasphème, ou même peut-être sa vie, quand il serait dévoilé à son mari qu'elle l'avait trompé. Ainsi, elle se comporta exactement comme la tsaddèqète Tamar, disposée qu'elle était à donner sa vie pour réaliser ce but élevé.

Il ressort de cette analyse que les non-Juifs ont la possibilité d'accomplir des actions purement désintéressées, égalant en cela les plus grands personnages du peuple juif.

Pourtant, une différence de taille distingue ces deux évènements. Bien que Tamar désirât ardemment donner une descendance à la maison de Yéhouda, quand ce dernier ordonna en fin de compte «qu'elle soit brûlée», au lieu de sauver sa propre vie en déclarant qu'elle était enceinte de Yéhouda, elle resta silencieuse. Or, Tamar aurait tout aussi bien pu rester en vie, mais en humiliant publiquement Yéhouda. Une telle attitude n'aurait pas remis en cause le but qu'elle s'était fixée, dans la mesure où elle portait désormais dans son ventre la descendance royale. Or, Tamar supporta l'épreuve et prouva ainsi d'un bout à l'autre que son attitude était sincère. En revanche, la femme de Potifar, quand bien même elle aurait agi au début pour des motifs totalement désintéressés, disposée même à risquer sa vie pour tomber enceinte de Yossèf, quand celui-ci refusa de l'écouter et de la suivre, elle fit tout ce qui était en son pouvoir pour lui rendre la vie insupportable, allant même jusqu'à le faire emprisonner. Et ce, parce qu'elle n'avait pas obtenu ce qu'elle désirait.

C'est avec un tel critère qu'il est possible de vérifier les intentions de celui qui prétend agir de manière désintéressée: se préoccupe-t-il encore de son prochain, quand il n'obtient pas ce qu'il désire? Ou bien essaie-t-il de détruire celui qui lui fait face? Ou encore, quand il n'obtient pas les honneurs qu'il recherchait, se conduit-il avec droiture ou cela le met-il hors de lui?

Or, précisément, au beau milieu de l'épreuve, les grands personnages d'Israël ont su démontrer que leurs actes étaient purement désintéressés. Le livre Imrè Chéfèr du Rav Chémouèl Pin'hasi sur Avot (chap. 6) raconte l'histoire suivante à propos du Gaon, Rabbi Yits'haq Méïr (1798-1866), le premier Admour de la 'Hassidout Gour, qui avait travaillé intensément pendant une dizaine d'années sur la rédaction d'un livre incroyable répondant à toutes les questions du Chakh dans le Choul'han Aroukh dans la section de 'Hochen Michpat. Avant de se rendre à l'imprimerie pour y déposer son manuscrit, Rabbi Yits'haq Méïr fit un détour par le domicile de son beau-frère, le Rav HaAdmour miKotsk Zt"l (Rav Ména'hèm Mendel Morgenstern, 1809-1873), afin de recevoir sa bénédiction. Le Rav de Kotsk lui demanda alors: «Mon cher Méïr, es-tu certain d'avoir rédigé ce livre de manière totalement désintéressée, sans avoir le moins du monde cherché à faire valoir la valeur de ton étude? Peut-être même, te serait-il arrivé de penser avoir mieux compris que le Gaon haChakh? Car il faut que tu saches que le Chakh ne cessa jamais d'étudier de manière désintéressée.».

Rabbi Yits'haq Méir ne fut nullement vexé par ces remarques, et sans poser aucune question, il se dépêcha de sortir. Dès qu'il fut dehors, il ramassa quelques branchettes, alluma un feu et prononça la bénédiction suivante: «...Qui nous a sanctifié... et nous a ordonné d'écouter la voix des Sages.». Puis il jeta le fruit de son dur labeur au milieu des flammes. Père de treize enfants, qui tous moururent de son vivant, on imagine ô combien l'Admour pouvait désirer laisser une œuvre dans ce monde. L'Admour de Kotsk le bénit pour son acte, et il lui souhaita d'écrire un commentaire de la Tora qui soit le fruit d'une réflexion totalement désintéressée. Et c'est ainsi que l'Admour Rabbi Yits'haq Méïr laissa derrière lui une œuvre, mondialement connue encore aujourd'hui sous le nom de 'Hiddouché Harim.

Telle me semble être l'intention du Tana dans les Pirqé Avot (Maximes des Pères, 2, 12): «Rabbi Yossi dit... «Et toutes tes

**actions seront désintéressées ». Pour quelle raison eut-il besoin de préciser: «Et toutes», si ce n'est pour nous faire comprendre que tout acte réalisé de manière désintéressée, doit l'être complètement, du début à la fin.**

**Dans le livre Tséror haMor, au nom de Rabbi Avraham Sabbah Zt"l (1440-1508), le beau-père de notre maître Rav Yossèf Caro (1488-1575), le Bèt Yossèf, nous est livré un nouvel élément sur la Parachat Wayèra, au sujet de l'épisode de Loth et de ses deux filles qui, après l'avoir fait entrer dans une grotte et boire du vin, s'unirent à lui, donnant ainsi naissance aux deux nations que sont Âmmon et Moav:**

**«Ses filles avaient pour intention de réaliser la Mitswa de maintenir le monde, comme il est dit: "Il n'y a pas d'homme sur terre pour venir vers nous, comme l'habitude de toute la terre." (Bérèchit, 19, 31). C'est pourquoi les femmes d'Âmmon et de Moav eurent le mérite d'être acceptées dans l'assemblée de D-ieu, comme l'expliquent nos Sages: "L'Âmmoni, et non l'Âmmonite, le Moavi, et non la Moabite" (Traité Yévamot, 76b). Et si les hommes n'y sont pas autorisés, c'est que les intentions de Loth furent mauvaises.»**

**Ainsi, même un acte qui nous paraît en soi répréhensible, comme c'est le cas d'une fille qui s'unit à son père et tombe enceinte de lui, du fait qu'il fut réalisé de manière désintéressée, D-ieu en fit sortir deux peuples, dont sera originaire Ruth la Moabite, ancêtre de la descendance de David haMélèkh, notre libérateur qui glorifiera D-ieu de chants et de louanges.**

**Dans son livre Na'halat Tsvi, sur la Parachat Wayèra, Rabbi Èl'âzar Yéhouda Leib Pinter rapporte une anecdote racontée par le Rav Mochè Feinstein Zt"l (1895-1986).**

Dans la ville de Lyouban, où il était alors Rav, il arriva lors de l'hiver 5682 (1922) que l'un des membres de la communauté fut atteint d'une maladie pour le moins étrange: il avait la langue qui gonflait à l'intérieur de sa bouche, l'acculant à un étouffement certain.

Rabbi Mochè vint lui rendre visite et, quand il arriva, le

malade demanda à ce que l'on fasse sortir les autres visiteurs. Et c'est alors qu'il raconta au Rav la raison de son mal: une semaine avant qu'il ne tombe malade, lors de Parachat Wayèra, il s'était demandé pour quelle raison les filles de Loth avaient mérité que le Messie provienne de leur descendance; n'avaient-elles pas eu honte de leur dépravation, dévoilant à la face du monde que leurs enfants venaient de leur père, devenant ainsi la risée de tous? Or, cette même nuit, deux vieilles femmes, à la tête et au visage couvert, lui apparurent en rêve, se présentant comme les filles de Loth. Parce qu'elles avaient entendu ses questions, elles étaient venues tout spécialement du monde supérieur pour y répondre.

Elles argumentèrent alors que, étant de la famille d'Avraham Avinou, après avoir été sauvées miraculeusement de Sodome, il leur fut donné la possibilité de rendre public le miracle qui leur était arrivé. Or, elles auraient été libres de proclamer à la face du monde avoir été mises enceintes, pour ainsi dire, par la Chékhina (Présence divine), édifiant ainsi une nouvelle religion, à l'instar du christianisme. Mais justement, elles n'en firent rien. Au contraire, elles nommèrent leurs enfants du nom de Âmmon et Moav, afin de faire savoir à tous les habitants de la terre que, quand une femme est enceinte, c'est toujours par une voie naturelle. C'est grâce à cet acte de bravoure qu'elles eurent ainsi le mérite de donner naissance à la descendance du libérateur authentique. Elles ajoutèrent encore que celui qui parlerait d'elles avec mépris commettrait une faute impardonnable, et c'est pourquoi il serait puni «mesure pour mesure», comme les Explorateurs: sa langue gonflerait d'une maladie inconnue et il mourrait.

Quand il eut fini de raconter cette histoire, le Rav lui tourna la tête vers le mur, et l'homme quitta ce monde.

**Ainsi, l'acte que réalisèrent les filles de Loth était d'un bout à l'autre totalement désintéressé, au point où il leur fut donné la possibilité de punir cet homme qui s'était exprimé à leur sujet de manière diffamatoire, sans tenter de justifier leurs intentions.**

**C'est cette même idée que l'on trouve au sujet de Yaël, la femme du 'Hèvèr le Kénéen, qui fut louée pour avoir tué Sisra, comme il est dit:«Bénie soit-elle entre les femmes, Yaël, l'épouse**

de ‘Hèvèr le Kénéen, entre les femmes sous la tente.» (Chofétim, 5, 24). La Guémara demande: «Qui sont ces femmes sous la tente auxquelles Yaël est comparée? Il s’agit de Sara, Rivka, Ra‘hel et Léa.» (Traité Nazir, 23b). Or, Rachi explique que: «c’est parce que Yaël fit une faute de manière désintéressée afin de diminuer les forces de ce scélérat pour pouvoir l’assassiner (en effet, Yaël fit entrer dans sa tente Sisra qui eut sept rapports consécutifs avec elle), qu’elle fut bénie entre les femmes Sara, Ra‘hel et Léa, dans la mesure où ces dernières demandèrent à leur mari de se rapprocher de leurs servantes, non parce que leur intention était pure, mais parce qu’elles éprouvaient de la jalousie les unes envers les autres: Ra‘hel envers Léa; etc.».

Or, celui qui découvre l’histoire de Yaël pour la première fois, apprenant qu’elle fit pénétrer sous sa tente ce mécréant avec lequel elle s’isola et eut sept rapports consécutifs, qu’en viendrait-il à penser, si ce n’est qu’elle fut prise d’un vent de débauche et désira avoir une relation avec cet important chef des armées qu’était Sisra? Mais la Tora est là pour nous dévoiler les profondeurs du cœur, et témoigne que cette faute était motivée par des intentions pures, au point où elle bénit Yaël davantage encore que les saintes Matriarches d’Israël !

Grâce à cet éclairage, que de fois il y a des fautes motivées par des intentions pures! j’ai pensé expliquer, bé-Êzrat HaChem, pour quelle raison l’épisode des filles de Tsélof‘had, qui vinrent demander à Mochè leur part d’héritage dans la terre d’Israël, est juxtaposé à celui de Pin‘has, qui assassina Zimri bèn Salou.

En effet, quand Pin‘has tua Zimri bèn Salou pour la gloire de l’Éternel, D-ieu le récompensa par «le gage d’alliance du sacerdoce à perpétuité». Quand les filles de Tsélof‘had virent sa récompense, elles comprirent alors qu’elles pourraient, elles aussi, demander à recevoir la récompense qui revenait à leur père qui, bien qu’ayant été vu en train de ramasser des branchages le jour du Chabbat et puni par lapidation, avait agi pour la gloire de Dieu.

En effet, si Tsélof‘had donna délibérément sa vie pour le peuple d’Israël, c’est parce qu’après la faute des Explorateurs,

**il avait craint que les membres du peuple juif, condamnés à mourir dans le désert, pensent qu'ils n'étaient plus soumis aux commandements divins, chacun pouvant donc se comporter comme il l'entendait. C'est pourquoi il décida de transgresser Chabbat afin que D-ieu le punisse et que le peuple prenne peur. Ses filles vinrent donc demander leur part d'héritage dans la terre d'Israël, soutenant la pureté des intentions de leur père. Or, D-ieu leur donna raison, et une part d'héritage leur fut allouée.**

**On trouve sous la plume de notre maître, la lumière de l'exil, Rabbi Yossèf 'Hayim Zt"l (1833-1909), dans son livre Bèn Ich 'Haï sur les Parachiot Tazriâ et Métsorâ, une histoire saisissante à propos de l'importance d'agir d'une manière désintéressée:**

Un érudit, qui n'avait presque rien pour vivre et ne trouvait pas de quoi subvenir aux besoins de sa famille, vagabondait afin de chasser son désespoir. Or, voilà qu'il entendit des rires et des cris provenant de l'une des ruelles de la ville. S'approchant, il vit un groupe de Juifs désinvoltes, assis, buvant et riant, qui jouaient aux cartes. Sur la table de jeu était posée une grande quantité d'argent. Un sentiment de colère s'empara de lui et, sur-le-champ, il fit irruption dans l'allée, leur reprochant leur comportement débauché. Sous un tel flot de paroles, ces Juifs furent envahis d'une telle honte qu'ils ramassèrent l'argent posé sur la table et le lui donnèrent, lui demandant pardon et lui promettant qu'ils ne recommenceraient plus de telles idioties. L'érudit prit l'argent et s'en alla le baume au cœur, D-ieu l'ayant récompensé pour son action d'avoir ramené des Juifs égarés au repentir.

Plusieurs mois passèrent et l'argent fut dépensé. Notre homme pensa alors en lui-même: «Sûrement que cette bande de désinvoltes est revenue à ses mauvaises occupations. Allons donc leur rendre visite dans cette fameuse ruelle, que je me saisisse à nouveau de leur argent pour subvenir aux besoins de ma famille.». Effectivement, quand il arriva sur les lieux, il vit les mêmes individus, assis et jouant aux cartes, exactement comme la fois précédente. Voyant tout cet argent sur la table, l'érudit saisit immédiatement l'occasion. À nouveau, il commença ses remontrances. Mais à son grand étonnement, les hommes assis autour de la table ne lui laissèrent pas la possibilité de continuer.

Ils se levèrent comme un seul homme et le rouèrent de coups. C'est à grande peine qu'il réussit à prendre la fuite et à sauver sa vie.

Dans un état lamentable, le cœur brisé et déprimé, il se rendit auprès de son maître pour lui conter ses mésaventures. Il lui demanda alors pour quelle raison l'avaient-ils écouté la première fois et pas cette fois-ci. Sur quoi le Rav répondit:

«Mon cher ami, il me semble que la première fois, tes actes étaient sincères, et c'est véritablement le vent de la droiture qui soufflait en toi. Or, les paroles qui sortent du cœur pénètrent dans le cœur. Tandis que la seconde fois, c'est l'envie qui parlait au travers de ta gorge, et c'est pour cela que la conséquence en fut si malheureuse. Désormais, peut-être feras-tu en sorte que toutes tes actions soient désintéressées.».

**Dans son livre Na'halat Tsvi, Rabbi Èl'âzar Yéhouda Leib Pinter, sur la Parachat Bo, rapporte une anecdote quelque peu similaire.**

Alors que L'Admour de Santz, le Rav de Kloïsinberg, Rabbi Yékutièl Yéhouda Halberstam Zt"l (1905-1994), il alla rendre visite à notre maître le Gaon Rav Yits'haq Zev Soloveitchik Zt"l (1886-1959). Pendant leur entretien, l'Admour lui exposa l'une des explications novatrices de son père, le maître haGaon, Rabbi 'Hayim Halberstam Zt"l (1793-1876). Et le Gaon Reb Yits'haq Zev demanda à l'Admour Kloïsinberg s'il ne considérait pas comme «une perte de temps le fait de se réunir avec ses 'Hassidim autour d'un Tich (table dressée)». L'Admour lui répondit alors que si tout ce qu'un homme accomplit est fait pour la gloire du Ciel, alors il n'y a aucune différence entre le fait d'étudier ou de manger, car quoiqu'il en soit, il accomplit la volonté de D-ieu. Et notre maître, Rav Yits'haq Zev fut très satisfait de sa réponse.

**Comme l'écrit le Rambam (Mochè bèn Maïmon, Maïmonide, 1138-1204) (Hilkhot Deôt, chap. 3, loi 2):**

«Il est nécessaire que l'homme oriente son cœur et toutes ses actions vers la connaissance de D-ieu, et vers elle seulement.

Comment doit-il s'y prendre? Commerçant ou exerçant un travail salarié, il ne pensera pas uniquement au fait qu'il amasse de l'argent, mais il se livrera à ces occupations avec le sentiment que, par leur moyen, il satisfait aux exigences fondamentales de son corps, telles que la nourriture et la boisson, le toit et le mariage. De même, au moment de manger, de boire ou d'avoir des rapports intimes, il ne pensera pas uniquement à la jouissance qu'il va en tirer au point de n'admettre comme nourriture ou comme boisson que ce qui flatte son palais (...). Au contraire, tout ce qu'il fera sera entrepris avec la pensée de subvenir à ses besoins de manière à ce que son corps soit parfaitement apte à servir D-ieu (...). En effet, il est impossible que l'homme comprenne ce qui lui est enseigné, ou réfléchisse personnellement aux problèmes qu'il rencontre lorsqu'il a faim, lorsqu'il est malade ou lorsque l'un de ses organes le fait souffrir. De même, lorsqu'il s'unira à sa femme, il ne le fera pas avec la seule intention d'y rechercher du plaisir, mais afin de mettre au monde des enfants qui étudieront la Tora et qui, peut-être, deviendront de grands personnages du peuple d'Israël. On pourra en dire autant de son sommeil: s'il s'y abandonne avec l'intention d'assurer, grâce à lui, du repos à son esprit et à son corps afin d'éviter, en tombant malade, d'être incapable de servir D-ieu, un tel sommeil peut être considéré comme un véritable service de D-ieu.

Tel est le sens de la prescription des Sages: "Que toutes tes actions soient entreprises au nom de D-ieu", et c'est là aussi ce qu'entend Chélomo haMélèkh lorsqu'il dit dans sa sagesse: "Connais D-ieu en toutes tes voies, et Lui, Il rectifiera tes sentiers." (Michelè, 3, 6)».

**Et dans la Haggada de Pessa'h, Yossèf Daât, on rapporte, au nom de Rabbi 'Hayim 'Hizkia 'Houri Zt"l de Djerba, une histoire que raconte le Âteret Tsvi (Rabbi Ména'hèm Tsvi Taksin (Drouch 7).**

Il arriva un jour que les âmes d'un juste et d'un mécréant montèrent ensemble au Ciel afin de rendre compte de leurs actions devant le Tribunal céleste. Or, dans le Traité Sanhédrine (7b), il est dit que «Le jugement de l'homme commence d'abord par la Tora.». Et c'est ainsi que dès que la séance fut ouverte, l'on demanda au juste s'il avait étudié la Tora: - Oui, répondit-il. On lui demanda alors s'il avait accompli les commandements: - Oui, répondit-il. Quand le mécréant entendit les paroles des juges, ses genoux s'entrechoquèrent: qu'allait-il répondre à ces questions?

Le Bèt Din arriva à la conclusion que, vu qu'un jour est fait de vingt-quatre heures et que ce Tsaddiq avait étudié la Tora pendant la majorité du jour, prié, et accompli les Mitswot, et que le peu d'heures restantes, il avait dormit et s'était nourri, il fut décidé de lui donner pleine récompense pour chaque instant de son étude, mais aussi pour les heures qu'il avait passées à se reposer et à s'alimenter. À ces mots, le rachâ (mécréant) fut apaisé. Et quand vint son tour, il se présenta devant le Tribunal, certain qu'il en sortirait avec les honneurs. Il reconnut bien sûr qu'il n'avait ni étudié, ni prié, ni accompli les commandements, mais d'un autre côté, il avait mangé deux fois plus que le Tsaddiq, bu quatre fois plus, et dormi largement plus longtemps. À son grand étonnement, il fut condamné à descendre au Guéhinnam, dans les enfers souterrains, pour sa paresse, ses fautes et pour tous les actes immoraux qu'il avait commis. Et rien ne fut pris en compte de ce qu'il avait mangé, bu et de ce qu'il avait dormi; il ne reçut en contrepartie aucune récompense. Notre homme protesta et demanda à être jugé légitimement comme celui qui fut récompensé pour ses heures passées à manger, à boire et à dormir. Le Bèt Din écouta sa plainte et le renvoya dans le monde d'en bas. Le voici donc au beau milieu d'un champ en présence d'un paysan qui mélange de la terre avec des grains de blé avant de les planter. S'approchant, il lui demande: «Dis-moi pourquoi mélanges-tu ces grains de blé avec de la terre?». «Parce que ces graines sont légères et le vent les disperse en dehors du sillon, je les mélange donc avec de la terre, pour qu'elles soient plus lourdes et qu'elles prennent racine au bon endroit.», lui répond le paysan. Une troisième personne qui avait assisté à la scène, mais n'en avait pas cherché la raison, se fit la réflexion suivante: «Pourquoi semer de si précieuses graines alors qu'il est possible de ne semer que de la terre?». Et fort de cette «sagacité», il commença à planter de la terre... Notre homme, le rachâ, l'ayant observé, se met à rire: «Eh! Fou sans cervelle, tu penses vraiment qu'il en sortira des grains de blé?! Cette terre a pour but d'aider à la plantation des graines, mais seule, elle n'a aucune espèce de valeur!».

A peine avait-il prononcé ces mots que le Bèt Din le ramena en haut: «Misérable sans cervelle! C'est avec ta propre bouche que tu scelles ton jugement et que tu réponds à ta question! La nourriture, la boisson et le sommeil sont comme cette terre; en eux-mêmes, ils n'ont aucune importance. Ton compagnon, le Tsaddiq, a étudié la Tora et accompli les Mitswot qui sont ces graines prodigieuses qu'il faut mélanger avec un peu de terre: le sommeil, afin de reprendre des forces, et la nourriture afin d'être en bonne santé. C'est pourquoi, ils entrent en ligne de compte lors de la récompense, mais toi qui as perdu ton temps à te rouler dans la terre, quelle récompense devrais-tu recevoir»...

# Parachat Miqets

## 'Hanoukka - Une guerre fratricide

**«Il prit parmi eux Chimône, et l'emprisonna sous leurs yeux.» (Bérèchit, 42, 24).**

**Dans le Yalqout Chimôni** (chap.42, fin de la lettre 148), **on peut lire:**

«Yossèf fit parvenir le message suivant à Parô: "Envoie soixante-dix de tes mercenaires, car j'ai attrapé des hommes et je veux les mettre sous les fers". [À leur arrivée,] il leur dit: "Prenez ces chaînes et capturez-les". Les tribus étaient encore loin, et quand les soldats parvinrent à la hauteur de Chimône, celui-ci éleva la voix contre eux, et ttous s'écroulèrent à ses pieds, les dents brisées. Or, Ménachè se tenait auprès de son père qui lui dit: "Prends, toi, cette chaîne, et passe-la à son cou". Ménachè asséna alors un terrible coup à Chimône et l'enchaîna. Ce dernier dit dans un souffle: "Une telle volée ne peut venir que de la maison de notre père."».

**Le livre Pardes Yossèf explique ce Midrach de la manière suivante: Le peuple d'Israël est comparé à une brebis isolée au milieu des soixante-dix nations qui, toutes, désirent poser des fers à son cou, 'Haswe Chalom. Or, Chimône, qui représente ici le peuple juif** (comme le dit Léa: «Car D-ieu écouta ma voix.»), **élève sa voix vers D-ieu avec sa prière, et ses ennemis s'effondrent devant lui. Car, quand «la voix est la voix de Yaâqov», «les mains qui sont les mains d'Êssaw» n'ont aucune emprise sur lui. Pourtant, si du sein même d'Israël se lèvent des ennemis d'Israël, Juifs eux-mêmes, alors le sort d'Israël devient amer et sinistre. Ce qui signifie que lorsqu'Israël se trouve dans une détresse authentique, ce n'est pas chez ses ennemis du dehors qu'il faut chercher la cause: c'est un mal interne. Comme il est écrit: «Tes destructeurs et les auteurs de ta ruine sortent de ton sein.»** (Yéchâya, 49, 17). **Toutefois, quand la paix règne entre les frères, il n'y a rien à craindre des ennemis extérieurs. C'est pourquoi, Chimône put vaincre les mercenaires de Parô; tandis**

que quand Ménachè, un membre de sa propre famille, le frappe, le coup est imparable.

Et c'est en effet ce que l'on trouve sous la plume du Midrach (Bérèchit Rabba, fin du chap. 5) où il est dit que, quand l'acier fut inventé, les arbres se mirent à trembler. L'acier leur dit alors: «Pourquoi tremblez-vous? Si vous donnez de vous-mêmes pour la production des manches, aucun d'entre vous ne sera endommagé.». Ce qui veut dire que le peuple d'Israël peut, sans faillir, se mesurer à ses ennemis et les vaincre; mais quand la guerre est une guerre fratricide, c'est beaucoup plus problématique. Car dans une guerre entre frères, le vainqueur est toujours perdant.

Et tel est le terrible combat auquel nous assistons à notre époque, celui entre frères au sein même du peuple juif. Il oppose les laïcs aux religieux, les Mitnagdim aux 'Hassidim, les Séfaradim aux Achkénazim. Comme si nous n'en avions pas assez des souffrances qui nous frappent du dehors, il faudrait encore que nous ajoutions cette animosité interne à l'antipathie de nos ennemis à notre endroit?

Ainsi, le Rav haGaon Rabbi Èliyahou Chlezinger, dans son livre Mitswat Nèr Ich ouBèto, à la rubrique Maâmarim we'Hiddouchim (troisième texte), partage une explication qu'il a entendue. À l'époque des 'Hachmonaïm, les Juifs devaient simultanément faire face à trois fronts: il leur fallait tout d'abord combattre les Grecs qui cherchaient à «leur faire oublier la Tora et à leur faire transgresser les commandements divins»; ils devaient ensuite faire face aux Juifs hellénisés qui, d'une certaine manière, étaient encore plus dangereux que les Grecs eux-mêmes, puisqu'ils appartenaient à ceux que le prophète désigne par «Tes destructeurs et les auteurs de ta ruine sortent de ton sein.». Et enfin, le dernier combat, c'était celui que se livraient entre eux les Pérouchim (les Pharisiens) et les Tsédokim (les Sadducéens) à l'intérieur même du Temple.

Les Sadducéens, en effet, ne mettaient leur foi qu'en la Tora écrite et avaient délibérément décidé d'ignorer complètement la Tora orale, c'est pourquoi ils étaient tenus comme infidèles aux fondements même de la religion juive. Leur influence se

**faisait si fortement ressentir que même Rabbi Yo'hanan, Cohen Gadol, après avoir servi comme grand prêtre pendant quatre-vingts ans, et être entré et sorti indemne du Saint des saints à chaque Yom Kippour, se rallia lui-même aux Sadducéens à la fin de sa vie.**

**À la lumière de ces éléments, commente le Rav Èliyahou Chlezinger, nous pouvons expliquer un passage de la prière Al haNissim.**

«Tu mis les impurs entre les mains des purs.»: il s'agit des Grecs qui tentèrent de porter atteinte à l'esprit du Judaïsme, et que les 'Hachmonayim, les purs, vainquirent; «...les renégats entre les mains des justes»: ce sont les Juifs hellénisés qui se conduisirent en renégats en s'alliant avec les Grecs pour combattre leurs frères juifs, mais que les justes, les 'Hachmonayim, défirent; de même «...les impies entre les mains de ceux qui étudient la Tora»: il s'agit des Sadducéens qui se comportèrent avec impiété en reniant la Tora orale. Les 'Hachmonayim se levèrent et les démirent, grâce à la force de la sainte Tora, de la Tora écrite alliée à la Tora orale.

**Il en est de même pour l'époque que nous vivons, ajoute le Rav haGaon Rabbi Èliyahou Chlezinger: nous sommes confrontés aux trois guerres qui caractérisent cette période difficile.**

**Le premier combat, c'est celui qui oppose le peuple juif aux «Grecs» d'aujourd'hui, les nations qui pourchassent les Juifs, comme c'est le cas en Iran ou en Russie.**

**L'autre guerre concerne les «hellénisés», ceux qui, se saisissant de leurs moyens de propagande, calomnient «ceux qui craignent la Parole de D-ieu» ('Harédim). Cherchant à rendre le peuple d'Israël impur, à l'exemple des autres nations, ils diffusent leurs abominations afin d'enseigner aux jeunes générations à se révolter contre leurs ancêtres, c'est-à-dire contre la transmission des valeurs authentiques d'Israël.**

**La troisième bataille, c'est celle qui se joue autour du Temple, c'est-à-dire au cœur même de la société 'Harédite où**

chacun pense détenir le Daât Tora sans être disposé à accorder la moindre importance à l'opinion du prochain, utilisant à cette fin tous les moyens, y compris ceux qui s'opposent à la Tora.

Il est probable même que les autres guerres sont la conséquence de ce combat qui se déroule au sein même du Sanctuaire. En effet, les Juifs «hellénisés» utilisent cette lutte qui fait rage au cœur de la société 'Harédite et en accentuent encore la déchirure. La sagesse serait de faire la paix entre tous, pour être capables de lutter ainsi, tous ensemble, contre les renégats, et de les vaincre.

Si maintenant, nous nous interrogeons sur la manière de panser cette plaie qui s'accentue de jour en jour, il nous faut reconnaître qu'elle est le résultat de la haine, et pas nécessairement de la haine gratuite, car même là où la loi nous permet de développer des sentiments de haine, la plaie est non seulement ouverte, mais elle continue de s'agrandir.

Le roi David écrit dans les Téhillim (Psaumes): «Certainement, je porte en haine ceux qui T'exècrent, j'ai en horreur ceux qui se dressent contre Toi; je leur ai voué une colère sans bornes, ils sont pour moi mes ennemis.» (139, 21-22). Et tel est le sens de ces saintes paroles: le roi David porte en haine les ennemis de D-ieu, et se bat contre eux; pourtant cette «colère» est «sans bornes», ce qui signifie que ce qu'il déteste, ce ne sont pas tant ces hommes que leurs actes misérables. On trouve en effet dans le Traité Pessa'him (113b) que celui qui détesterait les méchants à cause de leurs méfaits s'expose en retour à la haine à son égard. Ainsi qu'il est dit: «Comme l'eau répond au visage par un visage, ainsi chez les hommes les cœurs se répondent.» (Michelè, 27, 19). C'est en ce sens que nous devons comprendre l'affirmation du roi David: «Je leur ai voué une haine sans limites», et de surcroît, «ils sont pour moi, mes ennemis», car «les cœurs répondent».

Et une seule voie nous est donnée pour faire taire cette haine implacable que les laïcs ont pour les 'Harédim et, inversement, cette animosité qui divise la société religieuse: il convient que chacun apprenne à juger son prochain en lui accordant des circonstances atténuantes. On trouve à cet égard, dans le

**recueil Léka‘h Tov du Rav Yaâqov Israël Beifuss, sur la Parachat Wayichela‘h, cette histoire issue du livre Ha-Ich âl ha‘Homa, de Chélomo Zalman Zonenfeld.**

Un jour, des brigands firent irruption dans la demeure du Gaon Rabbi Zonenfeld Zt"l. Malgré leur haine féroce, le Rav resta impassible, ce qui eut pour effet d'attiser la colère des agresseurs. N'en pouvant plus, le Rav se leva finalement, ouvrit sa chemise et, le torse bombé, s'écria d'une voix vigoureuse: «Tuez-moi! Je suis prêt à mourir en sanctifiant le Nom de D-ieu!». Sa réaction inattendue désempara les bandits qui reculèrent et sortirent de la maison.

Une fois les esprits calmés, le Rav expliqua à son entourage, époustouflé par son attitude et le secret de sa réussite, en racontant une histoire qui se déroula dans la ville de Chadik en Pologne. Là-bas, un traître à Israël prit le pouvoir et déversa sa haine sur les Juifs de la ville. Tous souffraient de ses persécutions. Dans son arrogance sans bornes, il demanda un jour à l'administrateur de la synagogue de lui installer un fauteuil à côté de celui du Rabbin, et d'être appelé à la Tora le Chabbat pour la sixième montée. Lorsque le Rav de la communauté mourut, l'un des grands personnages de la Tora d'alors y fut nommé à sa place afin de pouvoir étudier, pensait-il, «dans une petite ville calme et paisible». Quand le nouveau Rav prit connaissance des exactions de l'impie, il décida d'y mettre fin rapidement.

Un Chabbat, alors que l'impie était appelé à la Tora, le Rav l'interpella ainsi: «En quoi la sainte Tora te concerne-t-elle, toi?! Que fait ici une immondice de ton espèce?! Tu donnes l'argent des Juifs au gouvernement et tu prétends prononcer une bénédiction sur la Tora?!».

Le traître, surpris, tenta de lever la main sur le Rav, mais l'assemblée l'en empêcha. Mugissant de colère, il fit demi-tour pour franchir la porte, et alors qu'il se trouvait à mi-chemin, il se tourna vers la communauté et vociféra: «Je vous apprendrai à vous être conduits de la sorte.».

Après plusieurs mois, le Rav fut convié à procéder à une

circoncision dans un village voisin. Alors qu'il était en chemin, accompagné de deux étudiants, ils aperçurent au loin le délateur à cheval se dirigeant à vive allure dans leur direction. Les deux jeunes hommes se mirent à trembler de peur, tandis que le Rav demeurait impassible. Une fois à leur hauteur, le mécréant s'approcha du Rav, descendit de cheval et, se courbant, dit d'un ton suppliant: «Pardonnez-moi, maître, pour tout ce que j'ai pu faire de mal, et pour toutes les fautes que j'ai pu commettre à votre égard.». Après avoir fini de parler, il remonta à cheval et disparut à l'horizon. Devant l'étonnement de ses élèves, le Rav leur dit: «Je vais vous expliquer la raison de son comportement. Alors qu'il galopait vers nous, je cherchais secours dans l'un des versets de notre sainte Tora, et c'est alors que je me suis souvenu de ces paroles des Proverbes: "Comme l'eau répond au visage par un visage, ainsi les cœurs répondent." (Michelè, 27, 19). Et immédiatement, je me suis mis à réfléchir aux mérites de cette personne, combien il avait besoin que la grâce du Ciel descende bas pour le sauver. Qui sait? S'il avait reçu une éducation convenable dans son enfance, peut-être n'aurait-il jamais été si aussi misérable. Et c'est ainsi que j'essayais de lui chercher des mérites jusqu'à ce que la miséricorde divine l'atteigne, et que toute sa haine disparaisse complètement de lui. Car telle est la règle énoncée: "Comme l'eau répond au visage par un visage...". Et des pensées de repentir pénétrèrent le cœur de ce traître, au point où il commença à son tour à penser que peut-être le Rav avait raison, que tout ce qu'il avait fait, il l'avait fait pour la gloire du Ciel et non par esprit de vengeance. C'est habité de ces réflexions que son cœur s'adoucit et qu'il parvint alors à regretter et à demander pardon.». Quand le Rav Zonenfeld termina son récit, il dit: «C'est ce genre de pensées qui m'ont animé lorsque les brigands firent irruption et qu'ils levèrent leurs poings sur moi.».

Puis il ajouta: «Il est vrai que c'est du Rebbe de Chadik que j'ai appris cette leçon, mais lui, il y avait apporté pour preuve un verset de Parachat Wayichela'h. Il y est raconté en effet que, lorsque les messagers revinrent vers Yaâqov, ils lui dirent: "Nous sommes allés auprès de ton frère Êssaw." (Bérèchit, 32, 7), "Car tu disais, c'est mon frère, mais il se conduit avec toi comme Êssaw le misérable, il persiste dans sa haine." (Rachi). Car même si Êssaw a en haine Yaâqov, Yaâqov aussi déteste Êssaw, puisque "certainement, je porte en haine ceux qui t'exècrent". Et c'est ainsi que, quand Êssaw arriva et que Yaâqov vit que le danger s'approchait, il se prosterna devant lui "à terre sept fois jusqu'à ce qu'il arrive près de son frère" (Bérèchit, 33, 3). Ce qui signifie que Yaâqov maîtrisa ses pensées, et se persuada des mérites d'Êssaw "son frère", au point où il parvint à nouveau à le considérer vraiment comme son frère, sans ne plus éprouver aucune haine envers lui. Et les conséquences ne tardèrent pas à venir, "Êssaw courut à sa rencontre et l'enlaça.". Et Rachi rapporte au nom du Midrach que "Rabbi Chimône bar Yo'haï dit: C'est une loi connue que Êssaw déteste Yaâqov, pourtant sa compassion fut éveillée à ce moment-là, et il l'embrassa de tout son cœur."».

**Ainsi, le conseil pour rapprocher les esprits, et pour panser la plaie au sein de notre peuple, est que chacun retire de son cœur la moindre parcelle de haine, même celle qui est permise d'après la Tora, cherchant à accorder des mérites à son prochain. Puis, «comme l'eau [qui] répond au visage par un visage», l'autre s'adoucira, les sentiments de fraternité l'emporteront et nous mériterons de rapprocher la délivrance, rapidement et de nos jours. Amen.**

# Parachat Wayigach

*La loi d'Avraham Avinou*

**«Et ils lui rapportèrent les paroles de Yossèf telles qu'il leur avait dites; il vit alors les chariots que Yossèf avait envoyés pour l'emmener, et l'esprit de Yaâqov, leur père, revécut.»** (Bérèchit, 45, 27).

**Rachi commente:**

«Yossèf leur donna un signe à propos de l'étude de la Tora dans laquelle il était engagé lorsqu'il s'était séparé de Yaâqov: il s'agissait de la section de la génisse dont on brise le cou. Et c'est ce qu'il est dit: "Il vit alors les chariots que Yossèf avait envoyés.", et non pas "que Pâro avait envoyés".».

**Le recueil de conférences de notre maître le Rav Ovadiâ Yossèf Chlita, MiChiourè haRichon LeTsion (1e partie, Parachat Wayigach), explique que, lorsque Yaâqov Avinou apprit la bonne nouvelle annonçant que son fils Yossèf était encore en vie, il n'y crut pas complètement, comme il est dit: «Et son cœur défaillit.»** (Bérèchit, 45, 26). **Or, Yossèf savait pertinemment que Yaâqov aurait du mal à envisager que son fils était en vie. C'est la raison pour laquelle il dit à ses frères de lui rappeler, grâce à ce signe, que, quand il se sépara de lui, ils étaient occupés à l'étude de la Tora, plus précisément à étudier la loi de la génisse dont on brise le cou.**

**Ainsi, quand Yaâqov avait demandé à Yossèf: «Va, je t'en prie, voir comment vont tes frères.»** (Bérèchit, 37, 14), **il l'accompagna un bout de chemin et descendit avec lui dans la vallée entre les montagnes, comme il est dit: «Il l'envoya de la vallée de 'Hèvron.»** (Bérèchit, ibid.). **À cette époque, Yaâqov Avinou avait 107 ans et la route lui était difficile. Yossèf l'incita donc à rentrer, lui assurant qu'il se rendrait seul à la rencontre de ses frères. Son père lui répondit alors:**

«Est-ce que la Mitswa d'accompagnement serait légère à tes yeux? N'est-il pas écrit dans la Tora: "Si l'on trouve un cadavre en plein champ et que l'on ignore qui l'a frappé, alors tes anciens et tes juges sortiront et mesureront (...). Ils prendront la parole et diront: (...) Nos yeux n'ont rien vu. Pardonne à ton peuple Israël." (Dévarim, 21, 1-8)? Peut-être penses-tu que les Anciens sont des assassins? Sache que quand ils disent qu'ils n'ont rien vu, cela signifie qu'ils ne l'ont pas vu partir sans nourriture, ni sans eau; car si tel avait été le cas, "nous lui aurions donné de quoi manger et nous l'aurions raccompagné.". Alors, comment cet homme a été assassiné? C'est justement peut-être parce qu'il n'avait pas de nourriture et qu'il était affamé que, voyant sur sa route une perssone avec une miche de pain, il la lui aurait arrachée des mains. Et celui-ci s'étant levé, il l'aurait assassiné.».

**Telle est la loi que Yaâqov expliquait à Yossèf juste avant qu'ils ne se séparent. Maintenant, après vingt-deux ans, Yossèf rappelle à son père la loi qu'il lui enseigna quand il se sépara de lui, «L'esprit de Yaâqov leur père revécut.», et il comprit alors que Yossèf, non seulement était en vie, mais était resté intègre.**

**Le Kéli Yaqar (Rabbi Èfrayim Chélomo de Lunchitz, 1550-1619) écrit, à propos du verset mentionné au tout début de ce chapitre, que Yaâqov Avinou apprit d'Avraham le commandement d'accompagnement, comme il est dit: «Et Avraham marcha avec eux (les anges qui sont venus le visiter) pour les mettre sur la voie.» (Bérèchit, 18, 16). Rachi explique en ces mots: «Pour les accompagner». La Tora nous enseigne ainsi, reprend le Kéli Yaqar, que le verset: «Il l'envoya de la vallée de 'Hèvron», désigne le fait de raccompagner un invité. Or, Yaâqov apprit cette loi «de la vallée de 'Hèvron», c'est-à-dire du Tsaddiq enterré à 'Hèvron, Avraham Avinou, qui inaugura la loi de l'accompagnement. Ainsi qu'il est dit: «Il planta un Èchel (bosquet d'arbres) à Béèr Chèvâ.» (Bérèchit, 21, 33). Les lettres du mot Èchel formant l'acrostiche des mots: Akhila (nourriture), Chétyia (boisson) et Livouï (accompagnement).**

**C'est grâce à cette Mitswa qu'Avraham Avinou fut récompensé par de si profonds dévoilements, comme le dit Rabbénou Ba'hya, dans la Parachat Wayèra (18, 16) au sujet**

**du verset: «Et Avraham marcha avec eux pour les mettre sur la voie.», immédiatement suivi de: «Et D-ieu dit: “Vais-Je cacher à Avraham ce que Je fais?”». Il explique que l’expression «D-ieu dit à Avraham» met en lumière le fait que, par le mérite de la Mitswa de l’accompagnement (par l’action d’avoir raccompagné les anges), la Parole de D-ieu se dévoila à lui. Et le Rav ‘Hida (Rav ‘Hayim Yossèf David Azoulaï, 1724-1807), dans son livre ‘Homat Anakh, écrit que les mots «...marcha avec eux pour les mettre sur la voie» ont la valeur numérique de 613, dans la mesure où celui qui réalise la Mitswa de raccompagner accomplit, pour ainsi dire, la Tora toute entière.**

**Au chapitre 14 des lois sur l’endeuillé, le Rambam (Mochè bèn Maïmon, Maïmonide, 1135-1204) écrit que:**

«La récompense pour la Mitswa d’accompagnement est plus importante que tout. Elle est une loi qu’instaura Avraham Avinou en vertu de la générosité qui était la sienne, en nourrissant les voyageurs, en leur donnant à boire, et en les raccompagnant. Or, la Mitswa de l’hospitalité est plus grande encore que le fait de recevoir la Chékhina (Présence divine), ainsi qu’il est dit: “Et voici trois hommes”. Et le fait de les avoir raccompagnés fut plus grand encore que celui de leur avoir offert l’hospitalité.».

On raconte que, dans la ville du Gaon Rabbi Èliyahou MiVilna (1720-1798), vivait un homme fortuné qui aimait tellement recevoir que sa maison ressemblait à celle d’Avraham Avinou chez qui celui qui avait faim venait manger et celui qui avait soif venait boire. Un beau jour, pourtant, sa maison prit feu et disparut dans les cendres. Personne ne pouvait y croire: comment était-il possible qu’une telle maison, débordante de générosité, disparaisse ainsi sous les flammes? On alla interroger le Gaon de Vilna qui, après un court instant de réflexion, dit:

«La maison de cet homme était à l’image de celle d’Avraham Avinou au sujet duquel il est dit qu’il planta «un bosquet d’arbres». Or, Èchel l’acrostiche des mots Akhila, Chétyia et Livouï. Mais cet homme fortuné dont la demeure a péri dans les flammes ne raccompagnait pas ses invités au-delà de la porte de sa maison, il ne faisait que leur offrir à boire et à manger. Or, ces deux actions à elles seules (Akhila et Chétyia) forment le mot Èch (feu). Voilà pourquoi sa maison brûla...».

**Afin d'apprécier jusqu'où peut aller l'importance de cette Mitswa de raccompagner les invités, la Guémara Sota (46b), raconte:**

**«Rabbi Yéhochouâ bèn Lévi déclara que, grâce aux quatre pas que fit Parô pour raccompagner Avraham (après que Sara fut emmenée au palais de Parô et que celui-ci fut puni pour cela, il raccompagna au petit matin Avraham et Sara de quatre pas afin de les faire sortir du pays), comme il est dit: "Et Parô donna des ordres à son sujet à ses hommes, et ils les renvoyèrent lui et sa femme." (Bérèchit, 12, 20), Parô mérita d'asservir les descendants d'Avraham pendant quatre cents ans, ainsi qu'il est écrit: "On les asservira et on les opprimera quatre cents ans." (Bérèchit, 15, 13)».**

**Par ailleurs, ce passage de la Guémara est utilisé pour expliquer le verset suivant de Parachat Béchalla'h: «Et ce fut quand Parô renvoya le peuple.» (Chémot, 13, 17). Le Midrach Rabba demande en effet:**

«Qui dit "Voï"(malheur)? Certains répondent que c'est Parô qui s'exclama "Voï!", parce que le peuple quittait l'Égypte. Mais d'autres disent que c'est Mochè qui s'exclama "Voï!". Voyant que Parô "renvoyait" le peuple d'Israël, c'est-à-dire qu'il le raccompagnait, Mochè eut peur que ce mérite ne lui soit compté encore une fois, et que le peuple soit obligé de retourner en Égypte et d'y être à nouveau asservi, comme ce fut le cas avec le premier Parô qui raccompagna Avraham. C'est pourquoi Mochè s'écria «Voï!».

**Dans son livre Or Guédaliahou, sur la Parachat Béchalla'h, le Rav Guédaliahou Schorr Zt''l cite les paroles du Maharal de Prague (Rabbi Yéhouda Loew, 1526-1609) qui explique que le mot Livouï a toujours le sens d'un 'Hibbour, d'une attache, et ce, parce que raccompagner quelqu'un, c'est nécessairement créer un lien avec lui. Ainsi, les commentateurs écrivent que Parô, en raccompagnant les enfants d'Israël, se lia avec eux. Par conséquent, quand bien même ils étaient libres et avaient quitté**

**l'Égypte, leur attache à ce pays ne disparut pas complètement. C'est la raison pour laquelle, chaque fois qu'ils se trouvaient face à un obstacle ou confrontés à un malheur, les enfants d'Israël désiraient retourner en Égypte. Comme l'indique le verset: «Et D-ieu ne les mena pas par la conduite du pays des Philistins, car elle était proche.» (Chémot, 13, 17). En effet, du fait qu'ils étaient encore sous l'influence de l'Égypte, D-ieu ne voulut pas les faire passer par cette terre, parce que «la conduite (Ndt.: sous-entendu «d'attitude») du pays» qui est celle des Philistins était très proche du comportement des Égyptiens. Le danger était que les enfants d'Israël s'attachent cette fois aux mauvaises mœurs des Philistins. C'est pourquoi, afin de les couper définitivement de ces deux «écorces d'impureté» (Ndt.: Klippot), il était nécessaire de leur faire prendre la voie du désert pour qu'ils se purifient.**

**Dans son livre Peta'h Einayim (sur Traité Bérakhot, 53a), le Gaon haRav 'Hida Zt"l ('Hayim Yossèf David Azoulaï, 1724-1807) explique la signification de la Mitswa d'accompagnement:**

«La Chékhina (Présence divine), dit-il, est une mère qui se dévoue pour son enfant. Et quand un homme s'éloigne de son domicile et qu'il prend la route, la Chékhina qui l'accompagne alors se trouve sous les auspices de l'attribut de rigueur, Dina déMalkhouta Dina («La loi du pays, c'est la loi»). Il est possible que ce soit la raison pour laquelle il est dit, dans le Midrach Rabba (Qohèlèt, 3, 3), que tous les chemins représentent à priori un danger, dans la mesure où nous sommes alors accompagnés par la Chékhina comme attribut de rigueur, et que nous nous lions à elle. C'est la raison pour laquelle l'homme qui prend la route mettra un soin particulier à respecter minutieusement les Mitswot, à s'éloigner de la faute ou des pensées interdites; tout comme il étudiera la Tora sans relâche, davantage encore que s'il était resté chez lui. Et ceux qui pensent être dispensés des Mitswot lorsqu'ils sont en voyage, qu'ils éloignent d'eux une telle pensée: qu'ils considèrent plutôt qu'ils sont en danger. Puisque telle est la nature de l'attribut de rigueur, et rien ne sert d'épiloguer. Que D-ieu, dans Sa miséricorde, leur pardonne et que ce soit Sa volonté. Et parce que, comme l'écrit le Ari Z"l (Rabbi Yits'haq Louria Achkénazi, 1534-1572), la récitation du Birkat haMazone a la faculté d'attirer les bénédictions de la Chékhina, on se montrera plus vigilant encore à le prononcer correctement lorsqu'on est en chemin.»

**Cette explication éclaire le sens du Midrach, cité dans Bérèchit Rabba (chap. 49, 4), qui raconte qu'Avraham Avinou enseignait aux voyageurs, quand ils avaient fini de manger à sa table, à prononcer le Birkat haMazone. Et à celui qui refusait, Avraham Avinou lui faisait payer le prix fort en contrepartie du repas. Or, le rédacteur du Michnè laMélèkh, (Rabbi Yéhouda Rozanes 1657-1727), s'étonne: quand Avraham Avinou conviait ses invités à se restaurer, il ne leur fixait aucune condition préalable. Au contraire, son geste était motivé par un acte de pure générosité. S'il en est ainsi, de quel droit pouvait-il exiger d'eux qu'ils lui remboursent leur repas quand ils refusaient de réciter le Birkat haMazone?**

**Grâce aux paroles du Rav ha'Hida, citées plus haut, la contradiction est levée. En effet, nous dit-il, un homme qui prend la route se trouve en danger et doit se montrer particulièrement méticuleux dans la récitation du Birkat haMazone afin d'être protégé en chemin. Ainsi, quand les invités d'Avraham Avinou avaient terminé leur repas, celui-ci leur demandait de bénir D-ieu pour leur avoir permis de se restaurer; s'ils refusaient, Avraham leur demandait alors de rembourser leur repas au prix fort. Or, sachant que celui qui se trouve au beau milieu du désert n'a pas sur lui beaucoup d'argent, ses invités étaient obligés de prier. Tout cela était entièrement fait pour leur bien et provoquait, par la même occasion, une grande sanctification du Nom de D-ieu, au point que nombreux se convertirent. De plus, le désert étant connu comme un lieu à hauts risques, pour plus de sécurité, Avraham Avinou lui-même les raccompagnait. Ces deux Mitswot constituaient donc comme une muraille, autour des voyageurs qui faisaient une halte chez lui, qui les protégeait tout au long de leur périple.**

**L'histoire suivante, extraite du livre Qinian Tora, sur la Haggada de Pessa'h, nous permettra de mieux saisir encore combien le Birkat haMazone a le pouvoir de protéger contre le malheur et l'adversité.**

Un Avrèkh (un homme qui étudie la Tora à plein temps) dont la famille avait connu nombre de catastrophes, D-ieu nous en protège, se rendit auprès de notre maître le Gaon Rabbi Èliêzèr Chakh Zt"l, pour qu'il lui indique la marche à suivre afin d'adoucir l'épreuve qu'il traversait et d'atténuer la colère divine qui planait au-dessus de lui. Le Rav lui répondit:

- Fais le vœu d'une petite chose que tu accompliras tous les jours sans faillir.
- Comme quoi?, demanda l'Avrèkh ?
- Comme de lire le Birkat haMazone en suivant dans un Siddour.
- L'homme fut surpris: «Comment?! Une chose si simple?! Mais pourquoi?».

Le Rav lui dit alors: «Écoute attentivement cette histoire. Notre maître le Rav de Brisk Zt"l (Reb 'Hayim Soloveitchik miBrisk Zt"l, 1853-1918) devait voyager en Suisse pour des raisons médicales. L'air des montagnes en effet soulageait sa respiration. Et, sur recommandation des médecins, il suivait un itinéraire de marche précis tous les matins. Quand on l'examina, on constata que l'amélioration tant attendue ne s'était pas produite. Après des recherches plus poussées, on constata que le Rav, craignant de perdre son temps, se dépêchait de parcourir le trajet indiqué afin de retourner étudier au plus vite. Par conséquent, ses poumons n'avaient pas le temps d'emmagasiner l'air pur tant recherché. Le médecin lui conseilla alors d'emporter avec lui un livre qu'il pourrait étudier en chemin. De cette manière, il marcherait lentement et respirerait suffisamment d'air pur... C'est ce que le Rav fit, et sa santé s'améliora.».

Le Rav Chakh termina dans un sourire: «C'est aussi mon conseil, si tu es attentif à prononcer les bénédictions à partir d'un Siddour, tu ralentiras ton allure dans la prière. Et l'air de tes bénédictions sera plus pur, et vous influencera, toi et ta famille, pour le bien.».

# Parachat Way'hi

*La Tora face à la Qabbala*

**«Son père refusa et dit: "Je le sais, mon fils, je le sais; lui aussi deviendra un peuple, lui aussi deviendra grand, mais son jeune frère sera plus grand que lui et sa postérité remplira les nations."» (Bérèchit, 48, 19).**

**Selon Rachi:**

«"Lui aussi (Ménachè) deviendra un peuple": et il grandira, car dans le futur, Guidôn sortira de son sein, et D-ieu accomplira par son biais des miracles. "Mais son jeune frère (Èfrayim) sera plus grand que lui.", puisque, dans l'avenir, Yéhochouâ (le disciple de Mochè Rabbénou) sortira de son sein, conduisant Israël et lui enseignant la Tora.».

**Des paroles de Rachi, nous apprenons un principe fondamental. En effet, dans la génération qui est la nôtre, nous voyons apparaître nombre de magiciens et de faiseurs de miracles, des gens sans grande valeur qui, soudainement, changent de visage et se font appeler Mekoubalim, prétendant disposer d'une grande sagesse quant aux choses cachées, prédire l'avenir, réaliser des miracles et distribuer des bénédictions. Ils sont aidés par des esprits d'impureté, et le peuple les recherche, par centaines, par milliers. Pourtant, nous voyons, avec ce Rachi, que, même comparé au Tsaddiq Guidôn à qui D-ieu fit des miracles et qui libéra le peuple d'Israël, Yéhochouâ le surpasse, précisément par le fait qu'il enseigna la Tora à Israël. C'est pourquoi celui qui désire une bénédiction et qui se met à la recherche d'un grand homme, qu'il se rende de préférence chez ceux qui sont assis au Bèt haMidrach et qui étudient la Tora jour et nuit: leur bénédiction vient, en effet, directement du Tout-Puissant, parce que D-ieu, la Tora et Israël ne font qu'un. N'allons pas chercher et creuser des puits fendus et asséchés, car il n'y a d'eau qu'au plus profond de la Tora, source de toutes les bénédictions.**

Le Nétsiv Zt"l (Naftali Tsévi Yéhouda Berline, 1817-1893), dans son œuvre Êmèq Davar, commente le verset de Parachat BéhaÂlotékha: «Mais non: Mochè est Mon serviteur. De toute Ma maison, c'est lui le plus fidèle.» (Bémidbar, 12, 7). Il écrit que l'épithète «fidèle» ne s'applique qu'à celui qui a les possibilités d'agir à son gré et qui ne le fait pas. Or, Mochè fut honoré de cet adjectif parce que, bien que connaissant le Nom ineffable de D-ieu avec lequel les cieux et la terre furent créés, c'est en toute confiance qu'il ne l'utilisa pas pour réaliser des miracles. Et dans le Ra'hav Davar, le Nétsiv ajoute au nom du Sifri que, selon un avis, il faut aussi lire, sous les mots «de toute Ma maison», une référence aux anges. C'est-à-dire que Mochè connaissait aussi bien les noms de tous les anges qu'il était capable d'utiliser à son gré. Mais là encore, en toute loyauté, il est dit au sujet du Sifri (verset 45) que Mochè avait même le pouvoir de transformer l'eau en terre grâce à la combinaison de mots saints. Mais pour la même raison, il ne voulut pas les utiliser; ce sont eux qui vinrent à lui comme envoyés de D-ieu, lors de l'ouverture de la mer Rouge. Voici la règle: la bénédiction ne peut venir que de celui qui a le pouvoir de réaliser de «prodigieux miracles» mais qui, parce qu'il est resté «fidèle», ne le fait pas, gardant sa place dans la maison d'étude où il enseigne la Tora à Israël. Telle était précisément la dimension propre à Mochè Rabbénou.

De même, Chélomo haMélèkh déclare: «Celui qui a bon œil sera béni.» (Michelè, 22, 9). À ce propos, nos Sages ont écrit: «Ne lis pas "sera béni", mais "bénira".». Or, nous savons que les érudits sont appelés «les yeux», comme il est dit: «Un devoir se substitue aux yeux de l'assemblée.» (Wayiqra, 4, 13). Cela signifie que seuls les sages, parce qu'ils étudient la Tora, sont habilités à bénir les autres hommes.

On retrouve cette idée dans le Traité Âvoda Zara (17b), où l'on peut lire: «Quand les Romains ont attrapé Rabbi 'Hanina bèn Téradion et lui demandèrent: "Pour quelle raison as-tu étudié la Tora?", il répondit: "Parce que mon D-ieu me l'a ordonné". Immédiatement, il fut décrété qu'il soit brûlé vif.». Et Rachi de commenter: «Pourquoi fut-il puni de la sorte? Parce qu'il prononçait le Nom de D-ieu en toutes lettres, qu'il en interprétait les quarante-deux lettres, et pouvait alors agir à sa guise.» Or, par la suite, la Guémara (18a) raconte que, quand les Romains l'emmenèrent pour le tuer, il accepta son verdict et déclara:

«Lui, notre Rocher, Son œuvre est parfaite.» (Dévarim, 32, 4). D-ieu créa le monde avec les lettres de Son Nom, comme il est dit: "Car c'est par [les lettres] Youd et Hé que D-ieu a créé les mondes." (Yéchâya, 26, 4), et "Son œuvre est parfaite." Tandis que moi-même, qui utilisais les lettres de Son Nom et les prononçais selon mon bon vouloir, mon œuvre ne peut être parfaite.».

Par ailleurs, le Traité Baba Métsiâ (59b) rapporte une discussion qui opposa Rabbi Èliêzèr Bèn Orkenos et les Sages au sujet du four qu'un reptile aurait rendu impur, c'est-à-dire d'un four fait en terre, à l'aide de plaques préfabriquées. Rabbi Èliêzèr pensait qu'il était possible de le purifier en démontant les plaques et en les assemblant de nouveau, tandis que les Sages étaient dans l'opinion que ce four n'était pas cachérisable, donc ils l'avaient déclaré impur. Or, lors de leur discussion, Rabbi Èliêzèr se leva et déclara: «Si la loi est comme je le dis, que ce caroubier le prouve!». Et le caroubier se déracina et se déplaça sur cinquante mètres. Certains disent sur deux cents. Les Sages lui dirent: «On ne peut apporter de preuve d'un caroubier.» Rabbi Èliêzèr reprit: «Si la loi est comme je le dis, que ce cours d'eau le prouve!». Et le cours d'eau se mit à couler à rebours. Mais là encore, les Sages dirent: «On ne peut apporter une preuve à partir d'un cours d'eau.» À la fin, Rabbi Èliêzèr dit: «Si la loi est comme je le dis, que les murs de notre maison d'étude le prouvent!», sous-entendu qu'ils s'effondrent. Alors que les murs commençaient à trembler, Rabbi Yéhochouâ les arrêta et dit: «De quel droit vous mêlez-vous des discussions des Sages?!». Aussitôt, les murs se figèrent à la diagonale, afin de ne pas s'écrouler, conformément à l'ordre de Rabbi Èliêzèr, mais afin aussi de ne pas rester à leur place, comme le voulait Rabbi Yéhochouâ. Une voix sortit alors du Ciel et déclara: «La loi suit l'avis de Rabbi Èliêzèr.». Rabbi Yéhochouâ se redressa et dit: «La loi ne se trouve pas au Ciel.». On ne peut amener de preuve d'une Voix céleste. De plus, depuis que la Tora a été donnée aux Sages, une règle nous a été transmise qui veut que la loi suive toujours l'avis du plus grand nombre et non celui du particulier.

**Les Sages se levèrent à leur tour, ils bannirent Rabbi Èliêzèr, puis brûlèrent sous ses yeux les fours qu'il avait déclarés purs.**

**Le Rav Nissim Gaon (Rav Nissim bèn Yaâqov, 990-1062), dans son commentaire sur le Traité Bérakhot (19b), demande pour quelle raison, si la loi suit l'avis des Sages, autant de miracles ont-ils été réalisés pour appuyer les paroles de Rabbi Èliêzèr, au point où même une Voix céleste sorte et déclare que la loi suivait son avis? La réponse est claire: afin de nous enseigner que, quoiqu'il arrive, nous devons suivre la voie de la Tora, non celle des miracles.**

**On affirme, au nom du Gaon Rabbi Èliyahou MiVilna (1720-1798), qu'avant la venue du Machia'h éclatera une terrible guerre qui ne durera que douze minutes. Et dans le livre Touvékha Yabiôu, sur la Parachat Nitsabim, on rapporte que le Gaon haRav Chvadron Zt"l (Rav Chalom Mordékhaï haCohen Chvadron, 1835-1911) raconta avoir entendu de la bouche de notre maître le Machguia'h de Poniowicz, haGaon, Rabbi Yé'hèzqèl Levenstein (1895-1974), qu'il ne s'agirait pas d'une guerre avec des missiles et des canons, mais d'une guerre de croyants. Comme on le dit, d'après le rite achkénaze, dans les Hochanot: «Sauve-nous, nous T'en prions, pendant trois heures.». Car, avant la venue du Machia'h, il y aura trois heures de confusion totale, ébranlant toutes nos certitudes: apparaîtra alors un homme qui arrêtera le soleil. Nombreux seront ceux qui le suivront, et seul un petit nombre comprendra qu'il s'agit d'un faux messie.**

**Interrogeons-nous alors: quel genre de personnes peuvent être subjuguées par un tel homme? La réponse est simple: il s'agit des mêmes qui, aujourd'hui, sont à la recherche de ces Mékoubalim imaginaires et qui croient davantage aux faiseurs de miracles qu'en ceux qui étudient la Tora. Ce sont leurs sentiments qui les pousseront à mettre leur confiance en cet homme qui surgira et immobilisera le soleil sous leurs yeux. Seuls les croyants authentiques s'attacheront alors à ceux qui étudient la Tora et, par ce mérite, sortiront indemnes de cette terrible épreuve, D-ieu nous en protège.**

**L'histoire qui suit nous aide à prendre conscience de la force**

**de l'étude assidue de la Tora.**

Le Gaon, Rabbi Âqiva Eiger (1762-1838), Rav de Posen, avait l'habitude d'accomplir la Mitswa de visiter les malades dans les hospices de la ville. Un jour, un homme de la ville fut atteint d'une maladie effroyable. Or, au même moment, le Rav apprit que le médecin du roi se trouvait dans la ville. Il se rendit auprès de ce dernier et lui demanda de l'accompagner pour ausculter ce patient. Après un rapide examen, le médecin demanda à Rabbi Âqiva Eiger: «Pourquoi m'avez-vous fait demander? Ne savez-vous pas que cette maladie est incurable?». Le Rav répondit: «Si c'était le roi qui souffrait de ce mal, ne feriez-vous pas tout ce qui est en votre pouvoir pour le sauver?». Le médecin réfléchit quelques secondes et dit: «Justement! Je me souviens que le roi lui-même fut atteint de cette maladie et qu'à l'époque aussi, j'avais déclaré ne pas pouvoir le soigner. Sur ces entrefaites, j'appris qu'il existait un remède unique extrêmement difficile à se procurer. Dans une terre reculée vit un oiseau quasiment impossible à capturer. Mais si le malade mangeait de sa chair, il guérirait aussitôt de son mal. C'est ainsi que le roi fit envoyer un escadron de ses meilleurs soldats vers cette terre éloignée; après avoir redoublé d'efforts, ils parvinrent à le capturer. Ils l'apportèrent à leur roi, qui guérit immédiatement. Mais comment voulez-vous que ce simple citoyen se procure un tel oiseau?».

Rabbi Âqiva Eiger rentra alors chez lui, il se mit à prier: «Maître du monde, Tes enfants sont des rois, et aujourd'hui l'un d'eux a un besoin urgent de cet oiseau extraordinaire. Je Te le demande, envoie-nous cet oiseau!».

Il ne se passa pas beaucoup de temps avant qu'un oiseau vienne cogner sur la fenêtre du Rav qui ordonna aussitôt qu'on l'attrape, qu'on le fasse cuire et qu'on le donne à manger au malade. Il demanda cependant qu'on laisse les ailes chez lui. Aussitôt après avoir goûté de la chair de cet oiseau, le malade recouvra la santé.

Plus tard, le Rav fit parvenir les ailes de cet oiseau au médecin, qui se trouvait à nouveau en ville. Quand il les vit, il déclara: «Seul un Juif est capable d'une chose pareille.»...

Et l'on sait combien ce saint homme, Rabbi Âqiva Eiger (1762-1838), se donnait corps et âme à la Tora. Quand il annotait un passage du Talmud en écrivant: «Doit être approfondi», cela ne signifiait pas qu'il n'en connaissait pas la solution. Il avait devant lui près de trois cents réponses, mais aucune d'entre elles ne comblait complètement son esprit. Seul un homme de cette envergure est capable de réussir des miracles, car celui qui étudie la Tora a un énorme mérite.

Pour conclure sur cette idée, référons-nous à un passage du Traité Qiddouchin (44b) dans lequel les Tanaïm sont en discussion sur le fait de savoir ce qui est le plus important: l'étude de la Tora ou l'accomplissement des Mitswot. La conclusion de la Guémara est que l'étude de la Tora est plus importante, dans la mesure où elle amène au passage à l'acte. Or, il me semble que cette discussion peut être comprise de la façon suivante. Que vaut-il mieux: être assis et étudier (c'est-à-dire que l'étude vaut mieux) ou bien se préoccuper de réaliser des miracles (c'est-à-dire que l'acte vaut mieux)? La conclusion est que celui qui étudie vaut mieux, dans la mesure où le mérite de la Tora a le pouvoir de rendre possibles les miracl

# Parachat Chémot

*Ne la laisse pas passer*

**«Et Mochè prit sa femme et ses fils, les fit chevaucher sur l'âne; et il retourna vers le pays d'Égypte.» (Chémot, 4, 20).**

**Rachi rapporte, au nom du Midrach Rabba que pendant sept jours, près du buisson, D-ieu chercha à convaincre Mochè d'accepter d'être Son messager et de sortir les bénè Israël d'Égypte, mais celui-ci refusait. En fin de compte, quand Mochè dit à D-ieu: «Envoie, je T'en prie, qui Tu voudras envoyer.», D-ieu Se mit en colère et déclara: «Si tu ne les sors pas d'Égypte, Je les y laisserai, et personne d'autre ne les en sortira.». En fin de compte, Mochè fut forcé d'accepter d'être le messager de D-ieu.**

**Notre sainte Tora rapporte ensuite que Mochè, faisant route vers l'Égypte, fit halte dans une auberge. Là, il rencontra un ange de D-ieu qui chercha à le tuer parce qu'il avait retardé la circoncision de son fils. Dans le Traité Nédarim (31b), il est fait mention:**

«Rabbi Yossi dit: 'Haswe Chalom, que l'on se garde bien d'affirmer que Mochè négligea la Mitswa de la circoncision. Bien au contraire! Il s'était dit: "Vais-je circoncire l'enfant qui vient de naître et partir? C'est dangereux, car le voyage présentait un danger pour l'enfant pendant trois jours consécutifs, puisqu'il est écrit: Le troisième jour, pendant qu'ils étaient souffrants (Bérèchit, 34,25). Dois-je le circoncire et attendre trois jours de plus, alors que le Saint béni-soit-Il m'a ordonné: Va, retourne en Égypte! (Chémot, 4, 19)". S'il en est ainsi, pourquoi fut-il puni? Parce qu'il s'était occupé d'abord de trouver un lieu où passer la nuit au lieu de procéder sans retard à la circoncision.».

**Ces paroles sont saisissantes: d'un côté, D-ieu dit à Mochè Rabbénou que s'il ne se rend pas en Égypte pour en sortir les enfants d'Israël, personne d'autre ne le fera; mais de l'autre**

**côté, parce que Mochè se préoccupe en premier d'un endroit où passer la nuit, avant d'accomplir au plus vite la circoncision de son fils, sa mort fut décrétée! Mais si Mochè était mort, 'Haswe Chalom, les bénè Israël seraient donc restés en Égypte...**

**De ce paradoxe, nous pouvons saisir l'importance de cette qualité qu'est la promptitude. Car, quand bien même l'homme serait disposé à accomplir une Mitswa, encore faut-il qu'il l'accomplisse avec empressement. Et s'il ne se dépêche pas, alors l'attribut de rigueur se réveille, l'accuse et cherche à l'atteindre. Et, avec l'aide du Ciel, nous expliquons ces notions à la lumière d'un enseignement de nos Sages: «Quand une Mitswa se présente à toi, ne la laisse pas passer.». Quand une Mitswa se présente à l'homme et qu'il la laisse passer, il est possible que le Ciel ne lui donne pas une autre occasion de la réaliser. De plus, on l'accuse dans la mesure où, si elle s'était présentée à quelqu'un d'autre, ce dernier l'aurait éventuellement accomplie. Nous sommes donc en présence ici d'un principe fondamental quant à l'accomplissement des Mitswot.**

**Voici un exemple d'une Mitswa ratée qui ne pouvait plus être accomplie. Dans le Midrach Rabba, sur la Parachat Pin'has, on fait référence à Zimri bèn Salou qui prit Kozbi bat Tsour, l'attrapa par sa tresse et la conduisit devant Mochè:**

«Il demanda alors à celui-ci: "Fils d'Âmram, cette femme m'est-elle permise ou interdite?". Mochè répondit: "Elle t'est interdite.". Il reprit alors: "Pourtant, celle que tu as épousée vient aussi de Midyan..." Aussitôt, les mains de Mochè furent prises d'une lourdeur sans pareille, cette loi lui échappa, et tous éclatèrent en sanglots. Et c'est parce qu'il fut saisi d'apathie, "qu'aucun homme ne connut sa sépulture" (Dévarim, 34, 6). Cela afin de t'enseigner qu'au niveau de l'accomplissement des Mitswot, il faut être audacieux comme le tigre, léger comme l'aigle, rapide comme la gazelle et fort comme le lion.».

**Pour mieux comprendre les conséquences de cette faiblesse dont fut pris Mochè Rabbénou, lisons dans le livre Or ha'Hayim haQadoch** (Rav 'Hayim Bèn Âttar, 1696-1743)**, sur la Parachat Waèt'hanan, le commentaire du Rav concernant le verset**

**(Dévarim, 4, 1): «Et maintenant Israël, écoute les lois et les règles que je t'enseigne pour les pratiquer, afin que vous viviez et que vous parveniez à posséder le pays que l'Éternel, D-ieu de vos pères, vous donne.»:**

«Il est possible que le verset vise ici deux choses qui arrivèrent à Mochè: d'une part, le rocher auquel D-ieu lui avait dit de parler et qu'il frappa, pensant réaliser de la sorte la Mitswa avec la plus grande promptitude qui soit; et d'autre part, l'épisode de Zimri. Mochè ne parvenant pas à exercer le jugement qui sied aux jaloux, il ne mérita pas alors d'accomplir la sanctification du Nom de D-ieu qui lui fut présentée afin de réparer cette première faute relative au rocher commise plus tôt, où il n'avait pas sanctifié le Nom de D-ieu (...). En définitive, c'est Pin'has qui en eut le mérite et qui, de ce fait, hérita de l'alliance de paix prévue pour Mochè.».

**Ces paroles sont une preuve au fondement que nous avons posé: parce que Mochè Rabbénou avait frappé le rocher, il ne mérita pas de sanctifier le Nom divin, malgré l'importance de la Mitswa qui se présentait à lui. Toutefois, compte tenu de son niveau très élevé, une seconde occasion lui fut offerte de sanctifier le Nom de D-ieu avec l'épisode de Zimri. Mais cette fois-ci, pris de faiblesse, il perdit la récompense extraordinaire qu'il aurait pu en retirer: «l'alliance de paix» qui n'est autre que la vie éternelle, dont Pin'has hérita à sa place. Mais plus encore, à cause de l'accusation qui pesa alors sur lui, de ne pas sanctifier le Nom de D-ieu et ainsi montrer Sa présence dans le camp des bénè Israël, il fut condamné à ce que personne ne connaisse le lieu de sa sépulture, afin de nous enseigner l'importance d'accomplir les commandements de D-ieu avec zèle.**

**Une autre application de ce principe peut être rapportée du Traité Taânit (21a):**

Il est dit de Na'houm Ich Gamzou qu'il était aveugle des deux yeux, manchot des deux mains, estropié des deux jambes, et que tout son corps était recouvert de pustules. Il vivait dans une maison branlante, les pieds de son lit plantés dans des cruches d'eau afin que les fourmis ne montent pas sur lui. Des étudiants demandèrent qu'on le déménage, ainsi que son lit et ses affaires. Il leur dit: «Mes enfants, sortez en premier lieu mes affaires, et ensuite seulement portez-moi avec mon lit, car je puis vous assurer que tant que je suis dans cette maison, elle ne peut s'écrouler.». Ils acceptèrent, et à peine l'avaient-ils sorti avec son lit, que la maison s'effondra. Ses élèves lui demandèrent alors: «Puisque tu es un juste accompli, pour quelle raison es-tu dans cet état lamentable?». Il répondit: «Mes enfants, c'est moi qui me suis fait cela. Car alors que je me trouvais un jour en chemin vers chez mon beau-père, accompagné de trois ânes, l'un pour la nourriture, l'autre pour la boisson et le troisième pour mes vêtements, un pauvre misérable se posta sur la route et me dit: "Rabbi, donne-moi de quoi vivre, ça fait déjà trois jours que je n'ai rien goûté.". Je lui répondis: "Attends juste que je décharge mon âne." En prenant mon temps, je n'eus même pas la chance de descendre ma cargaison de l'âne, que son âme le quitta. J'en fus bouleversé, je tombai face contre terre et déclarai: "Que mes yeux qui n'ont pas eu de miséricorde pour tes yeux soient aveugles! Que mes mains qui n'ont pas eu de miséricorde pour les tiennes soient coupées! Et que mes jambes qui n'ont pas eu de miséricorde pour tes jambes soient amputées." Mais mon esprit ne pouvait encore s'apaiser, jusqu'à ce que je dise: "Et que mon corps soit couvert de pustules."».

**Pour quelle raison Rabbi Na'houm Ich Gamzou fut-il si dur envers lui-même: qu'aurait-il pu faire pour ce mendiant?**

**En vertu de ce qui précède, nous comprenons que cette rencontre avec ce mendiant lui avait été envoyée du Ciel afin qu'il puisse mériter d'accomplir l'extraordinaire Mitswa de sauver une vie. Et, accompagné de trois ânes chargés des meilleures choses, il en était tout à fait capable. Ainsi, s'il fut choisi pour être l'envoyé du Ciel pour cette Mitswa, il aurait dû s'empresser de la réaliser. Pourtant, il ne se précipita pas comme il aurait dû le faire, si bien que cet homme rendit l'âme. Et lui, Rabbi Na'houm Ich Gamzou, laissa cette Mitswa passer pour toujours, car plus jamais elle ne lui serait à nouveau présentée dans les mêmes conditions. Et quand bien même pouvait-il accomplir la Mitswa de tsédaqa avec d'autres pauvres, l'occasion de réaliser cette Mitswa avec cet homme-ci précisément disparut du monde pour toujours.**

**Rabbi Na'houm Ich Gamzou comprit alors l'importance de cette perte, et il préféra être puni dans ce monde-ci plutôt que de devoir faire face à une accusation plus grande encore dans le monde à venir.**

**Telle était la force des générations précédentes. Elles savaient ce qu'elles perdaient quand elles n'accomplissaient pas une Mitswa, et se repentaient pour y remédier. Tandis qu'à notre époque, les hommes passent une journée entière sans mettre les Téfillines, ou bien laissent passer leur prière de Min'ha parce qu'ils sont occupés, etc. Et le yètsèr harâ (mauvais penchant) se soucie de les apaiser: «Et alors? Est-ce si grave? Tu as laissé passer la Mitswat Téfillines? Bon, et alors? Tu pourras encore la faire demain. Quoi, tu as raté Min'ha? Ce n'est pas si grave, tu n'as qu'à prier Ârvit deux fois, pour rembourser...». Mais ce qu'il faut bien comprendre, c'est qu'une Mitswa qu'on a laissé passer ne reviendra plus, et qu'en ce sens, il est impossible de la «remplacer».**

**Voici une anecdote rapportée dans le recueil Léka'h Tov du Rav Yaâqov Israël Beifuss, au nom du Gaon Yé'hèzqèl Avramski Zt"l (1886-1976), chef du Bèt Din de la ville de Slosk et auteur du 'Hazon Yé'hèzqèl. C'est l'histoire d'un homme qui laissa passer, pour TOUJOURS, une occasion importante d'aider un pauvre érudit.**

«Le Gaon Rabbi Yits'haq El'hanan Spektor Zt"l vécut toutes ses années d'étude dans une pauvreté telle qu'il n'avait même pas de quoi s'acheter une paire de chaussures, obligé ainsi d'étudier chez lui. Or, l'un des étudiants de la Yéchiva était sur le point de se marier. Sachant que celui-ci était issu d'une famille très riche et supposant que les parents s'étaient sûrement déjà souciés de lui acheter un costume et de nouvelles chaussures pour son mariage, le jeune Rav Spektor se rendit auprès de cet étudiant afin de lui demander s'il pouvait lui faire don de son ancienne paire de chaussures afin de lui permettre de se rendre jusqu'à la maison d'étude pour étudier en 'Havrouta (partenaires d'étude). Le jeune futur marié regarda le Rav avec dédain et lui dit: «Si tu vas travailler et que tu gagnes de l'argent, tu n'auras pas besoin d'attendre des autres qu'ils te fassent des cadeaux, et tu pourras t'acheter toi-même tes propres chaussures.».

Les années passèrent, et le jeune étudiant sans le sou qu'il était alors devint l'un des plus grands décisionnaires de son temps. Un jour, Rabbi El'hanan arriva à la ville de Vilna avec le manuscrit de l'un de ses livres qui allait devenir son chef-d'œuvre. Dès que la nouvelle de l'arrivée du Rav se répandit dans la ville, une foule nombreuse sortit pour l'accueillir. Environ vingt mille personnes se trouvaient là, au point où le maire de Vilna interdit au Rav de se rendre à nouveau dans sa ville, parce que les honneurs qu'on lui faisait, déclara-t-il, dépassaient de loin ceux avec lesquels on recevait le Tsar à Vilna, et que cela constituait un affront au Tsar. Parmi la foule venue rendre hommage au Rav se trouvait un homme fortuné qui avait entendu dire que le Rav était sur le point de faire imprimer un livre. Il fit donc savoir à l'important visiteur qu'il était prêt à prendre en charge tous les frais d'édition, de l'impression à la reliure. Le Rav observa cet homme si généreux qui lui faisait une telle proposition, et reconnut tout de suite en lui le jeune étudiant d'antan qui avait refusé de lui offrir son ancienne paire de souliers. Le Rav lui répondit alors: "Mon cher ami, tu as raté cette occasion il y a vingt ans, tu aurais pu alors réaliser cette Mitswa avec une simple paire de vieilles chaussures..."».

**Dans le même ordre d'idées, on raconte, dans le livre Roch Golat Israël, une anecdote qui eut lieu dans la ville de Lodz.**

Une querelle avait éclaté entre un propriétaire et son locataire qui ne pouvait payer son loyer. Le propriétaire décida d'expulser l'indésirable. Les deux hommes étaient des 'Hassidé Gour, et leur différend était parvenu aux oreilles de leur Rav, le Imrè Èmèt. Quand le propriétaire rendit visite à son Rav pendant la fête de Chavouôt, celui-ci le réprimanda et lui ordonna de ne pas expulser son locataire, quand bien même il ne payait pas son loyer. Le propriétaire demanda alors au Rav pour quelle raison devait-il endosser cette charge, n'y avait-il pas d'autres 'Hassidé Gour qui pouvaient supporter cette situation? Le Imrè Èmèt lui répondit alors: «Si Hachem a déposé cette Mitswa devant ta porte, ne la laisse pas passer. C'est un signe du Ciel te désignant, toi, et personne d'autre, comme celui qui doit prendre cette responsabilité.». Et pour prouver ses dires, le Rav utilisa les paroles de la Michna du Traité Guittine (42a): «Celui dont une moitié de lui-même est esclave et l'autre moitié homme libre «par exemple un esclave qui appartenait à deux associés, dont l'un d'eux l'a libéré», on obligera le deuxième maître de le libérer; et l'esclave rédigera le contrat pour la moitié de sa valeur.». La question qu'il faut se poser est la suivante: Pourquoi forcer le maître à libérer l'esclave et ainsi perdre de l'argent, plutôt que d'obliger tous les hommes riches de la ville à s'associer pour accomplir cette Mitswa de libérer cet esclave, en payant au maître la somme nécessaire à sa libération? C'est précisément parce que celui à qui une Mitswa se présente doit la réaliser par lui-même.

# Parachat Waèra

*Réveillez-vous!*

**«Mochè était âgé de quatre-vingts ans et Aharone de quatre-vingt-trois ans quand ils parlèrent à Parô.»** (Chémot, 7, 7).

**Le Sforno** (Rabbi Ôvadya Sforno, 1470-1550) **écrit:**

«Malgré leur âge avancé, ils se levèrent de bonne heure et s'empressèrent de réaliser la volonté de leur Créateur, car celui qui a atteint quatre-vingts ans, même à cette époque, a déjà dépassé les jours de la vieillesse et atteint la force de l'âge, comme en témoignent les mots de la prière, quand nous disons: "Les jours de nos années sont de soixante-dix ans et, à la rigueur, de quatre-vingts ans." (Téhillim, 90, 10)».

**Le Sforno nous dévoile ici une règle fondamentale dans la Âvodat HaChem** (service divin), **qui concerne plus particulièrement les dirigeants de notre génération, à savoir que tout doit être accompli de bonne heure et avec la plus grande promptitude. Mochè et Aharone, à la différence des Anciens, se levèrent de bonne heure. Et qu'on ne vienne pas objecter que tous les Anciens aussi se seraient levés de bonne heure, la réalité est que la majorité d'entre eux est restée paisiblement au lit sur le conseil de leur mauvais penchant qui chuchote: «Il fait froid dehors. Reste donc ici, bien au chaud, etc.». Tandis que Mochè et Aharone se «levèrent de bonne heure et s'empressèrent de réaliser la volonté de leur Créateur ...».**

**On raconte sur le 'Hafèts 'Hayim** (Israël Méir HaCohen Kagan, 1839-1933), **alors qu'il avait déjà atteint un âge avancé, que le mauvais penchant se présenta à lui un jour de neige tout particulièrement glacé, lui conseillant, vu le froid et son âge, de rester au lit. Le 'Hafèts 'Hayim lui répondit aussitôt: «Mais dis-moi, n'es-tu pas encore plus vieux que moi? Pourtant toi, tu es déjà debout à ton poste, prêt à me faire fauter! À plus forte raison dois-je donc me lever pour servir mon Créateur!».**

**La Mékhilta (Béchalla'h, 7) insiste sur l'importance de se lever tôt en affirmant: «Il n'a été donné d'expliquer la Tora qu'à ceux qui se nourrissent de la manne.». Quel est le rapport? Nous trouvons une explication dans le Yalqout Chimôni, Parachat BéhaÂlotékha (chap.11, lettre 735):**

«Quand il est dit que la nuit, la rosée descendait sur le campement, c'est afin de nous enseigner que la manne descendait sur le pas des portes. Pourtant, demande le Midrach, est-il possible que les bénè Israël l'aient mangée salie et souillée? À quoi, le verset répond: "...on vit sur le sol du désert quelque chose de menu, de floconneux, fin comme le givre de la terre." (Chémot, 16, 14). C'était d'abord une sorte de givre qui précédait la manne faisant au sol comme un plateau sur lequel la manne se déposait. Puis les bénè Israël la récoltaient et la dégustaient. D'accord pour le dessous, mais pour le dessus, est-ce que les reptiles et les mouches ne venaient-ils pas se coller à elle? C'est pourquoi il est dit: "Cette couche de rosée ayant disparu" (ibid.). De là, nous comprenons que la manne était déposée comme dans une boîte, le givre dessous et la rosée dessus. Les bénè Israël récitaient le Chémâ et priaient, puis chacun n'avait qu'à sortir sur le pas de sa porte pour la ramasser afin que lui et sa famille s'approvisionnent. Puis, le soleil devenant plus chaud, la manne fondait.».

**Ce Midrach nous informe de ce qu'était une journée type de la génération du désert. Les hommes se levaient tôt le matin, ils récitaient le Chémâ, priaient, et ce n'est qu'ensuite qu'ils se mettaient à la recherche de leur subsistance, la manne, qui les attendait sur le pas de leur porte. Mais qu'arrivait-il à ceux qui se levaient tard, et qui laissaient passer l'heure du Qéryiat Chémâ (lecture du Chémâ), le verset y répond: «Puis le soleil devenant plus chaud, la manne fondait.» (Idem, 21). Quand le soleil est fort, c'est-à-dire après la troisième ou la quatrième heure qui suit son lever, l'approvisionnement de la journée fondait, et celui qui ne s'était pas levé de bonne heure ne trouvait plus de quoi nourrir ni lui ni sa famille, ce jour-là. Or, il était impossible d'emprunter chez des voisins, dans la mesure où chacun recevait exactement la quantité qui lui était nécessaire pour une journée.**

Par ailleurs, nous savons que, grâce à ce pain spirituel, les bénè Israël parvenaient à saisir les profondeurs des fondements de la sainte Tora. De fait, il nous faut aussi garder à l'esprit que cette nourriture spirituelle existe toujours, elle se nomme Siâta diChémaya (l'aide providentielle), comme cela est dit dans le Traité Méguila (6b). Ne la méritent que ceux qui se lèvent tôt, qui lisent le Chémâ, prient et dont l'étude est comblée de bénédictions. Ainsi, le Rav haGaon Èliêzèr Ména'hèm Man Chakh Zt"l (1898-2001) déclara que, pendant toutes les années où il dirigea la Yéchiva, il ne vit jamais d'étudiants se lever tard et en même temps réussir dans leurs études.

Donc, ce n'est pas de manière anodine que le Choul'han Aroukh (Ora'h 'Hayim, chap.1) écrit: «Il faut se renforcer comme un lion pour servir son Créateur, c'est-à-dire qu'il faut soi-même réveiller le matin.». Car, au petit matin, les jours froids de l'hiver, ou en été quand souffle une brise légère, il est nécessaire de se secouer de la poussière du mauvais penchant afin de pouvoir s'extraire du lit et poser la plante des pieds au sol.

On raconte à cet égard que le meilleur ami du mauvais penchant vint un jour lui rendre visite. Quand il entra dans la pièce où logeait le yètsèr harâ, il n'y vit que deux outils: un grand ventilateur et un long manteau de fourrure. Son ami l'interrogea: «À quoi te servent ces objets?». Le yètsèr harâ lui répondit alors qu'il s'agissait de ses outils de travail: «En hiver, au petit matin, je recouvre les hommes de ce manteau de fourrure afin de réchauffer leur corps. De cette manière, je prolonge leur sommeil et les empêche de se lever, prier et étudier de bonne heure. Et quand arrivent les chaudes matinées d'été, j'allume le ventilateur qui les rafraîchit d'une brise légère, afin de les dissuader de se lever, et qu'ils restent au lit.».

Ainsi, le Rav Chémouèl Pin'hasi, dans son livre Imrè Chéfèr (2e partie), sur la Parachat Chofétim, raconte l'anecdote suivante au nom du Tsaddiq de Lublin (Rabbi Zadok HaCohen Rabinowitz, 1823-1900):

Au beau milieu d'une nuit d'hiver particulièrement glaciale, l'empereur Napoléon, recouvert de plusieurs couvertures afin de se protéger du froid, se reposait dans sa tente de campement.

Soudain, il fut pris d'une envie irrésistible de boire, mais à cause du gel, il n'osait pas sortir de sous les couvertures. Il se dit alors à lui-même: «Napoléon est un paresseux! Un paresseux et un peureux! Quelle différence entre Napoléon et les autres mortels?». Aussitôt, il bondit de son lit, se dépêcha de s'habiller et, traversant la nuit glacée, se rendit à l'autre extrémité du camp où se trouvait la citerne d'eau potable. Une fois rendu là-bas, Napoléon réfléchit sur ce qu'il venait de faire et se dit à lui-même: «Pour un peu d'eau, j'ai été capable de dépenser autant d'énergie, car je n'ai pas réussi à surmonter ma soif? Qu'est-ce qui me différencie alors des autres mortels?». Il décida de ne pas boire, revint vers sa tente et se recoucha. Le Tsaddiq de Lublin conclut cette histoire en déclarant: «C'est cette volonté que j'appelle promptitude et maîtrise de ses passions.».

**Aussi dans le livre Tolédot Adam (de Rabbi ye'hequel feivel de Vilna) on raconte l'anecdote suivante:**

Le Tsaddiq Rabbi Zalman de Volozine réveilla au petit matin le jeune homme qui l'accompagnait pour le servir, afin qu'il partage avec lui son étude quotidienne. Quand il vit que ce dernier ne parvenait pas à se lever, il lui apporta de l'eau et ses vêtements, et entreprit de le persuader par des paroles susceptibles d'éveiller son cœur au service de D-ieu, et tels furent ses mots: «La paresse et le relâchement dans l'accomplissement des Mitswot sont une faute grave. Si, par une nuit pluvieuse et brumeuse, un homme dort profondément au fond de son lit dans la chaleur des couvertures, et qu'on le réveille brusquement, pour lui annoncer qu'en tel endroit un trésor est enfoui et qu'il a la possibilité de s'en saisir, il ne fait aucun doute que cet homme s'empresserait de se lever, se libérant immédiatement des affres du sommeil, et enfilerait rapidement les premiers vêtements qui lui tomberaient sous la main, sans se préoccuper de son accoutrement; il courrait aussitôt comme une antilope sans prêter la moindre attention aux obstacles et aux dangers du chemin. Toute sa pensée ne serait-elle pas dirigée vers ce but unique: comment atteindre ce trésor avant qu'un autre ne le devance? Si déjà l'homme est prêt à agir de cette manière pour se procurer les biens de ce monde, à plus forte raison nous faut-il bondir et nous précipiter pour atteindre les buts spirituels tellement plus désirables et plus élevés encore que tout l'or du monde!».

Dans l'introduction à son livre de Responsa, Mizra'h Chèmèch, le Rav haGaon Rabbi Chalom Messas Zt"l (1909-2008) s'interroge sur le sens d'un passage du Traité Bérakhot (3b): «Rav A'ha bar Bizna dit au nom de Rabbi Chimône 'Hassida: "Une harpe était suspendue au-dessus du lit du Roi David. Quand arrivait la mi-nuit, le vent du nord se levait et soufflait à travers ses cordes qui émettaient alors une douce mélodie. Aussitôt, David haMélèkh se levait et étudiait la Tora jusqu'au petit matin."». Pourtant, demande le Rav, il arrive très souvent que le vent du nord ne se lève pas; et quand il souffle, pourquoi soufflerait-il précisément à mi-nuit, ni avant ni après? Par ailleurs, le Roi ne dormait pas dehors, mais chez lui, dans une maison aux volets fermés, comment expliquer alors que le vent du nord effleurait les cordes de la harpe suspendue au-dessus de son lit?

Fort de cette série de questions, le Rav Messas met en lumière que ce Midrach s'exprime par allusion et de manière poétique. Il ne s'agit ni d'une harpe réelle ni du vent du nord. En revanche, l'expérience révèle qu'un homme qui désire se lever pour étudier à l'aurore et qui s'y prépare avant d'aller se coucher, disposant alors ses livres à l'avance, il peut être certain d'ouvrir les yeux et de se lever à l'heure désirée, exactement comme si quelqu'un d'autre était venu le réveiller. Parce qu'il a pris, avant d'aller dormir, la ferme décision de se lever à une heure précise, un souffle naît en lui et se glisse dans son corps endormi pour le réveiller conformément à sa volonté la plus intime.

Il en est ainsi de ceux qui ont l'habitude de se lever de bonne heure pour aller prier. Même s'ils vont se coucher après minuit, ils se lèvent tôt sans faillir. Alors même qu'il s'apprêtait à se coucher, David HaMélèkh était habité par le désir ardent de se lever à la mi-nuit pour louer D-ieu. Telle est la signification de l'expression «au-dessus de son lit», sous-entendu: avant qu'il n'entre dans son lit, David avait cette idée en tête qui ne le quittait plus jusqu'à son lever. Ainsi, c'est comme un vent saint venant du nord qui l'habitait, le réveillant à la mi-nuit précisément. Et, tout naturellement, le roi se levait et se rendait à son étude.

De nos jours encore, on trouve de tels serviteurs de D-ieu, des érudits qui ressentent en eux ce vent saint venu du nord, et qui se lèvent aux aurores pour parfaire leur étude ou pour écrire des commentaires sur la Tora. Animés de ce désir, grâce à un don du Ciel, ils atteignent des dévoilements extraordinaires de notre sainte Tora.

La Tora nous enseigne que le père des nations, Avraham Avinou, «se leva à l'aube et chevaucha son âne» (Bérèchit, 23, 3). Pour nos Sages, l'âne représente tout ce qui est matériel. Le verset veut nous dire qu'Avraham se leva de bonne heure et chevaucha la matière qui le constituait, et que, pourtant, il maîtrisait. Et c'est en vertu de ce réveil matinal qu'il fut capable d'atteindre des niveaux si élevés.

De même, au sujet de Mochè Rabbénou, il est dit: «Ayant taillé deux tables de pierre pareilles aux précédentes, Mochè se leva tôt le matin et monta sur la montagne du Sinaï, comme l'Éternel le lui avait ordonné; il prit en main les deux tables de pierre.» (Chémot, 34, 4). Pour avoir le mérite de recevoir la Tora, il faut se lever de bonne heure, comme le fit Mochè Rabbénou. Et c'est ainsi que Mochè eut l'honneur d'être l'outil du dévoilement de la Tora dans ce monde.

De là, nous comprenons que le fait de se lever tôt est une discipline contrôlable par la volonté de la personne même. Ainsi, dans le livre Imrè Chéfèr (1ère partie), sur la Parachat Tsaw, Rav Chémouèl Pin'hasi raconte que, sous le régime communiste, le règlement militaire était draconien. Les militaires russes devaient se réveiller aux petites heures de la nuit sans réveille-matin et paraître alors devant leur commandant. L'heure fixée pour se présenter était différente pour chaque soldat. Les misérables soldats savaient ce qui les attendait s'ils ne paraissaient pas devant leur supérieur à l'heure dite, et une grande crainte les animait. Leur volonté d'obéir aux ordres était si forte qu'elle leur permit de réaliser cet exploit de se lever exactement à l'heure fixée, conformément aux consignes, quand bien même ils étaient fatigués par les exercices de la veille. Avant même d'aller se coucher, ils savaient qu'ils n'avaient pas le choix, car

**les ordres sont les ordres...**

**Ainsi, les hommes de Tora qui étudient jusque tard dans la nuit, doivent savoir que leur salaire s'envole en fumée s'ils ne se lèvent pas le lendemain matin pour la prière avec la communauté, ou si l'après-midi, parce qu'ils sont fatigués, ils ne parviennent pas à étudier en 'Havrouta (partenaires d'étude). Cela est expliqué dans le recueil Léka'h Tov du Rav Yaâqov Israël Beifuss, sur la Parachat Ki Tètsè. Quand le grand «manipulateur», le yètsèr harâ, veut qu'un étudiant en Tora perde son rythme d'étude, que fait-il? Il fait croire à l'élève que c'est une Mitswa d'étudier au Michmar (le cycle d'étude en Yéchiva où les étudiants restent à étudier jusque tard dans la nuit). Animé par cette volonté subite de «bien faire», voilà donc cet élève qui se prépare à la veillée. Il part dormir une heure ou deux en plein milieu de l'après-midi afin de pouvoir rester éveillé toute la nuit. Et le lendemain, même s'il étudie correctement lors du cycle du matin, dès qu'arrive l'après-midi, il a la tête lourde et finit par aller dormir, au lieu d'étudier avec sa 'Havrouta quotidienne. Puis il dort encore deux heures afin de reprendre des forces pour affronter l'étude de la nuit suivante. Et c'est ainsi qu'il perd tout le fruit de ses efforts.**

**Dans le Touré Zahav (Rabbi David Haléwi Segal, le Taz, 1586-1667), sur le Choul'han Aroukh (Évèn haÊzèr, 25), il est écrit:**

«Certains érudits dorment beaucoup afin d'avoir suffisamment de force pour se dévouer entièrement à la Tora. Et il vrai qu'il est possible d'étudier en une heure seulement ce que l'on étudierait avec difficulté pendant deux heures (quand on est resté éveillé tard dans la nuit). Or, il est certain que c'est le même salaire qui revient à ces deux manières d'agir. C'est la raison pour laquelle le verset des Psaumes dit: "C'est en vain que vous prolongez tard vos veilles." (Téhillim, 127, 2), c'est-à-dire que c'est en vain que vous vous fatiguez et que vous vous levez tôt le matin après avoir veillé tard dans la nuit. "Car à celui qu'Il [D-ieu] aime, Il donne le nécessaire pendant son sommeil." (Ibid.), ce qui signifie que celui qui dort plus d'heures durant la nuit afin que son esprit soit aiguisé pour étudier le lendemain, aura la même part dans la Tora que celui qui diminue son sommeil et qui se fait souffrir lui-même en se couchant tard et se réveillant tôt.».

Pourtant, dans le livre Roua'h 'Hayim (Rav 'Hayim de Volozine, 1749 ou 1759-1821), il est dit au nom d'un sage que le fait de se coucher tôt et de se lever tôt apportent à l'homme santé, sagesse et force. C'est à la lumière de ces paroles que les commentateurs expliquent les mots du Rama (Rabbi Mochè Isserless, 1525-1572), dans le Choul'han Aroukh (Ora'h 'Hayim 1). L'auteur écrit qu'«il faut se renforcer comme un lion pour servir son Créateur, c'est-à-dire qu'il faut soi-même réveiller le matin.». Il ajoute: «Et quand il ira se coucher, qu'il pense devant Qui il s'endort, car de la sorte, dès qu'il se lèvera, il le fera avec empressement pour servir son Créateur.» (Tour, du Baâl HaTourim, Rabbi Yaâqov Bèn Achèr, 1269 ou 1270-1343).

Or, les commentateurs posent la question suivante: puisque l'auteur du Choul'han Aroukh (dans le premier alinéa) se préoccupe des lois concernant le lever, pour quelle raison alors le Rama y ajoute-t-il une loi qui a trait au coucher? Cette loi aurait dû être enseignée plus loin dans les lois sur le Qéryiat Chémâ de la nuit? Or, la réponse est la suivante: pour que l'homme puisse se renforcer comme un lion et se lever le matin pour servir son Créateur, il doit s'y préparer quand il va se coucher. C'est pourquoi il est important de se coucher à une heure appropriée afin de pouvoir se lever tôt le matin. Tandis que celui qui se couche tard, quand bien même il étudierait la Tora, comment parviendrait-il à se lever à l'heure et à accomplir avec ardeur les Mitswot du matin?

Ainsi, dans le livre Divrè Èmèt du Rav Alexander Mochè Lapidus (1819-1906), supplément du livre LiChikhéno Tidréchou, il est écrit, au nom des auteurs de l'éthique juive, que tout celui qui désire mériter d'étudier la Tora et d'effectuer de bonnes actions, qu'il accomplisse tous les jours la première loi du Choul'han Aroukh: «se renforcer comme un lion pour servir son Créateur». Et il faut y être très attentif, car si, 'Haswe Chalom, il fallait que le yètsèr harâ (mauvais penchant) nous empêche de réaliser même la première loi du Choul'han Aroukh, qu'en sera-t-il du reste?

Il ne fait donc aucun doute que nous avons une obligation

**de dormir un minimum. Nos Sages ont dit, à propos de celui qui aurait fait le vœu de ne pas dormir pendant trois jours, qu'on le frapperait et on l'obligerait à dormir sur-le-champ. Ainsi que l'écrit le Rabbénou Ba'hiya (Rabbi Ba'hiya Ibn Paqoda, 1050-1120) sur la Parachat Yitro:**

«Le jour a été donné afin que les créatures puissent travailler, car alors l'homme accomplit ses œuvres jusqu'au soir. Et la nuit, pour le repos et le sommeil, dans la mesure où les créatures ont besoin de se reposer de leurs efforts et de la fatigue accumulée au travail; par ailleurs, il est nécessaire de dormir dans la mesure où c'est là une contrainte naturelle de l'homme. Il n'existe aucun être vivant de par le monde qui ne dormirait pas, incluant même le moustique. Il est en effet impossible de survivre sans sommeil.»

**Toutefois, le sommeil doit avoir pour but de renforcer le corps, comme l'écrit notre grand maître le Bèn Ich 'Haï (Rabbi Yossèf 'Hayim Zt"l, 1833-1909) à propos de Parachat Chéla'h, déclarant que tous les médecins s'accordent à dire qu'un homme dans des conditions normales ne doit pas dormir moins de six heures, ni plus de huit heures. Et dès le lever du jour, on se renforcera comme un lion pour servir le Créateur et accomplir les Mitswot.**

# Parachat Bo

*Du pain et une chemise*

**«Parle, Je t'en prie, aux oreilles du peuple, que chaque homme aille demander à son voisin, et chaque femme à sa voisine, des vases d'argent et des vases d'or.» (Chémot, 11, 2).**

**D-ieu supplie, pour ainsi dire, Mochè Rabbénou de demander aux bénè Israël qu'ils empruntent aux Égyptiens leurs ustensiles en or et en argent. C'est pourquoi il est dit: «Parle, Je t'en prie». La Guémara, dans le Traité Bérakhot (9a), explique le texte de la façon suivante:**

«L'expression (*Na*) "Je t'en prie" désigne toujours une idée de supplique, sous-entendu: "Je t'en prie, que ce soit toi qui adresses cette demande afin que le Tsaddiq Avraham ne dise pas que D-ieu a accompli le verset "Ils seront asservis et opprimés" (Lèkh Lèkha, 15, 13), mais qu'Il n'accomplit pas "Ils sortiront avec de grandes richesses."" (Ibid. 14)».

**Le livre HaBéèr affirme que l'homme affronte deux types d'épreuves dans son existence: l'épreuve de la richesse et celle de la pauvreté. Or, il est connu que l'épreuve de la richesse est plus difficile à supporter que celle de la pauvreté, dans la mesure où nous avons vu nombre de pauvres servir D-ieu, alors que les hommes fortunés, du fait de la multitude de leur biens, sont submergés de soucis et ne trouvent pas toujours le temps nécessaire pour le service de D-ieu.**

**Sachant qu'ils allaient sortir d'Égypte pour recevoir la Tora, les bénè Israël ne voulaient pas être confrontés à l'épreuve de la fortune qui risquait de les entraîner à ne se préoccuper que de leurs biens. C'est la raison pour laquelle ils ne voulaient pas prendre possession des richesses d'Égypte. Au contraire, ils désiraient rester libres pour servir D-ieu. Alors, l'Éternel demanda à Mochè de parler aux oreilles du peuple pour qu'ils empruntent aux Égyptiens leurs ustensiles d'or et d'argent,**

afin que le Tsaddiq Avraham ne puisse pas protester, lui qui fut soumis aux épreuves de la pauvreté et de la richesse. En effet, quand il sortit de chez lui et que D-ieu lui dit: «Va pour toi, sors de ton pays.», Avaham laissa derrière lui tous ses biens, obéissant ainsi à l'ordre de D-ieu qu'il servit dans le dénuement. Par la suite, quand il devint riche, comme il est dit: «Avraham avait un troupeau imposant.», il continua de servir D-ieu. Avraham était donc tout disposé à argumenter avec D-ieu et soutenir le fait que les richesses ne sont pas une épreuve véritablement insurmontable. De la même manière que lui, Avraham, l'avait bien surmontée, de même les bénè Israël pourraient très bien la supporter. Pour quelle raison D-ieu ne tiendrait-Il pas Sa promesse de donner les trésors d'Égypte, alors qu'Il avait dit: «Ils sortiront avec de grandes richesses.»?

Or, ce refus des richesses, adressé à Mochè par les bénè Israël, tourna à leur avantage. Quand les bénè Israël confectionnèrent le veau d'or, utilisant pour servir les idoles les richesses qui leur furent données, D-ieu désira les anéantir. Mochè se leva et, adressant sa prière à D-ieu, déclara: «Efface-moi, je T'en prie, du livre que Tu as écrit.». Autrement dit: «Les bénè Israël ne voulaient pas s'emparer des biens des Égyptiens, c'est Toi qui me demandas: "Parle, Je t'en prie, aux oreilles du peuple.". Il te fallait rayer la mention "Je t'en prie" de ton livre quand Tu m'as demandé: "Parle, Je t'en prie", "Je t'en prie, adresse, toi, cette demande", car s'ils n'avaient pas emmené les richesses d'Égypte, ils n'auraient pas fauté.».

À partir de ces éléments, avec l'aide du Ciel, j'ai pensé expliquer la raison pour laquelle la sortie d'Égypte eut lieu dans la précipitation, les bénè Israël ayant confectionné une pâte avec laquelle ils cuirent des Matsot et non du pain levé. À première vue, il y a lieu de s'interroger: la règle est bien connue, la cuisson des Matsot est de dix-huit minutes, et à dix-neuf minutes commence la fermentation. Pourquoi donc les bénè Israël ne pouvaient-ils pas attendre une minute de plus jusqu'à ce que la pâte fermente, et ainsi manger du pain?

Nous reconnaissons que c'est un décret du Saint Béni soit-Il. D-ieu voulut que les enfants d'Israël, qui se dirigeaient vers le don de la Tora, sortent avec dans les mains «le pain de misère», une Matsa qui n'a pas eu le temps de fermenter. Il désirait par là leur signifier qu'il était nécessaire d'ôter de leur cœur cette tendance à être sous l'emprise de la passion à posséder, représentée par le levain de la pâte, car ce n'était que de cette manière qu'ils pourraient se préparer à recevoir la Tora. C'est pourquoi D-ieu ne voulait pas qu'ils restent une minute de trop en Égypte, espérant qu'ils se souviennent du «pain de misère», et qu'ils ne soient jamais influencés par les richesses avec lesquelles ils étaient sortis d'Égypte.

C'est cette idée que nous retrouvons à propos de Yaâqov Avinou, quand il dit à D-ieu: «...donne moi du pain pour manger et des vêtements pour me couvrir.» (Bérèchit, 28, 20). Le Kéli Yaqar (Rabbi Èfrayim Chélomo de Lunchitz, 1550-1619) demande, à propos des expressions apparemment redondantes que Yaâqov Avinou avait utilisées: «Était-il possible de penser que le pain lui serve de couverture et qu'il aurait à manger ses vêtements?!». Évidemment, ce que Yaâqov Avinou demandait, c'est que D-ieu ne lui donne pas plus de pain que nécessaire, ni davantage de vêtements que ce qu'il lui était utile de porter. De la même manière, Chélomo haMélèkh demande: «Ne me donne ni la richesse ni la pauvreté; accorde-moi la part de nourriture qui m'est indispensable.» (Michelè, 30, 8). Car la richesse peut aveugler celui qui la possède et peut détourner l'homme du droit chemin. C'est la raison pour laquelle Yaâqov fit le vœu de s'éloigner des choses superficielles.

Mais cette prière de Yaâqov fut-elle acceptée? Le Rebbé de Satmar Zt"l (Rabbi Yoël Teitelbaum, 1887-1979), dans la seconde partie de son livre Divrè Yoël, propose un point de vue différent de celui du Kéli Yaqar. Il semblerait que la prière de Yaâqov ne fut pas acceptée puisque, en fin de compte, il s'enrichit énormément, comme il est dit: «Cet homme s'enrichit prodigieusement: il acquit du menu bétail en quantité, des servantes, des serviteurs, des chameaux et des ânes.» (Bérèchit, 30, 43). C'est pourquoi, répond le Rebbé, Yaâqov ne pria pas pour que D-ieu éloigne de lui la richesse. Au contraire, il la désirait afin de servir D-ieu. En revanche, il pria afin de ne pas trébucher à cause d'elle, et que ne lui revienne, pour lui-même, que le strict nécessaire: «du

**pain pour manger et des vêtements pour se couvrir», le reste serait consacré à la Tsédaqa (charité) et au soutien de la Tora. Selon cette explication, il est possible d'affirmer que telle était peut-être la volonté de D-ieu quand Il nous sortit d'Égypte avec toutes ces richesses. Il désirait que nous les utilisions pour Le servir. Pourtant, le peuple prit peur devant l'épreuve qu'elles représentaient, au point qu'ils avaient refusé de prime abord de prendre les richesses des Égyptiens et qu'il a fallu que D-ieu fasse intervenir Mochè.**

**Jusqu'à quel point l'épreuve peut être grande, on peut l'apprendre de l'histoire suivante.**

Dans le livre Michelè ha'Hafèts 'Hayim (chap.4), il est fait mention de l'histoire d'un Avrèkh (un homme qui étudie la Tora à plein temps) érudit et sérieux, mais très pauvre. Il avait trouvé refuge dans la Yéchiva de notre maître le 'Hafèts 'Hayim (Israël Méir HaCohen Kagan, 1839-1933) et, régulièrement, se rendait auprès de lui afin que le Rav prie pour qu'il gagne beaucoup d'argent, promettant quant à lui qu'il en reverserait le Maâsser (la dîme) aux Yéchivot, quand bien même la somme aurait dû s'élever à plusieurs milliers de pièces d'or. Le 'Hafèts 'Hayim lui répondit alors qu'il n'était pas la personne adéquate pour prier pour lui, mais qu'il était certain que si son élève priait de tout son cœur vers D-ieu, Celui-ci lui répondrait. Il le mit en garde, cependant, de s'assurer d'accomplir ce qu'il avait promis. Après quelque temps, l'érudit se lança dans les affaires, et, effectivement, D-ieu bénit ses actions. En quelques années, il devint un commerçant renommé. Il établit alors sa résidence à Moscou, chose que seuls les commerçants extrêmement riches pouvaient se permettre. Mais une fois riche, il oublia la promesse qu'il avait faite à son Rav, et avait fermé sa main à la Tsédaqa.

Un jour, alors que le 'Hafèts 'Hayim se trouvait à Moscou pour les besoins de sa Yéchiva, les notables s'étaient rendus pour le rencontrer et, parmi eux, se trouvait ce commerçant. Après que tous se furent retirés, l'ancien érudit resta seul avec son Rav. C'est alors qu'il explosa en sanglots: «Rabbi, je suis malade d'une maladie incurable. Mais ce qui est encore plus grave que tout, c'est que je sais exactement la nature de cette maladie que je suis incapable de guérir.». «De quoi s'agit-il?», demanda le 'Hafèts 'Hayim. «Mes mains sont fermées, comme si elles avaient été verrouillées avec un cadenas dont je ne possède pas la clé: je ne parviens pas à donner la moindre pièce à la Tsédaqa. Pourtant, j'ai promis que je donnerais mon Maâsser comme il se doit. Mais je ne contrôle pas mes mains, le Satan les dirige et ne me laisse pas faire la charité. Je ne comprends pas comment j'en suis arrivé là.»

Le 'Hafèts 'Hayim lui raconta alors cette histoire: une veille de fête, un Juif d'un petit village décida d'acheter les denrées nécessaires aux festivités. Il pénétra chez son épicier habituel et lui demanda de la farine pour un rouble. Le marchand lui dit alors: «Tiens, mon ami, prends un sac et verses-y la farine dont tu as besoin, on le pèsera ensuite sur la balance.». Interprétant que le commerçant lui demandait de remplir pour ce prix tout le sac de farine, le villageois sauta sur l'occasion. Il prit le plus grand sac qu'il trouva et le remplit largement. L'épicier, faisant comme s'il ne voyait rien, attendit que son client finisse. Au moment de payer, le villageois sortit son unique rouble et le tendit au commerçant qui lui dit alors: «Le sac que tu as pris vaut cinq roubles, comment comptes-tu payer avec un seul rouble?». L'homme s'étonna: «Mais je t'ai demandé pour un rouble de farine, et tu m'as répondu de remplir moi-même un sac. Quand tu voyais que je le remplissais, pourquoi n'as-tu rien dit?». L'épicier répondit: «Eh bien je pensais que tu avais changé d'avis, et que tu voulais prendre davantage de farine. Dis-moi, pensais-tu vraiment pouvoir remplir ce sac sans que le plateau de la balance ne monte en même temps?».

Le 'Hafèts 'Hayim interrompit alors son récit, puis se tourna vers l'érudit et lui dit: «C'est la même chose qui t'est arrivée. Pensais-tu vraiment que la bénédiction descendrait vers toi et que les poids (le yètsèr harâ) resteraient immobiles de l'autre côté de la balance? Voilà ton erreur. Il ne faut jamais oublier que plus la bénédiction est importante d'un côté de la balance, plus, proportionnellement, le mauvais penchant se renforce. Et chacun doit conserver à l'esprit le prix qu'il lui faudra payer à la fin.».

**Voici un exemple tiré du Midrach qui montre jusqu'à quel point le yètsèr harâ (mauvais penchant) se renforce contre la**

**personne qui cherche le matériel. Il est écrit, au sujet de la plaie des ténèbres, que les Égyptiens ne parvenaient pas «à se distinguer les uns les autres, et [que] nul ne se leva de sa place pendant trois jours» (Chémot, 10, 23). Or, le Midrach explique que cette plaie dura en réalité six jours: les trois premiers jours, «ils ne se voyaient pas l'un l'autre», et les trois jours suivants, les ténèbres étaient si épaisses que «nul ne se leva de sa place»: celui qui était assis ne parvenait pas à se lever, ni celui qui était debout, à s'asseoir. L'obscurité était aussi épaisse qu'une pièce d'or (voir le Midrach Chémot Rabba, 14).**

Un homme se rendit un jour chez le Mahari'l Diskin Zt"l (Rabbi Yéhochouâ Yéhouda Leib Diskin, 1817-1898) pour lui demander la signification de ce Midrach. Il voulait qu'on lui explique le sens de cette expression: «l'obscurité était aussi épaisse qu'une pièce d'or». Or, il y avait chez le Rav un petit trou dans le mur de la maison par lequel on pouvait voir ce qui se passait à l'extérieur. Le Rav demanda alors à son invité de regarder par ce trou et de lui dire ce qu'il voyait. L'homme lui répondit qu'il pouvait apercevoir des hommes, des femmes ainsi que des enfants circuler dans la rue. Le Rav sortit ensuite une pièce de sa poche, en boucha le trou. Il lui demanda de regarder à nouveau et de lui décrire ce qu'il voyait maintenant. Ce dernier lui répondit alors qu'il ne voyait plus rien. Et c'est ainsi que le Mahari'l Diskin expliqua le sens du Midrach: l'obscurité était aussi épaisse qu'une pièce d'or. C'est-à-dire que si l'on place devant ses yeux «l'épaisseur d'une pièce d'or», alors il n'est plus possible de voir les hommes, les femmes, ni les enfants qui nous entourent. Cette obscurité épaisse dans laquelle une personne est alors plongée s'appelle «le désir de richesse» qui l'empêche de prendre conscience du frère qui se tient devant lui et qui a besoin de son aide. C'est par crainte d'être soumis à cette tendance que les bénè Israël ne voulurent pas s'emparer des richesses de l'Égypte, si bien que Mochè fut obligé de les en supplier.

**Cette explication nous rappelle l'histoire suivante:**

Un Tsaddiq avait béni un homme pour qu'il s'enrichisse, et sa bénédiction s'accomplit. Or, après s'être enrichi, cet homme refusa de donner la Tsédaqa et d'aider ses frères dans la misère.

À cette nouvelle, le Tsaddiq se rendit auprès de cet homme avec, dans sa main, un miroir. Il lui demanda de se regarder dans la glace et de lui décrire ce qu'il voyait. L'homme répondit simplement qu'il se voyait lui-même. Le Rav l'interrogea alors: «Connais-tu la différence entre un miroir dans lequel on se voit soi-même et une vitre à travers laquelle on peut voir un autre visage?» Il lui répondit: «Bien sûr! Un miroir n'est rien d'autre qu'une vitre derrière laquelle on a fixé une feuille d'argent qui renvoie l'image de celui qui la regarde.». «Exactement!, répondit le Tsaddiq. Avant que tu ne deviennes riche, tu apercevais tes frères dans le dénuement, et tu les aidais comme tu le pouvais. Mais depuis que cette bénédiction pour la richesse s'est accomplie, l'argent fait que tu ne vois plus que toi-même, ayant oublié ceux qui se trouvent de l'autre côté. Il me semble donc que la seule solution consiste à te retirer tes richesses afin que tu puisses redevenir celui que tu étais et prendre à nouveau conscience de la détresse de ton prochain.» L'homme, qui avait compris le message du Tsaddiq, éclata en sanglots et le supplia: il lui promit que, dorénavant, il donnerait la Tsédaqa aux pauvres de la ville selon ses moyens.

# Parachat Béchalla'h

*«L'Éternel, ton médecin.»*

**«Et il dit: "Si tu écoutes bien la voix de l'Éternel ton D-ieu, tu feras ce qui est droit à Ses yeux; et tu prêteras l'oreille à Ses préceptes et garderas toutes Ses lois; toutes les plaies dont J'ai frappé l'Égypte, Je ne les mettrai pas sur toi, car Je suis l'Éternel, ton médecin."» (Chémot, 15, 26).**

**Dieu nous fait la promesse, dans Sa sainte Tora, que si nous empruntons la voie de la Tora et des Mitswot, Il nous épargnera toutes les plaies avec lesquelles Il frappa l'Égypte. Mais il nous faut encore comprendre en quoi la suite du verset, «Je suis l'Éternel, ton médecin.», se rattache à ce qui précède: si D-ieu nous protège des maladies, de quoi devrions-nous être guéris?**

**Avant de répondre à cette question, il nous faut d'abord comprendre quelles sont les maladies que D-ieu envoya sur l'Égypte, et en quoi le fait de prêter l'oreille aux préceptes nous assure-t-il d'être protégés de ces maladies. Dans ses discours (le sixième), le Ran (Rabbi Nissim bèn Réouven Gérondi, 1320-1380) se demande quelle est la nature de cette promesse divine de ne pas punir Israël des plaies dont souffrirent les mécréants pour avoir asservi le peuple juif, et en quoi consiste cette protection de ceux qui écoutent la voix de D-ieu. Le Ran répond que les Égyptiens furent frappés de toutes les maladies existantes ou susceptibles d'apparaître dans le monde. Ainsi, la promesse divine: «Je ne les mettrai pas sur toi.» concerne toute forme de plaie ou de maladie, car il n'y a pas plus grande protection, ni plus grande récompense.**

**Le Rav Matityahou Salomon (Machguia'h au Bèt Midrach Govoha, Lakewood, New Jersey) dans son livre Matanot 'Hayim (Moâdim, p.230), explique en quoi les dix plaies contiennent en elles les maladies les plus dangereuses qui soient.**

**Le sang: les Égyptiens ne pouvant étancher leur soif, le**

taux d'hydratation de leur corps fut si faible qu'il provoqua l'obturation de leurs intestins ainsi que l'inflammation de leurs reins et de leur système urinaire. Par ailleurs, le fait de boire du sang leur causait des maux de ventre, empoisonnant de la sorte l'ensemble de leur système sanguin. De plus, à cause des effluves que dégageaient les odeurs fétides de sang, les hommes perdaient connaissance et souffraient de difficultés respiratoires (comme l'asthme).

Les grenouilles: la présence de grenouilles dans le ventre des Égyptiens leur causait des ballonnements qui provoquaient des irritations de la gorge et attaquaient les parois de l'estomac, les faisant ainsi souffrir d'ulcères. Le croassement permanent avait pour conséquence d'affaiblir leur système auditif, et nombreux furent ceux qui devinrent complètement sourds. Le bruit les empêchait également de trouver le sommeil, provoquant chez les Égyptiens nombre de dépressions nerveuses.

Les poux: une nervosité et une fatigue permanentes empêchaient les Égyptiens de trouver la moindre seconde de repos.

Les bêtes sauvages: les bêtes les griffaient sur tout le corps. Ces plaies provoquaient des infections; quand c'était la colonne vertébrale qui avait été touchée, leur corps se convulsait (sclérose). Par ailleurs, la peur et l'épouvante soudaines déclenchaient l'apparition de tumeurs de même que diverses formes de maladies psychiques.

Les ulcères: ceux-ci provoquaient des maladies de peau, de l'eczéma et une détérioration de l'aspect extérieur.

La grêle: l'effondrement des toits des maisons obligeait les Égyptiens à vivre dans l'humidité, ce qui avait pour conséquence d'engendrer des problèmes pulmonaires ainsi que d'autres symptômes respiratoires.

Les sauterelles: les Égyptiens mouraient de faim dans leur propre maison. Et quand bien même la plaie avait cessé, leur estomac rétréci, n'étant plus capable d'ingérer la nourriture qu'ils portaient à leur bouche, explosait.

**Les ténèbres: quand la plaie des ténèbres se retira et qu'apparut une lumière soudaine, les Égyptiens furent frappés de cécité.**

**La plaie des premiers nés: «Voici que j'envoie toutes Mes plaies sur ton cœur.», telle est la façon dont la Tora s'exprime au sujet de cette plaie.**

On raconte qu'un riche médecin de Tunis reçut un jour dans sa maison un envoyé des Rabbins d'Èrèts Israël. Après le Chabbat, quand ce dernier fit savoir qu'il devait quitter le domicile de son hôte, le médecin se tourna alors vers lui et lui dit: «J'ai pour coutume de donner à chacun qui vient chez moi cent pièces d'or, mais si vous parvenez à répondre à une question qui me tracasse depuis des mois, je donnerai à votre Yéchiva cinq cents pièces d'or.». À l'époque, une telle somme était phénoménale, pouvant soutenir tout un Kollèl pendant des mois. L'envoyé se réjouit et demanda au médecin quelle était sa question. Celui-ci dit: «Quel est le sens de cette Michna du Traité Qiddouchin (82a): "Le meilleur des médecins se retrouva en enfer."». L'homme qui ne s'était pas préparé à une telle question resta muet, ne sachant quoi répondre. Le médecin sortit alors de sa poche cent pièces et les donna à l'envoyé qui retourna à sa Yéchiva, en terre d'Israël, frustré de n'avoir pas réussi à ramener une somme plus importante.

Quand il arriva à la Yéchiva, il raconta son aventure aux Rabbins et aux autres érudits. L'un d'eux demanda au Roch Yéchiva la permission de se rendre à Tunis pour tenter sa chance et, avec l'aide du Ciel, rapporter à la Yéchiva une somme si importante. Permission lui fut accordée. Au moment où il allait quitter le domicile du médecin, celui-ci lui posa alors la fameuse question sur le sens de cette Michna: «Le meilleur des médecins se retrouva en enfer.». Notre érudit répondit alors: «Il ne fait aucun doute que votre honneur est un médecin remarquable, toutefois ne vous est-il jamais arrivé de vous tromper, et que l'état de votre patient s'aggrave ou pire, qu'il meure? Et même s'il est évident qu'une telle faute est involontaire, puisque votre honneur a sûrement toujours cherché à agir au meilleur de ses compétences, quoiqu'il en soit, D-ieu punit le médecin pour ses erreurs.». Le médecin n'accepta pas la sage réponse qui lui fut proposée, ne comprenant pas pourquoi D-ieu punirait un homme fait de chair et de sang qui accomplit tout ce qui est en son pouvoir pour aider son prochain. Il sortit cent pièces de sa poche et les donna au délégué qui, à son tour, repartit frustré vers la Yéchiva. Dans le Bèt haMidrach, un érudit hors pair demanda à son tour l'autorisation de se rendre chez cet homme fortuné, afin de présenter une réponse adéquate, avec l'aide du Ciel.

Ainsi, après avoir séjourné dans la maison du médecin et avoir entendu de sa bouche la fameuse Guémara, cet érudit demanda que son hôte, avant même d'entendre la réponse à cette question, retienne dores et déjà cinq cents pièces pour la Yéchiva. Convaincu par la confiance en soi qu'affichait cet érudit, le médecin déposa sur la table la dite somme. L'érudit expliqua: «Eh bien! Voilà: quand un patient se rend au cabinet un abcès à la main, l'ayant soigné, dans sa miséricorde, votre honneur le renvoie chez lui. Pourtant, après plusieurs jours, l'abcès s'étant aggravé, le malade retourne voir le docteur, qui estime alors nécessaire de lui couper le bras. Mais dans sa miséricorde, il n'en fait rien et le renvoie chez lui, espérant que tout s'arrangera. En fin de compte, à cause de cette miséricorde, le malade décède. Qui en est responsable? La bonté de cœur d'un médecin miséricordieux! Et tel est le sens de l'expression: «Le meilleur des médecins», autrement dit, le médecin qui, par compassion envers son prochain, ne fait pas tout ce qu'il aurait fallu faire, comme par exemple couper la chair à vif. Et il «se retrouva en enfer», puisque, en définitive, ses malades perdent la vie. Le riche médecin se réjouit d'une telle réponse et lui remit la somme promise en main propre.

**Nous pouvons maintenant répondre à une question posée auparavant. Quel est le lien entre le début du verset: «Toutes les lois, toutes les plaies dont J'ai frappé l'Égypte, Je ne les mettrai pas sur toi.», et sa conclusion: «Car Je suis l'Éternel, ton médecin.»? Il arrive qu'un homme sorte du droit chemin. Il ressemble en ceci à celui qui a un abcès à la main et dont il faudrait «couper la chair à vif», par des épreuves et des souffrances, comme ce fut le cas des Égyptiens qui furent punis par de terribles maladies. C'est la raison pour laquelle D-ieu,**

**qui est le médecin de tous, nous demande d'emprunter la bonne route afin qu'Il ne soit pas obligé de procéder à des incisions dans notre chair, dans la mesure où D-ieu est un médecin de qualité en qui nous pouvons mettre toute notre confiance...**

**Le Or ha'Hayim haQadoch (Rabbi 'Hayim Bèn Âttar, 1696-1743), à propos du verset: «Tous les commandements que Je t'ordonne d'observer aujourd'hui, afin que tu vives» (Dévarim, 8, 1), commente:**

«Il nous faut savoir de quels commandements il est question, puisque par ailleurs il est dit: "Pour prix de votre obéissance à ces lois et de votre fidélité à les accomplir". Pourquoi alors répéter: "Tous les commandements"? Parce que Moché scruta les cœurs de tous, du plus grand au plus petit, et il vit qu'un souffle les traversait, les poussant à diminuer leur service de D-ieu, et à sortir du chemin de la vie. Et ce, pour la raison suivante: quand l'homme accomplit deux ou trois Mitswot, ou n'en réalise qu'une seule, mais avec dévouement et assiduité, naît en lui un sentiment qui le pousse à délaisser les autres Mitswot qui se présentent à lui. Ou encore, ayant fait un certain nombre de Mitswot, l'homme s'en satisfait; une gangrène se développe alors en lui, comme dans le cœur de ceux qui suivent déjà les chemins de la Tora, mais qui, parfois, délaissent les petites actions, eux qui se considèrent comme des érudits accomplissant la majorité des préceptes (...). Or, une telle attitude les met face à l'épreuve, puisqu'ils dénigrent l'importance de certaines Mitswot, et augmentent ainsi leur délit.» (...). C'est pour cette raison que le prophète leur fait des reproches et, après avoir dit "Tous les commandements", désignant par là la Tora et les Mitswot, il ordonne à propos de chacune d'entre elles de ne pas s'en faire une fausse idée.

Il invoque comme raison qu'il n'est pas possible de se repentir, disant: "afin que tu vives", signifiant par là, comme il est dit dans le Zohar (101), que l'homme est composé de 248 membres, et de 365 nerfs en contrepartie desquels D-ieu nous a ordonné d'observer 365 commandements négatifs et d'accomplir 248 commandements positifs. Chaque homme qui souffre dans une partie de son corps doit alors se questionner sur l'origine de ses maux en vertu de cette règle: chacun de ses 248 membres recèle des significations profondes, chacun des membres et des nerfs de notre corps entretenant une relation intime avec chacune des Mitswot. Ainsi, quand un homme transgresse ou ignore l'une d'elles, c'est la partie de son corps qui lui correspond qui souffre (...). Tel est le sens de l'expression: "Afin que tu vives". Quand nous défaillons dans l'accomplissement de l'un des commandements, alors en réponse, c'est l'une des parties de notre corps qui défaille.».

**Dans ses Responsa Chaâlou leBaroukh (alinéa 69), le Rav haGaon Baroukh Avraham Tolédano (1886-1970) confirme cette interprétation. Il écrit avoir entendu dire, au nom des Sages, que chacune des souffrances qui s'abattent sur l'homme est une réponse à une faute qu'il a commise. Par exemple, s'il s'agit d'une faute accomplie avec la main, alors c'est la main qui en souffre; même chose pour le pied, etc. Et si la faute ne parait pas évidente, comme par exemple, si l'on souffre du dos, partie du corps avec laquelle on ne peut accomplir de faute, alors il faudrait faire dépendre cette souffrance d'un relâchement dans l'étude de la Tora, faute pour laquelle c'est tout le corps qui peut être touché.**

**Il nous incombe donc de nous renforcer dans l'étude de la Tora et l'observance des Mitswot. En nous efforçant de réfléchir sur certaines d'entre elles, nous nous apercevons que les Mitswot ont en elles-mêmes la possibilité de guérir notre corps. Ainsi, dans le Traité Yoma (75b), on rapporte que, quand Mochè Rabbénou sortit les bénè Israël d'Égypte, il fixa les heures de leur repas: l'un le matin, et l'autre le soir. Car auparavant, ils se nourrissaient un peu comme des poules, sans heure fixe. Mais depuis lors, ils durent se conformer à le faire à des heures précises. Ainsi, il est dit dans le Traité Baba Kama (92b) que le pain du matin sauve l'homme de quatre-vingt-trois maladies différentes provenant des intestins. S'il en est ainsi, nous comprenons que ces repas à heures fixes n'ont pas seulement pour but d'organiser une journée, ils ont aussi la capacité de soigner le corps quand celui-ci est nourri en son temps. C'est pourquoi, dans le Traité Chabbat (10a): «Les Sages ont enseigné: "la première heure, il s'agit du repas des Loudin (Ndt.: un peuple cannibale); la deuxième, celle des brigands; la troisième, celle des**

**héritiers (...). La quatrième heure est celle de tout homme; la cinquième, celle des ouvriers; la sixième, celle des érudits; plus tard, cela revient à jeter une pierre dans une outre.», c'est-à-dire «dans la mesure où cela est mauvais pour le corps», selon Rachi. Nous voyons, encore une fois, que le fait de se nourrir dans certaines circonstances particulières peut avoir des vertus médicinales.**

**Par ailleurs, dans son Chaâr haTéfilla, à propos des lois relatives aux prosternements dans le Qaddich, le Rav haGaon Rabbi Réouven Bar Rabbi Avraham Echrari:**

Dans les Pirqé Avot (Maximes des Pères, chap. 6, Michna 7), il est écrit: «Grande est la Tora, car elle procure à celui qui s'y adonne la vie dans ce monde-ci et dans le monde à venir, comme il est dit: "Elle est vie pour ceux qui la dévoilent, et elle guérit toutes les chairs."» (Michelè, 4, 22). Or, nous savons, que la majorité des maladies ne viennent à l'homme qu'à cause de la colère provoquée par son orgueil. Un cœur gonflé d'orgueil entraîne la conséquence, en effet, de toucher les poumons, entachant ses parois et d'autres endroits encore. Or, il ne peut y avoir de taches sans perforation, provoquant ainsi de graves maladies qui pourraient devenir mortelles.

C'est la raison pour laquelle l'homme doit sans cesse se rappeler qu'il ne doit pas se mettre en colère et qu'il doit se comporter avec humilité, car c'est l'humilité qui conduit à la résurrection des morts (...). Et si, dans le Qaddich, l'on répond "Amen Yéhè Chémè Rabba" ("que Son Nom soit grandi") jusqu'au passage "DaAmiràn béÂléma" ("que nous pourrions prononcer en ce monde"), cela nous aidera grandement. Notre crainte de D-ieu ayant la force de réveiller notre cœur à répondre "Amen Yéhè Chémè Rabba, etc.", ce souffle entre alors en nous et, contractant les poumons, les libère de leurs taches. Nos Sages ont fixé cette prière, afin que nous répondions: "Amen Yéhè Chémè Rabba" plusieurs fois par jour de sorte que si, éventuellement, nous étions porteurs de ce genre de taches, celles-ci soient nettoyées systématiquement. En revanche, si elles étaient déjà présentes depuis plusieurs jours, cela ne servirait à rien.».

**Telles sont les paroles de ce livre royal.**

**Voilà bien la preuve que le fait de se rendre à la Bèt haKnesset afin d'y prier en Minyan et mériter de répondre «Amen Yéhè Chémè Rabba» constitue un moyen exceptionnel pour éliminer les impuretés adhérentes aux poumons, évitant ainsi à l'homme de nombreuses et terribles maladies, 'Haswe Chalom.**

**Un érudit expliquait, par ailleurs, que l'homme qui pose ses Téfillines sur son bras gauche, y enroulant les lanières de cuir, ralentit sa circulation sanguine tout le temps de la prière. Et quand il les retire, le flux sanguin reprend alors son cours normal, ce qui a pour conséquence de provoquer dans le cœur l'émission d'un sang plus propre et plus pur.**

**Ainsi les dernières lettres du verset (Chémot, 15, 26): «WéhaYachar BéÈnav Taâssé veAzanta», «Tu feras ce qui est droit à Ses yeux et tu prêteras l'oreille.», forment le mot Tora, en référence avec ce que la Guémara dans le Traité Êrouvine (54a) nous enseigne:**

Que celui qui a mal au crâne étudie la Tora, comme il est dit: «Car elle forme un merveilleux diadème pour ta tête» (Michelè, 1, 9). Que celui qui a mal à la gorge, étudie la Tora, comme il est dit: «Et un collier pour ton cou» (Ibid.). Et que celui dont tout le corps souffre étudie la Tora, ainsi qu'il est dit: «Elle guérit toutes les chairs.».

**Ce qui signifie que l'essence même de la Tora, c'est d'être une médecine. Ajoutons, par ailleurs, que si les secrets de la médecine ont été donnés au peuple d'Israël, c'est afin que les non juifs puissent se soigner.**

**Pour expliquer cela, on trouve dans le livre Kraïna déIgarta (un recueil des lettres du Rav Israël Yaâqov Kanievsky Zt"l, chap. 96), la question suivante: Pour quelle raison, dans la Âmida (prière des dix-huit bénédictions), terminons-nous celle sur la guérison de cette manière: «Béni est HaChem, Lui qui guérit les malades de Son peuple Israël.»? La médecine n'aurait-elle été donnée qu'à Israël? Par ailleurs, on ne trouve pas dans les autres**

**bénédictions, cette mention «Son peuple Israël»; on ne dit pas, par exemple, «qui bénit les années de Son peuple Israël»ou «qui écoute la prière de Son peuple Israël».**

**La réponse apportée à cette question se fonde sur les paroles du Midrach (Bérèchit Rabba, 88), où il est dit que:**

«Si les nations de la terre ont en leur sein des gens malades, souffrants, ou atteints de plaies, alors que normalement il ne devrait pas y en avoir, c'est afin qu'elles ne désignent pas Israël comme un peuple de gens malades et souffrants.».

**De cela, selon le Rav, il ressort «que toutes les maladies des nations ne sont là que pour que celles-ci ne se croient pas meilleures qu'Israël. Et par conséquent, quand D-ieu soigne les malades du peuple d'Israël, ceux des autres nations guérissent.».**

**Afin de mieux expliquer cette idée, rappelons seulement que la maladie n'a d'autre but que d'éveiller Israël au repentir, ce qui n'a de sens qu'envers celui qui a reçu la Tora et qui doit en observer les préceptes. Donc, en vertu de la loi stricte, il n'y a aucune raison que D-ieu envoie la guérison aux autres peuples de la terre, dans la mesure où ils n'acceptèrent pas la Tora et qu'ils ne peuvent rien apprendre de la nature même de la maladie. Ainsi, les maladies ne leur sont envoyées qu'afin qu'ils ne pointent pas Israël du doigt. Mais dès que D-ieu guérit en premier lieu les malades d'Israël, alors ces maladies sont par voie de conséquence retirées des autres nations.**

# Parachat Yitro

## *Le moment opportun*

**«Mochè sortit au devant de son beau-père (...). Puis ils entrèrent dans la tente. Et Mochè raconta à son beau-père...» (Chémot, 18, 7-8).**

**Rachi commente:**

«“Et Mochè raconta à son beau-père”, afin d’attirer son cœur à se rapprocher de la Tora(Mekhilta).».

**Il est possible, à partir de ces paroles de la Mekhilta, de mettre en évidence un principe fondamental quant au fait de rapprocher ceux qui sont éloignés. En effet, quand on reçoit chez soi des invités, tout spécialement quand ils ont fait un long voyage, la coutume veut qu’on les fasse entrer dans la maison, qu’on leur offre la possibilité de se laver, qu’on leur propose de se restaurer, afin qu’ils puissent se reposer des fatigues de la route. Pourtant, la première chose que fait Mochè Rabbénou, c’est d’inviter son beau-père Yitro dans le Bèt haMidrach (maison d’étude), afin d’étudier la Tora avec lui. Et c’est seulement après cette étude que le peuple est alors convié à venir «partager le pain avec le beau-père de Mochè». Voilà qui mérite une explication.**

**Yitro était un prêtre idolâtre; il n’existait pas une seule idole au monde qu’il n’ait adorée. Pourtant, après s’être éloigné de l’idolâtrie, et avoir compris qu’elle ne comportait rien de sérieux, il apprit ce qui arriva lors de l’ouverture de la mer Rouge et de la guerre contre Âmalèq. Il prit alors conscience qu’aucune divinité n’avait de réalité en dehors du D-ieu unique. Et c’est ainsi, qu’après un long cheminement, il côtoya le peuple juif afin de se convertir et assumer le joug de la Tora. Mochè Rabbénou nous enseigne alors qu’avant même de proposer à un tel homme une nourriture matérielle, il convient d’abord de lui offrir une nourriture purement spirituelle et de lui inculquer la crainte du Ciel, alors que brûle en lui le désir d’adhérer au peuple d’Israël. Si Mochè Rabbénou lui avait d’abord offert à boire et à manger,**

**peut-être aurait-il manqué cette occasion exceptionnelle d'enseigner à Yitro la crainte du Ciel, à ce moment crucial où Âmalèq était venu refroidir l'ardeur du peuple à la Tora et aux Mitswot.**

**Si nous retirons du mot Israël les lettres Alef-Chin, Èch [qui signifie «le feu» (Ndt.: l'ardeur)], il ne reste plus que les lettres Youd-Rech-Lamed, qui ont la valeur numérique du mot Âmalèq (240), «celui qui refroidit le bassin». Ainsi l'ont enseigné nos Sages, expliquant qu'Âmalèq retira du peuple juif son ardeur à accomplir la Tora et les Mitswot.**

**Ainsi, voyant que son beau-père (qui ne l'avait pas accompagné lors de la guerre contre Âmalèq) brûlait de recevoir la Tora et d'accomplir les Mitswot, Mochè savait pertinemment qu'il s'agissait d'une occasion unique à ne laisser passer sous aucun prétexte. C'est pourquoi, avant même de lui offrir de quoi se restaurer, il attisa le cœur de Yitro au feu de la Tora et des Mitswot. C'est après ce cours exceptionnel sur la majesté du Créateur qu'il fut alors possible d'offrir des sacrifices à D-ieu et de partager un même repas avec un Yitro animé d'une foi authentique.**

**Plus loin dans le texte de la Tora, nous lisons que, bien que Mochè Rabbénou ait demandé à Yitro de rester parmi eux et d'entrer avec eux en terre d'Israël, celui-ci refusa, déclarant: «Je retournerai vers ma terre, vers mon pays natal.». Or, Rachi écrit à ce sujet que Yitro désirait rentrer chez lui afin d'inciter les gens de sa ville à la Téchouva. Ce qui signifie que l'enseignement d'Émouna et de crainte du Ciel, reçu par Yitro de son gendre, s'imprégna tellement en son cœur qu'il ressentit la nécessité de rentrer dans son pays afin d'y enseigner la vérité du D-ieu unique.**

**Le comportement de Mochè à l'endroit de Yitro nous enseigne que, quand nous désirons amener quelqu'un à la Téchouva, il faut savoir comment s'y prendre, utiliser les procédés appropriés et, surtout, choisir le moment opportun; tout ceci requiert une grande perspicacité.**

**À cet égard, nous présentons deux histoires remarquables**

**parmi les centaines que l'on raconte à propos du 'Hafèts 'Hayim (Israël Méïr HaCohen Kagan, 1839-1933). La première est extraite du recueil MiZéqènim Etbonan publié dans le livre LiChkhéno Tidréchou (1e partie).**

Un jour, le 'Hafèts 'Hayim apparut sur le pas de la porte du pharmacien de la ville, un homme qui s'était éloigné de la Tora et de ses Mitswot. Le Rav se présenta à lui en déclarant qu'il était jaloux de ses mérites. Le pharmacien en fut étonné. Que pouvait-on bien lui envier? Le 'Hafèts 'Hayim lui répondit alors qu'il avait le mérite d'accomplir un très grand nombre de Mitswot grâce à sa générosité, en vendant des médicaments et en sauvant ainsi, tous les jours, de nombreuses âmes. Le pharmacien lui répondit alors qu'il le faisait dans son propre intérêt, dans un but lucratif et non par bonté de cœur. C'est alors que le 'Hafèts 'Hayim lui dit: «Il faut que tu le fasses en ayant à l'esprit que tu accomplis de cette manière le commandement de venir en aide aux habitants de la ville, et de sauver leurs âmes. Et même si tu gagnes ainsi ta vie, cela n'enlève rien à la valeur de cette Mitswa, dans la mesure où tu le fais pour réjouir ton Créateur.». Le pharmacien écouta le conseil du Rav, et à partir de ce jour-là, il se rapprocha progressivement de son Judaïsme, et devint même, avec le temps, le responsable des associations caritatives de sa ville.

**La seconde histoire se trouve dans le recueil Léka'h Tov du Rav Yaâqov Israël Beifuss, sur la Parachat Wayiqra.**

Alors que le 'Hafèts 'Hayim voyageait pour vendre ses livres, il fit halte dans une auberge de Vilna. Là-bas se trouvait un Juif rustre et corpulent assis à l'une des tables. Celui-ci fit signe à l'aubergiste de lui apporter une oie grillée et un verre d'eau de vie, puis il dévora goulûment un morceau d'oie sans avoir prononcé de bénédiction, et il se rinça la bouche avec l'alcool qui lui servait de boisson, se conduisant également très mal envers l'aubergiste. Le 'Hafèts 'Hayim, qui se tenait dans un coin de l'auberge, se leva pour apostropher cet homme et le rappeler à l'ordre. Mais avant qu'il n'ait pu faire un pas, l'aubergiste s'approcha de lui et intervint pour l'en empêcher: «Il s'agit d'un soldat du Tsar Nicolas qui risquerait de vous insulter et même de lever la main sur vous. Je vous en prie, Rabbi, laissez-le tranquille. C'est un parfait ignorant, une brute épaisse. Alors qu'il n'avait que sept ans, il fut enlevé avec d'autres enfants du canton et fut envoyé en Sibérie. Jusqu'à l'âge de dix-huit ans, il grandit parmi les autochtones, puis ensuite il entra dans l'armée du Tsar Nicolas où il servit pendant vingt-cinq ans. Cela fait près de quarante ans qu'il n'a pas fréquenté une communauté juive, il ne connaît pas une seule lettre de la Tora, et n'a même jamais vu le visage d'un Juif. Votre Excellence est trop chère à mes yeux!».

Le 'Hafèts 'Hayim ne se laissa pas impressionner, et il s'approcha du soldat pour lui déclamer un joyeux «Chalom Alèkhem!» Avec beaucoup de gentillesse et d'attention, il se pencha vers lui et lui dit: «Est-ce vrai ce que j'ai entendu sur toi? Qu'alors que tu étais encore un enfant, tu fus enlevé avec d'autres enfants et envoyé en Sibérie? Tu as donc grandi au milieu des non juifs, sans avoir eu le mérite d'étudier ne serait-ce qu'une seule lettre de notre Tora. Tu es vraiment passé par l'enfer sur terre, endurant de terribles souffrances. Ces scélérats t'ont non seulement obligé à oublier ta religion, mais de surcroît ils t'ont forcé à manger des viandes interdites. Mais toi, tu es parvenu à rester Juif, tu n'as pas trahi. Comme j'aurais pu être riche, si j'avais eu tes mérites. Je serais aujourd'hui sûr d'entrer au paradis, comme c'est ton cas. Ta place dans le monde de la vérité se trouve aux côtés des plus grands, des Tsaddiqim et des Géonim.».

Des larmes apparurent dans les yeux gris de cet ancien soldat du Tsar Nicolas. Il était ébranlé par les mots profonds et si justes qu'il avait entendus de cette fontaine d'eau pure, et qui avaient fait revivre son âme abîmée. Quand on l'informa de l'identité de la personne qui se tenait à ses côtés, il éclata en sanglots et tomba dans les bras du 'Hafèts 'Hayim. Le Rav ajouta alors ceci: «Un homme comme toi est considéré comme un saint, toi qui as donné tout ton être pour la sanctification du Nom de D-ieu. Si tu prends sur toi maintenant de vivre le restant de ta vie comme un Juif kachèr, alors personne au monde ne sera plus riche que toi.». Cet homme ne quitta plus le 'Hafèts 'Hayim jusqu'à faire une Téchouva complète et devenir un Tsaddiq authentique.

**Dans le Traité Chabbat (31a), on trouve l'épisode d'un non juif qui désirait se convertir. Il se rendit d'abord auprès de**

Chammaï et lui demanda: «Combien avez-vous de Torot?– Deux, lui répondit Chammaï, une Tora écrite et une Tora orale.». Le non juif lui dit alors: «Pour ce qui est de la Tora écrite, je suis prêt à te croire, mais pas pour ce qui est de la Tora orale. Convertis-moi et enseigne-moi la Tora écrite.». Chammaï le chassa et le rejeta en le blâmant. L'homme se rendit alors chez Hillel qui le convertit. Le premier jour, Hillel lui enseigna l'Alef-Bèt; et le lendemain, il inversa l'ordre et lui apprit Tav-Chin-Rech-Kouf... Le non juif fit alors remarquer: «Hier, tu me l'as enseigné dans un ordre différent.». Et Hillel lui répondit: «Comment sais-tu que la lettre Alef est la première des lettres, et Bèt la seconde, et dans cet ordre? Peut-être que c'est le contraire, que Tav est la première lettre? Tu es donc bien obligé de reconnaître que tu te fies à ce que je t'ai montré au début, c'est-à-dire à la Tora orale que je t'ai enseignée. Fais-moi confiance.».

La suite de cette Guémara (Traité Chabbat, 31a) fait mention d'un autre épisode d'un non juif qui se rendit auprès de Chammaï et lui demanda de lui enseigner toute la Tora pendant qu'il se tiendrait sur un pied. Chammaï le chassa avec le mètre qu'il tenait à la main. L'homme se rendit alors auprès de Hillel qui le convertit et lui enseigna une règle unique [un pied] sur laquelle repose toute la Tora: «Ce que tu détestes, ne le fais pas à autrui.».

Alors qu'il passait derrière la maison d'étude, un autre non juif entendit la voix du Rabbin s'exclamer: «Tels sont les vêtements que vous ferez, le pectoral et l'éphod...». L'homme demanda alors: «À qui ces habits sont-ils destinés?». On lui répondit:«Au grand-prêtre». Il se rendit alors auprès de Chammaï pour se convertir, à la condition toutefois d'être nommé grand-prêtre. Pour toute réponse, Chammaï le repoussa avec son mètre. Il se rendit alors chez Hillel qui le convertit et lui dit: «On ne peut nommer roi que celui qui est expert dans l'art de la guerre. Va et apprends les tactiques royales.» L'homme sortit et commença à lire le 'Houmach. Quand il arriva au verset: «Et l'étranger qui s'approche, mourra».

Il demanda: «Qui ce verset concerne-t-il?». Hillel lui répondit alors: «Il s'applique même au roi David.». Ce converti fit alors le

**raisonnement à fortiori suivant: les bénè Israël sont appelés «les enfants de D-ieu» au point où, rempli d'amour pour eux, D-ieu les appelle: «les enfants de Mon premier-né Israël». Puis D-ieu dit: «L'étranger qui s'approche, mourra»; à plus forte raison, se dit-il, le converti qui vient avec sa canne et son baluchon. Il se rendit à nouveau chez Chammaï et lui dit: «Je n'ai aucun chance de devenir Cohen, car n'est-il pas écrit que "l'étranger qui s'approche, mourra"?». Puis il vint voir Hillel, et le bénit: «Que les bénédictions de HaChem reposent sur toi pour m'avoir fait entrer sous les ailes de la Chékhina.» (Traité Chabbat, 31a).**

**Quelques jours plus tard, les trois convertis dont il est question se rencontrèrent et déclarèrent: «L'exigence de Chammaï oblige à ce que nous sortions de ce monde, mais la générosité d'Hillel nous fit entrer sous les ailes de la Chékhina.».**

**Telle était la sagesse propre à Hillel, il savait comment amener les convertis vers D-ieu, et c'est ce que doit savoir faire chacun d'entre nous: nous devons apprendre à rapprocher les cœurs de nos frères de leur Créateur.**

**Dans le livre Touvékha Yabiôu du Rav Yits'haq Zilberstein, à propos de la Parachat Qora'h, il est fait mention du témoignage suivant:**

Un couple qui s'était rendu auprès du Rav lui fit part de leur terrible détresse: leur fille s'était émancipée et semait le trouble au sein du peuple Israël. Or, le plus étonnant, c'est que ce fut cette même fille qui avait amené ses propres parents à la Téchouva, et qui maintenant se rebellait. Les parents racontèrent comment, il y avait de cela plusieurs années, alors que la famille n'observait pas les Mitswot, leur fille fit un jour irruption et commença à s'irriter contre sa mère qui n'allumait pas les bougies du Chabbat, qui ne se couvrait pas les cheveux, etc. Ces paroles pénétrèrent progressivement dans le cœur de la maman qui décida alors d'allumer les bougies du Chabbat et de se couvrir la tête. Le père aussi devint plus observant, jusqu'au point qu'il observait maintenant toutes les lois, les plus importantes comme les plus secondaires en apparence, et consacrait une partie de son temps à l'étude de la Tora. Mais à l'étonnement général, après que toute la maisonnée fut devenue respectueuse des règles élémentaires de la Tora, la jeune fille se mit à soutenir les idées les plus opposées à la religion et, progressivement, à rendre insupportable l'atmosphère du foyer familial.

Le Rav qui écoutait leurs doléances, comprenant que ces parents faisaient tout pour éloigner leur fille de leur environnement, parce qu'elle perturbait trop leur vie, en conclut que telle était justement la raison pour laquelle elle s'éloignait toujours d'avantage. C'est pourquoi il leur donna le conseil suivant: la prochaine fois que leur fille franchirait la porte de la maison, ses parents se lèveraient de leur séant devant elle, lui déclarant que, puisqu'elle les avait amenés à la Téchouva, elle était comme leur «Rav» auquel ils devaient le respect. Les parents ne cachèrent pas leur surprise à l'écoute d'un tel conseil, mais ils firent la promesse de le suivre à la lettre.

Puis, quelques jours plus tard, ils retournèrent voir le Rav pour lui annoncer que la situation avait changé du tout au tout. Quand leur fille vit le respect dont elle était l'objet dans sa propre maison, elle ne prononça plus aucune parole méprisante, et cessa complètement ses anciennes actions. Telle était la lucidité pénétrante de ce Rav qui permit à cette jeune fille de faire Téchouva.

# *Parachat Michepatim*

*Une roue qui tourne*

**«Et voici les statuts que tu placeras devant eux.»** **(Chémot, 21, 1).**

**La Parachat Michepatim concerne, pour l'essentiel, des lois régissant les biens. Or, c'est chose connue que toute forme de dommage ou de spoliation des biens de son prochain constitue une faute très grave aux yeux de D-ieu. Nos Sages expliquent que le décret qui s'abattit sur la génération du déluge fut une réponse au vol qui sévissait alors, ainsi qu'il est dit: «Et D-ieu dit à Noa'h: "Le terme de toutes les créatures est arrivé à Mes yeux, parce que la terre, à cause d'elles, est remplie d'iniquité, et Je vais les détruire avec la terre."»** **(Bérèchit, 6, 13).**

**Le Midrach** **(Bérèchit Rabba, chap. 31)** **demande:**

«De quel type de larcin s'agit-il? De quelle forme de vol? Rabbi 'Hanina a dit qu'il s'agit d'un larcin inférieur à la valeur d'une prouta (la plus petite pièce de monnaie), donc moralement condamnable, mais pas sanctionné. Car c'est bien de cette manière que se comportaient les hommes de l'époque du déluge. Il suffisait que l'on expose une caisse pleine de grains, pour que quelqu'un vienne en prendre moins que la valeur d'une prouta, puis quelqu'un d'autre, etc., mais qu'il soit impossible de les faire comparaître devant un tribunal.».

**Cela signifie que la perfidie de la génération du déluge consistait non pas tant dans le fait de s'emparer des biens d'autrui, mais de le faire avec une ruse telle que nul ne risquait d'être poursuivi en justice. C'est contre cela que fut scellé le décret du Ciel.**

**Or, dans le Midrach Rabba** **(Dévarim, 5, 2),** **au sujet du verset: «Et voici les statuts que tu placeras devant eux», il est dit: «Tel est le sens de ce verset: "Paresseux, rends-toi auprès de la fourmi, observe sa conduite et deviens sage. Elle n'a ni maître,**

ni surveillant, ni supérieur; elle prépare en été sa pitance, elle amasse ses provisions au temps de la moisson." (Michelè, 6, 6-8)».

Pour expliquer le Midrach, voyons ce qui est écrit dans le Traité Êrouvine (100b). Le verset dit: «Qui nous instruit, nous, de préférence aux animaux de la terre et nous éclaire plutôt que les oiseaux du ciel?» (Iyov, 35, 11). Rabbi Yo'hanan l'explique de cette manière: "Si la Tora ne nous avait pas été donnée, nous aurions dû apprendre [l'obligation de] la pudeur du chat [qui se cache pour faire ses besoins], [l'interdit du] vol de la fourmi, et l'interdit de l'adultère de la colombe."». Ce que Rachi explique de cette manière: «"la fourmi": "elle prépare en été sa pitance", et pas une seule d'entre elles ne s'empare de la nourriture de sa congénère.». Par exemple, quand une fourmi cherche à pousser une nourriture quelconque vers sa fourmilière et qu'elle n'y parvient pas, elle laisse sur place cet aliment pour aller chercher de l'aide à la fourmilière. Si, entre temps, d'autres fourmis passent à l'endroit où la première a laissé son bien, pas une seule d'entre elles ne cherche à s'en emparer, sentant qu'une autre fourmi en a déjà fait sa propriété. C'est la raison pour laquelle, si la Tora ne nous avait pas été donnée, nous aurions dû apprendre de la fourmi l'interdiction de voler: de la même manière qu'elle s'en abstient, à plus forte raison l'homme doit y prendre garde.

Par ailleurs, «Rabbi Yo'hanan dit: Tout celui qui vole son prochain de la valeur d'une prouta, c'est comme s'il lui retirait l'âme, comme il est dit: "Tel est le sort qui attend celui qui poursuit le lucre: il coûte la vie à ceux qui l'ambitionnent." (Michelè, 1, 19)» (Traité Baba Kama, 119a). Et selon les Qabbalistes, celui qui vole son prochain de la valeur d'une seule prouta, ou qui lui doit de l'argent et ne le rembourse pas, reviendra dans le monde d'ici-bas, et se réincarnera afin de rembourser sa dette.

Pour illustrer cette idée, notre maître, le 'Hafèts 'Hayim (Israël Méir HaCohen Kagan, 1839-1933), nous propose la métaphore suivante à propos d'un homme qui a tout perdu. Afin d'entretenir sa famille, il se voit contraint de se séparer de ses proches tant aimés pour se rendre dans une terre étrangère où il pourra faire du commerce. Après y être demeuré plusieurs années et y avoir accumulé une somme importante, il écrit aux membres de sa famille pour leur annoncer qu'il est sur le point de rentrer à la maison. Avant de quitter la terre de son exil, notre homme se rend auprès de ses connaissances pour leur dire adieu. Or, voilà que l'un de ses amis lui conseille de bien vérifier ses comptes afin de contrôler qu'il ne doit rien à personne. Il insiste, surtout en voyant la mine désinvolte de son interlocuteur, et lui fait remarquer que, si tel est le cas, cela pourrait lui causer de graves problèmes, la police du pays pouvant même le faire revenir. Mais notre homme se mit à ricaner: «Est-ce qu'on irait jusque là pour quelques misérables pièces?». Et c'est ainsi qu'il s'en alla.

Après plusieurs jours de voyage en mer, son bateau entra enfin au port. Les larmes aux yeux, il aperçut alors sur le rivage les membres de sa famille, heureux de le voir revenir à la maison, qui lui faisaient signe de la main. Alors que le bateau avait déjà accosté et que tous les passagers descendaient la passerelle, notre homme fut consigné à bord jusqu'à nouvel ordre. Après plusieurs heures, la police locale lui apprit que les autorités du pays qu'il venait de quitter l'avaient convoqué à leur tribunal, et que la garde maritime avait reçu l'ordre de le ramener là-bas afin qu'il rembourse ses dettes. L'homme se plaignit, car il souhaitait au moins embrasser ses proches qui étaient sur le quai. Mais la décision était sans appel: ni les cris ni les pleurs n'y purent rien changer.

Ce que cette histoire met en lumière, c'est le fait que l'âme vient dans ce monde afin d'y trouver sa subsistance en accomplissant les Mitswot et des actes de 'Hèssèd. Une fois son sac rempli, elle ne désire plus qu'une seule chose: retourner vivre dans le monde à venir auprès des siens qui, les larmes aux yeux, attendent son retour. Pourtant, si cette âme ne s'est pas protégée du vol, dans ce monde-ci, l'entrée du Gan Eden lui est refusée, et on lui interdit de retrouver ses proches. Elle est alors forcée de redescendre dans ce monde-ci pour rembourser sa dette. Tout cela à cause de quelques pièces...

Le Gaon Rabbi Yossèf 'Hayim Zt"l (Bèn Ich 'Haï, 1833-1909) rapporte à cet égard l'histoire suivante:

Un érudit, alors qu'il passait dans l'une des rues de sa ville, vit deux non juifs discuter. À côté de l'un d'eux se tenait un cheval court sur pattes, et à l'allure singulière. Quand le Rav l'observa davantage, il comprit que ce cheval était probablement une âme réincarnée. Il s'approcha alors du non juif et lui demanda d'où venait cette bête. L'homme lui répondit que ce cheval était sa source de revenus, et bien qu'il soit particulièrement petit, il était beaucoup plus fort que les autres, tournant à lui seul la meule sans jamais se fatiguer. Le Rav lui demanda: «As-tu déjà traité avec un Juif?». L'homme lui raconta alors qu'il avait eu dans le passé un employé juif, qui l'avait volé avant de disparaître avec une très grande quantité d'argent. «Et où est-il maintenant?», s'intéressa le Rav. «Il est mort.», lui répondit-il. Le Rav poursuivit: «Peut-être es-tu en possession d'un papier attestant la somme qu'il te devait?». L'homme sortit alors de sa poche une liasse de papiers, parmi lesquels un document indiquant la somme précise que ce Juif lui devait. Le Rav l'interrogea encore: «Mais dis-moi, pour quelle raison gardes-tu ce bout de chiffon, puisque cet homme est mort?». L'homme lui répondit alors qu'il avait raison, et sur-le-champ, il déchira le document. Le Rav le conjura alors d'oublier la dette de ce Juif décédé, ce qu'il accepta. Le Rav prit alors congé. Mais avant même qu'il ait pu s'éloigner, il entendit des cris effroyables. Se retournant, il vit l'homme catastrophé. Le cheval qui l'accompagnait était mort subitement, sans raison. Le Rav se réjouit en son cœur, car venait de se confirmer le fait que ce cheval n'était autre que la réincarnation de ce Juif, revenu en Guilgoul (réincarnation dans le cycle des âmes) à cause de son larcin et envoyé pour servir ce non juif afin de rembourser sa dette. Ce ne fut que quand ce dernier l'annula et déchira le papier qui portait témoignage contre lui que la réparation de ce Juif fut complète et qu'il put retourner dans le monde des âmes.

**L'auteur du Sfat Èmèt, le Rebbé Yéhouda Aryé Leib Alter de Ger (1847-1905), se demande pour quelle raison la Mitswa de reconnaître ses fautes, qui est un principe fondamental de la Téchouva, fut-elle énoncée précisément au sujet du vol, comme il ressort de Parachat Nasso: «Et il confessera le préjudice qu'il a commis.» (Bémidbar, 5, 7). Il répond à l'aide d'un passage des 'Hiddouché Harim, expliquant que toutes les fautes qu'un homme commet trouvent leur fondement dans le vol. Et ce,**

**parce qu'il n'existe pas de plus grand vol que le fait d'utiliser la vie que D-ieu nous a donnée pour nous rebeller contre Lui. C'est pourquoi la Tora mentionne la Mitswa de confesser ses fautes dans la Paracha qui traite du vol, car c'est en réparant la faute à sa racine que l'homme peut ensuite faire une Téchouva parfaite.**

**À la lumière de cette explication, nous commenterons, avec l'aide du Ciel, les paroles de Téhillim (24, 3-4): «Qui s'élèvera sur la montagne du Seigneur? Qui se tiendra dans Sa sainte résidence? Celui dont les mains sont sans tache, le cœur pur, qui ne témoigne pas faussement sur Ma personne, et ne prête pas de serment frauduleux.».**

**Qui est cet homme, demande le Psalmiste, qui s'est donné toute sa vie afin de gravir la montagne de D-ieu, c'est-à-dire le Gan Eden, et qui mérite de s'y tenir, c'est-à-dire qui a accompli toutes les réparations qu'il avait à faire dans ce monde-ci, attendant désormais de recevoir sa récompense dans le monde à venir? Il s'agit de «celui dont les mains sont sans tache», de celui dont les mains ne sont pas salies par le vol, c'est-à-dire qui n'utilise pas le cadeau que lui a fait D-ieu pour se rebeller contre Lui, comme le texte le dit ensuite: «Qui ne témoigne pas faussement sur Ma personne». Mais si, au contraire, l'homme n'a pas surmonté cette épreuve, il descend alors «au bas de la montagne», et revient en Guilgoul dans ce monde-ci, puis recommence à nouveau son ascension.**

**La signification est claire: l'homme peut s'élever toute sa vie, se rapprocher du sommet de la montagne, mais parce que ses mains sont entachées par un vol, il est obligé de redescendre ici-bas et tout recommencer depuis le début.**

**Dans son livre Touvékha Yabiôu, à propos de Parachat Wayèchèv, le Rav Yits'haq Zilberstein raconte l'anecdote suivante:**

Alors qu'il se trouvait un vendredi chez son beau-frère, le Rav haGaon Rabbi 'Hayim Kanievsky, une lettre arriva des États-Unis. Elle était écrite par une femme qui décrivait un rêve qui la tracassait, demandant au Rav de le lui interpréter. Dans ce rêve s'était présenté à elle un homme au visage splendide, vêtu d'une tunique blanche, et tenant un sac à la main. Il disait être le Mohel qui, une trentaine d'années auparavant, avait été désigné pour procéder à la circoncision de son frère. Et, en dépit du long trajet à parcourir et des grandes dépenses encourues pour atteindre le lieu de la Brit Mila, ses frais n'avaient jamais été remboursés. Le père de cette dame certifiait que ce Mohel, d'ailleurs très connu, avait effectivement circoncis son fils, et même perçu son salaire, selon lui. Rabbi 'Hayim répondit alors que si le père était certain d'avoir remboursé les frais du Mohel, alors il était possible de faire confiance au dicton qui stipuleque «les choses que l'on voit en rêve n'ajoutent ni n'enlèvent rien.».

**De cette anecdote cependant, nous pouvons déduire que, dans d'autres cas, certains ont le mérite, par le biais d'un rêve, d'un rappel des dettes qu'ils auraient à rembourser dans ce monde-ci, et ce, afin de leur éviter les peines d'un nouveau Guilgoul. Le Rabbénou Ba'hya (Rabbi Ba'hiya Ibn Paqoda, 1050-1120) écrit ainsi, à propos de Parachat Yitro, que:**

**«Si le vol n'était pas compté dans l'interdit de la convoitise, il aurait fallu l'inscrire comme l'un des dix commandements, parmi les autres interdits. Le vol constitue une faute très grave sur laquelle la majorité des gens trébuche (...). Mais dans la mesure où le vol est lié à la convoitise, (car aucun homme ne vole quoi que ce soit sans l'avoir d'abord convoité), il fut inclus dans l'interdit de la convoitise.».**

**Tel est le sens de l'histoire qui suit.**

L'un des ministres du roi fut saisi en train de voler dans le trésor royal. Jugé, il fut condamné à mort. Mais alors qu'on le conduisait à la potence, on l'autorisa à exprimer ses dernières volontés. Le ministre demanda la permission d'offrir au roi une chose extraordinaire enfouie dans le trésor royal afin qu'après son exécution, le roi puisse en profiter. Intrigué, le roi accepta et l'interrogea sur la nature de ce présent. L'accusé déclara que la maison royale avait en sa possession une graine qui, une fois plantée, donnait en quelques minutes un arbre magnifique aux fruits extraordinaires. La curiosité du souverain s'était aiguisée.

Notre homme poursuivit: «Cependant la réussite de cette graine nécessite une condition unique: il faut que l'homme qui la plantera n'ait jamais rien volé de sa vie; dans le cas contraire, la pousse ne prendrait pas. Or, étant moi-même accusé de vol, il convient qu'un autre que moi plante cette graine.». Puis, se tournant vers le ministre préposé à la trésorerie royale, il le désigna pour cette action. Le visage du ministre devint livide et, d'une voix étouffée, il demanda à être dispensé d'un tel honneur, ayant sûrement dû faire, une fois ou deux, une erreur dans les comptes du royaume, et suggéra que l'on choisisse quelqu'un d'autre. On se tourna alors vers le ministre des cuisines, qui aurait l'occasion unique de planter cette graine fabuleuse. Mais lui aussi déclina l'offre, soulignant qu'il lui arrivait à l'occasion de se servir sans autorisation à même le trésor royal pour son propre compte. Quand arriva le tour du jardinier, responsable des parcs du palais, il repoussa également la proposition, reconnaissant avoir, à plusieurs reprises, subtilisé des fruits dans les vergers royaux pour ses enfants et les gens de sa maison. Après que tous les ministres présents eurent refusé la responsabilité de planter cette graine, notre homme se tourna alors vers le roi et lui dit: «Votre majesté peut constater qu'aucun de ses ministres n'est capable d'affirmer n'avoir jamais volé le roi. S'il en est ainsi, pour quelle raison devrais-je être le seul à être puni?». Le souverain découvrit ainsi la sagesse de son ministre et lui laissa la vie sauve.

**Baroukh HaChem, dans notre génération, le nombre des personnes qui cherchent à revenir vers la Téchouva est de plus en plus élevé. Pourtant, ces hommes et ces femmes qui, dans le passé, se trouvaient de l'autre côté de la barrière, et à qui il est peut-être arrivé de voler des gens qu'ils ne connaissaient pas, sont aujourd'hui dans l'impossibilité de rendre l'objet de leur larcin. Les grands décisionnaires ont ainsi expliqué que leur seule manière de réparer leur faute passée, c'est qu'ils fassent des dons aux communautés, par exemple des livres de prières ou d'étude, de bancs pour la synagogue, etc., et, du Ciel, il sera fait en sorte que les personnes lésées, ou leurs descendants, profitent de ces dons d'une manière ou d'une autre, afin que ceci leur soit compté comme remboursement de leur dette.**

**C'est dans cet ordre d'idées qu'on peut comprendre**

**l'histoire suivante rapportée dans le livre Touvékha Yabiôu, sur la Parachat Wayiqra:**

Un homme, après avoir fauté, chercha à faire Téchouva. En effet, par le passé, il avait médit de certaines personnes qu'il cherchait pour se faire pardonner, mais qu'il ne retrouvait plus. Le Rav lui conseilla alors de verser une somme d'argent à la communauté pour qu'elle achète un objet qui profitera au public. La communauté a investi cet argent en achetant un banc à côté de la tombe du Tsaddiq, le saint Rabbi Chimône Bar Yo'haï. Un jour, alors que cet homme était parti se recueillir sur la tombe du Tsaddiq, il aperçut un Juif assis sur ce banc et qui, se levant, déclara: «Comme il fait bon dormir sur ce banc!». Or, il s'avéra que le donateur avait fauté envers ce Juif. Mais après que ce dernier eut pris plaisir à se reposer sur ce banc, sa faute lui fut pardonnée, et la personne lésée fut ainsi remboursée.

# *Parachat Térouma*

*La poutre maîtresse*

**«La traverse du milieu, à l'intérieur des planches, passera de bout en bout.» (Chémot, 26, 28).**

**Dans le Targoum de Yonathan bèn Ouziel, disciple de Hillel HaZaqen, on peut lire:**

«Ce bois provient de l'arbre qu'Avraham Avinou planta à Béèr Chèvâ. Ainsi, quand les bénè Israël traversèrent la mer Rouge, les anges coupèrent cet arbre et le mirent à la mer, et l'arbre flottait au-dessus des flots. Un ange proclama alors: "Voici l'arbre qu'Avraham Avinou planta à Béèr Chèvâ où il pria au Nom de D-ieu.". Les bénè Israël s'en saisirent et l'utilisèrent pour en faire "la traverse du milieu" dont la longueur était de soixante-dix Amot (35 mètres). Et de grands miracles eurent lieu par son biais: quand il fallut monter le Michkan, elle se tordait à la manière d'un serpent et prenait place entre les planches du Michkan. Et quand on le démontait, elle se redressait et reprenait sa forme initiale.».

**Il est possible d'expliquer ces paroles du Targoum à la lumière de ce que disent nos Sages dans les Pirqé Avot (Maximes des Pères, chap.1, Michna 2): «Le monde repose sur trois piliers: sur la Tora, la Âvoda (le service des sacrifices), et les Gémilout 'Hassadim (la générosité). Car voilà, le Michkan fut inauguré par Mochè, le symbole même de la Tora; son service était effectué par Aharone et ses enfants, les Cohanim, qui allaient servir dans le Temple (Âvoda, le service). Pourtant, une dernière chose manquait encore au Michkan afin de le maintenir et d'éviter qu'il ne tombe: le pilier de Gémilout 'hassadim. Or, D-ieu choisit pour cela cet arbre qu'Avraham Avinou, l'homme du 'hèssèd (de la générosité), planta à Béèr Chèvâ. Et c'est cette traverse qui prenait place à l'intérieur des planches, afin d'en maintenir les fondations.».**

**Ainsi, en dépit de la Tora et du service des sacrifices, il faut encore que nous enracinions en nous le 'hèssèd, à l'image de cette traverse qui soutenait tout le Michkan, comme il est dit:**

**«Tout celui qui met sa confiance en D-ieu se trouve entouré de Sa générosité.»** (Téhillim, 32, 10).

**Bien que, pendant la période du second Bèt HaMiqdach (le Temple), les membres du peuple d'Israël étudiaient la Tora et offraient des sacrifices, ils étaient animés d'une haine mutuelle gratuite telle que le Bèt HaMiqdach en fut détruit. Et ce, parce qu'il leur manquait ces élans du cœur qui maintiennent les fondations de l'édifice, à l'image de cette poutre qui traversait les planches du Michkan.**

**Et nos Sages ont enseigné dans le Traité Âvoda Zara** (17b):

«Quand Rabbi Èliâzar bèn Parta et Rabbi 'Hanina bèn Téradion furent capturés par les Romains, Rabbi Èliâzar bèn Parta dit à Rabbi 'Hanina bèn Téradion: "Heureux sois-tu de n'être sous le coup que d'une seule accusation, malheur à moi qui suis sous le coup de cinq accusations." Rabbi 'Hanina bèn Téradion lui répondit alors: "Quelle chance tu as. Cinq charges ont été relevées contre toi, et tu seras sauvé; malheur à moi, je vais être condamné pour l'unique charge relevée contre moi. Tu as étudié la Tora et pratiqué les actes de bienfaisance, tandis que moi, je ne me suis consacré qu'à la Tora.". Ce qui précède est en accord avec Rav Houna: celui qui ne fait qu'étudier sans pratiquer les œuvres de charité ressemble à un homme sans D-ieu, comme il est dit: "Nombreux furent les jours où Israël vécut sans vrai D-ieu.". Que signifie "sans vrai D-ieu"? Rav 'Houna répondit: "Il s'agit de celui qui ne fait qu'étudier la Tora, il ressemble à celui qui est sans D-ieu."».

**La Guémara** (Âvoda Zara, 18a) **ajoute que, lors de l'assassinat de Rabbi 'Hanina bèn Téradion, [les Romains] l'enroulèrent dans un Séfèr Tora, puis y mirent le feu. Ses élèves lui demandèrent alors ce qu'il voyait. Il leur répondit qu'il voyait le parchemin brûler, mais les lettres s'envoler. Qu'est-ce que cela signifie? Cela signifie que Rabbi 'Hanina aurait été capturé parce qu'il étudiait la Tora, sans s'être préoccupé de réaliser des actes de bienfaisance. Du Ciel, on le lui fit savoir, en lui montrant les lettres en train de s'envoler dans les airs. Et si elles partirent ainsi, c'est parce que personne n'avait été là pour les unir et les retenir fixées au Séfèr Tora par la pratique de la bienfaisance, celle-ci constituant la traverse qui soutient les fondations de la**

**Tora.**

**Nous retrouvons cette même idée dans le Traité Sota (14a): «Rabbi Simlaï fit le commentaire suivant: “La Tora débute et se termine avec des actes de bonté; elle commence, comme il est dit: “L’Éternel D-ieu fit à Adam et à sa femme une tunique de peau, et les en habilla.”. Elle se termine avec la générosité, comme il est dit: “Et il [Mochè] fut enseveli dans la vallée.” (Dévarim, 34, 6).”». Or, suivant ce que nous avons dit plus haut, les choses s’emboîtent à merveille: la Tora est, du début à la fin, générosité. Le ‘Hèssèd est cette poutre maîtresse qui traverse les planches du Michkan, c’est-à-dire qui sous-tend les fondations de la Tora et qui les soutient, ainsi qu’il est dit: «La bonté aura une durée éternelle.» (Téhillim, 89, 3).**

**Dans son livre Na‘halat Tsvi, Rabbi Èl’âzar Yéhouda Leib Pinter, à propos de Parachat Bé‘houqotaï, écrit l’histoire suivante:**

Une famille habitait dans la ville de Dimona en Èrèts Israël, là où se trouve la centrale nucléaire du pays. Cette famille avait un fils sur le point de célébrer sa Bar Mitswa. À cette occasion, ses parents, qui n’étaient pas très religieux, désiraient organiser une fête somptueuse à Yérouchalayim. Ils avaient prévu de louer à cet effet un autobus pour toute la famille afin de se rendre à la ville sainte, et, une fois arrivés au Kottel, d’y faire un film qui éterniserait le banquet inoubliable de la Bar Mitswa. Le jeune homme, enchanté par cette idée, s’empressa dès le lendemain d’en parler à tous ses amis. Il racontait dans le détail comment se déroulerait sa Bar Mitswa. Par la suite, l’un de ses camarades le prit à part pour lui faire savoir que l’un des élèves de leur classe allait atteindre, lui aussi, l’âge de treize ans environ à la même date. Mais il était orphelin de père, et la situation financière de sa famille ne lui permettait pas de fêter sa Bar Mitswa. C’est pourquoi, dit-il, il était venu lui en parler, dans l’espoir qu’il aide leur camarade d’une manière ou d’une autre. Le jeune homme rentra chez lui et déclara alors à ses parents qu’il avait changé d’avis. Plutôt qu’on lui fête sa Bar Mitswa de manière si éclatante à Yérouchalayim, il préférait se contenter d’une petite fête au domicile familial, et que la somme épargnée soit versée à cette famille en difficulté afin que son camarade puisse lui aussi fêter dignement sa Bar Mitswa. Les parents acceptèrent de bon cœur d'accéder aux volontés de leur fils, mais à la seule condition qu'on n'annule pas le film de l'événement.

Après la Bar Mitswa, alors que tous les membres de la famille découvraient avec émotion les images de la fête, ils virent une chose étrange. À plusieurs reprises apparaissait le visage d'un étranger qui portait à la main un appareil photo avec lequel il photographiait la centrale nucléaire que l'on pouvait voir par les fenêtres qui donnaient sur l'arrière de la maison. Les parents apportèrent le film à la police qui se mit à la recherche de cet homme; celui-ci fut arrêté à l'aéroport alors qu'il était sur le point de prendre l'avion en direction de la France. En fouillant ses bagages, on mit la main sur toutes les photos qu'il avait prises, et l'homme fut immédiatement placé en garde-à-vue. Après enquête, il s'avéra qu'il avait été envoyé par des pays arabes qui envisageaient de faire exploser la centrale nucléaire de Dimona!

Plusieurs jours plus tard, le ministre de la défense, accompagné du chef des Services secrets, rendit visite à cette famille afin de la remercier pour leur perspicacité grâce à laquelle la vie de milliers de citoyens avait pu être sauvée. Lors de cet entretien, le ministre de la défense sortit un chèque signé de la main du chef de l'État, et dont le montant représentait la somme exacte que cette famille avait versée pour la Bar Mitswa de cet orphelin...

Grâce à son geste généreux et dévoué, ce garçon, tout juste Bar Mitswa, mérita non seulement de faire plaisir à son camarade de classe, mais aussi de sauver la vie de milliers d'âmes juives.

**Dans le même ordre d'idées, on trouve, dans le recueil Léka'h Tov du Rav Yaâqov Israël Beifuss, sur la Parachat BéhaÂlotékha, parmi les cahiers Nessikh Malkhout haTora, l'histoire suivante racontée par la fille du Gaon Rabbi Yé'hiel Mordekhaï Gordon Zt"l, Roch Yéchiva de Lomza.**

Alors que le Rav Gordon séjournait à Londres, il reçut une lettre de sa fille, Frida 'Haya, future mariée. Mais à peine avait-il fini de lire cette lettre qu'il s'évanouit. Après avoir repris connaissance, il révéla que cette lettre était une réponse à celle qu'il avait expédiée à sa fille quelques jours auparavant, et dans laquelle il lui promettait que, dès son arrivée aux États-Unis, il s'efforcerait d'emprunter de ses proches cinq cents dollars. Il lui verserait ensuite cette somme afin qu'elle puisse se marier au plus vite avec son fiancé, Rabbi Eïzik. Or, dans sa réponse, sa fille lui confiait que l'une de ses camarades se trouvait dans une situation très difficile. Fiancée elle aussi, elle avait prêté à une amie de classe cinq cents dollars que son père lui avait envoyés; malheureusement, son amie ne pouvait pas la rembourser. Aussi était-elle sur le point d'annuler son mariage. C'est pourquoi, Frida 'Haya demandait à son père s'il ne voyait aucun inconvénient à ce que la somme qu'il désirait lui donner soit versée, en accord avec son fiancé, à cette jeune fille qui en avait besoin.

La lettre secoua tellement le Rav que toutes ses forces le quittèrent, et qu'il perdit connaissance. L'affaire fut soumise au Rav haGaon Rabbi Yé'hèzqèl Avramsky Zt"l (1886-1976) qui décida qu'il était nécessaire d'envoyer cet argent. Quelques jours plus tard, il fit savoir au père qu'il avait réussi à réunir la somme désirée, ajoutant qu'il souhaitait déposer lui-même le mandat à la poste et l'envoyer de ses propres mains.

Personne n'ignore en effet l'importance de la Mitswa de faire entrer une jeune fille sous le dais nuptial, au point où la Michna (Péa, chap.1), elle-même assure que celui qui en dépense les fruits dans ce monde-ci en conserve le bénéfice pour le monde futur. Ainsi, pour faire cette Mitswa, il avait associé à sa Tora la générosité, cette poutre maîtresse qui unifie toute l'étude d'un homme et l'enracine au plus profond de son cœur.

# Parachat Tétsawé

*La raillerie des hommes*

**«Et toi, fais approcher de toi Aharone, ton frère.» (Chémot, 28, 1).**

**Après avoir ordonné la construction du Michkan et de ses ustensiles, D-ieu Se tourna vers Mochè Rabbénou afin qu'il approche le prêtre Aharone, et ce n'est qu'ensuite qu'Il ordonna la confection des vêtements sacerdotaux: «Tu feras confectionner pour Aharone, ton frère, des vêtements sacrés, pour l'honneur et pour la majesté.».**

**Deux questions méritent d'être posées.**

- **Premièrement, pour quelle raison D-ieu demanda-t-Il à Mochè d'approcher de lui Aharone? S'était-il éloignéentre temps?**
- **Par ailleurs, quel est le sens de ce rapprochement établi entre les deux versets «Fais approcher de toi Aharone, ton frère» et «des vêtements sacrés, pour l'honneur et pour la majesté»?**

**Après la faute du veau d'or, Aharone eut honte de lui-même au point où il préféra s'éloigner des fonctions qui comportaient de grandes responsabilités. Comme l'écrit le Ramban dans Parachat Chémini sur le verset: «Et Mochè dit à Aharone: approche de l'autel»,**

«Certains disent qu'Aharone voyait l'autel des sacrifices sous la forme d'un veau, et il craignait de s'en approcher. C'est pourquoi Mochè se rendit à ses côtés et lui dit: Aharone, mon frère, ne crains pas ce que tes yeux te laissent voir. Maîtrise ton esprit et approche-toi de l'autel.» (voir aussi le Targoum Yonathan).

**De là, nous comprenons que si Aharone s'éloignait du service du Michkan, c'est parce qu'il avait le sentiment d'avoir**

influencé le peuple d'Israël à faire le veau d'or.

On retrouve cette même idée à propos de David haMélèkh et le Bèt HaMiqdach (le Temple). D-ieu l'avait empêché de procéder à son édification, dans la mesure où ses mains avaient été salies par le sang des combats. Le mérite de construire le Bèt HaMiqdach fut donc accordé à son fils Chélomo. Pourtant, David se réjouissait à l'idée de savoir que le peuple désirait construire le Bèt HaMiqdach, même si cela ne devait pas se réaliser de son vivant. Comme l'indique le passage des Téhillim: «Je suis dans la joie quand on me dit: "Nous irons dans la maison de l'Éternel."» (Téhillim, 122, 1). Alors que Chélomo haMélèkh avait terminé la construction et s'apprêtait à y faire pénétrer l'Arche d'alliance, les portes du Bèt HaMiqdach restèrent fermées, ne le laissant pas procéder à son inauguration. Chélomo se mit aussitôt à prier: «Exhaussez, ô portes, vos frontons, relevez-vous, portails antiques, pour qu'entre le Roi de gloire!» (Téhillim, 24, 7). Mais les portes demandèrent: «Qui est le Roi de gloire? Est-ce toi, Chélomo, qui te nomme toi-même le roi de gloire?». Chélomo répondit: «Non! 'Haswe Chalom, je ne parlais pas de moi, mais de l'Éternel Tout-Puissant, c'est à Lui, Héros dans la guerre, que la gloire revient.». Le roi reprit: «Exhaussez, ô portes, vos frontons, relevez-vous, portails antiques, pour qu'Il entre, le Roi de gloire!» (Téhillim, 24, 9). Et la question revint: «Qui est le Roi de gloire?». Chélomo répondit à nouveau qu'il ne se désignait pas lui-même, mais que seul «l'Éternel-Tsébaot était un Roi de gloire! Sélah!» (Téhillim, 24, 9-10). Mais les portes restèrent fermées. Finalement, Chélomo demanda que les portes s'ouvrent par le mérite de son père David, et immédiatement elles s'ouvrirent. Au même moment, les visages des ennemis de David haMélèkh devinrent livides. Tous comprirent que si les portes du Temple s'étaient ouvertes, c'est que le mérite en revenait à David haMélèkh qui n'avait en rien retardé la construction du Bèt HaMiqdach.

Les railleurs de l'époque d'Aharone se demandaient comment celui-ci pouvait prétendre servir au Sanctuaire: n'avait-il pas pris part au veau d'or? Et s'il est vrai qu'Aharone lui-même ressentait en lui cette contradiction, c'est sûrement parce que la rumeur de ce qui se disait à son sujet était parvenue à ses oreilles. Pour mettre un terme définitif à cette rumeur, D-ieu

**ordonna alors à Mochè: «Et toi, fais approcher de toi Aharone, ton frère.». Il était nécessaire d'approcher Aharone et de lui faire comprendre qu'il n'avait pas à avoir honte de ce qu'il avait fait, son geste ayant été accompli pour la gloire du Ciel.**

**Cette perception des choses n'est possible qu'aux yeux de D-ieu, Lui qui sonde les cœurs. Mais pour que tous prennent conscience que la «fauted'Aharone» lui avait été pardonnée, D-ieu ordonna à Mochè de confectionner pour Aharone les vêtements du sacerdoce, «pour l'honneur et pour la majesté», afin de l'élever au-dessus du peuple. Ainsi, nous ne devons jamais oublier qu'en dépit des railleurs qui se lèvent pour critiquer et minimiser les hommes exceptionnels de leur génération, D-ieu soutiendra toujours la grandeur des actes accomplis pour la gloire du Ciel.**

**C'est à la lumière de cet enseignement que nous pouvons expliquer cette affirmation de nos Sages: «Tout celui qui accomplit une Mitswa en cachette, D-ieu le fait savoir publiquement.». En effet, que désignons-nous, quand nous parlons d'une Mitswa en cachette, si ce n'est précisément les intentions du cœur, enfouies dans la conscience et cachées des yeux de tous. Or, seul D-ieu connaît les profondeurs de l'être et ses pensées secrètes, que tôt ou tard, Il dévoile au grand jour.**

**Le Rav Or ha 'Hayim haQadoch (Rabbi 'Hayim Bèn Âttar, 1696-1743), sur le verset «et ils te choisiront une huile pure» (Chémot, 27, 20), propose le commentaire suivant:**

«Nos Sages ont affirmé que les railleurs de l'époque se moquaient de Mochè, se demandant comment la Chékhina (Présence divine) pouvait résider dans ses actes (...). "Nous ne l'avons jamais vue, disaient-ils, résider dans le Tabernacle, même par le mérite des hommes les plus saints d'Israël que le monde ait connus.". Mais le miracle du "Nèr haMaâravi[1]" témoignait aux yeux de tous que la Chékhina résidait au milieu d'Israël. Comme l'indique le verset: "Et ils te choisiront une huile pure",

1 *Ndt.: Bien que contenant la même quantité d'huile que les autres lampes, le luminaire le plus à l'ouest sur la Ménora restait allumé vingt-quatre heures sur vingt-quatre.*

sous-entendu “c’est pour toi qu’advient ce miracle”, afin que ta prophétie soit assurée, et qu’ils sachent et reconnaissent ton rang, voyant par le miracle de l’huile de la Ménora que la Chékhina réside au sein du peuple.».

**Ce texte nous apprend que, bien qu’étant le maître de tous les prophètes, Mochè Rabbénou aussi fut l’objet de la raillerie des hommes de sa génération. Ceux-ci prétendaient que ses actes n’étaient pas habités par la Présence divine. D-ieu fit ainsi connaître publiquement sa perfection en réalisant un miracle par le biais du Nèr haMaâravi qui, ne s’éteignant jamais, témoignait clairement que la Chékhina résidait effectivement au sein du peuple d’Israël.**

**Ainsi, quand un homme accomplit ses actions de manière désintéressée, quand bien même les railleurs de la génération trouveraient toujours le moyen de les critiquer, D-ieu en fin de compte prouvera aux yeux de tous que ses pensées étaient pures. Les moqueurs auront honte, et les gens avisés rayonneront comme l’éclat de la voûte céleste.**

**Dans son livre Na‘halat Tsvi, Rabbi Èl’âzar Yéhouda Leib Pinter, raconte l’histoire suivante:**

Les Maskilim[2] avaient eu l’idée de monter une pièce de théâtre dans la ville de Brisk. Leur but: ridiculiser l’enrôlement des soldats tel que décrit dans la Tora. Sur la scène se trouvait une centaine d’acteurs habillés en soldats. L’un d’eux se détacha alors du groupe et s’exclama: «Que celui qui a construit une maison et qui ne l’aurait pas encore inaugurée quitte les rangs et rentre chez lui!». Immédiatement, une bonne partie des acteurs quitta la scène. Le soldat continua: «Que celui qui a planté une vigne et ne l’aurait pas encore vendangée quitte les rangs et rentre chez lui!». Là encore, un groupe considérable de soldats quitta la scène. «Que celui qui s’est fiancé et qui ne serait pas encore marié, quitte les rangs et rentre chez lui!». Sur-le-champ, un grand nombre de figurants s’en alla. Finalement, le soldat vociféra une dernière fois: «Que celui qui a peur et dont le cœur

2. *Ndt.: Les Juifs émancipés issus du mouvement de la Haskala, littéralement, les “Lumières”.*

est fragile quitte les rangs et rentre chez lui!». Les derniers soldats partirent, ne laissant plus sur la scène que deux acteurs déguisés en vieillards, l'un avec un masque à l'effigie du Chaâgat Aryé Zt"l, et l'autre avec celui du Gaon de Vilna. Les deux hommes se tenaient difficilement sur leur canne et tenaient dans l'autre main un exemplaire du Talmud. Ils se disputaient pour savoir lequel d'entre eux aurait le mérite d'accomplir la Mitswa de partir en guerre le premier...

Quand ces évènements furent rapportés à notre maître le Rav 'Hayim Soloveitchik miBrisk Zt"l (1853-1918), il déclara: «C'est exactement à cela que ressemblait la guerre selon la Tora. Pourtant, les Maskilim ont oublié un petit détail: la dernière scène décrivant la fin de la pièce. À savoir que ces deux géants de la Tora se rendirent en effet sur le champ de bataille, et qu'ils gagnèrent la guerre!».

**Aussi, dans le livre Ahavat 'Hayim Hachalem, du Rav Ména'hèm Ménachè, on trouve une histoire qui met en lumière l'expression qui affirme que «celui qui accomplit une Mitswa en cachette, D-ieu le fait savoir publiquement.». Cette histoire décrit la grandeur du Rav haQadoch, le Maharcha, Rabbi Chémouèl Èliêzèr Aïdlich Zt"l (1555- 1632).**

Le saint homme, s'adonnant jour et nuit à la Tora, avait laissé pousser sa chevelure. Et chaque nuit, il en faisait une longue tresse qu'il attachait à une corde accrochée au plafond de sa maison. Ainsi, à chaque fois qu'il s'endormait pendant son étude et que sa tête basculait vers l'avant, la corde se tendait et tirait violemment sur ses cheveux, le réveillant de douleur. C'est de cette manière que le Rav avait décidé d'accomplir son souhait de ne pas dormir des nuits entières, afin d'achever son commentaire du Talmud, le Pirouch haMaharcha que nous connaissons. Toutefois, à cause de son allure extérieure et de ses cheveux longs, les gens de la ville se moquaient de lui, le prenant pour un simple d'esprit.

Or, le chamach (bedeau) de la synagogue, qui était un homme animé d'une grande crainte du Ciel, avait l'habitude d'entrer à minuit dans le Bèt haKnesset, et de refermer la porte derrière lui afin d'y lire seul, sans être dérangé, tout le livre des Téhillim

(Psaumes). Une nuit, alors qu'il était plongé dans sa lecture quotidienne, il fut pris d'une terrible nausée qui l'entraîna bien malgré lui dans un profond sommeil. Quand il ouvrit les yeux, un homme de grande taille et au visage resplendissant se tenait devant lui et lui demanda: «Dis-moi, je t'en prie, où habite le Maharcha?». Le chamach lui indiqua alors comment s'y rendre. Pourtant, il ne parvenait pas à s'expliquer comment cet homme avait pu pénétrer dans la synagogue pourtant verrouillée, ni l'intérêt qu'il semblait porter à ce "pauvre", le Maharcha.

Le lendemain, à minuit, alors qu'il s'apprêtait à lire les Téhillim pour le reste de la nuit, selon sa sainte habitude, le concierge se leva pour vérifier à plusieurs reprises si la porte était bien verrouillée. Puis, à peine avait-il entrepris sa lecture, qu'il fut pris à nouveau d'une lourdeur inexplicable et s'endormit, comme la veille. Quand il se réveilla, il vit cette fois-ci devant lui un jeune homme à la chevelure rousse et aux yeux particulièrement clairs qui lui demanda: «Veux-tu me dire, je te prie, où habite le Maharcha?». Tout en lui indiquant le chemin, le chamach s'interrogea pourtant: ne s'était-il pas assuré maintes fois que la porte était bien fermée? Comment cet homme a-t-il pu pénétrer dans la synagogue? Et surtout, que peut-on bien vouloir au Maharcha?!

Le jour suivant, après avoir vérifié la porte, le chamach entama sa lecture des Téhillim, puis, succombant sous le poids d'une étrange fatigue, il perdit connaissance. Quand il ouvrit les yeux, à nouveau un homme se tenait devant lui et lui demandait où habitait le Maharcha. Le chamach prit son courage à deux mains et déclara: «Je ne te le dirai que si tu m'expliques comment tu as fait pour entrer dans la synagogue, et qui étaient les deux autres personnes que j'ai vues hier et avant-hier.». L'étranger répondit alors: «Je suis Èliyahou haNavi, et le secret que je vais te dévoiler, tu ne le répèteras à personne. Car si tu le rendais public, tu mourrais sur-le-champ. L'homme que tu as eu le mérite de voir avant-hier n'était autre que Chaoul haMélèkh. Et le lendemain, il s'agissait de David haMélèkh en personne! Or voilà, ne sachant pas, dans le Ciel, quel verdict attendait Chaoul haMélèkh pour avoir poursuivi David, il fut décidé que le jugement serait rendu par le saint Maharcha. Mais je le répète, il t'est interdit de dévoiler ces choses à quiconque.».

Notre homme, qui était animé d'une grande crainte du Ciel, comprit donc que le Maharcha était un homme saint, et il décida de le révéler sur-le-champ au Rav de la ville, même si cela devait lui coûter la vie. De fait, le chamach mourut et fut enterré avec les plus grands honneurs. Quant au Rav de la ville, qui était aussi un grand croyant, il quitta son poste et désigna à sa place le Maharcha. C'est ainsi que la sainteté du Maharcha fut rendue publique.

# *Parachat Ki Tissa*

*Donner ou prendre*

**«Quand tu feras le compte des bénè Israël selon leur nombre, chacun d'eux donnera au Seigneur le rachat de sa personne lors du dénombrement.» (Chémot, 30, 12).**

**Le Baâl haTourim (Rabbi Yaâqov Bèn Achèr, 1275-1340) écrit: «"Chacun d'eux donnera" (ונתנו) quand on lit ce terme en sens inverse, on trouve les mêmes lettres dans le même ordre, ונתנו. Et ce, afin de nous enseigner que tout ce qu'un homme donne à la Tsédaqa lui sera rendu, et que jamais rien ne lui manquera sous prétexte qu'il a donné.».**

**Il ressort des paroles du Baâl haTourim que la Tora répond ici au mauvais penchant qui empêche l'homme de faire preuve de charité, lui laissant croire que la Térouma (la dîme) qu'il donne lui causerait un manque à gagner. C'est la raison pour laquelle la Tora nous enseigne qu'il n'en est rien. Tout ce que l'homme donne lui revient. De plus, le capital de cette grande Mitswa lui sera compté pour le monde à venir.**

**Notons par ailleurs que, dans la Parachat Ki Tissa, il est écrit «chacun donnera...», tandis que dans la Parachat Térouma, il est écrit: «Et il prendra pour Moi une Térouma.» (Chémot, 25, 1). L'histoire suivante nous éclaire sur cette apparente contradiction:**

Un jour, un juge se promenait dans sa ville et tomba dans une bouche d'égout. Les passants, qui connaissaient cet homme important, vinrent à son secours et lui tendirent la main, en s'écriant: «Donnez votre main!». Mais à l'étonnement général, l'homme refusa d'obtempérer. C'est alors qu'intervint un citadin connu pour son espièglerie et qui, ayant assisté à la scène, s'approcha du juge et lui dit: «Prenez-moi la main.». Sur-le-champ, le juge saisit sa main, et l'homme le sortit du trou. Personne ne comprenant ce qui venait de se passer, notre héros leur dit: «Certains hommes sont incapables de donner, et ne savent que prendre. C'est pourquoi, quand vous avez demandé au juge de vous "donner" la main, il ne pouvait le faire. Il a suffi que je lui dise de "prendre" ma main, pour qu'il soit disposé à ce qu'on le sorte de ce trou...».

**Ainsi, à travers ces deux versets, nous comprenons maintenant que la Tora s'adresse différemment à deux types de personnes. La Tora dit "chacun donnera" à celles dont la main est tendue vers les autres pour accomplir la Tora et la Tsédaqa, et qui savent pertinemment que l'argent qu'elles donneront leur reviendra d'une manière ou d'une autre. Tandis que, s'adressant aux personnes qui ne savent que prendre sans jamais donner, la Tora utilise les termes «Et tu prendras», afin de leur faire comprendre que, pour elles, donner signifie prendre.**

**En réalité, c'est en chaque homme que l'on trouve ces deux dispositions, celle qui consiste à donner et celle qui consiste à prendre. Donner requiert une force enfouie au plus profond de l'âme, qui émerge du trône de gloire d'HaQadoch Baroukh Hou, dont le seul désir consiste à faire le bien à Ses créatures et à leur donner le meilleur qui soit. C'est pourquoi cette force est ancrée dans l'âme. Inversement, l'attitude qui consiste à prendre provient de la nature même du corps. Elle tire son origine de l'épaisse matière dont la loi naturelle est la même que celle qui gouverne la terre: la force d'attraction. Ainsi, en donnant aux autres, l'homme montre par là en quoi son âme, qui est toute spiritualité, maîtrise la dimension matérielle de son corps. Inversement, quand l'homme ne donne pas, mais qu'il se contente uniquement de recevoir, il se laisse entraîner par la force d'attraction terrestre.**

**Il est dit, au nom des maîtres du Moussar (Ndt.: l'éthique juive), qu'à Soukkot, pour les Mitswot des quatre espèces du Loulav, la Tora a permis la Ârava (la branche de saule dont les feuilles sont pointues) et interdit la Tsaftsefa (dont les feuilles sont arrondies). En effet, quand une goutte d'eau de pluie tombe sur une feuille pointue, elle la mouille, puis elle glisse ensuite le long de cette feuille, pour tomber enfin sur celle qui se trouve en dessous d'elle et l'arroser à son tour. Or, le fait qu'une feuille puisse ainsi se préoccuper d'une autre met en évidence sa disposition à la**

**générosité, ce qui n'est pas le cas de la Tsaftséfa dont la feuille est arrondie. À l'instant même où elle reçoit une goutte d'eau de pluie, celle-ci rebondit et tombe sur le sol. C'est parce que cette feuille ne se soucie pas des autres feuilles que la Tora la rend impropre au bouquet des quatre espèces du Loulav.**

**Il arrive parfois que le mauvais penchant de personnes fortunées garde leurs mains fermées aux bonnes œuvres; elles n'ont pas la force de les ouvrir pour accomplir cette Mitswa fondamentale de la Tsédaqa. Mais souvent une punition divine fait en sorte que, bien que fortunées, certaines ne jouissent même pas de leur richesse.**

**C'est ce qu'explique le Rav haGaon Rabbi Yossèf Messas Zt"l (1891-1974), dans son livre Na'halat Avot, où il rapporte une anecdote que le Rav de Meknès entendit de la bouche du Rav haGaon Rabbi Tsion haCohen, qui fut témoin de cette affaire.**

Dans la ville de Bagdad résidait un riche marchand, propriétaire d'un gigantesque élevage de moutons, de bœufs, d'ânes et de chameaux. Il exportait ses marchandises de Bagdad vers Damas, et en sens inverse, quatre fois par an. À Damas, il avait l'habitude de s'approvisionner chez deux riches et sympathiques marchands avec lesquels il s'était associé. Et parce qu'il était lui-même, malgré ses richesses, un homme avare dans ses dépenses, il séjournait alors dans la maison de l'un de ces marchands. Un jour, alors qu'il était assis sur le pas de la porte du magasin de l'un des deux associés, une domestique qui portait dans ses mains un plateau d'or et d'argent passa devant lui. Elle transportait des gâteaux aux noix de la boulangerie vers la maison de son maître. Lorsqu'elle passa devant lui, notre homme eut un grand soupir. Les deux associés assis à ses côtés lui demandèrent la raison de ce soupir inhabituel. Il leur répondit alors qu'il adorait ce genre de gâteaux. Ils s'exclamèrent: «Pourquoi soupirer? On trouve ces gâteaux dans toutes les boulangeries du pays, pour une simple pièce d'argent.». C'est alors qu'il sourit et dit: «Croyez-vous vraiment que je dépenserais une seule pièce pour ces gâteaux?». Cet homme était tellement avare qu'il préférait l'argent à son propre plaisir.

Les marchands, chez qui son argent était en dépôt, décidèrent de lui acheter, à son insu, des gâteaux aux noix afin de contenter son corps. L'un d'eux se leva discrètement, se rendit dans la pâtisserie la plus proche et revint avec les fameux gâteaux. À leur vue, le marchand se saisit d'un gâteau, et à peine l'avait-il pris, qu'il prononça la bénédiction et le mit en bouche. Soudain, les deux hommes virent que son visage devenait bleu et que ses yeux se révulsaient: le gâteau était resté bloqué au fond de sa gorge, le précipitant au bord de l'étouffement. Les deux associés prirent peur. Ils ne savaient quoi faire. C'est alors que l'un d'eux, un homme perspicace, sortit une pièce de sa poche et l'enfonça entre les doigts crispés du marchand. Et aussitôt, le gâteau glissa dans sa gorge, et il l'avala!

Le Gaon Rabbi Tsion haCohen fut témoin de l'évènement. S'adressant à cet associé, il lui demanda pourquoi il avait eu l'idée de mettre une pièce dans la main du marchand. Il obtint une réponse éclairante: un tel geste ne pouvait avoir d'effet que sur un homme comme celui-ci et sur personne d'autre. Il avait été décrété que cet homme ne profiterait pas de l'argent qu'il emmagasinait, qu'il devait en être Chomer 'Hinam (le gardien sans salaire) et ne vivre que des commodités que lui procurait cet argent. «C'est pourquoi, dit-il, quand je lui ai acheté ces gâteaux avec l'argent qui lui appartenait, il se refusa à en profiter, au point qu'il allait s'étouffer. Il fallait donc que je lui rende son argent pour que tout s'arrange.»

En entendant ces paroles, le marchand fondit en larmes, se lamentant sur sa mauvaise étoile. Et quand il rentra à Babel, il en fit part immédiatement au Rav haGadol, Rabbi Yossèf 'Hayim Zt"l (1833-1909), le Bèn Ich 'Haï, lui racontant tout ce qui s'était passé. Le Rav lui répondit alors que la seule manière de pouvoir changer son Mazal consistait à consacrer la moitié de son temps à l'étude de la Tora; et avec l'autre moitié, il continuerait à s'occuper de ses affaires, mais il donnerait ses bénéfices à la Tsédaqa. Seul le mérite de l'étude le protègerait et lui donnerait la possibilité de profiter de ses richesses. Et c'est ainsi que l'homme, ayant suivi les conseils du Rav, a pu mener une vie plus équilibrée.

**Il faut savoir que D-ieu ne procure à l'homme la richesse que dans le but qu'il en fasse profiter les autres, et telle est peut-être l'intention du Baâl haTourim, dans son explication du terme:ונתנו, «et il donnera». Celui celui qui donne à la Tsédaqa, son argent lui revient, afin que lui aussi puisse en profiter. Et nos Sages ont déclaré que le seul argent qui reste entre les mains de l'homme, c'est celui qu'il «a perdu», car il est le seul qui lui revienne et reste en sa possession.**

**À ce propos, le Rav Yossèf 'Hayim (Bèn Ich 'Haï, 1833-1909) dans son livre Od Yossèf 'Haï,sur la Parachat Chofétim, raconte l'histoire suivante:**

Un homme pose une question à son fils:

-Dix oiseaux se sont posés sur le toit de notre maison, et quatre chasseurs sont arrivés; chacun en tue un. Combien d'oiseaux reste-t-il sur le toit?

-Quatre, dit le garçon.

-Tu te trompes mon fils, car si tu retires quatre de dix, il en reste six.

-Non, papa, car les autres oiseaux, entendant la voix des chasseurs, se sont enfuis, et il ne reste donc sur le toit que les quatre oiseaux morts.

-Tu as raison mon fils, dit alors le père.».

**Cette histoire nous enseigne qu'en faisant la Tsédaqa, l'homme pense qu'il perd l'argent qu'il donne, et que seul l'argent dont il dispose vraiment est «vivant», parce qu'en sa possession. C'est ce que pensait le père au début. Mais la vérité est autre: seul l'argent de la Tsédaqa est véritablement entre nos mains, le reste pouvant s'envoler à tout instant et ne plus nous appartenir.**

**Dans le livre Méchèl Avot (4e partie, p.436), le Rav haGaon Rabbi Yaâqov Galinski Chlita rapporte l'histoire suivante:**

Alors qu'il se trouvait en Sibérie dans un camp de travail, seul en présence de deux frères juifs éloignés de leur Judaïsme, le Rav essayait de les éveiller à leur foi et de les renforcer. Ceux-ci lui confièrent avoir consacré toute leur vie à amasser une fortune, et aujourd'hui ils n'avaient plus rien. Les frères pleuraient sur leur terrible sort et déclarèrent au Rav comment il devait se sentir riche, la fortune qu'il avait acquise ne pouvant lui être reprise. Et pendant qu'ils faisaient leur repentir, une phrase étonnante sortit de leur bouche: «Nous ne pardonnerons jamais au Rav Chapira (le rédacteur du Dvar Avraham) de la ville de Kouvno, ni au Rav de la ville de Ponoviets, qui nous firent subir un tel préjudice.». Le Rav les questionna: «De quel préjudice parlez-vous?». Et ils répondirent: «Un préjudice parce que ces Rabbanim ne sont pas venus vers nous, le pistolet à la main, pour nous obliger à donner notre argent à la Tsédaqa afin de soutenir la Tora. Chaque fois que nous les rencontrions, ils nous demandaient des sommes faramineuses, et nous argumentions alors pour ne donner à la fin qu'une somme dérisoire. Ô comme nous étions stupides! Finalement, les communistes sont venus chez nous, mitraillettes à la main, pour nous prendre tout ce que nous possédions! Ah, si seulement nous avions donné à ces Rabbanim, nous nous sentirions aujourd'hui tellement mieux...».

**Selon le Baâl haTourim (Rabbi Yaâqov Bèn Achèr, 1275-1340), nous devons dans tous les cas donner de la Tsédaqa: en effet, s'il s'avère que notre argent devait disparaître, alors on aura la consolation de savoir qu'il aura servi pour de nobles causes. Si, par contre, cet argent ne devait pas être perdu, alors, par le mérite d'avoir donné de la Tsédaqa, il nous sera rendu.**

**On trouve cette idée dans le Midrach Wayiqra Rabba (chap.34, 12). Rabbi Chimône bar Yo'haï rêva pendant la nuit de Roch haChana que ses neveux étaient redevables de six cents dinars à l'empire romain. Sans leur en révéler la raison, il les fit appeler et leur demanda de subvenir aux besoins des pauvres. Ils lui demandèrent alors: «Mais où trouverons-nous l'argent pour les pauvres?». Il leur dit alors: «Prenez-le de vos propres caisses et notez tout sur un carnet. À la fin de l'année, c'est moi qui vous rembourserai.». Quand l'année toucha à sa fin, ils furent dénoncés à l'empire romain. En effet, un beau jour, alors qu'ils étaient occupés à filer la soie, un délégué de l'empire vint les avertir: «Soit vous confectionnez pour l'empereur un manteau royal, soit vous payez la somme de six cents dinars.». L'argumentation tourna à leur désavantage et ils furent jetés au cachot. Quand Rabbi Chimône vint leur rendre visite, il leur**

**demanda de sortir le carnet sur lequel étaient inscrites leurs dépenses. Il s'avéra alors qu'ils avaient sorti pour cinq cent quatre-vingt-quatorze dinars pour les pauvres. Rabbi Chimône leur dit:«Donnez-moi six dinars et je vous libère.». «Comment feras-tu pour payer notre rançon avec seulement six dinars?», lui demandèrent-ils. «Donnez-les moi! Peu vous importe de savoir comment je vais m'y prendre.», répondit-il. Et c'est ainsi qu'ils lui donnèrent en cachette six dinars, et que Rabbi Chimône, se rendant sur-le-champ auprès de l'envoyé de l'empereur, lui glissa ces quelques dinars contre leur rançon et les fit libérer.**

**Une fois rentrés chez eux, les neveux apprirent que Rabbi Chimône savait depuis le début ce qui les attendait. «Pourquoi ne pas nous avoir prévenus, alors? Nous t'aurions donné cet argent immédiatement!», s'exclamèrent-ils. Il leur dit: «Je sais pertinemment que vous m'auriez donné cet argent plutôt que de le donner à l'empereur, mais voilà, je voulais vous le cacher, afin que vous fassiez avec ces six cents dinars une Tsédaqa totalement désintéressée.».**

On raconte aussi à ce propos qu'un jour, dans une ville de Pologne, se déroula un évènement incroyable. Alors que les gens de la ville étaient déjà occupés à leur besogne, deux soldats polonais en armes marchaient dans les rues, poussant devant eux deux prisonniers Juifs, barbus et portant de longues papillotes. Quand on demanda aux soldats où ils conduisaient les prisonniers, ils répondirent qu'ils étaient sur le point de les fusiller. La terrible nouvelle parvint aux oreilles du chef de la communauté qui fit tout ce qui était en son pouvoir pour intervenir et libérer les deux hommes. Mais les soldats exigeaient la somme extraordinairement élevée de mille roubles, prêts pour cela à faire patienter leur jugement jusqu'à la mi-journée. Les gens défilaient chez le Rav de la ville, s'inquiétant sur la marche à suivre pour réunir une telle somme en si peu de temps.

Sans perdre une minute, le Rav s'était déjà attelé à la tâche, demandant à son secrétaire de lui apporter une feuille et un crayon. Il rédigea alors une lettre sur laquelle il inscrivit la liste de tous les magasins juifs de la ville, indiquant le montant à demander à chacun des commerçants afin de rassembler la somme prévue pour le Pidiyon Chévouim (la libération des prisonniers). Puis il sortit dans les rues de la ville, accompagné de son secrétaire, afin de collecter les fonds nécessaires.

La première boutique qu'ils visitèrent fut la boucherie. Le Rav sollicita le boucher pour cinquante roubles et expliqua la destination de cet argent. Le boucher se sentit déshonoré et affirma que pour une Mitswa d'une telle importance, il était prêt à donner cent roubles. Sans plus attendre, il sortit l'argent et le donna au secrétaire du Rav qui, bien qu'étonné de cette réaction, remercia vivement le boucher. Le Rav et son secrétaire reprirent immédiatement la route en direction des autres marchands. Ils entrèrent dans la boutique du tailleur, lui demandant de verser la somme de cinquante roubles. Apprenant qu'il s'agissait d'une Mitswa de Pidiyon Chévouim, le tailleur sortit sur-le-champ cinquante roubles et les donna au secrétaire. Le Rav n'en croyait pas ses yeux de parvenir à ramasser l'argent si facilement. Dans chaque commerce où ils entraient, les choses prirent la même tournure. Tous les marchands donnaient davantage que ce qui leur était demandé. En un temps record, le montant de la rançon exigée se trouva entre les mains du Rav. Il restait une heure environ avant la rencontre prévue avec les soldats.

Le Rav, fatigué, s'assit pour se reposer quelques instants et réfléchir au déroulement de cette journée éprouvante. Au beau milieu de ses pensées, il se leva subitement, appela son secrétaire et lui demanda de rendre l'argent à chacun des commerçants. Il lui ordonna par ailleurs d'enjoindre le directeur de la Yéchiva d'envoyer vingt de ses étudiants les plus costauds, sur la place du marché, pour infliger une bonne correction aux deux soldats et aux deux Juifs qui les accompagnaient. Aussi étonnant que cela puisse paraître, tous obéirent à l'ordre du Rav. Les étudiants se rendirent au marché et rouèrent les quatre hommes de coups violents. Dès les premiers heurts, les barbes et les papillotes de ces faux Juifs tombèrent au sol, dévoilant la mascarade aux yeux de tous. L'intention de ces bandits était de s'emparer de l'argent de la communauté juive de cette ville.

La rumeur se répandit dans la ville comme un feu de poudre, et tout le monde ne parlait plus que de l'inspiration divine qui avait soufflé dans la maison du Rav. Le Rav sourit alors, expliquant que cela n'avait rien à voir avec l'inspiration divine. Il avait juste compris qu'il ne pouvait s'agir d'une Mitswa. Par expérience, expliqua-t-il, quand il essayait de ramasser de l'argent pour une Mitswa, chacun tentait de ne pas donner, sous n'importe quel prétexte. Tandis que cette fois-ci, les choses se passèrent beaucoup trop facilement, tous ayant voulu largement contribuer. Et c'est ce qui lui mit la puce à l'oreille: il ne pouvait s'agir d'une réelle Mitswa. D'habitude, le yètsèr harâ fait tout pour mettre en difficulté ceux qui veulent faire des Mitswot, en particulier quand il s'agit de la Mitswa de Tsédaqa. Or, cette fois-ci, le yètsèr harâ ne fit rien. C'était donc la preuve qu'il ne s'agissait pas d'une Mitswa. C'est la raison pour laquelle le Rav avait ordonné que l'on rende l'argent qu'il avait collecté, et que l'on punisse les scélérats; il avait vu clair...

**Ainsi, s'il est difficile de porter la main à son portefeuille pour donner la Tsédaqa, c'est parce que le yètsèr harâ empêche avec force la réalisation de cette Mitswa, l'argent visant alors un but très élevé. Et quand on s'empresse de donner, il faut auparavant vérifier s'il s'agit bien d'une Mitswa. Le Gaon Rabbi Èliyahou MiVilna (1720-1798), dans son commentaire de Méguilat Ruth (1, 18), écrit en effet que celui qui cherche à vérifier si la Mitswa qui se présente à lui est le produit du yètsèr harâ ou non doit être attentif au moment où il agit. Si ses membres s'élancent sans difficulté pour réaliser la Mitswa, c'est à priori le signe que le yètsèr harâ l'aide. Car comment les membres du corps, si lourds, pourraient-ils s'élancer avec promptitude pour réaliser une Mitswa? Ainsi, quand nous sentons la paresse naturelle de nos membres, c'est une preuve que le yètsèr harâ agit sur eux pour nous empêcher de réaliser la Mitswa.**

**Dans le recueil Léka'h Tov du Rav Yaâqov Israël Beifuss, sur la Parachat Wayaqhèl, on trouve une histoire qui décrit la difficulté de réaliser la Mitswa de Tsédaqa.**

Rabbi 'Hayim Soloveitchik miBrisk Zt"l (1853-1918), s'était rendu dans la ville de Minsk pour venir en aide à la Yéchiva de Volozine qui croulait sous les dettes. Or, dans la ville, résidaient deux érudits qui soutenaient la Yéchiva. Naturellement, Reb

'Hayim se rendit chez l'un d'eux et lui expliqua la raison de son voyage. Celui-ci lui promit alors de faire tout ce qui était en son pouvoir pour réunir l'énorme somme escomptée, à la condition toutefois que le Rav reste chez lui pour étudier.

Après quelques jours, le Rav demanda à son hôte où en était la collecte. Il lui répondit alors qu'il avait déjà trouvé la moitié des fonds prévus. Le Rav s'en réjouit et reprit son étude. Après un mois, le Rav s'enquit à nouveau des avancées de son ami qui lui répondit alors qu'il avait réussi enfin à récolter le total du montant de la dette. Enchanté, le Rav reprit sa route vers Volozine afin de combler le découvert de la Yéchiva. Quelque temps plus tard, les deux bienfaiteurs de la Yéchiva se rendirent à Volozine afin de comparaître devant le Bèt Din (tribunal). Celui qui avait ramassé l'argent pour la Yéchiva était accusé par le second d'avoir payé seul la totalité de la somme due, sans l'avoir associé à la Mitswa. Et parce qu'ils avaient toujours été associés dans le soutien de la Yéchiva, ce dernier exigeait de verser de sa poche la moitié de la dette de la Yéchiva afin de contribuer à la Mitswa.

Reb 'Hayim, ayant appris que ce donateur avait payé de sa propre poche la totalité de cette imposante somme, lui demanda: «Pourquoi m'as-tu demandé alors de rester chez toi plus d'un mois?». Il lui répondit alors: «Pensez-vous qu'il soit si facile d'obliger son yètsèr harâ à sortir une telle somme? J'ai redoublé d'efforts afin de soumettre la tendance à la possession qui couve dans le cœur de chacun. Au début, j'ai réussi assez facilement à donner la moitié de la somme. Mais il m'a fallu me battre durement contre mon yètsèr pour le forcer à donner la seconde moitié.».

**Au plus profond de son cœur, une guerre ouverte se livre entre l'homme et son yètsèr harâ avant qu'il soit capable de libérer son argent pour la Tsédaqa. Et nos Sages nous ont enseigné une règle fondamentale: «La récompense est fonction de l'effort.». Ce qui signifie que cette Mitswa laisse derrière elle une marque profonde. Comme il est dit au nom du Ari Z"l** (Rabbi Yits'haq Louria Achkénazi, 1534-1572)**: quand un homme réalise une Mitswa, elle laisse comme une écriture sur son front que les personnes saintes sont capables de déchiffrer. En revanche, après avoir commis une faute, cette trace s'efface, parce que la**

**faute fait disparaître les mérites.**

**Seuls les mérites de l'étude de la Tora et de la Tsédaqa ne disparaissent jamais. La Mitswa de Tsédaqa oblige en effet à un tel déploiement de forces que la trace qu'elle laisse ne peut disparaître.**

On raconte à cet égard que le Rav haGaon Rabbi Chémouèl de Ouchda, élève du Ari Z"l et auteur du Midrach Chémouèl, entra un jour dans le Bèt haMidrach à Tsfat. Or, le Ari Z"l s'était levé devant lui à son entrée et à sa sortie. Le Rav 'Hayim Vital Zt"l interrogea le Rav sur son attitude. Le Ari Z"l lui répondit alors que le saint Tana Rabbi Pin'has bèn Yaïr accompagnait Rabbi Chémouèl, à son entrée et à sa sortie.

Sur-le-champ, Rabbi 'Hayim Vital sortit du Bèt haMidrach et rattrapa Rabbi Chémouèl pour lui demander quelle pouvait bien être la Mitswa qu'il avait accomplie pour avoir le mérite d'être accompagné par Rabbi Pin'has bèn Yaïr. Rabbi Chémouèl ne voulut d'abord rien lui dire. Comme Rabbi 'Hayim insistait, il finit par lui raconter qu'en chemin, il avait entendu des pleurs parvenant de l'intérieur d'une maison. Se rapprochant, il avait vu que ses occupants étaient nus et ligotés aux chaises: des brigands les avaient attaqués et les avaient même délestés de leurs vêtements. Rabbi Chémouèl s'était donc précipité chez lui pour apporter des vêtements à ces malheureux; voilà pourquoi, expliqua-t-il, il portait aujourd'hui ses vêtements de Chabbat, leur ayant donné ses propres habits. Rabbi 'Hayim lui dit alors qu'il venait de comprendre pourquoi Rabbi Chémouèl était accompagné du Tana Rabbi Pin'has bèn Yaïr, qui avait en effet consacré toute sa vie à la Mitswa Pidiyon Chévouim (de libérer les prisonniers), la forme la plus haute de la Tsédaqa. Le Ciel lui ayant offert la possibilité de réaliser une Mitswa aussi importante, Rabbi Chémouèl s'attacha profondément aux qualités du saint Tana. Il fut donc honoré de sa présence.

# Parachat Wayaqhèl - Péqoudè

*Savoir enseigner*

**«Mochè dit aux bénè Israël: "Voyez, l'Éternel a désigné nommément Bétsalèl, fils d'Ouri, fils de 'Hour, de la tribu de Yéhouda."» (Chémot, 35, 30).**

**Dans Parachat Wayaqhèl, Mochè Rabbénou nous dévoile le but et la vocation de tout élève de Yéchiva. En effet, quand il désigne Bétsalèl devant toute l'assemblée d'Israël, il déclare: «Voyez, voici l'homme que D-ieu a désigné.». Puis il dénombre ses qualités: un homme touché par l'inspiration divine, détenant la science de l'or, de l'argent, du bronze, ainsi que les secrets du bois, ajoutant encore: «D-ieu dota son cœur du don de l'enseignement.».**

**Ce dernier point était la clé nous dévoilant la grandeur de Bétsalèl. Afin de mieux le comprendre, jetons un regard dans la direction des Yéchivot où des étudiants consacrent toutes leurs forces et leur temps, jour et nuit, à l'étude de la Tora. Leur récompense est illimitée. Pourtant, certains préfèrent passer des jours entiers à des discussions qui n'ont aucune implication sur le plan de la loi et de l'action, se convainquant qu'il est suffisant d'interpréter la Tora pour en recevoir le salaire. Ce sur quoi Mochè Rabbénou donne l'avertissement suivant: même si Bétsalèl "détenait la science", sous-entendu bien que versé dans les 'Hakirot et Pilpoulim (l'art du débat et de la recherche), s'il fut malgré tout choisi par D-ieu, c'est parce qu'il savait en fin de compte appliquer ses connaissances au monde de l'action et de la loi, et enseigner aux autres la voie à suivre.**

**Car tel est bien le but de l'étude. Ainsi que l'écrit le Rav Ibn Ezra (Rav Avraham Ibn Ezra, 1092-1167) sur notre Paracha (verset 34): «"D-ieu dota son cœur du don de l'enseignement", et ce, parce que nombreux sont les sages pour qui il est difficile d'enseigner aux autres.». Ainsi, est-il du devoir de chaque étudiant d'apprendre dans le but, non seulement de connaître la loi telle qu'elle doit s'appliquer, mais aussi de savoir l'enseigner au public.**

**On retrouve cette idée dans le Traité Zéva'him (96b).**

Après que Rav Yits'haq eut étudié de nombreuses années auprès de Rami bar 'Hama, il quitta sa Yéchiva pour se rendre dans celle de Rav Chèchét. Un jour, Rami bar 'Hama rencontra Rav Yits'haq et lui fit comprendre qu'il lui rappelait ces orgueilleux qui font tout pour se retrouver dans l'entourage des grands personnages. Rav Yits'haq tenta de lui expliquer que, s'il avait quitté sa Yéchiva, c'était parce que chaque fois qu'il posait une question à son maître, celui-ci lui répondait par un raisonnement personnel. Et, bien souvent, Rav Yits'haq trouvait ensuite des Baraïtot (passages talmudiques) en désaccord total avec les conclusions énoncées. Inversement, Rav Chèchét apportait toujours des preuves écrites soutenant ses raisonnements. Aussitôt, Rami bar 'Hama lui dit: «Pose-moi n'importe quelle question concernant la loi, et je t'y répondrai par un raisonnement en accord avec les Baraïtot.» Rav Yits'haq lui demanda alors: «Quelle règle s'applique à celui qui aurait cuit un sacrifice d'expiation dans une partie seulement du récipient, faudrait-il procéder à son aspersion et à son nettoyage ou cela n'est-il pas nécessaire?». Rami bar 'Hama lui répondit: «Non, ce n'est pas la peine. Ce cas ressemble à celui d'un habit qu'on aurait aspergé en partie du sang d'un sacrifice d'expiation et qui ne nécessite un nettoyage qu'à l'endroit seulement où le sang serait tombé.». Rav Yits'haq s'exclama alors qu'une Baraïta explicite disait que tout ustensile doit être lavé et que ce cas ne ressemble en rien à celui du vêtement, comme le dit le verset: «S'il l'avait cuit dans un récipient de cuivre», même dans une partie du récipient seulement.

**Cette Guémara présente un principe fondamental pour tout celui qui se trouverait à la tête d'une Yéchiva: ne jamais se reposer sur son raisonnement personnel, ni sur des déductions provenant de spéculations. Au contraire, il convient de mettre toutes ses forces dans l'étude des décisions halakhiques, et ce, parce qu'il est facile de renverser une thèse. Si le raisonnement n'est pas fondé sur des preuves irréfutables, les étudiants pourraient avoir le sentiment que le Roch Yéchiva ne connaît pas la loi. Ils se tourneraient vers un autre lieu d'étude, errant ainsi d'une Yéchiva à l'autre. C'est pourquoi le dirigeant d'une**

**Yéchiva prendra garde à faire régner dans sa maison une atmosphère authentique d'étude de la Tora tournée vers son accomplissement, et ce, afin que les étudiants soient capables de l'enseigner et d'en faire profiter le plus grand nombre. Or, cela n'est possible que si l'on étudie beaucoup, comme le dit la Guémara dans le Traité Chabbat (63a): «Il faut d'abord étudier et ensuite revenir pour commenter.». Avant tout, il est nécessaire d'étudier en grande quantité et rapidement. Par la suite, il est possible de prendre son temps pour discuter des passages étudiés en argumentant sur le sujet. C'est le seul moyen pour s'inscrire dans le chemin authentique de la Loi.**

Il est raconté dans le Talmud Yérouchalmi, Traité Nazir (chap.6, ainsi que dans le Traité Kétouvot (17a), dans le Tosséfot), que Rabbi Âqiva arriva un jour tout enjoué dans le Bèt haMidrach. Quand Rabbi Èliêzèr et Rabbi Yéhochouâ aperçurent la joie qui rayonnait sur son visage, ils lui demandèrent: «Pour quelle raison es-tu si joyeux?». Rabbi Âqiva leur expliqua alors qu'il avait accompli la veille l'une des Mitswot les plus importantes de la Tora: enterrer un mort "Met Mitswa"[3]. «En effet, raconta-t-il, alors que j'étais en chemin, j'aperçus un corps sans vie, laissé à l'abandon. Je l'ai donc traîné sur quatre kilomètres (et comme cela est connu, un corps mort est plus lourd que celui d'un homme vivant), puis je l'ai enterré.»

Rabbi Èliêzèr et Rabbi Yéhochouâ le regardèrent interloqués, doutant de son sérieux, puis s'exclamèrent: «Tu es un assassin!». Rabbi Âqiva, abasourdi, ne sut quoi répondre. Ils lui expliquèrent alors qu'un "Met Mitswa" prend automatiquement possession de l'endroit où il est décédé. C'est pourquoi il était nécessaire de l'enterrer là où il se trouvait. Celui qui déplace le défunt transgresse l'interdit du meurtre. Ainsi, Rabbi Âqiva eut le statut d'assassin sur la durée de quatre kilomètres. Rabbi Âqiva approuva leurs paroles et dit: «Tout cela m'est arrivé parce que je ne suis pas suffisamment resté à l'intérieur de la maison d'étude, et parce que je n'ai pas assez servi les érudits.». Depuis ce jour, il étudia sans arrêt jusqu'à devenir le plus grand sage de sa génération.

**Dans un autre passage du Talmud, il est dit qu'on obligea Rabbi Âqiva à interrompre son étude de la Aggada afin qu'il**

3 *Ndt.: il s'agit de celui qui n'a personne pour veiller à sa mise en terre.*

**commence à enseigner la loi au peuple. Comme on le voit dans le Traité Sanhédrine (38b): «Rabbi Èliâzar bèn Âzaria déclara à Rabbi Âqiva: "Âqiva! Qu'as-tu à tant t'occuper de commentaires aggadiques? Oriente-toi plutôt vers les Négayim et les Ahalot[4]!" (les Traités Plaies et Tentes) ».**

**Dans le livre 'Hayim Cheyech Bahem, sur la Parachat Chéla'h, on raconte une anecdote au sujet du Rav Yits'haq Yaâqov Weiss Zt"l (1902-1989), l'auteur du Min'hat Yits'haq.**

Le Rav avait été appelé à prendre la direction de la communauté de la ville de Manchester en Angleterre, peu après la Seconde guerre mondiale, période durant laquelle peu de gens avaient le cœur à écouter les paroles de Tora. Quand il accéda à ce poste, le Rav insista auprès des érudits, des enseignants et des Rabbanim, leur demandant de se rapprocher davantage du peuple afin de leur enseigner l'éthique juive. Il craignait, expliqua-t-il, que la dernière étincelle de Judaïsme ne vienne à s'éteindre dans cette ville. Lors de son allocution devant les Rabbanim, le Rav leur fit part des choses qui permettraient d'améliorer la situation actuelle. Il commença par notre Guémara: «Rabbi Èl'âzar bèn Âzaria déclara à Rabbi Âqiva: "Âqiva! Qu'as-tu à tant t'occuper de commentaires aggadiques? Oriente-toi plutôt vers les Négayim et les Ahalot!"». Puis il posa la question suivante:

«Pourtant, la Aggada ne constitue-t-elle pas aussi une partie essentielle de la Tora orale? Certains ont le mérite de comprendre la Aggada, d'autres les versets du Tanakh, d'autres encore la Michna et le Talmud, d'autres enfin la totalité de la Tora, comme nous l'enseigne le Midrach, Wayiqra Rabba (chap.15). S'il en est ainsi, que pouvait bien reprocher Rabbi Èl'âzar à Rabbi Âqiva, lui demandant de quitter l'étude de la Aggada?!». Par ailleurs, il est connu que l'étude de la loi requiert une grande responsabilité, ainsi qu'une aide du Ciel, afin de ne pas induire les autres en erreur. Car une décision, qu'elle soit indulgente ou ferme, prise en désaccord avec la Tora, 'Haswe Chalom, manquerait complètement son objectif.

---

4 *Ndt.: deux traités concernant les règles de pureté et d'impureté, et qui sont parmi les plus difficiles.*

C'est en effet ce que nous voyons lors de la discussion qui opposa Rabbi Âqiva et Rabbi Yo'hanan bèn Nouri au sujet du premier-né d'un animal domestique. Rabbi Âqiva dit à Rabbi Yo'hanan bèn Nouri qui jugea cette loi avec rigueur: «Jusqu'où comptes-tu dénigrer l'argent des membres du peuple juif?». Rabbi Yo'hanan bèn Nouri répondit alors à Rabbi Âqiva qui tenait une position plus indulgente: «Et toi, pendant combien de temps continueras-tu de donner à manger des bêtes impropres à la consommation?» (Traité Békhorot, 40a). C'est la raison pour laquelle, voyant Rabbi Âqiva consacrer tout son temps à la Aggada, Rabbi Èl'âzar bèn Âzaria, qui dirigeait alors le peuple juif, craignait qu'il désire éviter l'enseignement. Rabbi Âqiva était appelé «le trésor inépuisable» (Traité Guittine, 67a), et Bèn Âzaï disait que tous les Sages d'Israël, à l'exception de Rabbi Âqiva, n'étaient pas plus importants qu'une épluchure d'ail. Cependant, il était possible de croire que Rabbi Âqiva s'intéressait à la Aggada pour ne pas avoir à enseigner la loi en public et à prendre la responsabilité du peuple.

Nous savons, par ailleurs, que la période pendant laquelle Rabbi Âqiva vécut était particulièrement douloureuse et difficile pour le peuple juif. Les ennemis d'Israël le dominaient et lui faisaient subir de terribles décrets, après avoir détruit le Bèt HaMiqdach (le Temple) et tué les personnalités importantes du Judaïsme d'alors, les dix Martyrs assassinés par l'empire romain. C'est la raison pour laquelle Rabbi Èl'âzar bèn Âzaria soutint qu'il était indispensable pour Israël d'avoir, étant donné la période troublée, un maître méritant aussi exceptionnel. C'est pourquoi il demanda à Rabbi Âqiva d'abandonner son étude de la Aggada afin de se préoccuper de l'enseignement de la Loi (Halakha).

Afin de prendre conscience du temps que nous devons consacrer à l'étude de la Loi, analysons le verset suivant de Parachat Qora'h: «Car la dîme que les bénè Israël prélèveront pour le Seigneur, comme tribut, Je la donne aux Lévites comme patrimoine entre les bénè Israël.» (Bémidbar, 18, 24). Notre sainte Tora nous oblige à donner la dîme des bénè Israël aux Léviim. Et ce, parce que ces derniers sont responsables du service de D-ieu. De fait, la tribu de Lévi n'a pas reçu de part dans la terre d'Israël afin de consacrer son temps au service du Bèt HaMiqdach (le Temple). Si les Léviim s'étaient consacrés aux travaux agricoles, qui se serait occupé du service divin? Ainsi, il nous a été ordonné de les nourrir, afin qu'ils soient libres de servir au Bèt HaMiqdach, recevant, pour ainsi dire, un cadeau de la maison royale.

Il est ecrit, dans le livre Chaâré Orah, que si l'on évaluait les heures de service d'un Lévi au Temple (Bèt HaMiqdach), on constaterait qu'un Lévi ne sert pas plus d'une fois toutes les vingt-quatre semaines. Cette conclusion ressort du Rambam (Mochè bèn Maïmon, Maïmonide, 1138-1204) qui écrit, dans les lois sur les ustensiles du Temple (chap.3, 9), que: «Chémouèl haNavi (le prophète) et David haMélèkh ont divisé les Léviim en vingt-quatre groupes, chaque groupe travaillant une semaine. Par ailleurs, les membres de chaque groupe sont aussi divisés en chefs de groupe en fonction des maisons patriarcales, et ce sont chaque jour de la semaine que ces hommes-là servent au Temple, les chefs des maisons patriarcales désignant la tâche à effectuer à ceux qui travaillent.».

Selon cette description des responsabilités de chaque Lévi, il ressort qu'un Lévi ne travaillait qu'un jour de la semaine, toutes les vingt-quatre semaines, et dans une année de cinquante-deux semaines, le total donne deux jours sur toute l'année. On ne comprend pas facilement alors pourquoi les Léviim n'ont pas reçu une part dans la terre d'Israël: en consacrant seulement deux jours dans l'année au service du Temple, il leur aurait été possible de travailler les autres jours de l'année, comme le reste du peuple d'Israël. Quelle est la justification de leur donner, en contrepartie de leur service au Temple, toute la dîme du peuple d'Israël?

La réponse à cette question nous donne un enseignement fondamental: pour deux jours par année de service au Temple, toute une année de préparation est nécessaire. La raison est qu'il est impossible de servir D-ieu sans être d'abord versé dans les multiples lois (halakhot) qui entourent ce service divin. C'est la raison pour laquelle il est nécessaire de se concentrer et de s'y consacrer pleinement, dans un Bèt haMidrach, durant une

**année afin d'avoir le mérite de servir, ne serait-ce que deux jours seulement, au Bèt HaMiqdach.**

**Ainsi, les Léviim n'eurent pas à se préoccuper des travaux des vignes et des champs afin de consacrer leur temps à l'étude dans un Bèt haMidrach, pendant que les membres du peuple juif subvenaient à leurs besoins.**

**Nous voyons donc que, pour accomplir l'une des Mitswot de la Tora, il est nécessaire de s'asseoir et d'étudier une année entière, et qu'il est impossible de la réaliser sans avoir à l'esprit qu'on accomplit ainsi la volonté de son Créateur. Même s'il est impossible de consacrer une année entière afin de réaliser une Mitswa seulement, il suffit de cet exemple pour nous rappeler à l'ordre.**

On raconte qu'un jour, un Cho'hèt (abatteur rituel) se rendit auprès du Gaon Rabbi Israël Lipqine de Salanter Zt"l (1809-1883) afin de lui annoncer qu'il désirait quitter le métier de l'abattage. Il invoqua, pour expliquer sa décision, le poids de la responsabilité et la peur de commettre un jour une faute irréparable; il préférait ouvrir une petite boutique afin de nourrir sa maisonnée. Le Rav lui répondit: «Qu'est-ce que tu crois?! Qu'il te suffit d'ouvrir une petite affaire? Mais connais-tu toutes les lois de 'Hochen Michpat[5] au point d'être certain de pouvoir tenir cette "petite affaire" sans te tromper dans les lois des poids et mesures, en évitant les dangers de l'intérêt illégal, et de toutes les autres lois qui s'ensuivent?».

**Dès que nous désirons faire le moindre pas dans ce monde, il convient de connaître les quatre parties du Choul'han Âroukh afin de ne pas trébucher dans la loi, en permettant ce qui est interdit ou en interdisant ce qui est permis. C'est pourquoi il est nécessaire de s'asseoir et d'étudier, dans la mesure où l'étude conduit à l'action. Par exemple, nous voyons parfois des gens mettre les Téfillines du bras sans respecter la Halakha. Ayant lu dans le Choul'han Âroukh qu'il faut les placer face au cœur, plutôt que de les nouer sur le biceps, ils les placent face au cœur vraiment! Ce qui signifie qu'ils les mettent en réalité vers le dos**

5 *Ndt: Section du Choul'han Âroukh qui traite en particulier des lois du commerce.*

**! En réalité, c'est quand on les place sur le biceps que, baissant ensuite le bras, on les fait pencher légèrement vers le cœur. Elles sont alors vraiment nouées face au cœur. Mais quand on les place vers le cœur, une fois le bras baissé, elles sont tournées vers les côtes, et elles semblent être dirigées vers le dos (voir le Choul'han Âroukh, Or ha'Hayim, 27, 1). Or, nous savons par ailleurs que celui qui n'attache pas les Téfillines à leur place, c'est comme s'il ne les avait pas mises. C'est pourquoi, quand on est sur le point d'accomplir une Mitswa, il faut connaître clairement les lois (halakhot) qui y correspondent afin d'en recevoir le plein salaire.**

**Ainsi, les Rabbanim doivent réviser quotidiennement les lois afin de ne pas arriver à permettre ce qui est interdit ou à interdire ce qui est permis. Comme nous voyons chez les décisionnaires: un abatteur rituel qui aurait rendu impropre à la consommation une bête kachère, même s'il n'avait fait fauter personne, il se verrait immédiatement démis de ses fonctions ! La raison en est que nos Sages ont évalué que, dans le cas d'un doute, cet abatteur rituel risque d'en arriver à permettre l'interdit. C'est pourquoi il revient à tout Rav de réviser la loi (halakha) afin de pouvoir la trancher conformément à la Tora.**

**Dans son livre Na'halat Tsvi, sur la Parachat Béhar, Rabbi Èl'âzar Yéhouda Leib raconte une anecdote vécue par le Rav haGaon Rabbi Mordekhaï Banèt, de la ville de Nikolsburg.**

Toute sa vie, il s'était opposé avec force aux «réformés» d'Europe, les attaquant avec des paroles dures comme l'acier. Un jour, alors qu'il avait dû se rendre pour des raisons de santé dans les bains de la ville de Karlsbad, il tomba nez à nez avec un Rav de la réforme qui s'enorgueillit d'être celui qui répondait dans sa ville à toutes les questions religieuses et spirituelles. Rabbi Mordekhaï comprit pourtant rapidement que cet homme n'était pas mieux qu'un puits sans eau. Il lui posa une seule question: «Dites-moi, que faites-vous quand on se présente à vous avec des questions relevant des lois des aliments permis ou interdits, et auxquelles il faut répondre clairement pour les déclarer permis à la consommation ou non?».

«Il m'est difficile de descendre en profondeur dans chacune des questions qui me sont posées. J'ai donc pris l'habitude de toujours trancher en suivant l'avis le plus rigoureux, et d'interdire tout aliment sur lequel repose un doute.»

Le Rav Banèt lui répondit: «Je vais vous raconter une histoire. Elle concerne un Juif qui vivait dans un village éloigné de Nikolsburg. Comme les autres, il faisait l'élevage de volailles pour l'abattage. L'abatteur rituel était lui-même boucher et ce paysan lui vendait la viande, la graisse et les plumes. Quand il était confronté à une question concernant un poulet, si par exemple une aile s'était brisée ou si une aiguille s'était plantée dans son gésier, etc., le paysan prenait son cheval et se rendait à Nikolsburg interroger l'un de ses Dayanim (juges) afin de connaître la loi (halakha).

Un jour, un railleur sans foi ni loi s'était arrêté dans la maison de ce paysan. Durant leur discussion, le paysan lui fit part de son désespoir. Il lui avoua que pendant les dures journées d'hiver où les routes sont bloquées, il ne pouvait pas se rendre auprès des érudits de la ville pour leur poser ses questions concernant les problèmes de Téréfot (animaux impropres à la consommation). Il n'avait pas de solutions à ses problèmes. Le railleur, plein de complaisance pour son hôte, lui dit alors: "Si tu écoutes mon conseil, tu n'auras plus besoin de te fatiguer par de tels voyages. N'est-il pas écrit dans la Tora de Mochè (Chémot, 22, 30): "Vous ne mangerez point la chair déchirée dans le champ, vous la jetterez au chien"? Nous voyons donc de là que la viande interdite doit être donnée aux chiens. Voilà donc mon conseil: si tu as un doute à propos de l'une de tes volailles, dépose-la devant ton chien, s'il la mange, preuve est faite qu'elle était impropre à la consommation et qu'elle lui revenait de droit, mais s'il ne la touche pas, il ne fait aucun doute qu'elle est kachère.".

Le paysan se réjouit de ce conseil. Depuis ce jour, il prit l'habitude de jeter les poules qui lui posaient question devant son chien qui, bien entendu, les dévorait toutes. Toutefois, le paysan acceptait son sort avec amour, croyant sincèrement que toutes ces poules étaient en effet interdites à la consommation. Pourtant, sous le poids des cas problématiques que son chien «réglait» systématiquement, il prit un jour la décision de tester sa bonne étoile et de se rendre auprès du chef du Bèt Din de la ville. Quand il se présenta devant les Dayanim, ils lui demandèrent: «Pour quelle raison n'es-tu pas venu nous poser tes questions? Aurais-tu changé de métier? Ou peut-être n'aurais-tu rencontré aucun cas problématique pendant tout ce temps?». «Non, répondit-il, pas du tout, Rav. Au contraire, j'ai rencontré beaucoup de problèmes ces derniers temps, mais c'est mon chien qui les a tranchés.» «Ah bon? Alors pourquoi es-tu venu aujourd'hui?», questionnèrent les Dayanim en souriant. Le villageois répondit alors: «Mon chien est trop dur, il ne sait qu'interdire.»...

Le sage authentique est celui qui sait différencier l'interdit du permis, enseignant au plus grand nombre la marche à suivre et les actions à accomplir.

# Parachat Wayiqra

*C'est Moi seul...*

**«Si un chef a péché en faisant, par inadvertance, l'une des choses que l'Éternel son D-ieu défend de faire, et se trouve ainsi en faute...» (Wayiqra, 4, 22).**

**Rachi commente:**

«Heureuse soit la génération dont le chef prend garde à apporter son offrande d'expiation pour les fautes qu'il aurait commises par inadvertance; et à plus forte raison encore pour celles qu'il aurait faites en toute conscience.».

**Pourquoi cette génération est-elle heureuse? Parce que ses chefs reconnaissent ouvertement leurs fautes. D'après Rachi, nous voyons combien il est difficile pour un homme de rang élevé de reconnaître ses propres erreurs: il pourrait en être retenu par la crainte d'être méprisé ou rabaissé. Ainsi, heureuse soit la génération dont le chef aurait mis de côté toutes ses considérations personnelles, prenant garde à apporter son offrande d'expiation pour les fautes qu'il aurait commises par inadvertance.**

**Voici un exemple d'un chef spirituel qui reconnaissait «ses fautes».**

On raconte ainsi que, pendant l'un de ses nombreux voyages, le cocher qui conduisait le 'Hafèts 'Hayim (Israël Méir HaCohen Kagan, 1839-1933) déversa son cœur amer:

«Mon cheval est tombé, et les gens de ma ville ont ramassé de l'argent afin que je puisse m'en acheter un autre. Malgré tout, je n'ai pas de travail. Qu'ai-je fait pour mériter un tel sort?».

Le 'Hatefz 'Hayim attendit un instant et lui dit:

«Tu ne dois pas te présenter devant D-ieu avec des reproches, car Il est juste dans toutes Ses voies. Et il est certain que si tu ne te conduis pas équitablement avec ton prochain, alors le Ciel te donne ce qui te revient, mesure pour mesure. Après avoir fixé un prix à tes voyageurs, au beau milieu de la course, ne demandes-tu pas un supplément? Ne fais-tu pas passer ton cheval par des terres étrangères? Ainsi, du Ciel on te juge dans ce monde-ci.». «S'il en est ainsi, répondit le cocher, pourquoi vous a-t-on volé votre fourrure pendant la halte que nous avons faite hier à Vilna?»

Le 'Hafèts 'Hayim répondit, étonné:

«Pourquoi, tu penses que je suis un Tsaddiq? À moi aussi, il arrive de commettre des erreurs avec l'argent. Et bien que je relise mes livres avant de les vendre, comment puis-je être certain qu'il ne leur manque pas une page ou deux? Qui peut connaître avec certitude les erreurs qu'il commet? Mes acheteurs ont sûrement honte de me le faire remarquer. Mais cela ne m'empêche pas de devoir rendre des comptes.».

**Une autre raison pour laquelle il est difficile pour les chefs de la génération d'admettre leur fautes, c'est que, selon nos Sages, «Tout celui qui est plus grand que son prochain, son mauvais penchant grandit avec lui.» Or, le penchant de l'orgueil est tout particulièrement difficile à vaincre. L'Admour, Rabbi Netâ Mi'Helem, explique à cet égard que les premières lettres de l'expression: Achèr Nassi Y'héta, «Si un chef a péché», forment le mot Ani, «Je». C'est le fait de se considérer comme quelqu'un d'important qui constitue en soi l'origine de la faute.**

Ainsi, dans le livre LéÂnavim Iten 'Hen, il est raconté au sujet du Rav haQadoch, Rabbi Chnéour Zalman MiLadi Zt"l (1745-1813), auteur du Tanya et élève du Maguid de Mezritch Zt"l (Rav Dov Ber, 1704-1772), qu'une fois, tard dans la nuit, l'élève voulut aller poser une question à son maître. Il se présenta au seuil de sa maison et frappa à la porte. Le Maguid demanda: «Qui est là?». «C'est moi.», répondit Rabbi Chnéour Zalman. «Qui est là?», reprit le Rav. «C'est moi.» Ce n'est qu'à la troisième reprise que l'élève répondit «Zalminé!», et que le Maguid lui ouvrit la porte. Le Rav lui dit: «Mon cher Zalminé, demain aura lieu une Brit Mila dans le village d'à côté, et je voudrais que tu sois présent lors du repas.». Le lendemain matin, Zalminé se rendit donc à pied au village. Mais le maître de céans, qui ne connaissait pas Rabbi Chnéour Zalman, pensa qu'il était un mendiant. Il le fit donc s'asseoir tout en bout de table. Lors du repas, on s'aperçut qu'il manquait une cuillère en argent, et l'intendant s'approcha alors de Rabbi Chnéour Zalman pour fouiller son manteau. Celui-ci se mit alors à crier: «Mais que faites-vous? Ce n'est pas moi qui ai volé cette cuillère!». Mais l'intendant ne prêtait pas attention à ses cris et appela de l'aide pour qu'on le fouille contre son gré. Le Rav se remit à se plaindre: «Ce n'est pas moi le voleur! Vous feriez mieux de chercher chez le serveur lui-même!». Et, en effet, après une rapide inspection, on découvrit la cuillère dans la poche même de l'intendant.

Quand Rabbi Chnéour Zalman rentra auprès de son maître, il lui raconta tout ce qui s'était passé. Le Maguid lui dit alors: «Parce qu'hier soir tu as crié par deux fois: "moi", tu as dû aujourd'hui crier par deux fois: "pas moi". Et ce, parce que le seul au monde qui puisse affirmer "Moi", c'est D-ieu Lui-même, comme nous le disons dans la Haggada de Pessa'h: "Je suis D-ieu, c'est Moi seul qui suis et pas un autre."».

**C'est en ce sens que nos Sages nous révèlent ce qui différencie deux des grands chefs d'Israël que furent David et Chaoul. Quand le prophète Chémouèl ordonna à Chaoul de partir en guerre contre Âmalèq, de le détruire et de ne pas laisser âme qui vive, «homme et femme, enfant et nourrisson, bœuf et brebis, chameau et âne» (Chémouèl 1, 15, 3), Chaoul et son peuple partirent en guerre contre Âmalèq et les décimèrent. Pourtant Chaoul épargna Aggag, le roi d'Âmalèq, et le peuple épargna le bétail. D-ieu Se dévoila alors à Chémouèl et lui dit: «Je suis en colère contre celui que J'ai fait roi, contre Chaoul qui n'a pas écouté Ma voix et a épargné Âmalèq.». Le lendemain, de bonne heure, Chémouèl s'en alla à la rencontre de Chaoul et lui dit: «Qu'est-ce que ces mugissements qui frappent mes oreilles?». Chaoul répondit immédiatement: «On m'a amené ces animaux des Amalécites, le peuple ayant épargné les plus gras du menu et gros bétail, pour les sacrifier à l'Éternel, ton D-ieu.» (Chémouèl 1, 15, 14-15).**

Or voilà, n'ayant pas écouté la voix de D-ieu, Chaoul aurait dû reconnaître qu'il avait péché. Mais au lieu de cela, il fit porter la faute sur le peuple qui avait épargné le bétail. Sur quoi Chémouèl lui répondit: «Assez, je veux t'apprendre ce que, cette nuit, D-ieu m'a dit.» (Chémouèl 1, 15, 16).

Nous trouvons chez le roi David une manière contraire de se conduire. Marié à six femmes, il prend Batchévâ, la seule femme de Ouria ha'Hiti, son commandant d'armée envoyé au front. Lorsque le prophète Nathan lui reproche d'avoir pris cette femme, David haMélèkh déclare immédiatement: «J'ai fauté.» (Chémouèl 2, 12-13), sans essayer de se justifier. Et c'est pourquoi D-ieu le choisit, lui et sa descendance, pour être rois d'Israël.

On peut se demander pourtant où David trouva cette force de reconnaître la vérité, alors qu'elle remettait en cause sa dignité. La réponse paraît évidente: David hérita cette force de son ancêtre Yéhouda, le fils de Yaâqov Avinou. Lui et son Bèt Din avaient décrété, on s'en souvient, la condamnation à mort de Tamar, sa bru, qui était enceinte et dont ils pensaient qu'elle s'était prostituée. Or, quand Tamar déclara: «Je suis enceinte du fait de l'homme à qui ces choses appartiennent.» (Bérèchit, 38, 25), Yéhouda aurait très bien pu nier et ignorer ces signes afin de «sauver» sa dignité. Mais il n'eut pas peur d'avouer; devant tous, il reconnut la vérité et dit: «Ces choses sont à moi.». «C'est moi le père qui est responsable de cet acte.». Et par ce mérite, D-ieu lui offrit une grande récompense, comme il ressort du Midrach (Bérèchit Rabba, 98, 11): «"Yéhouda, tes frères te rendront hommage", tes frères te remercient, ta mère te remercie, Moi-même, Je te remercie." Rabbi Chimône bar Yo'haï dit: "Tes frères porteront ton nom, aucun ne dira "je suis un Réouvéni" ni "je suis un Chimôni", mais "je suis un Yéhoudi"."».

Ce qui signifie que nous nous appelons «Juifs», Yéhoudim, en vertu de cette force ancrée en nous qui consiste à reconnaître la vérité sans en avoir honte. Cette capacité a été donnée tout particulièrement aux rois et aux dirigeants d'Israël issus de la tribu de Yéhouda, comme il est dit: «Le sceptre n'échappera point à Yéhouda, ni l'autorité à sa descendance» (Bérèchit, 49, 10).

**Et tel est le sens du verset de notre Paracha: Achèr Nassi Y'héta, «Si un chef a péché...». C'est quand il est prêt à reconnaître ses fautes, même involontaires, qu'il porte alors le nom de chef.**

# Parachat Tsaw

*La meilleure affaire*

**«Et D-ieu parla à Mochè en ces termes: "Ordonne à Aharone..."» (Wayiqra, 6, 2).**

**Depuis le début du livre de Wayiqra, c'est la première fois qu'un commandement est adressé à Aharone. Et nous trouvons dans le Midrach (Wayiqra Rabba, 7) le commentaire suivant:**

«Rabbi Mana de Chaav et Rabbi Yéhochouâ de Sakhnin dirent au nom de Rabbi Lévi: "Depuis le début du livre (de Wayiqra), jusqu'ici, il est dit: "Et les fils d'Aharone aspergèrent", "Et les fils d'Aharone établirent". Mochè qui pensait que son frère était ignoré déclara devant l'Éternel: "Le puits (Aharone) peut-il être détesté, et ses eaux (ses enfants) appréciées? Tu as offert les honneurs aux bois grâce à leurs enfants, comme il est enseigné que tous les bois sont autorisés à être brûlés sur l'autel, sauf la vigne et l'olivier qui méritent d'être respectés grâce à leurs enfants, le vin et l'huile, qui servent comme sacrifices sur l'autel; et Tu n'accorderais pas tes faveurs à Aharone?« À quoi D-ieu répondit: «Sur ta vie! C'est pour toi que Je l'approche! Mais plus encore, Je fais de lui l'essentiel et de ses enfants l'accessoire, comme il est dit: "Ordonne à Aharone et à ses fils ce qui suit ».

**Le nom d'Aharone n'apparaît pas depuis le début de ce livre et ce, à priori, à cause de la faute du veau d'or. Les Sages du Midrach s'étonnent de ce fait. Mochè Rabbénou se plaint devant D-ieu: le bois de la vigne et le bois d'olivier ne peuvent être brûlés sur l'autel, parce que leurs fruits sont utilisés pour allumer la menorah (candélabre) et pour verser le vin des libations. Pour la même raison, dans la mesure où les enfants d'Aharone servent dans le Bèt HaMiqdach (le Temple), il convient de pardonner à leur père pour sa faute et de lui offrir la possibilité d'y servir à son tour. Sur quoi D-ieu répond que non seulement Aharone servira au Temple, mais qu'il y occupera la fonction principale.**

**C'est pourquoi la Parachat Tsaw s'ouvre par ce commandement adressé d'abord à Aharone et ensuite seulement à ses enfants.**

**Le 'Hatam Sofèr (Rabbi Mochè Sofèr, 1782-1840) écrit pourtant que le fait que le nom d'Aharone n'apparaisse pas encore dans le livre Wayiqra est un honneur qui lui est fait. Et cela n'a rien à voir avec la faute du veau d'or. Comme l'ont expliqué nos Sages dans le Traité Moêd Qatane (9b):**

«Face à une Mitswa qu'il serait possible d'accomplir par l'intermédiaire de quelqu'un d'autre, l'étude de la Tora est plus importante, comme il est dit: "Tous les biens réunis ne la valent pas." (Michelè, 8, 11), même les biens du Ciel. En revanche, si cette Mitswa ne peut être accomplie par personne d'autre, c'est à son sujet qu'il est dit: «Elle est plus précieuse que les perles, et tes plus chers trésors ne la valent point.» (Michelè, 3, 15).

**C'est ainsi que le prophète Malakhi témoigne au sujet d'Aharone haCohen qu'«Une Tora de vérité émanait de sa bouche.». Et si D-ieu ne voulut pas mentionner spécifiquement son nom au sujet du service des sacrifices, c'est qu'il était préférable qu'il étudie la Tora, la Mitswa des sacrifices pouvant être réalisée par d'autres, ses enfants.**

**Nous trouvons cette même idée à propos de David HaMélèkh à qui D-ieu dit: «Un seul jour où tu te trouves assis à étudier la Tora vaut pour Moi plus que mille.», c'est-à-dire qu'«Un jour seulement où tu es assis à étudier la Tora vaut plus que mille sacrifices que ton fils Chélomo apportera devant Moi dans l'avenir.» (Traité Chabbat, 30a).**

**À ce point de la Paracha, nous comprenons que l'Éternel préfère qu'Aharone s'asseye pour étudier plutôt que de faire le service divin de sacrifices. Par ailleurs, notre Paracha présente plus loin la Mitswa d'enlever les cendres de l'autel des sacrifices, et cette Mitswa est confiée à Aharone le grand prêtre. L'auteur du 'Hovot haLèvavot (Chaâr haKhnia, chap.6), Ba'hiya Ibn Paqoda**

**(1050-1120), explique en quoi cette Mitswa nous enseigne précisément que la grandeur n'existe pas devant D-ieu et ce, parce que cette action de retirer les cendres doit être accomplie précisément par l'homme le plus respectable au Bèt HaMiqdach (le Temple) afin qu'il montre sa soumission complète devant D-ieu. Cet homme, c'est précisément Aharone haCohen, c'est pourquoi il est tout spécialement fait mention ici d'Aharone.**

**C'est en vertu de cette idée, à savoir que l'étude est plus grande que le service divin ou tout autre Mitswa, que le 'Hatam Sofèr explique la raison pour laquelle les hommes de la Grande Assemblée (Knesset haguédola) destituèrent Mordekhaï de son rang. En effet, dans le Traité Méguila (16b), il est dit:**

«Car Mordekhaï haYéhoudi était le second du roi A'hachvéroch, homme d'une extrême importance pour les Juifs et aimé de la majorité de ses frères.» Sur quoi les Sages commentent: «De la majorité», mais non de tous ses frères, et ce, afin de nous enseigner que certains membres du Sanhédrine s'étaient éloignés de lui. Rav Yossèf a dit que l'étude de la Tora est plus importante encore que le fait de sauver des âmes; parce qu'au début Mordekhaï est nommé après le quatrième [prophète], comme il est dit: "Ils revinrent avec Zorobabèl, Yéchouâ, Né'hèmya, Séraya, Réâlia, Mordekhaï, Bilchàn..." (Ezra, 2, 2), tandis qu'ensuite il est nommé après le cinquième [prophète], comme il est dit: «Ils revinrent avec Zorobabèl, Yéchouâ, Né'hèmya, Âzaria, Raâmia, Na'hamani, Mordekhaï, Bilchàn...» (Né'hèmya, 7, 7).

**Le 'Hatam Sofèr commente ainsi ce passage du Traité Méguila (16b): il est évident que celui qui se voit confronté à la Mitswa de sauver une vie n'a pas le droit de l'ignorer pour aller étudier la Tora. Pire,celui qui attendrait avant de porter secours, ne serait-ce que quelques secondes, est un assassin. Pourtant, le fait d'être confronté soi-même, et personne d'autre, à cette Mitswa met en évidence le fait que sa Tora n'est pas tellement précieuse aux yeux de D-ieu, car sinon pourquoi aurait-il été choisi pour réaliser cette action? C'est la raison pour laquelle certains membres du Sanhédrine s'écartèrent de Mordekhaï après avoir vu qu'il avait été choisi par D-ieu pour sauver le peuple d'Israël, le signal étant donné que l'étude de sa Tora**

**n'était pas d'une importance capitale aux yeux de D-ieu.**

**On trouve une preuve supplémentaire à ce principe fondamental que l'étude de la Tora est plus importante que de sauver une âme dans le Traité Baba Batra (121a): «On a enseigné que Rabban Chimône bèn Gamliel avait déclaré qu'il n'y a pas de jours de fête pour Israël à la hauteur de Yom Kippour, ni du quinze Av...». La Guémara demande alors:**

«Pourquoi le quinze Av?» «Rabbi Èliêzèr haGadol a enseigné: "Parce que quand arrive le quinze Av, le soleil s'affaiblit, et qu'à partir de cette date on ne coupait plus de bois pour l'autel". Rabbi Ménachè dit: "On appelle ce jour celui où la scie s'est brisée. À partir de cette date, celui qui ajoute, on lui accroît; et celui qui n'y ajoute pas, on lui retire."».

**Ce que Rabbénou Guerchon (960-1040) explique ainsi:**

«Dans la mesure où ils étaient préoccupés à couper le bois pour l'autel, ils abandonnaient l'étude de la Tora. Et dès qu'arrivait la fin des travaux, ils la célébraient par un jour de fête, parce qu'à partir de cette date, ils pouvaient reprendre leur étude.».

**Pourtant, il y a lieu de s'interroger: pourquoi se réjouir? La coupe des arbres pour l'autel n'est-elle pas une Mitswa de la plus haute importance, comme il est dit dans le verset: «Ils y ont paru comme des gens brandissant la hache en plein fourré.» (Téhillim, 74, 5)? Nous sommes donc bien obligés de reconnaître que la plus grande joie pour les Cohanim est celle d'étudier la Tora, et qu'aucune Mitswa ne fait le poids face à celle de l'étude. Et c'est la raison pour laquelle ils étaient si heureux de voir arriver ce jour où ils pouvaient à nouveau reprendre l'étude toute la journée. Ainsi, le Rachbam (Rabbi Chémouèl bèn Méir, 1085-1174) explique la suite de la Guémara qui écrit: «Celui qui ajoute, on lui augmente.». Celui qui ajoutait alors à son étude, les nuits devenant plus longues, on lui augmentait les jours de sa vie; et inversement, s'il devait ne pas en tenir compte, 'Haswe Chalom. C'est pour cette raison que l'exigence d'étudier davantage pendant cette période était telle.**

**Ainsi, le Cohen qui comprenait alors que l'étude de la Tora**

**est plus importante que la Mitswa de couper le bois pour l'autel du Bèt HaMiqdach (le Temple), au point de faire de ce jour un jour de fête, ne pouvait pas la laisser pour compte.**

**Dans le premier chapitre du Traité Péa, on peut lire cette Braïta:**

«Voici les vertus qui assurent à l'homme un bonheur dont il touche les intérêts dans ce monde-ci et dont le capital lui est réservé pour le monde à venir: la piété familiale, la charité et la bienfaisance, la fréquentation des maisons d'étude et des maisons de prière matin et soir, la ferveur pendant la prière, le soin accordé aux malades, la dot des fiancées, les devoirs envers les morts, la réconciliation et le rétablissement de la paix entre les hommes, et entre un mari et sa femme; mais par-dessus tout: l'étude de la Tora.».

**Cela signifie que si nous mettions toutes les Mitswot dans un plateau de la balance et, dans l'autre, l'étude de la Tora, cette dernière l'emporterait.**

**Et, afin de mieux le comprendre, rapportons une anecdote tirée du livre Binian Ôlam.**

Un jour, le Rav du 'Hafèts 'Hayim, Rabbi Naftali Tropp Zt"l (1871-1928), tomba malade. Or, la coutume voulait à l'époque que, quand un grand homme était souffrant, chacun des habitants de la ville donnât une partie des années de sa vie au malade afin qu'il guérisse au plus vite. Après qu'un bon nombre des personnalités de la ville se furent rendues auprès du Rav, les gens responsables du malade se rendirent auprès du 'Hafèts 'Hayim afin qu'il donne lui aussi des années de sa vie à son maître.

Après un court instant, le 'Hafèts 'Hayim déclara qu'il était prêt à donner deux minutes de sa vie. Les intendants du Rav n'en croyaient pas leurs oreilles. Eux qui n'avaient pas eu le mérite d'étudier auprès du Rav Naftali avaient pourtant donné de leurs années de vie, ou au moins quelques mois, et lui, son élève, n'était prêt à lui offrir que quelques minutes?!

Le 'Hafèts 'Hayim, qui avait compris leur étonnement,

s'exprima en ces termes: «Il me semble que vous ne connaissez pas la valeur d'une minute.» Le Rav leur expliqua alors qu'il avait examiné la Michna la plus longue du Talmud et avait vu qu'elle était longue de cinquante mots, et quand il la lisait, il était capable de la refaire quatre fois en une minute. Par ailleurs, il est connu que chaque mot de Tora constitue une Mitswa à part entière. Ce qui signifie, qu'il est possible en une minute d'accomplir deux cents Mitswot. En revanche, que nous prenions n'importe quelle autre Mitswa de la Tora, on n'en trouvera pas une seule qu'il soit possible d'accomplir autant de fois en une seule minute (voir Parachat A'harè Mot). Et tel est le sens de la Michna: «par-dessus tout: l'étude de la Tora».

Enfin, on sait très bien que toutes les fortunes comprises dans ce monde-ci n'arriveront jamais à égaler la récompense d'une seule Mitswa. Et c'est ainsi que le 'Hafèts 'Hayim conclut:

«Maintenant que vous commencez à saisir la valeur réelle d'une minute d'étude de la Tora, vous comprenez que ce n'est pas la moindre chose que j'offre à mon maître.».

**Nous apprenons de cette histoire l'importance que nous devons accorder au moindre instant, si ce n'est à chaque seconde. Car, dans un laps de temps aussi court, il est possible de faire beaucoup. Le livre Touvékha Yabiôu, du Rav Yits'haq Zilberstein, sur la Parachat WéZot haBérakha, rapporte l'anecdote d'un étudiant qui s'était rendu auprès du Rav 'Hayim Kanievsky et lui avait demandé comment il faisait pour recevoir autant de monde en une seule petite heure. Le Rav lui répondit alors:**

«Combien y a-t-il de minutes dans une heure? Soixante, n'est-ce pas? Et combien de secondes par minute? Soixante aussi. Ce qui signifie qu'il y a au total trois mille six cent secondes par heure. Alors... Et tu ne te représentes pas ce qu'il est possible de faire avec autant de temps?».

**Si un homme désire faire une bonne affaire dans ce monde, qu'il investisse donc son temps au service de ce qui pourra lui rapporter le plus. Or, d'après nos Sages, la meilleure affaire**

**qui soit, c'est l'étude de la Tora qui vaut toutes les Mitswot. Cet homme méritera alors d'en manger les fruits dans ce monde-ci et d'en conserver le capital dans le monde à venir.**

# Parachat Chémini

*La nature et l'esprit*

**«Quant aux suivants qui ruminent ou qui ont le pied corné, vous n'en mangerez point; le chameau parce qu'il rumine mais n'a pas le pied corné, il sera immonde pour vous.»** (Wayiqra, 11, 4).

Ces dernières décennies, nous assistons à l'essor spectaculaire de la pensée scientifique dans tous les domaines, en particulier dans celui de la recherche génétique. Les chercheurs ont même réussi, en 1996, le clone d'une brebis nommée Dolly. Avec cette technique, ils pensent parvenir à guérir, dans l'avenir, un embryon humain porteur d'une maladie héréditaire, grâce au maniement des cellules génétiques qui ont une action dans les maladies héréditaires. Les scientifiques espèrent ainsi ouvrir bientôt une nouvelle ère sans maladie, et affirment qu'ils seront même capables de décider de la couleur des yeux et des cheveux du fœtus, etc.

À la lumière de ce que les scientifiques font miroiter comme possibilités dans l'avenir, une des questions que nous pouvons nous poser concerne l'éventuelle création d'un chameau aux sabots fendus. Ce nouveau chameau qui ruminerait et qui aurait les sabots fendus pourrait-il recevoir un sceau de Kacheroute?

Cette question a été déjà posée dans le livre Na'halat Tsvi de Rabbi Èl'âzar Yéhouda Leib Pinter, sur la Parachat Chémini. Le rabbin y répond en affirmant qu'un tel chameau ne pourrait jamais être considéré kachèr, pour la simple et bonne raison que les signes de pureté et d'impureté qui nous sont transmis par la Tora sont ceux qui désignent l'animal comme tel, mais non ceux qui l'interdisent à la consommation.

Le chameau, par exemple, est interdit en vertu des caractéristiques naturelles qui font son caractère et qui sont décrétées mauvaises pour l'homme. C'est pour cette raison uniquement que la Tora l'interdit. Ainsi, même si la science

**parvenait à produire une vache qui ne rumine pas, elle serait malgré tout considérée kachère et permise à la consommation.**

**Telle me semble être en effet l'intention de la Michna du Traité Békhorot (5a):**

«Une vache qui enfanterait un âne, quel serait son statut quant à la consommation? La réponse donnée est qu'un animal pur qui mettrait au monde un bébé impur, celui-ci est permis à la consommation, mais un animal impur qui donnerait naissance à un bébé pur, il resterait interdit à la consommation.».

**Et plus loin dans la Guémara Bekhorot (6a), il est fait part d'une Braïta:**

«Il est écrit: "Quant aux suivants qui ruminent ou qui ont le pied corné, vous n'en mangerez point." (Wayiqra, 11, 4). Peut-on trouver un animal au pied corné qui rumine, et qui pourtant est interdit à la consommation? Certes, il s'agit de l'animal pur né d'une bête impure.».

**Et concernant une bête impure née d'un animal pur, la Braïta nous enseigne que l'animal impur provenant du pur reste pur.**

**Il ressort clairement de ces mots que l'animal impur né de l'animal pur, quand bien même se ressembleraient-ils tous les deux dans leur aspect extérieur, malgré tout, les caractéristiques intérieures du second restent pures, l'embryon ayant reçu ses qualités de la mère. Inversement, une vache qui serait née d'un âne, quand bien même elle paraîtrait extérieurement pure, elle serait interdite à la consommation, dans la mesure où elle tire ses dispositions internes de sa mère, et que celles-ci entacheraient l'âme du Juif, comme les autres aliments non kachèrs.**

**Nous voyons donc que, même si la science parvenait à modifier les caractéristiques extérieures des créatures, elle ne pourrait jamais parvenir à en changer les dispositions internes.**

**Dans le même ordre d'idées, il est rapporté une anecdote**

**dans le livre Ânaf Èts Avot (chap.2) du Rav Ovadiâ Yossèf.**

Le Gaon Rabbénou Yonathan Eibchitz (1690-1764) fut un jour convoqué chez l'empereur avec les autres ministres du pays. Tous furent reçus avec les plus grandes marques de respect. Puis l'empereur leur posa à chacun des questions sur l'état de leur savoir. Il demanda alors:

«Il y a deux forces dans le monde par le biais desquelles toutes les choses peuvent être mues: la nature et l'esprit. Et je me suis demandé laquelle des deux est la plus puissante, la loi naturelle ou l'esprit humain? Et laquelle des deux est préférable?».

Le conseiller du roi fut le premier à répondre et déclara:
«À mon humble avis, majesté, il me semble que l'homme est de loin la créature la plus excellente. Gouvernant la nature, il a la liberté d'en faire ce que bon lui semble. Voyez par exemple cette table qui se trouve devant nous. Auparavant, elle n'était qu'un arbre au beau milieu de la forêt, jusqu'à ce que l'artisan le coupe en morceaux, les taille et les ponce, avant de les assembler et d'en faire cette magnifique table qui trône dans la demeure de l'empereur. Mieux encore, cette coupe en or posée sur cette même table n'était auparavant rien de plus qu'un simple morceau de métal. Mais après que la main de l'artisan l'eût touché de sa grâce, que l'orfèvre l'eût fondu et poli, c'est un objet plein de charme qu'il nous est donné de voir. Il ne fait donc aucun doute, majesté, que l'esprit humain qui fait naître dans les mondes, les plus belles choses, est bien mieux que la loi naturelle. Il peut tout sans que rien ne l'égale.».

Après que le conseiller eut terminé son discours, toutes les personnalités présentes, qui s'étaient régalées de si belles paroles, l'applaudirent largement.

Tous firent remarquer que ces paroles étaient conformes à la science et à la sagesse. Seul Rabbi Yonathan pourtant restait silencieux. L'empereur se tourna alors dans sa direction et lui demanda:

«Votre excellence, que pensez-vous des paroles de notre conseiller? Ne recevraient-elles pas créance à vos yeux?».

Rabbi Yonathan se leva et répondit:

«Malgré le respect que je dois à votre conseiller, je ne partage pas son analyse. Même s'il ne fait aucun doute que la matière change dans la main de l'artisan selon son bon vouloir, celui-ci n'en modifie que l'apparence extérieure, mais jamais il ne peut atteindre l'essence même des choses. La nature ne fait qu'abandonner une forme pour en vêtir une autre. Les lois naturelles en revanche ne cessent jamais et ce, parce qu'elles sont l'œuvre de D-ieu, et qu'il est impossible que l'homme y porte atteinte. Cette table en effet, si nous voulions la faire disparaître de la demeure impériale, ne serions-nous pas obligés de la faire passer par le feu, comme ce bois de la forêt dont elle est issue? De même cette coupe en or, nous serions obligés de la briser tout comme ce métal dont elle provient. Parce que les forces de la nature gouvernent le monde, ce dont elles sont incapables, l'esprit de l'homme aussi en est incapable. Le fleuve qui déborde emporte tout avec lui sur son passage; le tremblement de terre retourne les montagnes en un seul instant, les réduisant au néant. C'est en vain que le savant s'enorgueillit de sa science, n'est-il pas lui-même un être humain éphémère qui, un jour, disparaîtra de la surface du globe? Tandis que la nature est l'œuvre de l'artisan divin, de Celui qui crée le ciel et ses créatures, qui fracasse la terre et tout ce qui se trouve en elle. C'est à Lui que reviennent toutes les réalités de ce monde.».

Tous les ministres étaient subjugués par les propos de Rabbi Yonathan et restaient perplexes. Ils ne savaient plus qui avait raison. L'empereur se leva à son tour pour mettre un terme au vacarme et déclara:

«Vous vous êtes tous les deux exprimés avec tellement de sagesse qu'il m'est difficile de décider lequel d'entre vous a raison. Je vous demande de nous retrouver dans un mois et, lors d'une prochaine rencontre, nous vérifierons le dire de chacun. Ainsi, nous pourrons savoir si vos paroles sont fondées en raison ou non.».

Sur ces mots, l'assemblée sortit du palais, et Rabbi Yonathan rentra chez lui pour y étudier la Tora.

Alors que le délai d'un mois arrivait enfin à son terme, Rabbi Yonathan se trouvait à son bureau devant un grand livre ouvert, préparant son discours du lendemain. Soudain, une souris fit irruption sur la table. Le Rav la chassa avec un foulard et, effrayée, celle-ci s'enfuit. Or, sur cette table se trouvait une tabatière dont, de temps à autre, le Rav humait l'agréable odeur. Et quand, à nouveau, la souris sauta sur le meuble, elle tomba à l'intérieur de la boîte; le Rav referma aussitôt le couvercle avant de la glisser dans la poche de son manteau.

Quelques minutes plus tard, l'envoyé de l'empereur pria le Rav de le suivre pour participer au repas que sa majesté avait fait préparer en l'honneur des ministres du palais. Le Rav se leva et, rapidement, gagna la demeure impériale. La salle était comble, les tables dressées avec tous les apparats qui siéent à ce genre d'occasion, le vin coulait à flots...

Le Gaon Rabbénou Yonathan Eibchitz prit place à la table d'honneur. Puis, à l'étonnement de tous, apparut à l'entrée de la salle un chat dressé sur ses deux pattes arrière et tenant avec ses pattes avant un petit plateau d'argent sur lequel étaient posés une bouteille de vin et de petits gobelets. Le chat était vêtu d'un costume de serviteur recouvert d'un tablier blanc, avec sur la tête un ruban sur lequel on pouvait lire: «la nature et l'esprit».

Le chat déambulait entre les convives, faisant de-ci de-là la révérence, et tous riaient à gorge déployée devant cette mascarade fantastique. Le conseiller de l'empereur et les ministres se tournèrent alors vers le Rav, enorgueillis d'avoir pu prouver la thèse du conseiller de l'empereur, l'esprit humain ayant maîtrisé la nature...

À cet instant, le Rav se souvint qu'il avait dans sa tabatière une souris. Il sortit délicatement la boîte de sa poche, souleva le couvercle et libéra l'animal apeuré. À peine la souris était-elle sortie que le chat savant laissa tomber le plateau avec tout ce qu'il portait pour se ruer sauvagement vers la souris. Il courait de salle en salle sans plus prêter aucune attention à ce qui arrivait sur son passage.

Les serveurs lui emboîtèrent le pas pour ramasser ses habits déchirés qui tombaient en lambeaux, et pour débarrasser les débris de verre de la bouteille et des gobelets éparpillés au sol. Les plus sagaces des convives comprirent alors que se dévoilait sous leurs yeux ébahis la preuve éclatante que le conseiller de l'empereur avait perdu. Ce dernier, honteux, se tenait dans un coin de la pièce, la tête entre les mains. L'empereur s'avança près du Rav et, pausant une main chaleureuse sur son épaule, lui dit:

«Tu avais donc raison, ce que la nature est susceptible de faire, jamais l'esprit humain n'en sera capable. Nul n'est plus avisé que toi.».

**L'erreur de l'empereur fut d'avoir pensé que, dans la mesure où l'homme a le pouvoir de modifier à sa guise la matière informe que lui offre la nature, comme c'est le cas d'un arbre transformé en table magnifique ou d'un métal métamorphosé en coupe d'or raffinée, preuve était faite que l'action humaine est plus pertinente que l'œuvre divine à l'origine de la nature.**

**C'est en ce sens que nos Sages déclarent, au sujet du verset: «L'œuvre que D-ieu avait décidé de créer» (Bérèchit, 2, 3), que D-ieu désira associer l'homme à Son œuvre. Il lui laissa ainsi la possibilité de transformer et d'apporter des modifications à la nature, comme cela est dit explicitement dans le Midrach (Bérèchit Rabba, 11, 7):**

«Un philosophe demanda à Rabbi Yéhochouâ: "Si la circoncision est si importante aux yeux de D-ieu, pourquoi ne la donna-t-Il pas à Adam haRichon?" (Sous-entendu: pourquoi celui-ci naquit-il déjà circoncis?)... C'est que tout ce qui fut créé pendant les six jours de la création avait encore besoin d'un achèvement; comme c'est le cas du grain de moutarde ou des pois qui ont besoin d'être assaisonnés, des grains de blé qui ont besoin d'être moulus, même l'homme a besoin d'être amené à sa perfection, seul Adam était «achevé» et n'avait pas besoin d'accomplir la Mila, alors que les autres hommes, oui.»

**De même, dans le Midrach Tan'houma (Parachat Tazriâ), il est raconté comment Turnus Rufus, le scélérat, demanda à Rabbi Âqiva lesquelles des deux œuvres sont les plus belles: celles de l'homme ou celles du Créateur? Ce à quoi Rabbi Âqiva répondit que celles de l'homme sont plus belles. Puis il prit dans une main un épi de blé et dans l'autre un gâteau, et dit ainsi à Turnus Rufus: «Voilà l'œuvre de D-ieu (en montrant le blé) et voici celle de l'homme (en montrant le gâteau).»**

**C'est à la lueur de ce Midrach que le Gaon Rabbi Yossèf Tsarfati Zt"l (1642-1718), qui vécut il y a trois cents ans, explique à la fin de son livre Yad Yossèf, sur la Parachat Ki Tavo, cette Guémara du Traité Sanhédrine (105b).**

Un jour où Rav Achi enseignait à ses élèves, entamant alors l'explication de cette Michna au sujet des noms des rois qui n'ont pas part au monde futur, il déclara à ses étudiants: «Demain, nous parlerons de nos amis.». Cette même nuit, le roi Ménachè lui apparut en rêve et lui dit:

- Tu nous appelles tes amis, et amis de ton père, sais-tu au moins à quel endroit il faut couper le pain?
- Non, je ne le sais pas, répondit Rav Achi.
- Tu ne connais pas cette loi, et tu nous appelles tes amis?!
- Apprends-la-moi, répondit-il, et dès demain j'enseignerai cette loi en ton nom lors de l'exposé.
- Il faut couper le pain à l'endroit où il a commencé à cuire, reprit le roi Ménachè, c'est-à-dire sur les côtés ou par en-dessous.

Le lendemain, Rav Achi dit à ses élèves: «Et maintenant parlons de nos maîtres», et il ne dit pas «de nos amis».

**Sur quoi l'auteur du Yad Yossèf pose les questions suivantes:**

- **pour quelle raison le roi Ménachè a-t-il eu besoin de poser une telle question, précisément sur les lois concernant le pain, alors que Rav Achi était un érudit avéré, puisque** c'est un de ceux qui rédigèrent le Talmud? Ne pouvait-il pas l'interroger sur les lois tellement plus complexes de la pureté et de l'impureté?

- Par ailleurs, comment était-il possible que Rav Achi ne connaisse pas ce sujet?
- Et enfin, quelle est l'origine de cette loi qui demande à ce que l'on coupe le pain à l'endroit où il a commencé à cuire?

Or, le Rav répond à toutes ces questions à l'aide de notre Midrach. Rabbi Âqiva avait prouvé à Turnus Rufus que les actions de l'homme sont préférables à celles du Créateur. Et c'est en vertu de cette thèse que le roi Ménachè interrogea Rav Achi: «À quel endroit faut-il couper le pain?», en d'autres termes: «Pour quelle raison devons nous bénir D-ieu et lui faire part de notre reconnaissance en prononçant la bénédiction: "Qui a fait sortir le pain de la terre"? D-ieu n'a-t-Il pas fait sortir de terre des épis de blé seulement, tandis que c'est l'homme qui façonne le pain?

C'est à cette question que Rav Achi avoua ne pouvoir répondre. «Mais, dit-il, si tu me donnes cette réponse, je l'enseignerai demain en ton nom.». Sur ce, le roi Ménachè déclara qu'il est nécessaire de couper le pain à l'endroit où il a commencé à cuire. Il sous-entendait: «Si D-ieu n'avait pas été le premier à extraire l'épi de blé de la terre, d'où pourrions-nous confectionner le pain?». Or, le verset dit expressément: «C'est l'Éternel, ton D-ieu, dont tu dois te souvenir, car c'est Lui qui t'aura donné le moyen d'arriver à cette prospérité.» (Dévarim, 8, 18). Il n'est pas dit «car c'est Lui qui t'a donné la prospérité», mais bien «le moyen d'arriver à cette prospérité». S'il arrivait qu'un homme affirme avoir réalisé tel pain ou fabriqué tel objet avec son propre savoir-faire, il faudrait lui répondre: «Mais qui t'a donné cette première impulsion?», ces épis de blé, ce bois, ce métal, etc.?

Suivant cette analyse, nous voyons donc que, même si les œuvres de l'homme sont plus belles que celles de la nature, celles-ci, malgré tout, résultat de l'action divine, leur sont supérieures. Car sans elles, l'homme ne peut rien. Et, en tout

**état de cause, D-ieu est capable de faire sortir de la terre un pain ou un vêtement déjà fait, comme l'affirment nos Sages au sujet du monde à venir. Dans ce monde-ci, en revanche, D-ieu voulut associer l'être humain à Son oeuvre, déposant devant lui le moyen d'arriver à cette prospérité. C'est pourquoi il n'y a lieu de chanter que la louange du Créateur seulement, à l'origine de tout.**

# *Parachat Tazriâ - Métsora*

*Les trois associés*

**«Et D-ieu s'adressa à Mochè en ces termes: "Parle ainsi aux enfants d'Israël: lorsqu'une femme, ayant conçu, enfantera un mâle..."» (Wayiqra, 12, 1-2).**

**La Parachat Tazriâ s'ouvre sur les lois concernant la femme qui a mis au monde, expliquant combien de temps elle doit attendre avant de retrouver son état de pureté, que ce soit après la naissance d'un fils ou d'une fille. Or, aussi étonnant que cela puisse paraître, huit versets seulement traitent des lois de pureté de la femme ayant enfanté, tandis que le reste de la Paracha expose les lois de la lèpre (Tsaraât) et de sa purification. Pourquoi donc cette Paracha devait-elle porter le nom de Tazriâ(ayant conçu)?**

**Peut-être que cette métaphore laissée par notre maître, la lumière de l'exil, Rabbi Yossèf 'Hayim de Bagdad Zt"l (1833-1909), dans son livre Bèn Ich 'Haï (troisième partie, 113), au sujet de ce passage du Traité Nidda (31a), nous aidera-t-elle à répondre à cette question. «Il y a trois associés dans la formation de l'homme: le père, la mère et D-ieu.», affirme le Talmud. Est-il possible, se demande le Rav, que cette association soit une association à parts égales, chacun prenant part pour un tiers de la formation de l'embryon?**

**La métaphore tirée du livre Michelè Yaâqov (Maguid Yaâqov de Douvna, 1740-1805) y répond:**

Trois savants se rencontrent. L'un a fabriqué une lunette avec laquelle il est possible d'observer ce qui se passe d'un bout à l'autre du monde; le second a mis au point un chariot avec lequel il peut franchir n'importe quelle distance en quelques minutes seulement; quant au troisième, il a inventé un remède susceptible de guérir toutes sortes de maladies.

Les trois décident alors d'essayer leur dernière invention.

On demande d'abord à l'auteur de la lunette qu'il fasse ses observations et qu'il raconte ce qui se passe dans le monde. Après quelques minutes, il dit à ses compagnons que le roi et la reine d'une ville lointaine ont une fille qui est tombée gravement malade; aucun des médecins du royaume ne parvient à la guérir. Dans son désespoir, le roi a promis une très grosse récompense à celui qui trouverait le remède.

Les trois savants, heureux de cette trouvaille, montent alors à bord du chariot et, en l'espace de quelques minutes, atterrissent à l'autre bout du monde, au pied de la demeure royale. Ils se présentent immédiatement auprès du roi, déclarant qu'ils sont capables de guérir sa fille. Une fois à l'intérieur du château, le troisième donne à la princesse le remède qu'il a mis au point et, à l'étonnement général, après quelques minutes seulement, la fille du roi se lève en pleine forme, comme si rien ne lui était arrivé.

N'en croyant pas ses yeux, le roi se tourne vers les trois hommes et déclare qu'il est prêt à donner sa fille en mariage à l'un d'entre eux. C'est alors qu'une dispute éclate: l'auteur de la lunette affirme que le mérite de se marier à la fille du roi lui revient avant tout, dans la mesure où c'est lui qui a révélé cet endroit. Mais l'inventeur du chariot prétexte que, sans sa trouvaille, personne d'autre que lui n'aurait pu se rendre ici. Quant à celui qui avait confectionné le remède miracle, il fait remarquer que, sans son invention, la jeune fille n'aurait pu retrouver la santé. Voyant que la discussion n'en finit plus, le roi fait cesser les cris et propose que sa fille décide elle-même avec qui elle est prête à se marier. La princesse réfléchit quelques instants, puis déclare qu'elle souhaite épouser l'homme qui l'a guérie. Curieux, le roi lui demande ce qui a bien pu motiver son choix. Et c'est alors que la jeune fille avisée répond:

«Eh bien!, même si l'auteur de cette lunette merveilleuse me contait tout ce qui se passe à l'autre bout du monde ou que l'inventeur de ce chariot fabuleux me faisait découvrir le monde, qui serait capable de me guérir si je tombais à nouveau malade? Seul celui qui détient ce remède miraculeux qui soigne tous les maux. C'est pourquoi, c'est avec lui que je désire me marier.».

**Telle est la leçon de cette histoire: il est vrai que le père et la mère ont une part dans la création de l'embryon. Le père lui offre toutes les données à partir desquelles se constituent les caractéristiques blanches du corps humain, comme les os et les dents; la mère assure quant à elle toutes les parties dont sont composées les caractéristiques rouges du corps humain, comme les nerfs, les muscles, la chair, etc. Mais le corps humain, sans l'âme qui lui donne vie, ne vaut rien. Or, l'âme de l'embryon provient de D-ieu Lui-même. Cette partie est si fondamentale qu'il est impossible d'affirmer que cette association se fait à parts égales.**

Et l'on raconte, au sujet d'une famille moderne d'Amérique qui venait de faire entrer son aîné dans la Yéchiva du Rav haGaon Rabbi Mochè Feinstein Zt"l (1895-1986), qu'un beau jour, le père se présenta devant le Rav. Il demandait à ce que son fils sorte de la Yéchiva pour reprendre ses études profanes à l'université. D'après lui, son fils avait déjà passé trop de temps dans une Yéchiva. Et bien que le Rav essayât de l'en dissuader, c'était sans appel. Le père dit enfin:

«Moi aussi, j'ai étudié la Tora. Et je sais qu'il est enseigné que la loi doit suivre la majorité, A'haré Rabim LéAtot. Or, nous sommes trois associés dans la constitution d'un enfant, D-ieu, ma femme et moi; nous constituons donc la majorité face à D-ieu, à qui n'appartient qu'une seule part.».

Le Rav sourit et lui dit:

«Tu te trompes. Car en toi aussi, et en ta femme, D-ieu a Sa propre part. Il se trouve donc que vous vous trouvez en minorité, et que c'est Lui qui constitue la majorité.».

**Il convient d'expliquer maintenant de quelle manière l'âme est attribuée au corps. C'est dans le livre Bérèchit que nous trouvons cette information: «L'Éternel D-ieu façonna l'homme, poussière détachée du sol, et fit pénétrer dans ses narines un souffle de vie. L'homme devint alors un être vivant.» (Bérèchit, 2, 7). «Un être vivant», ce que Onqélos traduit par: «un souffle de parole», ce qui signifie que c'est dans la parole humaine que se**

**trouve le signe de sa dimension divine. Et telle est précisément la différence fondamentale entre l'homme et l'animal: le premier parle, ce qui n'est pas le cas du second. Ainsi, quand nous disons le matin dans nos prières: «La supériorité de l'homme sur l'animal n'est rien (Ayn).», nos Sages nous enseignent le sens de ce passage, à savoir que les trois lettres de ce mot (Ayn) constituent les initiales des mots suivants: Aleph pour Amira, parole; Youd pour Yédia, savoir; Nun pour Néchama, âme. Ce qui veut dire que l'homme se distingue de l'animal par sa parole, par son savoir (sa pensée) et par sa Néchama (son âme). Ainsi, la partie la plus importante dans le corps de l'homme, c'est sa langue qui, présente dans sa bouche, lui offre la possibilité de parler.**

Dans le Yalqout Chimôni (lettre 721), on rapporte l'histoire de ce roi de Perse qui était tombé gravement malade. Ses médecins lui avaient préconisé comme seul remède capable de le sauver le lait d'une lionne. Seulement, qui oserait se mettre en pareil danger d'affronter une lionne afin d'en rapporter le lait au roi? Le souverain promit donc une très grande récompense à celui qui affronterait cette épreuve et qui lui ramènerait le lait d'une lionne. Et c'est ainsi que se présenta devant le roi un jeune homme sans le sou qui déclara: «Je n'ai rien à perdre et je suis prêt à me rendre dans la jungle pour ramener au roi le lait d'une lionne. Je demande juste que l'on me prépare dix chèvres.». On exécuta sur-le-champ sa demande et le jeune homme quitta la ville pour atteindre bientôt la tanière des lions.

Sur place, il aperçut bientôt une lionne entourée de ses lionceaux tirant de son lait. Le jeune homme cria en direction de la lionne afin qu'elle le remarque, puis il libéra l'une de ses chèvres. La lionne se jeta sur l'animal sans défense et partagea sa proie entre ses petits. Le lendemain, notre jeune homme s'approcha davantage de la lionne et se fit à nouveau remarquer par un cri avant de lui lancer une chèvre. De jour en jour, il répétait la même opération, jusqu'à ce que la lionne s'habitue à lui et qu'il parvienne à s'approcher d'elle, si près qu'il put prendre de son lait.

Sur la route du retour vers le château du roi, il se sentit si fatigué qu'il décida de se reposer sous un arbre. Dans son sommeil, il fit un rêve curieux: les membres de son corps se disputaient. Les pieds affirmaient que c'était par leur mérite que le jeune homme était parvenu à ramener le lait de cette lionne, puisque ce sont eux qui l'avaient conduit jusque là. Les bras s'exclamaient que ce mérite leur revenait, puisqu'ils avaient trait la lionne.

Les yeux, à leur tour, soutenaient lui avoir permis de se diriger pendant tout son trajet. Et la langue affirmait que le mérite lui revenait d'abord, dans la mesure où c'est elle qui avait parlé au roi afin qu'il accepte d'envoyer le jeune homme pour exécuter cette mission. Tous les membres du corps se tournèrent alors vers elle, lui rappelant qu'elle était la plus petite de tous et qu'elle ferait mieux de rentrer dans sa grotte, et de fermer les portes derrière elle (la bouche et les dents). La langue, vexée et déshonorée, prit alors la décision ferme de les punir tous.

C'est à cet instant que le jeune homme s'éveilla, étonné du rêve qu'il venait de faire. Quand il parvint enfin au palais royal, il fut reçu avec tous les honneurs. Tout le monde attendait sa venue et on l'amena aussitôt devant le roi. Il posa alors sa cruche sur le sol, fit la révérence et dit: «Votre majesté, voici, je vous amène le lait d'une chienne.». La colère du roi s'enflamma, il le fit mettre aux fers et ordonna qu'il soit pendu dès le lendemain. Le roi était très irrité, il avait tant attendu le lait d'une lionne, et ce malappris lui avait apporté le lait d'une chienne!

Le jeune homme tenta de se corriger, mais les mots restaient bloqués au fond de sa gorge, sans qu'il puisse émettre le moindre son. Après quelques minutes, il se retrouva en prison et, épuisé, il s'endormit. Et c'est alors qu'il fit à nouveau un rêve: les membres de son corps pleuraient de devoir quitter ce monde demain, tandis que la langue, riant, déclara: «Je vous l'avais bien dit que je suis plus importante que vous tous.». Tous alors reconnurent qu'elle avait raison et que, même si elle était la plus petite, elle était sans aucun doute la plus respectable. Sur quoi, la langue s'engagea à tout arranger dès le lendemain.

Quand les soldats du royaume vinrent le chercher, ils demandèrent au jeune homme s'il avait une dernière requête.

Celui-ci répondit qu'il désirait en effet s'entretenir une dernière fois avec le roi. Et c'est ainsi qu'il supplia le roi de goûter de ce lait de lionne, s'excusant de s'être fourvoyé la veille, assommé qu'il était par la fatigue du voyage. Le roi accepta sa demande et, après avoir bu de ce lait, se sentit aussitôt beaucoup mieux. Le jeune homme reçut alors la récompense qui l'attendait. Et c'est à ce sujet que l'homme le plus sage d'entre tous écrit: «La vie et la mort sont entre les mains de la langue.» (Michelè, 18, 21).

**Après cette introduction, nous pouvons maintenant répondre à la question que nous avons posée au début: pour quelle raison cette Paracha porte-t-elle le nom de Tazriâ alors que, dans sa grande majorité, elle se préoccupe du problème de la médisance, et que huit versets seulement parlent de la purification de la femme qui vient de mettre au monde?**

**Comme nous l'avons vu, l'homme et la femme sont de fait associés avec D-ieu dans la formation d'un nouveau-né. Et c'est pour cette raison que le Créateur du monde voulut les honorer en donnant à cette Paracha leur nom: «Lorsqu'une femme, ayant conçu, enfantera...».**

**Toutefois, en vertu du fait qu'ils soient parvenus à donner naissance à un garçon ou à une fille, il est possible que les parents s'enorgueillissent et pensent qu'ils remplissent la part la plus importante dans la création d'un enfant, D-ieu n'exécutant qu'un tiers de cette association. C'est pourquoi, le Saint béni est-Il leur fait savoir que les parts de cette association ne sont pas égales, dans la mesure où celle qu'offre D-ieu à l'enfant, son âme, est la plus importante de toutes.**

**Or, cette âme est rendue visible par la parole que la langue produit, c'est la raison pour laquelle cette Paracha se préoccupe essentiellement des lois du lépreux. Metsorâ est l'acrostiche de Motsi Chem Râ, qui signifie «celui qui dit du mal de son prochain», le diffamateur, ainsi que nos Sages l'ont affirmé, désignant par là cet homme qui utilise la part qui lui vient directement de D-ieu à des fins de destruction, au lieu de la consacrer à l'étude de la Tora. C'est en ce sens que nos Sages ont pu dire de l'érudit qui se serait laissé aller à la médisance que le seul moyen qui lui soit offert de réparer sa faute, c'est d'étudier la Tora à voix haute.**

**C'est pourquoi nous ne devons pas penser, parce que c'est notre mère qui, «ayant conçu», nous enfanta, que nous pouvons utiliser notre langue comme bon nous semble. Parce que «La vie et la mort sont entre les mains de la langue.», elles sont dans la part qui nous vient directement de D-ieu. Et la punition ne tardera pas à tomber avec l'apparition de taches de lèpre à même le corps.**

**Il nous faut par ailleurs savoir que la langue et la parole sont les cadeaux de D-ieu les plus saints qui soient, comme l'explique le Or ha'Hayim haQadoch (Rabbi 'Hayim Bèn Âttar, 1696-1743), sur la Parachat Ki Tavo: «La bouche est un instrument de culte.»**

**Dans cette optique, on peut apporter un éclairage nouveau sur les paroles du Sforno (Rav Ôbadya Sforno, 1470-1550) qui, sur le verset «Et le prêtre prendra une brebis et l'approchera comme sacrifice délictif avec le log d'huile.» (Wayiqra, 14, 24), pose la question suivante: pour quelle raison le lépreux doit-il apporter un sacrifice délictif (Qorban Acham), qui n'est utilisé en général que dans les cas de profanation de la sainteté? Il aurait été plus logique qu'il approche un sacrifice d'expiation (Qorban 'Hatat).**

**Il répond:**

«Comme nous l'avons dit, le sacrifice délictif concerne la faute d'avoir tiré profit de la sainteté. Or, la lèpre frappe celui qui médit ou qui s'enorgueillit, deux fautes relevant du même interdit de tirer profit de la sainteté. Et ce, parce que la médisance trouve sa racine dans le fait d'occulter [la sainteté de la langue], et de croire pouvoir cacher ses desseins de D-ieu, ainsi qu'il est dit dans le Traité 'Haguiga, (16a): "Celui qui transgresse un interdit en cachette ressemble à celui qui repousse la Présence divine.". Et il est dit au sujet de l'orgueilleux dans les Psaumes: "Je ne puis supporter le cœur enflé et les yeux hautains." (Téhillim, 101, 5). D-ieu dit de lui: «Il Me subtilise Mes vêtements. Nous ne pouvons, lui et Moi, nous tenir dans le même monde.».

**Ces paroles du Sforno, qui met en relation la transgression de l'interdit de la médisance avec celle de l'interdit de tirer profit de la sainteté, méritent encore une explication. Le commentaire du Or ha'Hayim nous révèle que la bouche est considérée comme un instrument dédié au culte, et comme nous l'avons montré, la bouche et la parole témoignent que D-ieu est le troisième associé dans la création du nouveau-né. Il est donc clair que celui qui utiliserait sa bouche en vue de dire du mal de quelqu'un retirerait la sainteté qui correspond à cet instrument consacré au culte, et qui nous vient directement de D-ieu. Telle est la raison pour laquelle le lépreux doit, le jour de sa purification, approcher un sacrifice délictif.**

**Dans le Talmud Yérouchalmi, Traité Bérakhot (chap.1, Halakha 2), Rabbi Chimône bar Yo'haï affirme que, s'il s'était trouvé sur le mont Sinaï alors qu'Israël y recevait la Tora, il aurait demandé à D-ieu de créer l'homme avec deux bouches: l'une pour qu'il discute des choses de tous les jours, et l'autre pour l'étude de la Tora. Car, s'interroge-t-il, comment est-il possible que la même bouche serve la sainteté et les choses profanes? Pourtant, il parvient à la conclusion que si, avec une seule bouche, l'homme en arrive à faire autant de médisance, 'Haswe Chalom, qu'en serait-il s'il en avait deux? C'est pourquoi, en dernière instance, il est préférable, conclut-il, que l'homme n'ait qu'une seule bouche.**

**C'est à ce propos que notre maître, le 'Hafèts 'Hayim (Israël Méir HaCohen Kagan, 1839-1933), dans son livre Chémirat haLachon, Chaâr haTvouna (chap.1), nous livre la métaphore suivante:**

Imaginons qu'un beau matin, un homme se lève et prenne conscience qu'il est devenu muet. Son cerveau fonctionne correctement, ses pensées sont limpides, mais quand il cherche à parler, sa bouche ne peut émettre qu'un son lancinant. Quelle terrible découverte! Les pensées de cet homme subitement muet s'entrechoquent dans son esprit, sans parvenir à emprunter le chemin de la parole pour s'exprimer dans le monde. Incapable de communiquer avec les membres de sa famille, avec ses amis, ni avec ses relations d'affaires, il se rue, apeuré, vers les plus grands médecins. On lui fait subir des examens, le soumet à des exercices qui n'en finissent plus... En vain. Impossible de trouver la cause ni le traitement approprié. La vie de cet homme bascule dans un terrible cauchemar.

Un jour pourtant, un médecin renommé est en ville pour un court laps de temps. Notre homme lui rend immédiatement visite pour connaître son avis. Le docteur pose son diagnostic, affirmant qu'il lui est arrivé de rencontrer un cas similaire: il s'agit d'un microbe qui paralyse les cordes vocales. Puis, fouillant dans sa mallette, il en ressort plusieurs boîtes de cachets. «Vous en prendrez deux par jour pendant une semaine.». À l'aide de ses mains, le malade lui demande combien il lui doit, mais le médecin répond que la consultation est gratuite, le fait de savoir que ce médicament pourrait peut-être le guérir constitue déjà la plus belle des récompenses. Le patient rentre chez lui, puis avale les premiers cachets. Six jours plus tard, sa voix revient.

La nuit de Chabbat Qodech, tous ses proches se sont réunis à son domicile pour partager sa joie et pour le bénir. Il est assis parmi eux, satisfait de lui-même. Et, malgré les soins que ce médecin prodiguait gratuitement à tous ceux qui venaient le voir, le miraculé plein d'ingratitude commence à critiquer la veste que portait ce médecin, vieille et totalement démodée à son goût, imitant alors son allure et se moquant de lui avec des rires vulgaires. Ne lui avait-il pas pourtant rendu la parole, cette voix avec laquelle maintenant il ricanait? Cet homme commettait ainsi une faute qu'il ne pourrait jamais réparer...

**La puissance de la parole fut donnée à l'homme afin qu'il l'investisse dans l'étude de la Tora, la prière et la reconnaissance envers son Créateur. Pourtant, voilà comment l'homme se conduit: il se saisit de ce cadeau pour parler de choses interdites profanant la volonté de D-ieu. Et quand l'âme se rend toutes les nuits devant le Créateur du monde, la justice aurait voulu qu'on lui retire la puissance de la parole. Mais D-ieu est patient, et dans Sa grande miséricorde, Il attend que l'homme fasse Téchouva, et qu'il utilise à nouveau sa parole à bon escient.**

# Parachat A'harè Mot

*Un hôtel hors de prix*

«Et Aharone tirera au sort pour les deux boucs: un lot pour l'Éternel, un lot pour Âzazel.» (Wayiqra, 16, 8).

Dans son livre Maâgalé haChana, le Gaon Rabbi Chimchon Rafaèl Hirsch Zt"l (1808-1888) écrit que nous pouvons tirer une leçon extraordinaire de l'exposé des sacrifices des deux boucs de Yom Kippour. En effet, imaginons quelques instants ce que pouvaient représenter les deux boucs que l'on amenait au Bèt HaMiqdach (le Temple) le jour de Yom Kippour. Les deux sont parfaitement identiques, ils ont la même apparence, la même taille, et sont amenés ensemble. Le Cohen Gadol mélange alors les plaques du tirage au sort puis, les prenant dans la main, les soulève. Sur l'une, il est écrit L'Hachem, pour D-ieu, et sur l'autre, LeÂzazel, pour Âzazel. C'est ce tirage au sort qui déterminera l'avenir de chacun de ces deux boucs: ici, leurs routes se séparent.

Le bouc désigné pour D-ieu était immédiatement sacrifié, dans la plus grande sainteté et la plus grande pureté. Son sang était versé dans un récipient que l'on amenait ensuite dans le Qodèch haQodachim (Saint des saints). Là, on procédait à l'aspersion de la Parokhet (la tenture) qui sépare le Qodèch haQodachim du Ékhal (le Sanctuaire du Saint des saints) et le Mizbéa'h haZahav (l'autel en or), à l'intérieur du Hékhal. La peau et la chair de ce bouc étaient ensuite brûlées à l'extérieur du camp dans un lieu pur. Pendant ce temps, le second bouc «encore vivant» est là, observant le destin de son congénère. Sans doute est-il heureux de son sort, n'ayant vécu ni l'abattage ni le feu. Il voit que tout le monde cherche à l'approcher, à le toucher, et qu'on le conduit en grandes pompes. Sûrement ressent-il à cet instant un orgueil démesuré, se disant à lui-même: «Voyez mon semblable qu'on a conduit sur l'autel et dont le sang a été versé, tandis que moi, je suis là, vivant et bien portant.».

Mieux. Voilà maintenant qu'on l'emmène en promenade, en dehors du Bèt HaMiqdach, pour le conduire vers une montagne élevée. Se tenant tout en haut d'un sommet, il lance un regard dédaigneux vers son camarade qui n'a pas eu l'honneur d'un tel triomphe.

Mais nous, nous connaissons la vérité. Tout cela n'est que méprise: ce sentiment de victoire n'est qu'illusion, car, dans quelques minutes, le Cohen le fera basculer du haut de cette montagne, le projetant dans le ravin. Et avant même d'avoir dévalé la moitié du précipice, tous les membres de son corps se seront disloqués.

Interrogeons-nous alors: lequel des deux boucs est le mieux loti? La réponse est pourtant claire. Même s'il est vrai que le premier des deux boucs a dû supporter le sacrifice et l'aspersion de son sang sur la Parokhet, malgré tout, il eut l'honneur de voir son corps et son sang approcher du lieu le plus saint qui soit, le jour le plus saint qui soit. Et, par son mérite, c'est tout le peuple d'Israël qui reçoit l'expiation de ses fautes. Y a-t-il plus grand mérite que celui-là? L'autre bouc, en revanche, a certes «prit du bon temps» en se promenant jusqu'au sommet des montagnes. Mais en fin de compte, il est lié à la part octroyée au Satan, et il ne reste plus rien de lui.

Telle est la différence entre ceux qui consacrent leur vie à l'étude de la Tora et à l'accomplissement des Mitswot, se sacrifiant pour elles, et ceux qui observent les hommes de Tora avec dédain. Affirmant que les premiers ne savent pas vivre, ceux-là passent le plus clair de leur temps aux loisirs que leur offre ce monde. Pourtant, la différence réelle qui les sépare ne sera rendue perceptible qu'à la fin du chemin, quand ils quitteront ce monde après cent vingt ans et qu'ils seront conduits devant le Bèt Din d'en haut. Ceux qui, dans ce monde, auront tout supporté, Tora et Mitswot, entreront au Gan Êden et mériteront d'en goûter les saveurs réservées aux justes. Leur descendance héritera de leur mérite, et à chaque fois qu'elle les rappellera à leur mémoire, ils seront pour elle une bénédiction. Mais les autres, ceux qui n'ont fait que profiter de ce monde-ci, ont déjà reçu leur récompense ici-bas; terrible et amer sera leur

**sort dans le monde futur. Telles sont, en résumé, les paroles du Rav Chimchon Rafaèl Hirsch Zt"l.**

**Il est par ailleurs écrit dans la Parachat Tolédot que: «Les enfants ayant grandi, Êssaw devint un habile chasseur, un homme des champs, tandis que Yaâqov, homme inoffensif, vécut sous la tente.» (Bérèchit, 25, 27), ce que Rachi explique ainsi:**

«Quand ils étaient encore jeunes, rien dans leurs actes ne permettait à quiconque de mettre en évidence leur véritable nature. Mais dès qu'ils atteignirent l'âge de treize ans, celui-là se rendit vers la maison d'étude, et celui-ci vers les cultes idolâtres.».

**Ainsi, Êssaw et Yaâqov au début se ressemblaient trait pour trait, au point où l'on ne pouvait les distinguer. Mais quand ils parvinrent à l'âge d'entrer dans le monde des Mitswot, une différence de taille apparut soudain: l'un se rendit dans les maisons d'étude pour s'y consacrer à la Tora, tandis que l'autre prit le chemin de la dépravation en servant les idoles.**

**Et sous la plume de nos Sages, il est dit que le jour du décès d'Avraham Avinou, Yaâqov avait préparé un plat de lentilles et s'était rendu aux côtés de son père Yits'haq pour accomplir la Mitswa de consoler les endeuillés. C'est alors que, rentrant des champs, épuisé, Êssaw demanda à son frère qu'il lui donne à manger de ce plat rouge. Yaâqov, dans sa sagesse, profita de cette occasion pour hériter du droit d'aînesse en échange d'un plat de lentilles. Non seulement Êssaw accepta ce troc, mais pire encore, il dénigra complètement ce droit qui lui revenait. Et, comme on le voit dans le Midrach, il invita à sa table une bande de brigands avec lesquels il rit et se moqua de Yaâqov l'innocent, pensant l'avoir roulé, lui qui avait vendu à son frère les plaisirs matériels de ce monde en échange d'un droit qui, à ses yeux, n'avait aucune valeur. Pourtant, cinquante ans plus tard, Yaâqov se rend auprès de son père Yits'haq pour recevoir ses bénédictions en tant que premier-né, certain qu'elles lui seraient comptées à lui et à ses descendants. Et quand Êssaw l'apprend, «il poussa des hurlements terribles et douloureux.» (Bérèchit, 27, 34).**

**Or, voilà qu'il y a lieu de s'interroger: pourquoi Êssaw crie-t-il? N'avait-il pas dénigré ce droit d'aînesse en ne lui accordant aucune importance?**

**C'est que la vérité se dévoile sous ses yeux: Êssaw comprend alors qu'il a commis, cinquante ans auparavant, l'erreur de sa vie en vendant son droit à la vie éternelle, le sien et celui de sa descendance, en contrepartie d'un plaisir matériel qu'il reçut à l'occasion d'un «plat de lentilles». En ce sens, il ressemble à ce bouc qui pense se tenir au sommet du monde, et qui finit par tout perdre.**

**À nous maintenant de nous observer: ne faisons-nous pas de temps à autre cette même erreur d'échanger la vie spirituelle en contrepartie de satisfactions matérielles? C'est en ce sens que le Rav Israël Lipqine de Salanter Zt"l (1810-1883) déclare que ce monde est «un hôtel hors de prix». En effet, explique-t-il, quand un homme se rend à l'épicerie pour y acheter un gâteau, il paiera le prix de dix chéqalimenviron. Mais s'il se trouve sur un site touristique, il risque de payer le même gâteau quinze chéqalim. Et s'il se trouve dans un hôtel de luxe, il le paiera vingt chéqalim. Ce qui signifie que le prix des choses est fonction de l'importance du lieu où on les achète. Or, il nous faut savoir que notre monde ressemble à un hôtel de luxe. Pour mieux comprendre cette idée, évaluons le temps qu'il nous faut pour manger un gâteau. On peut estimer ce laps de temps à environ quinze minutes, si tant est qu'on le mange lentement avec une tasse de café. Or, que pouvons-nous faire en quinze minutes?**

Dans le livre Binyan Ôlam, il est rapporté que le 'Hafèts 'Hayim (Israël Méir HaCohen Kagan, 1839-1933) voulait montrer à ses élèves l'importance de l'étude de la Tora. Il avait choisi la Michna la plus longue du Talmud, et il compta qu'elle comportait cinquante mots. Puis, il se rendit compte qu'il était capable de la lire quatre fois en une minute. Et, selon Rabbi Èliyahou MiVilna (1720-1797 ou 1798), chaque mot de Tora vaut une Mitswa. Ce qui veut dire qu'en une seule minute d'étude de la Tora, il est possible d'accomplir deux cent Mitswot (c'est-à-dire quatre fois cinquante mots), alors qu'en vérité aucune autre Mitswa ne nous permet d'atteindre un tel mérite. Lors de la fête de Pessa'h, pendant sept ou huit jours, combien de

Mitswot est-il possible de réaliser? Réciter la Haggada, manger la Matsa, boire les quatre coupes du Sèdèr, respecter l'interdiction de ne pas manger de 'Hamets, soit six ou sept Mitswot sur une durée de sept ou huit jours. De même, pendant l'heure de la prière avec les Téfillines, deux Mitswot, celle du bras et celle la tête, plus la Mitswa du Qéryiat Chémâ; de même, pour nombre de Mitswot.

Seule l'étude de la Tora nous permet d'accomplir, comme c'est le cas ici, deux cent Mitswot en une seule minute. Et tel est le sens de l'assertion de nos Sages: «L'étude de la Tora en contrepartie de toutes les autres Mitswot». Car, si nous mettions dans un plateau de la balance la récompense qui revient à toutes les autres Mitswot et, dans l'autre, celle de l'étude de la Tora, cette dernière l'emporterait.

**Ainsi, cet homme assis qui déguste sa tasse de café avec un gâteau pendant près de quinze minutes, passe à côté de trois mille Mitswot, c'est-à-dire quinze minutes que multiplient deux cents Mitswot. Et telle est l'intention du Rav Israël Lipqine de Salanter Zt"l (1809 ou 1810-1883), de nous faire comprendre que ce monde ressemble à un hôtel hors de prix, puisque, pour une simple tasse de café accompagnée d'un gâteau, l'homme va jusqu'à payer le prix de trois mille Mitswot. Or, évaluant le prix réel d'une seule Mitswa, le 'Hafèts 'Hayim déclara que si nous remplissions le monde d'or, d'argent et de pierres précieuses, nous n'aurions pas encore de quoi payer le prix d'une seule Mitswa. Comment pourrions-nous alors nous représenter la valeur que représentent trois mille Mitswot? Voilà qui est impossible. Et telle est la raison pour laquelle D-ieu ne nous donne pas, dans ce monde-ci, le salaire de nos Mitswot.**

**Nous sommes maintenant en mesure de comprendre les paroles de Rabbénou haQadoch (Rabbi Yéhouda HaNassi, 135-219), dans le Traité Pirqé Avot (Maximes des Pères, chap. 2, Michna 1):**

Rabbi a dit: «[...] Applique-toi à observer les préceptes les moins importants aussi bien que les préceptes les plus graves, car tu ne sais pas quelle est la récompense attachée à l'accomplissement des Mitswot. Compare la perte que pourra t'occasionner l'accomplissement d'une bonne action à la récompense qu'elle te procurera; aux avantages que tu peux retirer d'un péché, oppose la peine qu'il te fera subir.».

**Le sens premier de cette Michna nous apprend que, quand un homme est sur le point de réaliser une Mitswa, il ne doit pas craindre de perdre quoi que ce soit, pensant qu'il pourrait gagner plus ailleurs, puisque tout ce qu'il pourrait gagner ailleurs n'équivaudra jamais à la récompense attachée à une seule Mitswa. Et réciproquement, «aux avantages que tu peux retirer d'un péché, oppose la peine qu'il te fera subir.». Si un homme pense pouvoir tirer un profit quelconque quand il prend plaisir aux choses de ce monde, qu'il fasse rapidement le calcul de ce que lui rapporterait une seule Mitswa pour qu'immédiatement il s'éloigne de la faute.**

**Et le Gaon, Rabbi Pin'has haLévi Horowitz Zt"l (1731-1805), l'auteur de l'ouvrage Haflaâ, pose dans son introduction une question sur cette Michna: comment est-il possible de «comparer la perte que pourrait nous occasionner une bonne action avec la récompense qu'elle nous procurera»? Dans la Michna, n'est-il pas dit que l'on ne connaît pas «la récompense attachée à l'accomplissement des Mitswot»? Et si le salaire des Mitswot nous est inconnu, comment pourrions-nous alors en évaluer la récompense?**

**Sur quoi, il répond en s'aidant des paroles du Traité 'Houline (87a):**

«Alors qu'un homme était sur le point d'effectuer une Ché'hita (abattage), vint un autre qui lui subtilisa sa Mitswa, et qui recouvrit le sang. Rabban Gamliel et son tribunal le condamnèrent à payer la somme de dix Zéhouvin (dix pièces en or)».

**Or, pour quelle raison cet homme fut-il condamné à payer une telle somme? Le Rav Horowitz explique que Rabban Gamliel fixa cette somme à titre indicatif afin de vérifier à quel point cette Mitswa était importante aux yeux de celui qui aurait dû faire cet abattage. Or, voyant que celui-ci acceptait de**

**recevoir cette compensation, Rabban Gamliel fixa cette somme en contrepartie de cette Mitswa. Toutefois, si l'abatteur rituel s'était plaint et avait demandé une somme plus élevée, on la lui aurait donnée. Et ce, parce que la valeur d'une Mitswa est tributaire de l'importance que lui accorde celui qui la réalise.**

**Nous pouvons donc maintenant comprendre le sens de cette Michna: «Applique-toi à observer les préceptes les moins importants aussi bien que les préceptes les plus graves, car tu ne sais pas quelle est la récompense attachée à l'accomplissement des Mitswot.», puisque, en vérité, le salaire des Mitswot n'a pas de prix fixe. Et si l'on se demandait alors comment évaluer le salaire d'une Mitswa ou d'une Avéra (faute), la réponse se trouve précisément dans la suite des paroles du Tana: «Compare la perte que pourra t'occasionner une bonne action avec la récompense qu'elle te procurera.». En effet, c'est l'homme lui-même qui fixe sa récompense en vertu de la valeur qu'il accorde à la Mitswa ou à la Avéra. Par exemple, si quelqu'un profanait le Chabbat afin de gagner cent dollars, telle serait alors la valeur que cette Mitswa aurait à ses yeux. Et la prochaine fois, quand il observerait le Chabbat, il en recevrait la récompense en contrepartie. De là, conclut l'auteur du Haflaâ, Rabbi Pin'has haLévi Horowitz Zt"l, celui qui accomplirait les Mitswot, non pas pour en retirer une récompense, mais dans la simple intention de servir son Créateur, montrerait par là que la Mitswa vaut plus à ses yeux que tout salaire, et la récompense qu'il en retirerait alors serait illimitée.**

**Le livre Ânaf Èts Avot, de Rabbi Ovadiâ Yossèf, (chap.2) rapporte une anecdote qui arriva à l'intendant de la Yéchiva Porat Yossèf, Monsieur Yossèf Politi:**

Alors qu'il vivait encore en Turquie, Monsieur Politi était responsable d'un entrepôt de vêtements. Un jour, se présenta à lui l'un des capitaines de l'armée turque qui lui passa commande de plusieurs milliers de vestes pour les besoins de l'armée. Comme l'heure de Min'ha approchait, Monsieur Politi demanda au capitaine de revenir dans une demi-heure pendant laquelle il irait jusqu'à la synagogue prier Min'ha. Le capitaine refusa et, finalement, se rendit auprès d'un autre établissement afin d'y obtenir ce qu'il désirait. Quand ce Monsieur Politi sortit de la synagogue, il fit le compte de ce qu'il avait perdu en ayant laissé passer cette affaire: il s'agissait de la coquette somme de plus de trente mille Zéhouvim. Mais il était content de lui, ayant réussi à passer cette difficile épreuve. Or, quelque temps plus tard, le même capitaine, mécontent de ce qu'il avait acheté dans l'autre entrepôt, revint vers Monsieur Politi pour lui passer commande du double de ce qu'il avait voulu acheter lors de sa première commande...

# Parachat Qédochim

*Le frère de ton père*

**«Ne te venge pas, ni ne garde rancune aux enfants de ton peuple, mais aime ton prochain comme toi-même, Je suis l'Éternel.» (Wayiqra, 19, 18).**

**Si nous devions expliquer le sens premier de ce verset, «Aime ton prochain comme toi-même», nous devrions dire que la Mitswa d'aimer son prochain doit être égale à la manière dont un homme s'aime lui-même. Pourtant, des paroles de Rachi sur le Traité Chabbat (31a) dévoilent une signification totalement nouvelle:**

«Ce que tu ne veux pas que l'on te fasse, ne le fais pas à autrui: "Ton frère et le frère de ton père, tu ne les abandonneras pas." (Michelè, 27, 10): il s'agit de D-ieu. Ne transgresse pas Sa parole, car sinon il faut t'attendre à ce que ton prochain ne tienne pas compte non plus de tes propres paroles.».

**Ce qui veut dire que le verset «Aime ton prochain comme toi-même» signifie «Aime D-ieu comme tu t'apprécies toi-même, et ce que tu désires pour toi-même, offre-le à D-ieu. Car il faut que tu saches qu'en dernière instance: "Je suis l'Éternel."».**

**Voici le récit d'une histoire qui arriva à l'époque du Ibn Ezra.**

Un homme richissime n'avait qu'un seul fils et il advint que sa femme décéda, Lo Âlénou. Parce qu'il était sans cesse en voyage pour ses affaires, cet homme engagea un serviteur pour qu'il s'occupe de son fils. Mais lors d'un de ses voyages, il tomba gravement malade et fit transmettre à son serviteur une lettre testamentaire dans laquelle il lui demandait de léguer à son fils ce qu'il voulait. À la lecture de cette lettre, les yeux du serviteur se mirent à briller. Il prit mille pièces d'or qu'il donna à l'enfant et s'accapara le reste de l'héritage. Personne ne pouvait protester, n'avait-il pas entre les mains cette fameuse lettre dans laquelle il était consigné noir sur blanc que son maître lui avait demandé de donner au fils ce qu'il voulait? Quand ces faits furent rapportés au Rav Ibn Ezra, il comprit immédiatement dans sa grande sagesse quelle était en réalité l'intention de ce père. Sans l'ombre d'un doute aimait-il son fils plus que tout et voulait-il lui faire hériter la totalité de ses biens.

Le Rav reprit les mots de la lettre testamentaire et les lut «correctement», rétablissant l'intention de son auteur: il y était écrit en réalité que ce que le serviteur désirerait prendre de l'héritage pour lui-même, c'est cela qu'il donnerait à son fils. Ainsi, il ne revenait au serviteur que mille pièces d'or, et au fils la totalité restante de l'héritage. Et c'est ce jugement qui fut effectivement rendu, par le mérite du Rav.

**Ainsi, nous comprenons mieux le verset: «Aime ton prochain comme toi-même». Cela veut dire que tout ce que tu veux pour toi-même, donne-le à D-ieu: tel est le sens de «ton prochain», selon Rachi.**

**Et, descendant plus en profondeur dans les paroles de notre sainte Tora, on trouve une autre mention de cette Mitswa d'aimer D-ieu. Chaque Juif répète tous les jours, quand il récite le Chémâ Israël: «Et tu aimeras l'Éternel, ton D-ieu, de tout ton cœur, de toute ton âme, et de toutes tes forces.» (Dévarim, 6, 5). Nous découvrons que la Tora nous ordonne d'aimer D-ieu de tout notre cœur. Et ce, afin qu'il n'y ait en nous aucun autre sujet d'amour, mis à part D-ieu.**

Dans le livre Na'halat Tsvi, de Rabbi Èl'âzar Yéhouda Leib Pinter, sur la Parachat Wayèra, il est raconté que lors du premier congrès des Rabbins, l'un des Admourim demanda à l'un des petits-fils du 'Hafèts 'Hayim de lui raconter l'une des choses qui avaient fait la grandeur de son grand-père.

Un jour, un terrible malheur toucha le 'Hafèts 'Hayim: il perdit l'un de ses fils, Rabbi Avraham. Le jeune homme avait alors tout juste vingt ans et était déjà parvenu à écrire de très grands textes de Tora que son père publia plus tard dans son livre Likouté Halakhot. Lors de l'enterrement, alors que toute la communauté sortait de la ville de Radine en direction du cimetière, le 'Hafèts 'Hayim demanda soudain à ce que le cortège s'interrompît quelques instants, puis il éleva la voix:

«À l'époque du scélérat 'Hamalnisky, les insurgés firent irruption dans l'un des villages, pénétrèrent dans la maison d'une veuve et assassinèrent son seul et unique fils. Personne ne peut s'imaginer le sentiment qu'éprouva cette femme dont le fils chéri était couché à ses pieds. Mais cette femme ne poussa pas de cris, ne versa pas de larmes, elle ne laissa même pas un soupir échapper de sa bouche. Se tenant à côté du corps de son fils, elle leva seulement les mains au ciel et dit: "Maître du monde! Tu nous as ordonnés dans ta sainte Tora de réciter: "Et tu aimeras l'Éternel, ton D-ieu, de tout ton cœur, de toute ton âme, et de toutes tes forces." Et je sais que j'aurais dû t'offrir mon cœur! Mais que faire, je suis faite de chair et de sang, et j'ai divisé mon cœur en deux compartiments. Le premier, je Te l'ai donné, mais le second, je l'ai offert à mon seul fils... Maintenant que cette place est libre, je suis prête à t'abandonner la totalité de mon cœur.".

Moi aussi, reprit le 'Hafèts 'Hayim, je suis fait de chair et de sang. Il est évident que j'ai partagé mon amour entre mon fils et D-ieu. Maintenant qu'il a été rappelé dans la Yéchiva des mondes supérieurs, une place s'est libérée dans mon cœur pour le service de D-ieu.».

**Dans son livre Touvékha Yabiôu, Rabbi Yits'haq Zilberstein, sur la Parachat Êqèv, raconte l'histoire suivante:**

Un jour le fils d'un Admour (il s'agit semble-t-il du fils du Rabbi Mikhali MiZlotchov) demanda à son père: «Quelle voie faut-il suivre pour parvenir à un amour authentique de D-ieu?».

Son père lui posa alors cette question: «Dis-moi, mon fils, est-ce que tu aimes les gâteaux?». L'enfant répondit par l'affirmative. Et Rabbi Mikhali poursuivit: «Alors je peux te répondre une chose. À chaque fois que tu éprouves de l'envie pour un gâteau, tu ne peux en même temps aimer D-ieu.».

Après plusieurs années, ce fils se mit en exil et loua les services d'un cocher afin de se rendre de ville en ville. Or, en route, il s'aperçut que la neige qui tombait depuis plusieurs jours allait bientôt recouvrir les chemins, les empêchant d'atteindre le prochain village. Voyant le drame approcher, il saisit un livre de Téhillim (Psaumes), et commença à prier D-ieu de le sauver. Pendant ce temps, le cocher continuait son repas comme si de rien n'était, avec la même bonhomie. Une fois qu'il eût terminé de manger, l'homme prit enfin conscience du danger de la situation. Aussitôt, il se tourna vers son passager et lui dit: «Tu ne vois donc pas dans quel pétrin on s'est mis?! Pourquoi restes-tu là sans rien faire? Prie ton D-ieu pour qu'Il nous sorte de là!». Le Tsaddiq lui répondit alors: «C'est toi qui te trompes. Cela fait déjà plusieurs heures que je suis plongé dans mes prières, tandis que toi, affairé à te nourrir, tu n'as même pas remarqué sur quelle route tu t'étais engagé.».

C'est lors de ce trajet qu'il comprit vraiment le message de son père alors qu'il était encore un enfant: tout le temps où ce non juif était préoccupé par sa pitance, il n'était plus capable de voir autre chose. C'est exactement ce qui se passe avec l'amour de D-ieu: tant que le Juif n'a pas débarrassé son cœur de ses désirs matériels, l'amour de D-ieu ne peut y trouver place. Et bien évidemment, il faut savoir que ce n'est pas seulement l'attrait de la nourriture, mais tous les autres plaisirs de la vie matérielle, qui sont susceptibles de chasser notre amour de D-ieu. À plus forte raison, par les actes qu'un homme ferait contre la volonté de D-ieu, il nuirait en ce sens à son amour de D-ieu.

Ainsi, dans le livre Touvékha Yabiôu, sur la Parachat Waèt'hanan, on raconte que, pendant la Choa, un groupe de Juifs parmi lesquels se trouvait le Rav 'Hayim Mikhaèl Dov Weissmandel Zt"l (1903-1957), l'un des grands maîtres d'Israël à cette période, s'était dissimulé dans un bunker. C'était le jour de la fête de Pourim, mais devant rester cachés, ils n'avaient pas de quoi accomplir la Mitswa de Michloa'h Manot (échange de cadeaux). Parmi ce groupe se trouvait aussi des jeunes filles qui, dans leur désespoir, avaient commencé à lire des livres séditieux. Le Rav Weissmandel s'approcha d'elles et leur dit alors: «Même si vous n'êtes pas en mesure d'accomplir la Mitswa de vous envoyer les unes aux autres les Michloa'h Manot, vous pouvez malgré tout les faire parvenir à D-ieu Lui-même. En effet, le commandement précise: " Michloa'h Manot (des cadeaux) envers son prochain". Or, D-ieu aussi S'appelle le "prochain", ainsi qu'il est dit dans Michelè (27,10): "Ton frère et le frère de ton père, tu ne les abandonneras pas". Ainsi, si vous prenez sur vous de ne pas lire ce genre de livres, que la Tora interdit, vous accomplirez avec grandeur la Mitswa de Michloa'h Manot.».

Ces paroles qui sortirent d'un cœur pur pénétrèrent directement le leur, et elles promirent de ne plus s'attarder sur ces magazines qui traînaient sous leurs yeux.

# *Parachat Émor*

*Savoir adapter la clé*

**«Lorsqu'un veau, un agneau ou un chevreau vient de naître, il doit rester sept jours auprès de sa mère.»** (Wayiqra, 22, 27).

**Il est rapporté, dans le livre Ahavat 'Hayim haChalem, à propos de ce verset, une explication de portée cosmique:**

«Dans ce passage, la Tora s'adresse à trois types d'hommes différents, le Tsaddiq (le juste), le Benoni (l'homme moyen) et le Rachâ (le mécréant). Le veau, c'est l'homme moyen, il lui arrive d'encorner, mais parfois il tire la charrue pour retourner la terre. De même le Benoni, parfois il fait la Tsédaqa, réalise des Mitswot, prie, etc., mais parfois aussi, il commet des fautes. L'agneau, c'est le Tsaddiq, comme il est dit: "Comme un troupeau de saints, le troupeau de Yérouchalayim" ou ainsi qu'il est écrit: "Et vous êtes mon troupeau, le troupeau de mes frères.". Aussi le mot Kevès fait référence à «Kovech et Yitsro», celui qui domine ses penchants. La chèvre, c'est le Rachâ qui fait preuve d'arrogance, comme il est dit: "L'arrogant rejoint les enfers." ou encore: "Le scélérat va la tête hautaine."».

**Pour quelle raison la Tora cite-t-elle ces animaux dans cet ordre précis: le veau, l'agneau et la chèvre? Il aurait fallu d'abord commencer par l'agneau, le Tsaddiq, puis le veau, et enfin la chèvre. Mais voilà, la Tora a préféré placer l'agneau entre l'homme moyen et le scélérat, dans l'espoir de les ramèner à la Téchouva. Et c'est en ce sens qu'il faut comprendre la déclaration de nos Sages: «Le bien du Tsaddiq est bon pour ses voisins.», et ce, parce que le juste, en vertu de sa sagesse, est capable de trouver la route qui ramènera le Rachâ et le Benoni vers le droit chemin.**

**Ainsi, il est fait mention dans le Midrach** (Bérèchit Rabba, Parachat Wayigach) **des paroles du roi Chélomo: «Telles des eaux profondes, les idées abondent dans le cœur humain, et l'homme**

avisé sait y puiser.» (Michelè, 20, 5). Il s'agit d'un puits dont aucune créature n'était capable de boire. C'est alors que vint un homme qui, accrochant une corde, tout doucement, parvint à en puiser l'eau glacée. Et dans son livre 'Hovot haLèvavot, à la fin de l'introduction, Ba'hiya Ibn Paqoda (1050-1120) explique ce verset cité par le Midrach: les eaux dont il est question représentent les forces cachées au plus profond de l'homme qui doit descendre en lui-même afin d'en puiser les trésors.

Pour mieux faire comprendre cette idée, Ibn Paqoda propose une métaphore: s'il se trouvait sous terre un trésor, celui qui voudrait s'en emparer devrait tout d'abord creuser profondément. Mais il arrive aussi parfois que nous creusions sans rien trouver. Pourtant, cela n'est pas encore la preuve que ne s'y trouve pas un trésor caché, mais seulement que nous n'avons pas encore assez creusé et qu'il faut persévérer. Il en est de même en ce qui concerne le monde intérieur de l'homme. Au fond de toute âme juive sont enfouis des trésors inestimables qui ne sont pas visibles extérieurement. Pour les atteindre, il faut insister et descendre dans les profondeurs de l'âme. Seul le paresseux pense que lui seront dévoilés les trésors cachés de la sagesse sans avoir à faire le moindre effort. Mais cela est tout bonnement impossible.

Ibn Paqoda ajoute qu'il arrive parfois que nous creusions et dévoilions ce qui était enfoui sous la terre et la boue. Sur le coup, nous sommes tentés de croire qu'il s'agit d'une chose sans importance, alors qu'en réalité, c'est de l'or ou de l'argent qui, sous l'effet du temps, est recouvert de rouille et de scories. Il faudra, pour en révéler la nature, le frotter avec du sel jusqu'à ce que l'argent se remette à briller de toute sa lumière. De même, quand l'homme recherche au fond de lui-même les trésors et les bijoux de la sagesse, il arrive parfois qu'ils soient recouverts de boue à cause de la masse des appétits matériels et du poids des fautes. Pourtant, celui qui est avisé saura bientôt qu'il est nécessaire de gratter la rouille et de travailler fort. C'est seulement de cette manière qu'il trouvera en son âme les forces et les secrets pour s'élever dans la Tora et sa sagesse.

Il ressort de ces propos que «l'homme avisé» dont parle le

**verset, est cet homme qui travaille sérieusement pour aiguiser son âme. Pourtant, dans la mesure où tout le monde n'a pas la force de nettoyer son âme des débris et de la boue qui la recouvrent, il convient de s'en remettre à un autre «homme avisé»: au Tsaddiq qui sait comment rendre à l'âme sa pureté et la débarrasser de la rouille qui s'y est accumulée.**

**Dans le même ordre d'idées, on raconte cette anecdote au sujet de l'auteur du Tanya, Rabbénou Chnéour Zalman MiLadi Zt"l (1745 ou 1746-1813).**

Lors de la célébration des mariages, il arrivait fréquemment que les non juifs et certains scélérats d'Israël s'emparent du 'Hatan (le fiancé) ou de la Kalla (la fiancée). Et quoi qu'on ait pu faire, ils parvenaient toujours à accomplir leur terrible projet. Un jour, alors que le Rav s'apprêtait à marier une orpheline avec l'un des élèves de la Yéchiva, les non juifs parvinrent une fois de plus à kidnapper le 'Hatan. Les Rabbanim de la ville décidèrent de procéder à un Pidiyon Chévouim (le rachat des prisonniers) du fait que le duc s'était associé aux kidnappeurs afin de soutirer de l'argent au peuple juif. Le Baâl haTanya contacta sur le champ le Av Bèt Din afin de s'entretenir avec lui de la marche à suivre pour ramasser l'argent nécessaire, et ce, dans la mesure où le 'Hatan était un érudit. Il lui dit:

«Il y a dans notre Yéchiva un jeune homme très brillant du nom de Yist'haq Lévi. Convoquez-le et demandez-lui qu'il vous conseille sur la manière d'agir.».

Quand l'élève se présenta devant les personnalités rabbiniques de la ville, il déclara:

«Je vous prie de m'excuser, maîtres, mais je ne suis prêt à vous aider qu'à la seule condition, que tout ce que j'entreprendrai soit accepté sans la moindre opposition de votre part.».

Les Sages acceptèrent, puis ils rédigèrent immédiatement un contrat entre eux. Le jeune homme prit le papier et sortit vers les plus beaux quartiers afin de collecter l'argent.

En chemin, il passa devant une magnifique demeure. Il

demanda: «Qui habite ici?». «C'est un Juif extrêmement riche, lui répondit-on, mais connu également pour son avarice.». Le jeune homme déclara qu'il désirait commencer par cette maison. «Tu perds ton temps», lui dirent ceux qui l'accompagnaient. «Si vous ne venez pas avec moi, dit-il, j'annule notre contrat.» Et c'est donc contre leur gré que les Rabbanim l'accompagnèrent et qu'ils frappèrent à la porte. L'homme fortuné était alors sur le point de sortir de chez lui, il tomba nez à nez avec le cortège. Il s'enquit aussitôt de la raison de cette visite, et le jeune Rabbi Yits'haq répondit: «N'ayez crainte, nous ne sommes pas venus vous demander de l'argent, mais seulement nous entretenir avec vous quelques minutes.». «Soit, parle, dis-moi de quoi il s'agit.», répondit l'homme. «Je m'excuse, mais il ne sied pas que je parle pendant que ces vieux Sages restent là debout.», répondit l'étudiant. L'homme fit alors appeler son major d'homme pour qu'il leur amène des chaises.

Rabbi Yits'haq continua: «Encore mille excuses, mais ce n'est pas faire honneur aux Sages que de les faire asseoir sur le pas de la porte, faites-les donc entrer à l'intérieur, et alors je parlerai.». L'homme acquiesça et les fit entrer chez lui, puis Rabbi Yits'haq commença à l'entretenir de choses qui lui pénétrèrent le cœur, puis il ajouta: «Je suis venu pour que nous rachetions un prisonnier.». La grosse fortune lui dit alors: «Je suis connu comme un homme terriblement avare, et même si tu voulais me prendre la vie, je ne te donnerais rien. Je peux juste te donner une vieille pièce rouillée, si tu veux, prends-la.».

Rabbi Yits'haq accepta la pièce et prit aussitôt les deux mains de cet homme, lui déclarant: «Tizké LeMitswot! Sois béni pour ton geste!». Les deux Rabbanim qui se tenaient à ses côtés eurent de la peine de voir le jeune homme obligé de s'humilier de la sorte, en train de remercier le riche avec une telle effusion pour un don qui ne valait rien. Ils se levèrent et prirent le chemin du retour. Mais le maître de maison, voyant les bénédictions dont il était submergé, sortit une autre pièce et la tendit au jeune homme. Rabbi Yits'haq prit la pièce et reprit de plus belle ses bénédictions. Étonné, l'homme commença à avoir honte, et sortit de sa poche un rouble. Ils n'étaient pas encore sortis du vestibule qu'il les appela à nouveau: «Attendez un instant, ce jeune homme me fait du bien, cela vaut la peine que je vous offre encore cinq roubles.». Rabbi Yits'haq redoubla alors de louanges et de bénédictions au point où l'homme sortit un billet de dix roubles et le leur donna. Voyant cela, les Rabbanim sourirent et se dirigèrent vers la porte. L'homme interrogea alors: «À combien s'élève le montant de la libération?». «À cent roubles.», répondit Rabbi Yits'haq. «Très bien, dit-il, je suis prêt à en payer la moitié.» Et Rabbi Yist'haq le bénit alors à nouveau. Alors qu'ils venaient de franchir la porte d'entrée, il les appela à nouveau: «Je me rends bien compte que ces hommes sont déjà vieux, et que cela les fatigue de devoir faire la tournée pour ramasser autant d'argent. Je suis prêt à vous offrir la totalité de la somme.».

Rabbi Yits'haq s'arrêta et remercia le généreux donateur, en le comblant de bénédictions. Ils sortirent ravis, et le propriétaire de cette somptueuse maison était aussi enchanté qu'eux.

Les Rabbanim interrogèrent Rabbi Yits'haq: «Que s'est-il passé?». Rabbi Yits'haq répondit:

«Sachez, mes maîtres, que dans cette maison régnait une très forte hostilité à la Tsédaqa. Le Satan se logeait tout particulièrement dans cette vieille pièce toute rouillée, au point où celui qui la recevait, la jetait au visage de cet homme, et le Satan se mettait à danser. Mais quand nous lui avons sorti cette pièce des mains, alors son cœur s'est ouvert progressivement, jusqu'à ce qu'il soit disposé à faire la Tsédaqa sans ne plus rencontrer aucune résistance de la part du yètsèr harâ.».

Rabbi Chnéour Zalman reçut cet argent et se rendit immédiatement auprès du duc. Il lui dit: «Votre majesté, l'un des jeunes fiancés de notre Yéchiva a disparu, et nous devons absolument le faire passer sous le dais nuptial.». «Tu sais que cela coûte beaucoup d'argent, lui répondit le duc. Je suis obligé de faire sortir mes gardes dans toutes les rues, et sais-tu combien me coûte un seul de mes gardes?» «Combien faut-il payer?», demanda le Rav. «Cent roubles», conclut le duc. Le Rav sortit l'argent de sa poche et le posa sur la table en face de lui. Voyant l'argent, le duc perfide sourit et renvoya le Rav, tout en lui promettant qu'il ferait de son mieux pour retrouver le futur marié. Après quelques heures seulement, le jeune homme était assis dans la maison du Rav. Le mariage fut célébré comme il se doit, et tous y prirent part dans l'allégresse.

**Dans sa grande sagesse et grâce à sa vivacité d'esprit, ce Tsaddiq réussit à trouver la «clé» pour ouvrir le cœur de cet homme riche et cupide. Et, comme nous l'avons vu plus haut, la Tora a placé le Tsaddiq entre l'homme moyen et le Rachâ afin que, précisément, par sa sagesse, il soit capable de les influencer et de les ramener dans le droit chemin.**

**Le Rav haGaon, Rabbi Leib 'Hasman Zt"l, dans son livre Or Yahel, explique cette idée à l'aide d'une image:**

Un homme se tient là, affamé et assoiffé. Il erre, les épaules tombantes, à la recherche d'une source de vie afin de combler sa faim et d'étancher sa soif. Avant que ses dernières forces ne l'abandonnent, il se retrouve devant la fenêtre d'une immense salle: il aperçoit des tables étincelantes d'or et d'argent, remplies de mets délicieux. Mais la porte de cette salle est fermée. Le voilà alors qui se met à la recherche d'un moyen pour pénétrer à l'intérieur et faire revivre son âme.

Réunissant ses forces, il trouve un trousseau de clés qu'il essaie l'une après l'autre dans la serrure. Mais en vain! Aucune d'elles ne fonctionne. Ses yeux contemplent les plats délicieux et se languissent. Comment se sauvera-t-il de la mort? La seule chose qu'il lui reste à faire, c'est de trouver de quoi tailler le métal afin de frotter délicatement les dents d'une des clés pour l'adapter à la serrure. Ainsi, il pourra retirer cette cloison qui le sépare de l'intérieur et éviter de la sorte une mort certaine. Une seule petite chose reste à faire: réduire l'une des aspérités de cette clé.

**Ce que cette métaphore nous enseigne, c'est que dans le cœur de chaque Juif est enfoui le bien le plus précieux. La sagesse consiste juste à savoir comment en ouvrir la porte afin de pénétrer à l'intérieur. Le plus avisé se saisit d'un trousseau de clés pour tenter d'ouvrir son cœur. Et s'il s'aperçoit qu'il n'y parvient pas, il essaie de limer l'une des clés afin d'en retirer les aspérités, jusqu'à ce qu'elle parvienne à l'entrer dans la serrure.**

**C'est cette sagacité que l'on attend de tout Rav qui désire savoir de quelle manière il faut s'y prendre pour ramener un homme à la Téchouva.**

**L'histoire qui suit nous permet de comprendre encore mieux en quoi consiste cette science d'ouvrir les cœurs qui appartient aux grands Sages d'Israël. On la trouve dans la Haggada de Pessa'h, Qinian Tora.**

Elle raconte comment notre maître, le Gaon Rabbi Èliêzèr Man Chakh Zt"l (1898-2001), dut un jour se rendre à l'hôpital pour y subir une opération. L'une des infirmières du service qui s'occupait de sa santé fit tellement d'efforts pour que son patient ne soit pas dérangé, que le Rav put affirmer qu'il avait réussi à étudier dans cet hôpital davantage encore que s'il était resté chez lui. Après l'opération, alors que le Rav était sur le point de quitter l'hôpital, l'infirmière se rendit à son chevet et demanda au Rav qu'il la bénisse. Il lui dit alors: «Tu veux trouver un bon mari, et avoir le mérite de fonder un foyer harmonieux, alors prend sur toi de ne plus fumer.» Une fois qu'elle eût quitté la pièce, le Rav expliqua à ceux qui l'entouraient pour quelle raison il avait posé une condition à sa bénédiction:

«Il fut demandé à cette infirmière de s'occuper de moi tout le temps de mon séjour. J'aurais vraiment voulu la remercier pour tout ce qu'elle fit, mais quand j'ai vu quelle fumait, j'ai cherché un moyen de l'empêcher de fumer le Chabbat afin qu'elle ne perde pas sa part dans le monde futur. Si je lui avais demandé tout simplement de ne pas fumer le Chabbat, il est certain que cela n'aurait eu aucun effet. C'est la raison pour laquelle, je lui ai demandé de ne plus fumer du tout, afin qu'elle tire d'elle-même la conclusion que cela est dangereux pour sa santé. Et j'espère que, de la sorte, elle ne sera pas punie pour avoir fumé le Chabbat. J'ai beaucoup de reconnaissance envers elle, et voilà bien la meilleure des choses que je puisse lui offrir.».

**Il faut bien comprendre que le Tsaddiq n'a pas seulement le pouvoir de ramener le Rachâ sur le droit chemin dans ce monde-ci. Il a aussi la capacité de le sauver du jugement du Guéhinam dans le monde futur, à condition toutefois que celui-ci s'attache à lui.**

**C'est ce qui ressort d'une anecdote incroyable racontée par Rabbi Yits'haq Zilberstein dans son livre Touvékha Yabiôu, sur la Parachat Mattot.**

Quand le Gaon MiThcoubin arriva en terre d'Israël, il n'était pas encore connu dans le monde de la Tora. Personne ne savait qu'il était l'un des plus grands hommes de sa génération. Seul un érudit, animé d'une crainte de D-ieu hors du commun et comprenant qu'il s'agissait là d'un très grand Tsaddiq, décida de le servir. Un jour, alors que le Rav avait décidé de sortir de chez lui, son second s'aperçut que l'un des boutons de son manteau était sur le point de tomber. Il demanda au Rav d'attendre quelques instants afin qu'il amène du fil et une aiguille pour consolider ce bouton. Le Rav attendit donc. Quand l'homme revint, il planta l'aiguille dans le manteau afin de procéder à ses petits travaux de couture. Mais, au beau milieu de l'opération, l'aiguille se planta dans la chair du Gaon, et l'érudit fut soudain saisi d'une peur terrible. En terminant, il avoua au Rav qu'il craignait beaucoup avoir hérité de l'enfer à cause de cet acte.

Le Rav l'apaisa et lui dit: «Mon cher ami, même si l'on devait te faire entrer au Guéhinam, je viendrais t'en sortir...».

Le temps passa, et le Rav fut bientôt reconnu comme l'un des plus grands sages d'Israël. Alors qu'il était sur le point de décéder, il dit à cet érudit qui l'avait accompagné durant toutes ces années: «Te souviens-tu qu'il y a de cela plusieurs années, tu m'as piqué avec une aiguille à coudre, et que je t'avais alors promis que si l'on devait te faire entrer au Guéhinam, je viendrais t'en sortir?». L'homme restait perplexe, il avait oublié cette histoire. Mais le Rav reprit: «Ce que je t'avais annoncé est sur le point de se réaliser... Je te demande de ne pas faire trop de fautes graves, car alors j'aurais plus de difficulté à te sortir de là. ».

**D'où vient ce grand mérite d'avoir pu recevoir une telle promesse de ce Rav? Précisément parce que cet homme avait su s'attacher à lui et le servir.**

# Parachat Béhar - Bé'houqotaï

*Sans Tora, pas de farine*

**«Si vous vous conduisez selon mes lois, et si vous gardez mes préceptes et que vous les exécutez... » (Wayiqra, 26, 3).**

**À propos de ce verset, Rachi commente:**

«"Si vous vous conduisez selon Mes lois": pourrait-il s'agir de l'accomplissement des Mitswot? Pourtant, quand il est dit ensuite: "Et si vous gardez mes préceptes", nous voyons bien que c'est ici qu'il est question des Mitswot. Alors que pouvons-nous apprendre de "Si vous vous conduisez selon Mes lois"? Que vous soyez circonspects dans l'étude de la Tora.».

**Le livre Midrach Tefillot rapporte, au nom du Zohar, que Rabbi Yossi bèn 'Halafta demanda à Rabbi Yits'haq la raison pour laquelle le dernier exil est plus long que les premiers. Sur quoi Rabbi Yits'haq répond que, si Israël fut libéré des premiers exils par la mérite d'Avraham, Yits'haq et Yaâqov, nous serons en revanche sauvés du dernier exil par le mérite de Mochè Rabbénou. Et ce, parce que cet exil fut décrété en réponse à l'abandon de l'étude de la Tora, comme il est dit: «À cause de ceux qui ont délaissé la Tora», D-ieu déclara:**

**«Les Juifs furent sauvés des premiers exils par le mérite des trois patriarches; mais aujourd'hui, ils ont fauté avec la Tora que J'ai offerte à Mochè, et dont elle porte le nom. Quand ils se repentiront et qu'ils reprendront l'étude de la Tora, alors c'est par le mérite de Mochè que Je les libèrerai.».**

**Pour sa part, le Or ha'Hayim haQadoch (Rabbi 'Hayim Bèn Âttar, 1696-1743) affirme que non seulement la délivrance aura lieu par le mérite de Mochè Rabbénou, mais c'est Mochè lui-même qui sera notre libérateur, comme il l'écrit sur la Parachat Way'hi, au sujet du verset «On attachera son ânon à la vigne.» (Bérèchit, 49, 11):**

«Et tu connais déjà les paroles du Zohar (2e Partie, 120) qui affirme que c'est Mochè le libérateur qui, ayant délivré nos ancêtres, sera celui qui mettra fin à notre exil et qui ramènera les enfants dans leurs frontières, ainsi qu'il est dit dans Qohèlète (1, 9): "Ma ChéAya Hou ChéIyé" ("Ce qui a été, c'est ce qui sera"), dont les premières lettres (en hébreu) forment le nom de Mochè. Et que cela ne te paraisse pas difficile et contraire à ce que partout l'on enseigne, à savoir que le Messie est un descendant de la tribu de Yéhouda, de la descendance du roi David, comme on le voit par exemple dans le Traité Sanhédrine (98b), où il est dit que c'est David lui-même le roi Messie, ainsi qu'il est dit: "Mon serviteur David règnera sur eux." (Yé'hèzqèl, 37, 24). Car si tu te demandais comment Mochè, descendant de la tribu de Lévi pourrait-il être le Messie, il faut que tu conserves à l'esprit que l'âme de Mochè Rabbénou comprend en elle toutes les âmes des douze tribus d'Israël, les six cent milles âmes d'Israël étant ses branches. Or, la branche de la tribu de David se trouve elle-même en Mochè. C'est la raison pour laquelle c'est lui qui, dans le désert, fut non seulement promulgué roi, mais aussi Cohen, Lévi, prophète, sage et puissant. Et ce, parce qu'il rassemblait en lui toutes les ramifications de la sainteté. Et dans l'avenir, c'est la racine royale qui se trouve en Mochè qui se dévoilera, lui qui est le roi Messie lui-même, David, Inone et Chilo.

**Ainsi, le recueil Min'ha Beloula,** (avec un ajout de mes commentaires, R.A.A.), **commente, sur le verset: « Si vous vous conduisez selon Mes lois», que le mot Im, «si», est une allusion aux libérations futures du peuple d'Israël.**

**La sortie d'Égypte eut lieu grâce à un Im, en hébreu Alef-Mem, qui sont les premières lettres des noms de Aharone et Mochè. Et c'est avec leur mérite que, à la sortie d'Égypte, les enfants d'Israël prirent la direction du mont Sinaï où ils recevraient la Tora cinquante jours plus tard.**

**Nous fûmes sauvés de l'exil de Paras ouMadaï** (la Perse et les Mèdes) **par un autre Im: Esther et Mordekhaï, dont les premières lettres sont Aleph et Mem. Étant donné qu'à cette époque, ils acceptèrent de plein gré la Tora orale qu'ils avaient été forcés**

d'accepter lors du don de la Tora écrite au mont Sinaï, ils eurent le mérite d'être sauvés des mauvais décrets d'Haman, qui avait demandé d'anéantir, de tuer et de faire disparaître tous les Juifs. C'est par ailleurs cette nouvelle acceptation de la Tora qui les aida à sortir de l'exil pour reconstruire le second Bèt HaMiqdach (le Temple).

De même, nous serons délivrés, avec l'aide de D-ieu, du dernier et interminable exil, par un Im: Èliyahou et Machia'h, à cette condition: « Si vous vous conduisez selon Mes lois», c'est-à-dire que nous devons nous consacrer corps et âme à l'étude de la Tora qui porte le nom de Mochè Rabbénou. C'est grâce à ceux qui s'adonnent à la Tora que nous mériterons qu'Èliyahou nous annonce la Guéoula et la venue du Machia'h afin que celui-ci nous délivre des douleurs de l'exil.

Nombreux sont ceux qui, à cause de lourdes difficultés de subsistance, se consacrent à la recherche d'un salaire afin de ramener le pain nécessaire à leur maisonnée et qui ne trouvent plus le temps de s'asseoir pour étudier notre sainte Tora. Il y a quelques années déjà, l'Admour DeToch Chlita, Rabbi Èliêzèr Lewi, expliquait ainsi cette Michna des Pirqé Avot (Maximes des Pères, chap. 3): «Sans farine, il ne peut y avoir de Tora, et sans Tora, pas de farine.». Il semble à première vue qu'il y ait là un paradoxe: d'un côté, il ressort que c'est la farine (la subsistance matérielle) qui permet la Tora – car comment un homme pourrait-il se concentrer dans l'étude de la Tora quand ses enfants sont affamés? De l'autre, la Michna affirme que la recherche de la subsistance matérielle est tributaire de l'étude de la Tora, dans la mesure où, si l'on n'étudie pas, alors les revenus ne peuvent venir en grande quantité.

Afin de répondre à cette contradiction, le Rav utilise les paroles du roi David dans son livre des Psaumes: «Il vaut mieux s'abriter en l'Éternel que de mettre sa confiance en l'homme.» (Téhillim, 118, 8). Quand D-ieu dit que «sans Tora, pas de farine», et que les hommes répondent que «sans farine, il n'y a pas [non plus] de Tora», qui a raison? C'est à cette question que les paroles des Téhillim viennent répondre: «Il vaut mieux s'abriter en l'Éternel.». Sous-entendu: il est préférable d'écouter

**la voix de D-ieu qui nous promet que la Tora procure la farine (la subsistance matérielle), plutôt que d'écouter les paroles des hommes qui pensent que c'est en s'adonnant à la recherche de leur subsistance qu'ils pourront ensuite s'asseoir pour étudier la Tora.**

**On trouve à cet égard, dans le livre Chimoucha chel Tora, l'histoire suivante:**

Un Avrèkh (un homme qui étudie la Tora à plein temps) rencontra, il y a plusieurs années, le dirigeant de tous les Juifs d'alors, notre maître le Roch Yéchiva, le Gaon haRav Èliêzèr Man Chakh Zt"l (1898-2001). Cet homme avait expliqué au Rav qu'il envisageait de travailler la nuit afin de pouvoir gagner une somme d'argent conséquente, tandis qu'il continuerait à étudier le restant de la journée. Le Roch Yéchiva lui conseilla pourtant de ne pas agir de la sorte. Mais cet Avrèkh n'en fit qu'à sa tête et quitta les bancs de l'étude pour ce travail. Après quelques mois, il se rendit à nouveau chez le Rav Chakh, et lui dit: «Rav, malgré de grosses rentrées d'argent, quand je fais mes comptes à la fin du mois, effaré, je m'aperçois que, quand j'étudiais la Tora à plein temps, il me restait davantage dans la poche qu'aujourd'hui. Je travaille et gagne correctement ma vie, mais je n'ai quasiment pas un sou.»

Le Rav lui répondit alors: «C'est bien simple, un homme qui a la tête toute la journée à son étude au point d'en avoir fait son occupation principale a dès lors un rapport particulier envers le Ciel. Si D-ieu a promis qu'Il procurerait la subsistance à ceux qui étudient la Tora, tu peux imaginer qu'Il dispose de nombreux chemins pour bénir la maigre rétribution d'un étudiant de Kollèl. En revanche, quand un homme travaille, son rapport avec le Ciel est tout autre. C'est pourquoi, quand tu as pris la décision de sortir travailler, la conduite du Ciel envers toi a changé du tout au tout. Et tu es passé du statut d'étudiant à celui de salarié. Ainsi, malgré ces quelques heures pendant lesquelles tu travailles la nuit, et en dépit d'une bonne paie, il te faut encore te dépenser énormément pour atteindre la somme que tu comptais gagner.». Le Roch Yéchiva lui expliqua ensuite ce qu'il entendait par cette conduite du Ciel envers les hommes de Tora, faisant fructifier leur maigre salaire. Une telle conduite a pour conséquence que tous les appareils électriques de la maison ne tombent pas en panne. Elle empêche que les membres d'une famille ne tombent malades, etc. Tout cela, afin d'éviter à l'étudiant en Tora qu'il ne fasse de trop grosses dépenses.

**Mais il faut bien comprendre qu'avant de prendre la décision d'abandonner son travail afin de se consacrer à l'étude de la Tora, ou le contraire, il est nécessaire avant tout de poser la question à un Rav compétent. Et ce, parce qu'aucune situation, ni aucune période n'est identique à une autre. Or, nous savons comment, tout au long des siècles, en dehors du fait que leur mérite personnel était immense, une aide du Ciel exceptionnelle accompagna toujours ceux qui s'étaient donnés corps et âme à la Tora.**

**Le livre Na'halat Tsvi, de Rabbi Èl'âzar Yéhouda Leib Pinter, sur la Parachat Ki Tissa, raconte l'histoire suivante:**

Un étudiant de Tora résidait en Suisse avec sa nombreuse famille (Bli Ayin haRâ). Un beau jour, son épouse lui annonça qu'elle était enceinte de leur quatorzième enfant. Elle lui rappela également que bientôt leur plus grande fille devrait commencer les Chidoukhim (les rencontres en vue de se marier) et qu'ils n'avaient pas le moindre sou. Mais l'étudiant la rassura, lui expliquant que D-ieu les aiderait comme il l'avait fait jusqu'alors. Malgré la difficulté d'accepter cette idée, cette femme, pieuse et remplie de Émouna, a écouté son mari. Ils ne s'inquiétèrent pas du futur et continuèrent à vivre leur existence pleine de Tora et Mitswot.

Quelques temps plus tard, cet étudiant de Kollèl reçut une lettre du tribunal de grande instance de Suisse le convoquant tel jour à telle heure. Pris d'une terrible crainte, il ne parvenait pas à comprendre la raison de cette assignation, ne se souvenant de rien qu'il ait pu faire qui l'obligerait à se rendre au tribunal. Ce fut au tour de son épouse de le soutenir, lui promettant que D-ieu lui viendrait en aide, car s'il n'avait en effet rien fait de mal, il était certain, affirmait-elle, que son innocence serait clamée par le Ciel. Le jour de la convocation, notre homme se retrouva donc en face du juge qui l'interrogea sur son identité et sur le nombre de ses enfants. Dans son discours, le juge expliqua alors qu'était décédée, il y avait peu, l'une des grandes fortunes du pays (un non juif) qui se trouvait être à la tête d'un très grand nombre d'immeubles, de terrains et de sociétés. Mais sans femme, ni enfant, il avait décidé de léguer toute sa fortune à la famille la plus nombreuse de Suisse. Le juge se tourna alors vers l'étudiant et lui dit: «Nous avons vérifié tous les états civils des citoyens suisses, et vous, votre femme et vos quatorze enfants constituez la plus grande famille suisse à ce jour. Vous héritez donc de cette immense fortune.». Notre homme n'en croyait pas ses oreilles. Pourtant, il était certain d'une chose, c'était par leur mérite d'avoir toujours mis toutes leurs forces dans l'étude de la Tora que D-ieu S'était préoccupé d'eux, et qu'il était désormais en mesure de marier tous ses enfants sans se soucier d'argent. De fait, il semble qu'à la même époque se trouvait en Suisse une autre famille avec treize enfants. Cependant, quelques mois avant que ne meure cet homme richissime, un quatorzième enfant était né à cet étudiant, un garçon du nom de Dan (qui signifie «Il les a jugés»)qui fit de sa famille la plus nombreuse de toute la Suisse, lui offrant ainsi la «chance» d'hériter de cette immense fortune.

# Parachat Bémidbar

*Accomplis ta part*

**«Et D-ieu dit à Mochè...: "Fais le dénombrement des enfants de Lévi, selon leur descendance paternelle, par familles; tous les mâles, depuis l'âge d'un mois et au-delà, tu les dénombreras.". Et Mochè les dénombra sur l'ordre de l'Éternel, de la manière qui lui avait été prescrite.» (Bémidbar, 3, 14-16).**

Rachi explique: «"Sur l'ordre de l'Éternel", Mochè dit à D-ieu: "Comment ferais-je pour entrer dans leurs tentes afin de savoir combien sont-ils à téter leur mère?". D-ieu lui répondit: "Accomplis ta part, Je ferai la mienne." Mochè se postait ainsi à l'entrée des tentes, et la Présence divine le devançait. Une voix céleste sortait alors de chaque tente, lui détaillant le nombre de nourrissons qui s'y trouvaient. C'est la raison pour laquelle il est dit: "Sur l'ordre de l'Éternel"».

Ces paroles nécessitent une explication: pourquoi D-ieu obligea-t-il Mochè à se rendre devant chaque tente, faisant alors sortir la Voix céleste qui proclamait le nombre de nourrissons qui s'y trouvaient? Pourquoi ne lui annonça-t-Il pas directement combien d'enfants âgés d'un mois se trouvaient dans chaque tente, sans que Mochè ait à se déplacer dans le camp, de tente en tente?

D-ieu désirait en réalité enseigner à Mochè Rabbènou un principe fondamental de la Tora: «Accomplis ta part, Je ferai la Mienne.», lui dit-Il. Quand nous réalisons une Mitswa, à chaque jour, et à plusieurs reprises, nous avons souvent le sentiment que son accomplissement relève de l'impossible. C'est pourquoi nous devons toujours garder à l'esprit que ce qui nous est demandé, avant tout, c'est de faire ce que la Tora nous ordonne en fonction de nos possibilités. Le reste, c'est D-ieu Lui-même qui S'en occupe.

Voici une histoire bien connue à propos du Gaon Rav Aharone

**Kotler Zt"l (1892-1963) et du Gaon Rav Mochè Feinstein Zt"l (1895-1986). Dès leur arrivée aux États-Unis, ils entreprirent de mettre sur pied des yéchivot, mais ils furent l'objet de la raillerie de certains Juifs américains qui doutaient de la possibilité d'édifier un centre de Tora dans un pays gouverné par la matérialité. Pourtant, ces deux Tsaddiqim, des justes, ne se laissèrent pas impressionner. Ils firent ce qui était de leur devoir d'accomplir, car tel est bien le premier mouvement qui nous incombe: planter. L'arrosage et la germination viennent avec l'aide du Ciel. Et, D-ieu soit loué, nous mangeons aujourd'hui de leurs fruits dans ce monde-ci, et le capital leur est compté dans le monde à venir.**

**C'est la même loi qui régit l'étude de la Tora: certains étudiants, face à des difficultés de compréhension, désespèrent de la qualité de leur étude, particulièrement en voyant certains de leurs compagnons saisir rapidement le sens d'une Guémara, d'un Rachi et d'un Tosséfot. Certains étudiants ont même le mérite de trouver de nouvelles explications du texte, ou de le comprendre dans le même sens que les Richonim l'ont compris.**

**Mais il ne faut pas oublier que chacun doit agir en fonction de ses capacités. Le commandement d'étudier concerne chaque Juif, à qui il incombe de s'asseoir, d'ouvrir une Guémara et d'étudier en s'efforçant de comprendre. C'est sa responsabilité en tant qu'homme. Et D-ieu accomplira aussi Sa part, ouvrant le cœur de l'étudiant afin qu'il saisisse le sens profond des choses, car la sagesse est proportionnelle à la compréhension.**

C'est ainsi que l'on raconte l'histoire de cet étudiant de dix-sept ans qui, bien que n'ayant jamais étudié la Tora de sa vie, se présenta pourtant un jour devant le 'Hatam Sofèr (Rabbi Mochè Sofèr, 1782-1840) afin de lui demander l'autorisation d'intégrer la Yéchiva. Le Rav le reçut avec beaucoup de gentillesse, et répondit par l'affirmative. Il s'assura cependant que les élèves de la Yéchiva étudient avec lui, chacun une heure. Les premiers mois, le jeune homme ne constatait aucun progrès dans son étude, au point où les autres élèves commençaient à désespérer de lui. Pourtant, le 'Hatam Sofèr insista auprès de ses étudiants pour qu'ils continuent à étudier avec lui. Et en effet, après quelques temps, le jeune homme commença à comprendre les cours et à progresser graduellement, avant de devenir bientôt l'un des élèves les plus brillants de la Yéchiva.

Plusieurs années plus tard, le 'Hatam Sofèr reçut une lettre dans laquelle on lui posait une question très difficile d'Halakha. Celui qui l'avait écrite y faisait part d'un raisonnement compliqué, allant de contradictions en contradictions, jusqu'à conclure par une problématique non résolue. Le 'Hatam Sofèr montra la lettre à son fils qui était devenu lui aussi un grand érudit. Il s'émerveilla devant l'ampleur de la question et des solutions proposées, puis déclara alors à son père qu'il ne faisait aucun doute que cet homme devait être un grand sage, un véritable génie. Le 'Hatam Sofèr sourit et lui répondit que ce génie n'était autre que ce jeune homme dont tout le monde avait perdu espoir qu'il puisse un jour comprendre quelque chose à la Tora. Mais après s'être battu et s'être consacré entièrement à l'étude, ainsi que par le mérite du 'Hatam Sofèr qui avait insisté auprès de ses étudiants, cet élève était devenu une grande personnalité de la Tora.

**Voilà qui met en lumière ce que nous avons dit précédemment: chacun doit faire tous les efforts nécessaires pour la Tora. D-ieu alors accomplira Sa part afin de lui permettre de réussir parmi les plus persévérants.**

**On trouve un autre exemple de cette idée dans la Tora elle-même. Quand le berceau de Mochè fut déposé dans le fleuve, la fille de Parô (Pharaon) était justement sortie se baigner dans le fleuve avec les jeunes filles du palais. Et quand elle aperçut le couffin, elle tendit le bras pour l'amener à elle. Or, nos Sages disent qu'elle fit tous les efforts dont elle était capable. Elle tendit le bras, étira le majeur de sa main pour essayer d'attraper le berceau. Elle fit tout ce qui était en son pouvoir, et c'est alors qu'un miracle se produisit: son bras s'allongea de quelques mètres afin qu'elle puisse atteindre le berceau et l'amener jusqu'à elle. Elle ouvrit alors la nacelle et y trouva Mochè Rabbènou.**

**Il y a lieu de se demander pour quelle raison la fille de Parô étira précisément son majeur, au bout de son bras, et non pas avec son index, ou son annulaire. Or, nous pouvons proposer**

une réponse à cette question: le majeur étant, de quelques millimètres, le plus long des doigts, la fille de Parô fit donc tout son possible. Elle tendit le bras avec son majeur, le plus long des doigts; sous-entendu, elle atteignit la forme la plus haute de ce qui est donné à l'homme d'accomplir. C'est pour cette même raison qu'une aide exceptionnelle lui parvint du Ciel, et que son doigt fut allongé afin qu'elle puisse réaliser la Mitswa de sauver une vie.

Le Rav haGaon, Rabbi 'Hayim Soleivitchik miBrisk Zt"l (1853-1918), explique dans ses cours (Maâmar 32) le sens de cette Guémara du Traité Sanhédrine (38b): «Adam haRichon était haut d'un bout à l'autre du monde [...]. Après qu'il eût fauté, D-ieu posa sa main sur lui et le rétrécit.». Il note que l'intention de la Guémara n'est pas de nous enseigner la taille d'Adam haRichon, mais bien ses forces et ses facultés. Le monde entier, d'un bout à l'autre, était à la portée de sa main, Adam haRichon n'étant pas soumis aux distances physiques. Pourtant, après la faute qu'il commit, D-ieu limita ses forces et le diminua. Le Rav ajoute qu'il est important de savoir que les forces de l'homme sont, aujourd'hui encore, tout aussi importantes, et qu'il lui est donné de saisir beaucoup plus que ce que les seules lois naturelles lui permettent. Tel est le sens, dit-il, des propos que l'on trouve dans le Traité Sota (12b), à savoir que: «La main de Batia, la fille de Parô, s'agrandit de plusieurs mètres.». Leur sens n'est pas de nous dire que sa main s'agrandit physiquement et qu'ensuite elle reprit sa forme initiale, mais que Batia mit toutes ses forces pour sauver cet enfant. Et par ce mérite de s'être hissée au niveau, donné à Adam haRichon avant la faute, capacités sans limites, elle eut la force d'atteindre la nacelle en élançant sa main sur plusieurs mètres.

C'est pourquoi il faut nous donner corps et âme pour accomplir la volonté de HaChem, puisque nous avons en nous les capacités de dépasser nos propres limites naturelles.

Nous apprenons de là qu'il est donné au Juif d'accomplir et de réussir dans presque tout ce qu'il entreprend, à cette condition qu'il mette ses efforts et toute sa volonté au service de ce qu'il désire faire, car alors, du Ciel, une aide exceptionnelle lui est offerte afin de terminer ce qu'il a commencé.

La première fois que le Rav Yaâqov Yossèf de Polnoï Zt"l (décédé en 1742), l'auteur du Toldot Yaâqov Yossèf, se présenta devant le Baâl Chem Tov haQadoch, celui-ci lui expliqua que, dans tout ce qui est offert à l'homme de voir ou d'entendre se trouve un enseignement quant à notre manière de servir le Créateur. Or, à peine avait-il pris congé du Baâl Chem Tov, qu'il se retrouva marchant dans une rue de la ville, plongé dans ses pensées élevées. Tout à coup, un non juif s'approcha de lui et lui lança: «Hé! le Juif, je t'en prie, aide-moi à relever ma carriole qui s'est renversée sur la route.». Le Rav lui répondit: «Je m'excuse, mais je suis faible et fatigué, je n'ai pas les moyens de t'aider.». «Tu en es capable, Juif, lui hurla au visage le goy (non juif), seulement tu ne veux pas.» Ces paroles pénétrèrent profondément dans le cœur du Rav Yaâqov Yossèf qui prit immédiatement le chemin de la maison du Baâl Chem Tov et lui dit: «Rabbi, mon maître, comme vous avez dit vrai! De toute chose, il nous est donné d'apprendre comment servir notre Créateur!». Et quand bien même on penserait ne pas pouvoir accomplir une Mitswa, il convient d'abord d'essayer. Car celui qui pense ne pas en être capable, en réalité c'est qu'il ne le veut pas. En revanche, celui qui veut vraiment quelque chose trouve en lui les forces de le réaliser.

Un autre ouvrage commente le passage du Traité Baba Batra (84a) où est relatée la première rencontre entre Rech Lakich et Rabbi Yo'hanan. Rech Lakich se tenait sur la rive d'un fleuve quand il aperçut Rabbi Yo'hanan qui se baignait de l'autre côté. Pensant qu'il s'agissait d'une femme, il bondit jusqu'à l'autre rive. Là, il s'aperçut qu'il s'agissait bel et bien d'un homme et non d'une femme.

Comprenant l'erreur de Rech Lakich, Rabbi Yo'hanan lui demanda de faire Téchouva, en contrepartie de quoi il lui donnerait en mariage sa propre sœur, beaucoup plus belle que lui-même. Rech Lakich accepta le marché et prit sur lui de faire Téchouva. La Guémara nous raconte alors que Rech Lakich, ayant oublié son épée sur l'autre rive, voulut à nouveau bondir au-dessus du fleuve pour aller la récupérer, mais il n'en était

**plus capable. Ses forces l'avaient quitté dès l'instant où il avait pris la décision de faire Téchouva.**

**Or, il y a lieu de s'interroger: comment, en un laps de temps aussi court, Rech Lakich put-il perdre toutes ses forces après qu'il se fût repenti de ses fautes? La réponse est claire: quand il confondit la beauté de Rabbi Yo'hanan avec celle d'une femme, il était animé d'un tel désir de «la» contempler en train de se baigner dans le fleuve qu'il trouva les forces de bondir jusqu'à l'autre rive. En revanche, après qu'il eût pris la décision de faire Téchouva, il ne désirait plus les bienfaits de ce monde, il n'était plus animé de cette flamme, c'est pourquoi il ne trouva pas les forces pour bondir sur l'autre rive.**

**Le Saba de Noverdok (Rabbi Yossèf Yozel Hourwitz Zt"l, 1849-1919) avait l'habitude de dire: «Je n'ai jamais pensé à une chose en me demandant si je pouvais ou non l'accomplir, mais en me demandant si je devais ou non l'accomplir.». Ce qui signifie que si nous devons accomplir quoi que ce soit, alors nous devrions en avoir la volonté. Et si nous en avons la volonté, alors D-ieu nous offre la possibilité de le réaliser.**

**Quelle est donc la nature de la volonté? Dans le livre Na'halat Tsvi, Rabbi Èl'âzar Yéhouda Leib Pinter, sur la Parachat Wayètsè, raconte l'histoire suivante:**

Rabbi Ména'hèm Mendel de Kotsk Zt"l (1789-1859) se tourna vers un jeune étudiant qu'il avait rencontré sur la route de la maison d'étude. «Étudiant, lui demanda-t-il, comment se porte le Juif qui est en toi?». «Rabbi, lui répondit-il, je veux être un bon Juif.» «Sais-tu au moins ce que vouloir signifie? Vouloir, cela veut dire qu'il n'y ait pas un seul des cheveux de ta tête que tu ne désires pas. Est-ce que ta volonté va jusque là?» Cette notion de volonté que le rabbin a enseigné à cet étudiant a même été intégrée au rituel de prières des 'Hassidé Kotsk dans cette supplication: «Je t'en prie, mon D-ieu, aide-moi afin que la volonté qui se trouve en moi soit une volonté authentique, une volonté sous l'influence de D-ieu, une volonté pure, afin que tout mon être soit à Ton service.».

# *Parachat Nasso*

*Tu devanceras le salut*

**«Que l'Éternel dirige Son regard sur toi et t'accorde la paix.» (Bémidbar, 6, 26).**

**Le Baâl haTourim (Rabbi Yaâqov bèn Achèr, 1240-1340) écrit: «Chalom, la paix, a la même valeur numérique que Êssaw. Ce qui constitue une allusion à ce que disent nos Sages: "Tu devanceras le salut de tout homme, même d'un non juif."».**

**Nous savons que, quand quelqu'un devance la salutation de son prochain, ce dernier doit non seulement la lui rendre, mais y ajouter quelque chose. Par exemple, si quelqu'un dit «Chalom» à son ami, celui-ci devra lui répondre: «Chalom ouVrakha». En effet, le Choul'han Aroukh (Yoré Déa, 148, 10) affirme qu'il convient de devancer même la salutation d'un idolâtre, afin que ce ne soit pas lui qui nous précède et que nous soyons alors dans l'obligation de la lui rendre avec un surplus. Dans le livre Taâmé haMinaguim, dans les notes du chapitre concernant la Âlyah le Èrèts Israël (p.561), on réitère le même raisonnement.**

**Dans le Traité Kétouvot (111b), on mentionne: «Rabbi Yo'hanan a déclaré qu'il vaut mieux blanchir les dents à un ami (par le sourire, on voit la blancheur des dents) que de lui offrir à boire du lait, comme il est dit: "Et ses dents sont plus blanches que le lait." (Bérèchit, 49, 12). Cette bénédiction des «dents plus blanches que le lait» a été donnée par Yaâqov aux membres de la tribu de Yéhouda, et donc à ceux qui dirigent le peuple pour assurer la protection de l'esprit religieux.**

**On se serait attendu à ce que les membres de la tribu de Yéhouda soient suffisamment solides pour maintenir les principes de la religion au sein du peuple dans leurs moments de faiblesse; pourtant, Yaâaqov les bénit afin qu'ils soient capables de garder «les dents blanches» devant les autres, c'est-à-dire de**

recevoir tout le monde avec le sourire, même ceux qui ne se comporteraient pas en accord avec la Tora.

C'est cette même idée que l'on retrouve dans les Pirqé Avot (Maximes des Pères, chap.1, Michna 15): «Chammaï a déclaré...: "Et l'on accueillera chaque homme avec le sourire."» Or, il est fort probable que Chammaï prononça cette sentence après l'évènement de ces trois goyim (non juifs) qui s'étaient présentés à lui (Traité Chabbat, 31a). Le premier demanda à Chammaï de le convertir à la condition de ne lui enseigner que la Tora écrite, et non la Tora orale. Et Chammaï le chassa. Le second demanda à être converti alors qu'il se tiendrait sur un seul pied: en d'autres termes, il voulait que Chammaï ne lui enseigne qu'une seule règle, unique, qui puisse résumer toute la Tora. Chammaï le chassa avec le mètre d'architecte qu'il tenait à la main. Enfin, le troisième demanda à Chammaï de le convertir à la condition d'être nommé grand-prêtre. À nouveau, Chammaï le chassa avec le mètre. Ces trois goyim se rendirent alors chez Hillel qui les convertit et qui, dans sa grande finnesse, les amena à une Téchouva complète.

Il arriva un jour que ces trois convertis se rencontrent et discutent de leur conversion. Ils se dirent l'un à l'autre: «Les principes de Chammaï avaient pour but de nous expulser du monde.». Ayant pris connaissance de ces mots, Chammaï en fut très attristé. Ainsi, quand bien même s'était-il battu à cette même époque contre les Tsoudkim et les Baïtossim (les Sadducéens), malgré tout, après ces faits, Chammaï vit la nécessité de changer sa perception des choses. Et au lieu de repousser les hommes avec son mètre d'architecte, il pensa qu'il était nécessaire de recevoir tout homme de manière avenante.

Par ailleurs, on trouve, dans le livre Lèv Chalom de Rav Chalom Mordekhaï haCohen Chvadron Zt"l (1835-1911), sur la Parachat Wayèchèv, cet éclairage sur le verset: «Il (Yossèf) demanda aux officiers de Parô qui étaient avec lui en prison: "Pourquoi votre visage est-il sombre aujourd'hui?"». La Tora nous enseigne qu'il incombe à tout homme de se conduire cordialement envers son prochain, en toutes circonstances. Comme l'ont dit nos Sages: «Il faudra toujours devancer le salut de son prochain, et même celui d'un goy au marché.». Pourquoi le mot «toujours» est-il utilisé? Parce que, parfois, nous sommes tentés de répondre à demi-mots, avec un visage fermé, quand nous nous sentons déprimés ou préoccupés, alors qu'un ami nous a lancé un joyeux «bonjour».

Pourtant, Yossèf haTsaddiq, séquestré depuis dix années, sans aucun espoir de s'en sortir, garda intacte, malgré tout, la vivacité de son esprit et la préoccupation du bien-être d'autrui. Tous les jours, il se préoccupait de l'état des deux Égyptiens qui se trouvaient avec lui dans la geôle. Et quand il s'aperçut que l'un deux avait le visage sombre, il le salua et s'enquit de son état moral.

Ce souci des autres fut à l'origine d'un nouveau maillon dans la chaîne: en effet, si Yossèf ne leur avait pas demandé comment ils se portaient, il ne serait pas devenu par la suite gouverneur d'Égypte.

Et dans son Lèv Chalom, l'auteur nous fait part de l'anecdote d'un homme qui s'était rendu à la Yéchiva de Slobodka, précisément à l'heure où le Rav, le Saba de Slobodka (Rav Naftali Tsvi Finkel, 1859-1927) commençait son cours de Moussar. Les paroles du Rav pénétrèrent au plus profond du cœur de cet homme. Le Rav suggéra l'idée suivante: «Imaginons un instant un homme se tenant à l'entrée d'une synagogue, une cruche de lait à la main, qui proposerait à celui qui entre de lui en servir un verre. Ne serions-nous pas surpris par une telle attitude?». Mais le Saba de Slobodka conclut en expliquant que cette image recèle un message susceptible d'élever l'homme à des niveaux supérieurs. En effet, nos Sages ont affirmé que «Plus grand encore est l'homme qui fait blanchir les dents de son ami que celui qui lui offre un verre de lait.». Ainsi, cet homme qui se tient à l'entrée de la synagogue, accueillant avec un large sourire celui qui se présente à lui, atteint un niveau plus élevé que s'il servait à chacun un verre de lait.

Dans l'introduction du livre Sifté 'Hayim, l'auteur raconte que le Rav haGaon, Rav 'Hayim Friedlander Zt"l (décédé en 1904), même quand il discutait avec les gens au téléphone, il souriait.

**Et quand on lui demanda la raison de son comportement, alors que de toute façon son interlocuteur qui se tenait à l'autre bout du fil ne pouvait le voir sourire, il répondit: «Même s'il ne peut voir mon sourire, il peut l'entendre, parce que tout homme est sensible au timbre de la voix de celui qui sourit.».**

**Nous voyons donc la nécessité qu'il incombe à chacun de se montrer sympathique en toute circonstance, même envers un goy, comme nous l'apprenons de Yossèf haTsaddiq.**

**Dans le livre Na'halat Tsvi, Rabbi Èl'âzar Yéhouda Leib Pinter raconte l'histoire suivante:**

Un Juif travaillait dans une entreprise de boucherie-charcuterie. Tous les matins, quand il arrivait à l'usine, il ne manquait jamais de dire bonjour au gardien qui se tenait à l'entrée. De même, en fin de journée, quand il sortait, l'employé se souciait de dire au revoir au gardien, toujours installé à la même place. À la fin de la journée, quand se faisait le changement de garde, le gardien de nuit s'informait auprès de son collègue pour savoir si tout allait bien. Ce dernier lui répondait, jour après jour: «Tout est en ordre.». Et le gardien de jour quittait l'usine.

Un soir pourtant, alors qu'il prenait son poste, le gardien de nuit s'informa, comme à l'accoutumée, mais le gardien de jour lui répondit: «Il y a un petit problème. L'employé qui, tous les jours, me salue est entré comme d'habitude, mais je ne l'ai pas vu sortir.». Les deux gardiens pénétrèrent alors dans l'usine et se mirent à sa recherche. À leur grande surprise, ils le trouvèrent enfermé par erreur dans l'un des congélateurs géants de l'usine. Et il ne faisait aucun doute que, s'il était resté à l'intérieur toute la nuit, on l'aurait retrouvé sans vie le lendemain matin. Qu'est-ce qui lui sauva la vie? Le fait de dire «bonjour» à son entrée, et «au revoir», quand il quittait le travail. C'est par le mérite d'avoir accompli cette règle de «devancer le salut de tout homme, même d'un goy» qu'il fut sauvé.

**Et dans le livre Maâssé Avoténou de Rabbi Mochè bèn Tsvi, sur la Parachat Pin'has, il est fait mention, au nom du 'Hèssèd Êlione, de cette histoire à propos de Rabbi Mochè Leib MiSasov Zt"l (1745-1807).**

Ce Rav mettait un point d'honneur à devancer le salut de tout homme au point où, de sa vie, aucun homme ne l'avait précédé. Un jour, un individu s'était approché de lui par derrière et, en silence, sans être vu, voulut surprendre le Rav et devancer son salut. Mais en vain! Au même moment, une voix au loin se fit entendre qui appelait le Rav: «Mochè Leib! » Le Rav se retourna et vit alors cet homme qui le suivait, à qui il dit immédiatement bonjour le premier. En définitive, il se révéla que la voix qui l'avait appelé ne lui était pas adressée. Il s'agissait d'un enfant du quartier qui hélait un camarade. Ce fut un signe du Ciel qui était venu au secours de Rabbi Mochè Leib afin de ne pas enfreindre la coutume qu'il s'était fixée.

**Dans son livre Or Israël, le Rav haGaon, Rabbi Yits'haq Blazer Zt"l (1837-1907), raconte une histoire au sujet de son maître, Rabbi Israël Lipqine Salanter Zt"l (1809-1883).**

Un jour, alors qu'il traversait la rue, le Rav croisa un homme qui avait pris l'habitude de le saluer. Mais ce jour-là, l'homme avait le visage renfrogné. Le Rav lui demanda: «Vous ne me dites pas bonjour? Quelque chose vous serait-il arrivé?».

Mais l'autre répondit: «Maître, avez-vous oublié que nous sommes au beau milieu du mois d'Èloul. N'est-ce pas plutôt l'heure d'examiner nos actions?».

«Et qu'ai-je fait de mal lui rétorqua le Rav. Est-ce parce que tu examines tes actions que tu dois me regarder si durement?»

**Or, voilà au contraire quelle était l'attitude des étudiants de la Yéchiva de Kélem qui, précisément pendant les jours de rigueur, les Yémé haDin, entre Roch haChana et Yom Kippour, travaillaient intensément sur leur comportement.**

On raconte en effet, dans le livre Maâssé Avoténou, sur la Parachat Tazriâ, qu'un tout jeune élève avait été fort impressionné quand il s'était présenté à la Yéchiva de Kélem. Alors qu'il venait de passer la porte de la Yéchiva, un étudiant s'approcha de lui et lui dit: «Salut! Comment vas-tu?». Le jeune élève répondit en balbutiant, tandis que l'ancien continuait avec la même bonhomie: «Quand es-tu arrivé? As-tu déjà trouvé un endroit où dormir et quelque chose à te mettre dans l'estomac?». Devant toutes ces questions, le jeune homme était persuadé que celui qui se tenait devant lui avait dû être l'un de ses anciens amis, mais qui exactement? Il ne s'en souvenait pas. Peut-être parce que son visage avait sûrement beaucoup changé. Alors qu'il était plongé dans ses pensées, un autre étudiant s'approcha et, s'adressant au nouveau, lui demanda: «Salut! Comment vas-tu? Quand es-tu arrivé? Comment t'es-tu organisé pour loger, etc.?». Le nouvel élève n'en croyait pas ses oreilles. «Sûrement, se dit-il, celui-là aussi est une de mes anciennes connaissances, pourtant je n'arrive pas à mettre un nom sur son visage.» Ce n'est qu'après que presque la totalité des élèves de la Yéchiva se soit souciée de lui dire bonjour, toujours avec autant d'affabilité, que le jeune homme comprit qu'il s'agissait d'une coutume.

En effet, c'était là l'un des principes de la Yéchiva de Kélem: quand arrivait un nouvel élève, il était reçu avec beaucoup d'amabilité. Tout étudiant qui le croisait lui tendait la main et lui faisait un accueil chaleureux. Les élèves avaient acquis une telle crainte de D-ieu que tous se comportaient avec un maximum de sérieux, concentrés sur eux-mêmes, sans jamais chercher à s'immiscer dans les affaires des autres, ni à les juger. C'est la raison pour laquelle, ils étaient capables de recevoir celui qui se présentait à eux avec le sourire, et animés d'une authentique joie de vivre.

**Dans les Pirqé Avot (Maximes des Pères, chap.13), Rabbi Nathan affirme que celui qui ferait un cadeau à son prochain, même s'il lui offrait les plus grands trésors du monde, s'il le faisait avec un visage sombre, c'est comme s'il ne lui avait rien donné. En revanche, celui qui accueille son prochain avec le sourire, même s'il ne lui avait rien donné, c'est comme s'il lui avait offert les biens les plus précieux du monde.**

**Même les médecins affirment qu'un homme qui sourit fait fonctionner dix-sept nerfs autour de sa bouche. Or, le nombre dix-sept est précisément la valeur numérique du mot Tov, bon. Par l'entremise d'un sourire, il est effectivement possible de faire beaucoup de bien, en particulier pour la Tora.**

# Parachat Béha Âlotékha

*Le pain des enfants*

**«Il nous souvient du poisson que nous mangions pour rien en Égypte, des concombres et des melons, des poireaux, des oignons et de l'ail.» (Bémidbar, 11, 5).**

**Rachi écrit au nom du Sifri (Zohar Behar, 108a): «Rabbi Chimône dit: Pour quelle raison la manne pouvait-elle prendre tous les aspects, sauf celui de ces aliments-là? Parce qu'ils sont mauvais pour les femmes qui allaitent. Comme lorsqu'on déclare à cette femme: "Ne mange pas d'ail, ni d'oignons, à cause du bébé."».**

Voilà qui demande une explication: est-ce parce qu'il n'est pas bon, pour les femmes qui allaitent, de manger de l'ail et des oignons qu'il fallait en priver tout le peuple d'Israël?

Or, on peut lire au nom des médecins, dans le livre Taâmé haMinaguim, que tout ce dont une femme enceinte a envie, mais qu'elle ne mange pas, est susceptible de causer des dommages à l'embryon. L'histoire qui suit le montre bien. La scène se passe en Angleterre. Une femme avait mis au monde un garçon, mais le bébé ne voulant rien avaler, même pas le lait de sa mère, se trouva bientôt en danger de mort. Un jour, l'un des médecins demanda à la maman si elle avait désiré quelque chose de particulier pendant sa grossesse. En effet, elle se souvint alors avoir vu, lors d'une réception, une boîte de pêches dont elle avait eu très envie, mais qu'elle ne put, hélas, goûter. Le médecin ordonna sur-le-champ qu'on lui en procure une boîte, puis il en donna à manger à la mère et au nourrisson. Et c'est alors, à la surprise générale, que le bébé se mit enfin à téter.

Ainsi, dans le Midrach Rabba (Chir haChirim, 1, 4), il est écrit: «Rabbi Méïr a dit: Quand les enfants d'Israël se tinrent prêts à recevoir la Tora, D-ieu leur dit: “Je vais vous donner Ma Tora. Quant à vous, apportez-Moi de bons garants qui puissent M’assurer que vous l’accomplirez.”. Ils dirent alors: “Nos ancêtres sont nos garants.” Mais D-ieu rétorqua: “Vos ancêtres me doivent déjà quelque chose. Avraham me doit...; Yits‘haq me doit...; Yaâqov me doit...”. “Que les prophètes soient alors nos garants.”, répondirent-ils. “Vos prophètes me doivent quelque chose. ”, dit D-ieu. “S’il en est ainsi, que nos descendants soient eux-mêmes nos garants!”. D-ieu dit alors: “Vos descendants sont en effet de bons garants, c’est grâce à eux que Je vous donne la Tora.” Comme il est écrit: “Par la bouche des enfants et des nourrissons, Tu as fondé Ta puissance.” (Téhillim, 8, 3). Or, il n’y a pas d’autre puissance que la Tora, ainsi qu’il est dit: “Que l’Éternel donne Sa puissance à Son peuple.” (Téhillim, 29, 11)».

Nous comprenons maintenant pour quelle raison, si la manne avait pu avoir le goût d’ail ou d’oignon, les femmes qui allaitent auraient pu en vouloir aussi. Et de deux choses l’une: soit elles en auraient mangé et leurs enfants en auraient subi les conséquences néfastes, soit elles s’en seraient abstenu, provoquant également des dommages à leurs nourrissons. Or, ce Midrach nous enseigne que les nourrissons appartiennent à D-ieu, dans la mesure où ils constituent la condition même du don de la Tora. Et c’est pour qu’il ne leur arrive rien que D-ieu fit en sorte que la manne ait tous les goûts, sauf celui de l’ail et de l’oignon. N’existant pas, les femmes ne pouvaient pas les désirer, et elles purent, de cette manière, mettre au monde et élever une génération droite et bénie.

C’est pour cette raison que les parents doivent contrôler ce que leurs enfants mettent à la bouche, et faire en sorte que leur alimentation remplisse les conditions de la Kacheroute et du bien-être. Car ce sont eux, les enfants, qui sont les garants de la Tora. Tel est l’enseignement que nous devons tirer d’une histoire qui se déroula à l’époque du Rav haGaon, Rabbi Âqiva Eiger Zt”l (1762-1838).

Un jour, alors qu’il s’était rendu dans une ville, la foule s’était précipitée vers lui pour recevoir sa bénédiction, son aide et ses conseils. Or, le Rav s’aperçut que l’épouse du Rav de la communauté de cette ville se tenait, elle aussi, dans les rangs, attendant son tour. Et parce que nos Sages ont déclaré que «La femme d'un érudit est comme un érudit.», le Rav fit en sorte de la faire passer au plus vite afin de lui venir en aide. Elle lui fit part de ses soucis: bien que tous ses enfants étaient déjà de futurs grands érudits, l'un de ses fils, celui qui était pourtant promis aux plus hautes espérances, ne suivait pas le chemin de ses frères. Et depuis de nombreuses années déjà, sans aucune raison apparente, ce jeune enfant avait perdu, du jour au lendemain, toute envie d'étudier la Tora. Le Rav réfléchit quelques instants et dit à cette femme qu'il lui semblait que cet enfant avait dû, un jour, manger un mets non kachèr qui provoqua l'obstruction de son cœur. La mère s'étonna: «Chez nous, à la maison, tout est absolument kachèr!». Mais le Rav ne voyait pas d'autre explication. Quand cette femme rentra chez elle, elle entreprit la vérification de l'assomption du Gaon. Et c'est ainsi qu'elle découvrit qu'après que le Rav Tséma'h Tsèdèq ait demandé au Cho'hèt de la ville de démissionner, le filou avait continué à vendre sa viande, sans tenir compte de la décision rabbinique. Or, le fils s'était un soir rendu à la réception organisée pour un mariage et pour laquelle la commande avait été passée chez ce boucher, à un prix défiant toute concurrence. C'est ainsi que l'enfant avait mangé d'une viande que le Rav avait interdite à la consommation. Et depuis ce jour, il avait perdu le goût de l'étude.

Quand cette femme retourna chez Rabbi Âqiva Eiger et qu'elle lui raconta cette histoire, il lui conseilla de faire monter son fils en terre d'Israël pour qu'il y étudie la Tora. Et en effet, une fois en Èrèts Israël, cet enfant devint l'un des plus grands Talmidé 'Hakhamim de Yérouchalayim.

**À nous maintenant d'en tirer les conclusions qui s'imposent, et de vérifier ce que nous donnons à manger à nos enfants de même qu'aux enfants qui ne sont pas les nôtres. Il est interdit, en effet, de donner la moindre sucrerie à un enfant, sans l'accord préalable de ses parents, et ce, parce qu'il se peut qu'ils ne se fient pas à tel ou tel tampon de Kacheroute.**

**Le Traité Chabbat (10b) avise que «Celui qui donne un**

morceau de pain à un enfant doit le faire savoir à sa mère.» Pourquoi? Pour la simple et bonne raison que le fait de donner un morceau de pain a la faculté de resserrer les liens entre celui qui donne et celui qui reçoit. Mais pourquoi la Guémara précise-t-elle cependant: «un morceau de pain»? L'habitude n'était-elle pas à l'époque d'offrir plutôt aux enfants des noix ou des grains grillés?

Or voilà, si les Sages ont fait précisément mention dans leur langage précis d'«un morceau de pain à un enfant», c'est parce que le pain a toujours été un aliment excellent pour la santé, envers lequel les parents ne manifestent pas de réticence, à priori. De plus, à cette époque, le pain ne rencontrait aucun problème de Kacheroute, contrairement à aujourd'hui où différentes graisses interdites (sans compter les colorants) sont fréquemment mélangées à la pâte. À l'époque, le pain n'était fait que de farine et d'eau, même le sel n'était pas mélangé à la pâte. Si nos Sages interdirent le pain des goyim (non juifs), c'est «à cause de leurs filles», craignant que si nous partagions leur pain avec eux, nous en viendrions à épouser leurs filles. Or, s'il s'était agi d'un problème de Kacheroute, il n'aurait pas été nécessaire d'établir un tel décret, le pain aurait été tout simplement interdit.

C'est pourquoi, quand les parents sont avisés qu'un bienfaiteur a offert à leur enfant un aliment qui n'est pas superflu ni dangereux pour sa santé, qui ne comporte, de surcroît, aucun problème de kacheroute, ils sont convaincus que cet homme se soucie du bien-être de leur progéniture. Et automatiquement une relation amicale s'établit entre ce bienfaiteur et les parents.

Tel est le sens du verset: «Yossèf nourrit son père, ses frères et toute la maison de son père, leur procurant des vivres selon les besoins de chaque famille.» (Bérèchit, 47, 12). Car, pour quelle raison est-il mentionné: «WayiKhalkhel », qu'il nourrit son père et ses frères, alors qu'il est dit au sujet des enfants: Lé'hèm léfi haTaf, «des vivres selon les besoins de chaque famille»? C'est qu'il donna aux adultes ce dont ils avaient besoin, en vertu des nécessités de leur maison, tandis qu'il n'offrit aucune denrée superflue aux enfants, juste le pain nécessaire à leur survie, de sorte que les parents ne s'y opposèrent pas.

**Réciproquement, les parents ont l'obligation d'éduquer leurs enfants à ne pas accepter n'importe quelle friandise, et à demander d'abord à leurs parents la permission de manger un aliment de telle ou telle kacheroute. Une telle attitude peut en effet sauver la vie d'un enfant, comme il ressort de cette histoire qui arriva au Rav Aharone 'Hayim Nachri, l'auteur du Qédouchat ha'Hayim et du Méir Êiné Israël rapportée dans le livre Touvékha Yabiôu, sur la Parachat Ki Tavo.**

Le Rav Nachri raconte qu'il se trouvait à 'Haïfa le soir de Pessa'h 5760 alors qu'un des enfants de la synagogue était rentré chez lui pour demander à son père si le bonbon que lui avait donné un étranger à l'extérieur de la synagogue était kachèr. Quand le père jeta un œil sur la sucrerie, quel ne fut pas son effroi de constater qu'il s'agissait d'une gélule de poison à rat mortel. Cet enfant fut ainsi sauvé d'une mort certaine par le mérite d'avoir montré à son père ce qu'il s'apprêtait à mettre dans sa bouche.

# Parachat Chéla'h

*Sur le pas de la porte*

**«Et Mochè les envoya du désert de Paran, selon la parole de l'Éternel. Tous, des personnages [illustres] entre les enfants d'Israël...» (Bémidbar, 13, 3).**

**Rachi écrit:**

«"Tous, des personnages [illustres]", à chaque fois que la Tora utilise le terme de "personnage", c'est pour souligner leur importance; et à cet instant, ils étaient tous irréprochables.».

**Comment est-il possible que les Méraguélim (Explorateurs), tous des hommes irréprochables et de la plus haute importance au sein du peuple Israël, ont pu se révéler être de véritables félons, cherchant à empêcher Israël d'entrer en Terre sainte? Est-il possible qu'en un si court laps de temps, le temps d'une visite en Terre sainte, l'homme bascule d'un extrême à l'autre?**

**Avant de répondre à cette question, penchons-nous d'abord sur ce passage du Traité Bérakhot (61a):**

«Rav déclara que le mauvais penchant ressemble à une mouche qui se tient entre les deux embouchures du cœur.». Pour comprendre le sens de cette comparaison, nous rapportons le commentaire de Rachi sur le verset: «Et Mordekhaï se présenta devant le roi.», tel qu'on le trouve dans le livre Alènou léChabéa'h, de Rabbi Yits'haq Zilberstein, sur la Parachat Noa'h. Le rapport entre le mauvais penchant et la mouche, y est en effet expliqué suivant trois occurrences.

**La première, c'est que de même que la mouche a six pattes, le mauvais penchant fait tourner l'homme dans les six directions du monde: haut-bas, droite-gauche, avant-arrière.**

La seconde nous révèle que, si nous examinions une mouche au microscope, nous constaterions que ses yeux remplissent une grande partie de son corps, environ dix pour cent de sa totalité, chaque œil étant lui-même composé d'une multitude de petits capteurs oculaires. De même, la force principale avec laquelle le yètsèr harâ a le pouvoir de faire trébucher l'homme, ce sont les yeux.

La troisième occurrence, enfin, c'est qu'aucun être vivant, excepté la mouche, n'est capable de se déplacer sur une surface vitrée. De même, le mauvais penchant peut s'attacher à n'importe quelle réalité, même aux hommes les plus droits, personne ne pouvant échapper à son emprise.

Nous pouvons y ajouter encore une quatrième occurrence. En effet, quand une mouche dérange quelqu'un et que celui-ci la chasse, elle revient à la charge des dizaines de fois, sans jamais se fatiguer. De même le mauvais penchant: il fait tout ce qui est son pouvoir pour faire trébucher l'homme. Et quand bien même celui-ci ne succomberait pas devant l'épreuve qui se présente à lui, le yètsèr harâ revient à la charge des dizaines de fois, sans jamais se fatiguer.

On trouve cette même idée sous la plume du Kéli Yakar (Èfrayim Chélomo de Lunchitz, 1550-1619), dans la Parachat Bérèchit, sur le verset: «La faute se tient sur le pas de la porte.» (Bérèchit, 4, 7). «Nos Sages, dit-il, nous enseignent que le mauvais penchant est comparé à une mouche... En effet, car voilà bien la particularité de la mouche: la puissance de sa trompe est si faible qu'elle est absolument incapable de faire le moindre trou dans un morceau de viande. En revanche, quand elle y trouve un trou déjà fait, elle y entre sa trompe et se tient là jusqu'à en agrandir la cavité. Ainsi en est-il du yètsèr harâ: il n'a pas suffisamment de puissance pour percer le moindre trou dans la chair du Tsaddiq qui, dans toutes ses voies, ne donne aucune prise au mauvais penchant, incapable de lui faire baisser sa garde et de le faire fauter. En revanche, quand le yètsèr harâ s'attaque à des hommes plus faibles, qui ont laissé ne serait-ce qu'un accès minime à l'erreur, alors il a la faculté d'agrandir cette cavité et d'amplifier cette propension à la faute. Ainsi qu'il est dit: "Celui qui cherche à se rendre impur, on lui ouvre les portes."».

Ainsi, quand bien même les Méraguélim (Explorateurs) étaient des justes irréprochables au moment où ils furent envoyés en mission, parce qu'ils laissèrent prise à leur mauvais penchant, ils purent subitement devenir de véritables renégats. Il est même possible d'affirmer que cette disposition au mauvais penchant trouva précisément son origine dans le fait d'avoir accepté cette mission. Et ce, parce que Tsaddiqim, ils auraient dû avoir confiance dans les qualités exceptionnelles de la Terre sainte, sans chercher à en vérifier l'exactitude. C'est leur manque de confiance en D-ieu qui provoqua l'apparition de cette fissure par laquelle le mauvais penchant allait pénétrer en eux. Cette entaille minuscule était suffisante pour qu'il y entre sa trompe et en agrandisse l'accès, au point de les faire trébucher dans leur mission.

Et dans le Zohar haQadoch, il est dit que, les Explorateurs, alors qu'ils se trouvaient en chemin, se mirent d'accord entre eux pour ne pas entrer en Terre promise. Ils ne voulaient pas quitter leur position privilégiée de chefs de tribus qu'ils avaient acquise dans le désert, craignant qu'à leur entrée en terre d'Israël on ne les démette de leurs fonctions pour nommer d'autres dirigeants à leur place. C'est cette réflexion qui les poussa à dissuader le peuple d'Israël d'entrer en Terre promise.

Nous pouvons déduire de là l'importance de tenir sa place et de conforter les murailles qui nous protègent du mauvais penchant, empêchant ainsi l'apparition de la moindre faille par laquelle le yètsèr harâ pourrait entrer et en agrandir l'ouverture.

Lors d'un discours du Rav Chalom Mordekhaï haCohen Chvadron Zt"l (1835-1911), publié dans le livre Kol Dodi, le Rav témoigne qu'il entendit un jour, de l'une des grandes personnalités du Moussar, combien il est important de ne pas laisser prise aux assauts du yètsèr harâ qui attend de nous que nous lui ouvrions la porte. Pour mettre en lumière cette idée, il raconte l'histoire suivante:

Un homme s'était rendu chez un érudit pour l'interroger sur l'attitude qu'il devait adopter face aux assauts incessants du mauvais penchant. Le sage lui répondit: «Je m'excuse, mais je suis très occupé pour le moment, si ça ne vous dérange pas, revenez me voir dans une demi-heure.».

Comme il fallait s'y attendre, notre homme se trouvait à l'heure dite devant la maison du Rav, mais après avoir tapé à la porte, personne ne vint lui ouvrir... Jetant un coup d'œil par la fenêtre, quelle ne fut pas sa surprise de constater que le Rav était tranquillement assis au milieu du salon jouant avec ses enfants. Il se présenta à nouveau à la porte de la maison et toqua. Cette fois-ci, le Rav lui ouvrit immédiatement et lui dit: «Sais-tu pourquoi je ne t'ai pas ouvert la première fois? Pour te faire comprendre que je suis le seul maître de ces lieux. Et que je n'ouvre la porte de ma maison qu'à celui à qui je le veux, et la laisse fermée devant qui bon me semble. Car si je laissais tout le monde entrer chez moi, je ne serais bientôt plus le maître des lieux! Voilà la réponse à la question que tu m'as posée. Le mauvais penchant n'a aucun droit pour pénétrer dans notre for intérieur. Nous devons le laisser sur le pas de la porte. Et même s'il frappait à la porte et la poussait de toutes ses forces, sans interruption, demandant à ce qu'on lui ouvre, l'homme sage ne lui ouvrirait sous aucun prétexte. Et s'il ne faisait que lui entrouvrir sa porte, le yètsèr harâ se précipiterait aussitôt, pénétrant au plus profond de son cœur. Il s'agit d'un bras de fer que nous devons soutenir de toutes nos forces.».

**Et l'on raconte que Rabbi Bonem MiPchis'ha Zt"l déclara une fois à ses 'Hassidim: «Il faut que vous ayez toujours à l'esprit que le mauvais penchant est un assassin qui, la hache à la main, se tient prêt à vous couper la tête à tout instant. Ce n'est que de cette manière que vous parviendrez à vous tenir sur vos gardes.». L'un des élèves pourtant s'approcha de son maître et lui dit: «Rabbi, j'essaie de faire comme vous nous l'avez demandé, mais je n'y arrive pas.». «C'est sûrement, lui répondit-il, parce que le yètsèr harâ t'a déjà coupé la tête.»**

**Ainsi, Bèn Zoma enseigne dans les Pirqé Avot (Maximes des Pères, chap.4, Michna 1): «Quel est l'homme fort? C'est celui qui**

terrasse son mauvais penchant.». Et pourquoi le Tana n'a-t-il pas dit: «C'est celui qui domine son penchant»? Parce qu'il vaut mieux «terrasser» que seulement «dominer», écrit Rav Chémouèl Pin'hasi, dans le Imrè Chéfèr (2e partie), sur la Parachat Pin'has. Dans la mesure où, même si l'on avait jeté son adversaire au sol, rien ne nous garantit encore qu'il ne tentera rien pour se libérer ni qu'il n'y parviendra pas. En revanche, si après l'avoir fait tomber, le vainqueur pose sur son ennemi un rouleau compresseur, il ne fait aucun doute que ce dernier sera absolument incapable de bouger le moindre petit doigt. Et telle est l'attitude que nous devons adopter face au mauvais penchant: placer sur lui un poids si lourd qu'il ne soit plus capable de bouger.

Nous possédons désormais la clé nous permettant de lire ce passage du Séfèr Mélakhim (Livre des Rois 2, 4, 9) où nous est raconté comment la femme Sunamite reconnut Èlichâ le prophète comme un homme de D-ieu, comme il est dit: «Elle dit à son époux: "Certes, je sais que c'est un homme de D-ieu, un saint, cet homme qui nous visite toujours."». Et dans le Traité Bérakhot (10b), l'on demande: «Et d'où le savait-elle?». Or, l'une des réponses que la Guémara apporte, c'est qu'elle avait constaté qu'aucune mouche ne s'approchait de la table d'Èlichâ. La nourriture relevant de la matérialité, naturellement les mouches se trouvent dans son entourage; tout comme le yètsèr harâ, dans son désir de faire fauter l'homme, cherche à se créer un passage vers son cœur par le moyen des tentations les plus matérielles qui soient, celles qui se trouvent toujours sur «sa table». Pourtant, quand le prophète Èlichâ s'asseyait pour manger, jamais une mouche n'avait été aperçue à sa table: voilà un signe de sa dimension spirituelle. Le yètsèr harâ n'avait aucune emprise sur le prophète, ce dernier l'ayant complètement terrassé.

Dans son recueil Léka'h Tov, Rav Yaâqov Israël Beifuss rapporte, au nom du Moa'h waLèv, que le Rav haGaon, Reb 'Hayim Soloveitchik miBrisk Zt"l (1853-1918), avait mis au point un certain nombre d'astuces pour contrer les attaques du yètsèr harâ, comme nous l'enseigne cette métaphore du Midrach Rabba (chap.22, 12).

Dans le marché de Rome déambulaient des chiens très rusés. L'un d'eux s'était posté devant la porte du boulanger. Tout en faisant semblant de dormir, il roulait des yeux gourmands vers les plateaux garnis d'où s'élevait une odeur merveilleuse. «Que veut ce chien?», demande le Reb 'Hayim mettant particulièrement l'accent sur ce dernier mot pour qualifier ainsi le yètsèr harâ. «Un seul petit pain, n'est-ce pas? Mais le boulanger le laissera-t-il dévorer un seul petit croissant? Bien sûr que non! Il les garde précieusement, et ne veut pas en perdre un seul. Le chien pourtant, feignant de dormir, veille, dans l'attente d'un tout petit moment d'inattention, quand il pourra alors se jeter sur le plateau pour en dérober le contenu. Le boulanger se dit alors: "Bon, juste un seul petit pain, ce n'est pas si grave."»

**Ainsi se conduit le yètsèr harâ. Il attend la moindre occasion de faire trébucher l'homme sur un seul petit détail afin que, dès le lendemain, il puisse le faire fauter sur un autre petit détail, etc. C'est en ce sens que nos Sages ont pu dire: «Telle est la tâche du yètsèr harâ. Aujourd'hui, il dit à sa victime: "Voilà ce que tu vas faire..."; et le lendemain: "Voilà ce tu vas faire...", jusqu'à lui demander de servir les idoles.» (Traité Chabbat, 105b).**

**C'est exactement ce qui arriva aux Explorateurs. Ils se posèrent tout d'abord la question de leur honneur personnel. Et finalement, le yètsèr harâ les poussa à l'idolâtrie, quand ils dirent: «Nous ne pouvons marcher contre ce peuple, car il est plus fort que nous.» (Bémidbar, 13, 31), ce que Rachi explique ainsi: «"Que nous", c'est comme s'ils s'étaient exprimés au sujet de D-ieu. ». Ils affirmèrent que ce peuple était plus fort que D-ieu.**

**C'est pourquoi, tout homme doit savoir que le yètsèr harâ se tient sur le pas de la porte, attendant la moindre occasion pour pénétrer au plus profond de son âme. Cherchant à la faire fauter, sans cesse, il revient, se tenant aux aguets comme ces chiens dans le marché de Rome. Chacun de nous a donc l'obligation de se tenir sur ses gardes sans faiblir, ne serait-ce qu'un seul petit instant.**

**Pourtant, la nature de l'homme l'invite à penser que, s'il**

**donnait un petit peu au mauvais penchant, il serait capable de l'apaiser. Mais c'est là une terrible erreur! Et Rabbènou Yossèf 'Hayim Zt"l** (1833-1909), **dans son livre le Bèn Ich 'Hai** (Seconde partie, p.12), **nous a livré à cet égard une très belle métaphore.**

Un homme avait travaillé durement toute sa vie jusqu'à amasser une grosse fortune et à devenir l'un des hommes les plus riches de la ville. Pourtant, à cause de son appétit de l'argent, il s'était oublié lui-même. Ne s'étant pas marié, il n'avait ni femme, ni enfant. Prenant conscience que bientôt prendrait fin le voyage, il décida de passer les derniers jours de sa vie à profiter amplement de l'immensité de ses richesses. Vendant ses entreprises, il se mit en quête d'un hôtel de luxe.

Le propriétaire de l'hôtel, qui connaissait la renommée de son client, s'occupa personnellement de lui et prit un soin particulier à le servir avec tous les honneurs dus à son rang. Au fil du temps, les liens entre le propriétaire et son client se renforcèrent au point où il leur arrivait de discuter de longues heures durant.

Or, voilà qu'un beau jour, le propriétaire de l'hôtel poussa la porte de la chambre où résidait son ami et le trouva affalé sur son lit, sans vie. Pensant qu'il s'était suicidé, il ne sut quoi faire. S'il prévenait la police, le gouvernement se saisirait de toute sa fortune pour les besoins de l'État. Notre homme décida alors de consulter un Juif bossu, de très petite taille, qui habitait dans le quartier de l'hôtel et était connu pour être un homme d'une intelligence exceptionnelle et un bon conseiller, lui faisant la promesse de lui offrir la coquette somme de mille dinars d'or.

Comprenant qu'il y avait un véritable trésor en jeu, l'escroc suggéra un plan d'action: «D'abord, il te faut sortir le mort de cette chambre. Puis c'est moi qui me mettrai à sa place, enroulé et caché sous les draps, me plaignant d'un mal terrible, et comme sur le point de mourir. Tu feras alors venir les greffiers du tribunal d'État, et j'ordonnerai de léguer toute ma fortune au propriétaire de cet hôtel. Puis, le lendemain, nous ferons savoir que le malade est décédé, et tu pourras alors profiter de l'acte que nous aurons signé la veille.». Les paroles de ce petit homme plurent beaucoup au propriétaire de l'hôtel qui ne tarda pas à mettre au point ce plan qu'il trouvait génial.

Quand les greffiers du tribunal se présentèrent, notre bossu feignit de se sentir mal et demanda à ce que tout le monde sorte de la pièce, sauf le notaire, à qui il raconta sa vie. Il était célibataire, n'avait ni femme, ni enfant, ni aucune famille si ce n'est un Juif bossu, de petite taille, résidant de l'autre côté de la rue. Puis il conclut en disant: «J'ordonne que toute la fortune que j'ai accumulée lui soit léguée, en dehors de mille dinars d'or que l'on versera au propriétaire de cet hôtel pour ses services exceptionnels.». Puis, après avoir écrit et signé, il demanda qu'on lui fasse une copie qu'il pourrait donner à son héritier.

Après quelques heures, le propriétaire de l'hôtel fit savoir à la ronde que l'homme était décédé; pourtant, quand il voulut tirer les fruits de l'acte notarial, il pâlit en constatant le tour qui lui avait été joué: la somme qu'il avait promise au bossu, c'est elle seule qui lui revenait! Son voisin héritait alors de toute la fortune, devenant ainsi le bossu le plus riche de la ville.

**Ce que cette métaphore dévoile, c'est que l'homme croit pouvoir se débarrasser du mauvais penchant en lui concédant un petit quelque chose, pensant que de cette manière, il le laissera tranquille. Pourtant, il risque de le regretter. Le yètsèr harâ est très habile, il se tient aux aguets pour saisir la moindre occasion, prêt à abandonner le présent de son «ami» et de prendre pour lui la plus grosse part, laissant la plus petite à son «hôte». C'est pourquoi le sage aura les yeux tout au tour de la tête, sans rien concéder au yètsèr harâ, pas même la pointe d'un Youd.**

# Parachat Qora'h

*Ne pas forcer l'occasion*

**«"Demain l'Éternel fera savoir qui est digne de Lui, qui est le saint qu'Il admet auprès de Lui, celui qui est saint, Il le laissera approcher de Lui. [...] Assez donc, enfants de Lévi!" Et Mochè dit a Qora'h: "Or, écoutez, enfants de Lévi. C'est donc peu, pour vous, que le D-ieu d'Israël vous ait distingués de la communauté d'Israël, en vous admettant auprès de Lui pour faire le service du Michkan divin..."» (Bémidbar, 16, 5, 7-9).**

**Rachi écrit:**

«N'étaient-ils pas fous pour oser faire l'offrande après un tel avertissement? Ils péchèrent envers eux-mêmes, comme il est dit: '"Les encensoirs de ces hommes qui ont péché envers eux-mêmes". Qora'h cependant, qui était intelligent, par quoi se laissa-t-il entraîner à cette folie? Son œil le trompa. Il voyait que sortirait de lui une grande lignée, dont Chémouèl qui est comparé à Mochè et à Aharone (Téhillim, 99, 6). Il se dit alors: "Par son mérite, je serai sauvé.". Il voyait aussi les vingt-quatre groupes de la garde des Lévi qui descendaient de ses petits-fils, tous prophétisant sous l'inspiration divine, comme il est dit: "Tous ceux-ci étaient les fils de Héman". (Divrè HaYamim, aleph, I Chroniques, 25, 5). Il se dit alors: "Toute cette grandeur sortirait un jour de moi, et moi je me tairais?". C'est pourquoi il complota pour obtenir ce privilège, car il avait entendu Mochè déclarer: "Tous périront et un seul survivra: l'homme que D-ieu distinguera, c'est lui qui est saint.". Or, il s'est trompé en se l'appliquant à lui-même. Il n'avait pas vu juste, tandis que ses enfants firent pénitence. Et Mochè avait vu clair (Midrach Tan'houma).».

**Quel est le sens de cette expression: «Son œil le trompa.»? Ne pouvait-on pas plutôt formuler autrement : «Sa prophétie le trompa.» ou «Son esprit le trompa.»? En choisissant ces mots, les Sages ont voulu nous enseigner un principe fondamental quant à l'étude de la Tora et notre conduite générale dans la vie. Nous allons l'expliquer**

à partir des paroles du Chla haQadoch sur un passage du Traité Taânit (10b) qui affirme: «qu'une démarche à grands pas supprime un cinq-centième de la clarté des yeux d'un homme». C'est à cause d'une étude trop pressée, sans approfondissement, en marchant d'une «démarche à grands pas», nous dit le Chla, que l'homme est susceptible de perdre un cinq centième de sa «vue», c'est-à-dire de perdre cette aide du Ciel qui lui permet de comprendre la Tora de manière authentique.

Appliquées à Qora'h, ces paroles de nos Sages prennent tout leur sens. En effet, Qora'h était un Tsaddiq reconnu, ainsi que nos Sages l'ont appris du verset: Tsaddiq KaTamar Ifra'h, dont les dernières lettres constituent celles du nom de Qora'h: Qouf, Rech, 'Hèt. Il était un homme aux qualités extraordinaires. Seulement, c'est en sautant au-dessus des vallées, et en bondissant au sommet des montagnes, qu'il atteignit de telles qualités élevées. Son étude n'entrait pas suffisamment dans la profondeur des choses. C'est la raison pour laquelle il pensait être plus grand que Mochè Rabbénou lui-même, comme le montre le sens de sa question: «Faudrait-il poser une Mézouza sur une maison pleine de livres?». Il sous-entendait: un homme qui a étudié et qui a atteint de très hauts niveaux, ressemblant à cette maison remplie de livres, serait-il nécessaire d'y mettre une Mézouza, c'est-à-dire aurait-il besoin d'un chef spirituel? Sa question visait précisément Mochè Rabbénou qu'il pensait dépasser en sagesse.

Mais c'est à cause de cette approche précipitée de l'étude que l'aide du Ciel lui fut retirée, ce «un cinq centième de la vue». Et quand Qora'h aperçut dans sa vision prophétique la longue chaîne de ses descendants, en particulier Chémouèl dont il est dit qu'il était aussi grand que Mochè et Aharone réunis, il en déduisit qu'il vaincrait. Mais «son œil le trompa», il fit une erreur dans son estimation, et interpréta faussement cette vision prophétique.

Voilà bien le sens de la prière de David: «Ouvre mes yeux et fais-moi contempler Tes merveilles de Ta Tora.» (Téhillim, 119, 18). C'est proportionnellement à l'aide que le Ciel accorde à chaque homme, et qui constitue l'«ouverture de ses yeux», qu'il nous est donné de contempler les merveilles de la Tora, que nous est ouverte la voie authentique de l'étude. Pourtant, cela est possible en autant que l'homme avance avec patience, sans se précipiter sur la moindre occasion de devenir quelqu'un ou d'apprendre quelque chose. Ainsi, il est dit dans le Traité Bérakhot (64a) que: «Rabbi Avin bar Lévi déclara: Celui qui précipite trop les choses risque de se poser des problèmes. Inversement, celui qui sait laisser passer une occasion, sait qu'une autre occasion s'offrira à lui."». Puis la Guémara nous raconte à propos de Raba et Rav Yossèf, que celui-ci était appelé «Sinaï», tandis que Raba était appelé «Ôker Harim». Rachi explique que «Sinaï» signifie qu'il avait une connaissance très vaste du Talmud, et que Raba bar Na'hmani n'avait pas autant de connaissance, mais les sujets qu'il connaissait, il les connaissait à fond». Or, voilà qu'il fallait désigner un Roch Yéchiva, et la question se posa de savoir lequel des deux devait être choisi pour ce poste. Une lettre fut envoyée aux Sages de la terre d'Israël dans laquelle on leur demandait de se prononcer. Ils répondirent que Sinaï prévalait parce que ceux qui étudient ont besoin de quelqu'un qui soit capable de synthétiser une multitude de connaissances. Or, Rav Yossèf possédait un immense pouvoir de synthèse.

La Guémara raconte qu'en dépit de cela, Rav Yossèf refusa ce poste d'une grande importance parce qu'un jour, raconte-t-il, des Chaldéens (il s'agit d'un peuple de voyants et d'astrologues) lui avaient prédit qu'il dirigerait une Yéchiva pendant deux ans et qu'ensuite il mourrait. Rav Yossèf laissa donc passer cette occasion et refusa de prendre la direction de la Yéchiva. C'est Raba qui fut nommé à cette fonction et il y demeura pendant vingt-deux ans; puis, Rav Yossèf prit la tête de la Yéchiva pendant deux ans. La Guémara nous raconte qu'ensuite, pendant toutes les années où Raba dirigea cette Yéchiva, le médecin ne fut jamais appelé à se rendre dans la maison de Rav Yossèf. C'était Rav Yossèf lui-même qui se déplaçait jusque chez le médecin pour une saignée. Et tout cela pourquoi? Afin de ne jamais tirer profit de sa position sociale.

Nous apprenons ainsi que Rav Yossèf ne sauta pas sur l'occasion qui s'était présentée à lui d'accéder à une haute fonction sociale, mais qu'il la laissa passer. Et par le mérite

**de son attitude, il gagna encore vingt-deux années de vie et d'honneur. Qora'h fit exactement le contraire: il chercha à créer une occasion pour devenir, le plus rapidement possible, le leader d'Israël. Finalement, il quitta ce monde avant son heure, enseveli dans les enfers et perdant toute forme de gloire.**

**Tous les jours, nous assistons à ce genre d'évènements. Combien de personnes se précipitent pour aller chercher des honneurs, mais finalement les honneurs les repoussent! Inversement, peu nombreux sont ceux qui laissent passer les occasions d'obtenir des honneurs, mais, à la fin, ce sont eux qui réussissent dans ce qu'ils entreprennent.**

**Dans le livre Cheal Avikha WéYaguedékha, basé sur les enseignements du Rav Chalom Mordekhaï haCohen Chvadron Zt"l (1835-1911), il est rapporté l'histoire suivante:**

Après la proclamation de l'État sioniste, on chercha à enrôler dans l'armée tous les hommes valides. Et la seule manière d'être réformé consistait alors à être nommé Rav de communauté ou de synagogue. C'est ainsi qu'un Avrèkh qui habitait à côté d'une synagogue fit tout ce qu'il put pour en être nommé Rav afin d'être libéré de ses obligations militaires. Mais le Rav de la ville s'opposa à cette nomination. Brisé, cet Avrèkh ne savait plus quoi faire. Un beau matin, il prit la décision de se rendre chez le 'Hazon Ich afin de lui raconter tout ce qui lui était arrivé. Ajoutant qu'il faisait beaucoup pour diffuser la Tora et le judaïsme dans cette synagogue, il prétextait qu'il lui revenait de droit d'y être nommé Rav. Pourtant, notre maître, le 'Hazon Ich, pensait autrement. Lui assurant que si sa nomination en tant que Rav dans cette synagogue devait poser un problème au Rav de la ville et lui causer préjudice, il valait mieux ne pas insister. Quant à la question de son enrôlement dans l'armée, le 'Hazon Ich lui fit la promesse qu'il n'en serait rien. Après quelque temps, notre homme se rendit à nouveau auprès du 'Hazon Ich pour lui poser la même question, mais le maître ne changea pas de position, expliquant qu'il n'y avait aucune raison d'engager de vaines disputes pour se libérer des obligations militaires.

Cet Avrèkh, ne trouvant pas d'autre poste de Rav dans sa ville, se rendit alors dans une autre ville où il fut nommé Rav d'une synagogue. Pourtant, quelques jours plus tard, le Rav, qui s'était opposé à la nomination de cet Avrèkh dans l'une des synagogues de sa ville, fut obligé de se rendre à l'étranger et d'abandonner son poste. Aussi étonnant que cela puisse paraître, il fit appeler cet Avrèkh, et lui demanda de le remplacer en tant que Rav de la ville.

**Nous voyons à nouveau ici que, par le mérite d'avoir écouté les conseils du 'Hazon Ich, et de n'avoir pas cherché à saisir à tout prix l'occasion qui se présentait à lui, au lieu de prendre la direction de la synagogue, contre la volonté du Rabbin de la ville, cet Avrèkh fut finalement nommé Rav de toute la ville.**

**Nous sommes maintenant en mesure d'expliquer les paroles du Tana haQadoch Bèn Azaï, dans cette Michna des Pirqé Avot** (chap.5, Michna 3): **«Il disait: "Ne dénigre aucun homme, et ne te dispute avec personne. Car il n'existe personne qui n'ait un jour son heure, ni aucune chose qui n'ait sa place."».**

**Le Tana nous enseigne ainsi une règle fondamentale de la vie, à savoir que tout homme naît avec une heure particulière dans sa vie pendant laquelle il se retrouvera tout en haut de l'échelle. Ainsi en est-il de toute chose de ce monde. Chacune d'entre elles fut créée pour se trouver à une place précise et à un moment précis afin de pouvoir servir les autres créatures. C'est pourquoi tout homme se doit d'attendre ce moment favorable, sans en précipiter la venue. Car tant que n'arrive pas ce moment décidé par le Ciel où il sera appelé aux sommets, il risque de tout perdre. En revanche, attendant avec patience le moment opportun, une aide du Ciel lui viendra afin de l'aider à atteindre le but pour lequel il a été créé dans ce monde-ci.**

# *Parachat 'Houkat*

*L'homme accompli*

**«Et D-ieu dit à Mochè et Aharone: "Puisque vous n'avez pas eu confiance en Moi pour Me sanctifier aux yeux des enfants d'Israël, vous ne conduirez pas ce peuple dans le pays que Je leur ai donné."» (Bémidbar, 20, 12).**

**Rachi écrit:**

«"Pour Me sanctifier": Car si vous aviez parlé au rocher et que celui-ci avait donné de l'eau, J'aurais été sanctifié aux yeux de la communauté, et ils auraient dit: "Si le rocher, qui ne parle ni n'entend et n'a pas besoin de nourriture, accomplit l'ordre de D-ieu, à plus forte raison devons-nous le faire." (Midrache Tan'houma)».

**Il semble que le reproche que D-ieu adressé à Mochè et à Aharone repose sur le fait qu'ils n'agirent pas dans le but de sanctifier le Nom de D-ieu en public. Et le Na'hmanide Ramban (Mochè Bèn Na'hman, 1194, 1270) l'explique au nom du Rambam (Mochè bèn Maïmon, Maïmonide, 1135-1204) de cette manière: «Le Rav Mochè dit que la faute de Mochè Rabbénou fut d'avoir ressenti de la colère, quand il dit: "Écoutez, rebelles.". D-ieu lui reprocha qu'un homme de son importance puisse se mettre en colère devant la communauté d'Israël, alors qu'il n'y avait aucune raison de l'être. Et c'est ainsi qu'il fut jugé pour avoir déshonoré le Nom de D-ieu, dans la mesure où les enfants d'Israël étaient pendus à ses paroles et apprenaient de ses comportements la marche à suivre pour atteindre la réussite dans ce monde-ci et dans le monde à venir. Or, comment Mochè Rabbénou put-il se mettre en colère, et se conduire d'une manière aussi négative, affichant une attitude qui ne peut être que le résultat de mauvaises dispositions de l'âme?» (20,1).**

**Ces mots sont terribles, ils mettent en évidence à quel point le dirigeant d'un peuple doit faire attention à sa conduite. Ses actes nous influencent, c'est de lui en effet que nous apprenons**

la marche à suivre. Or, faisant preuve de nervosité et de colère, un tel dirigeant est susceptible de laisser une trace néfaste autour de lui, provoquant un préjudice incalculable. Par ailleurs, une telle attitude a pour effet de provoquer chez ceux qui la découvrent un manque de confiance en D-ieu, ainsi que le souligne le verset: «Puisque vous n'avez pas eu confiance en Moi pour Me sanctifier » (Bémidbar, 20,12).

En effet, on ne peut s'attacher à D-ieu et croire en Lui de manière authentique si nous ne sommes pas en même temps attachés à la sainte Tora dont la nature est de purifier l'homme dans ses actes et ses comportements. Comme le disent nos Sages: «"Et tu emprunteras Ses voies... De la même manière que D-ieu Se comporte avec compassion, toi aussi tu agiras avec compassion, etc.» Ce qui signifie qu'un chef d'Israël, reproduisant pour ainsi dire les «qualités» de D-ieu, aura ensuite le mérite d'influencer ses élèves, au point où ils parviendront eux aussi à atteindre cette foi parfaite en D-ieu. Mais si, 'Haswe Chalom, un manque apparaissait chez le chef, la conséquence serait un affaiblissement de la foi chez les élèves, dans la mesure où ils en viendraient à penser que D-ieu Se comporte aussi de cette manière.

Tel est le reproche que le Créateur adressa à Moché quand celui-ci s'emporta devant les enfants d'Israël, puisqu'une telle attitude avait pour effet de porter un coup à leur Émouna.

Nous sommes désormais en mesure de comprendre ces paroles de Rabbi Avine au nom de Rabbi Yo'hanan dans le Traité Chabbat (114 a): «Un érudit qui aurait une tache d'huile sur son vêtement serait puni de mort, comme il est dit: "Tout celui qui Me hait aime la mort!" (Michelè, 8, 36). Ne lis pas "qui Me hait", mais "qui Me cause d'être haï par les autres"».

Pour quelle raison un érudit qui porterait une tache sur son vêtement provoquerait-il la colère de D-ieu, au point d'être puni de mort?!

La réponse est simple: l'érudit est attaché à la Tora de D-ieu jour et nuit, il est pour ainsi dire le représentant de D-ieu au milieu du peuple qui se rend à lui pour apprendre la Tora de sa bouche. Car il ne fait aucun doute que si l'érudit était dénigré aux yeux des gens, alors immédiatement ils remettraient en cause la réalité de la présence divine elle-même. Et tel est le sens du verset: «“qui Me hait” - “qui Me cause d'être haï ”». À cause d'un tel comportement, un homme est susceptible de faire que, 'Haswe Chalom, D-ieu soit négligé aux yeux du peuple. Il n'y a pas de plus grande profanation du Nom de D-ieu.

Telle est peut-être l'intention du Tana (Pirqé Avot, chap.4, Michna 1), quand il cite le verset: «J'honore ceux qui M'honorent et ceux qui Me méprisent seront méprisés.» (Chémouèl 1, 2, 30). Car de celui qui honore D-ieu en multipliant les actes de sanctification du Nom en public, les autres membres de la communauté apprennent, à la fois à travers ses actions et ses attitudes. Et D-ieu l'honore à son tour. Tandis que ceux qui méprisent D-ieu, en salissant la Tora de leurs comportements grossiers et par leurs exactions, ceux-là seront à leur tour méprisés, dans la mesure où ils provoquent la profanation du Nom de D-ieu en public.

Ainsi, nous faut-il comprendre ces paroles du Zohar haQadoch sur la Parachat BehaÂlotékha: «Au moment où D-ieu dit à Mochè: “Je ferai pleuvoir sur vous du pain du Ciel”, Mochè se réjouit et déclara: “Voilà donc que je suis un homme accompli, car c'est par mon mérite que la manne sera donnée au peuple Israël.”. Et quand il constata que le peuple demandait de la viande, s'exclamant: “Nos âmes en ont assez de ce pain indigeste.”, Mochè se dit à lui-même: “La preuve est faite que mon niveau a baissé. Car c'était par mon mérite que les enfants d'Israël mangeaient la manne dans le désert (alors que maintenant, ils s'en lassent). De même Aharone s'est abîmé, et Na'hchon bèn Aminadav...”».

Le Zohar nous enseigne ici que Mochè s'était réjoui du fait que, par son mérite, D-ieu avait offert la manne à Israël, ce miracle mettant en évidence la nature de sa perfection. Et ce, dans la mesure où, quand le chef spirituel a atteint son accomplissement, alors par voie de conséquence, le peuple aussi se réalise et mérite de profiter des présents de la maison du Roi.

En revanche, quand le niveau spirituel du peuple descend, Mochè l'interpréte comme la conséquence directe d'un manquement chez son leader, auquel la capacité d'influencer correctement le peuple ferait défaut. Il lui revient alors l'obligation de retrouver ses plus hauts niveaux.

Nous trouvons ce principe exprimé sous la plume du Malbim (Rabbi Méir Leibouche Mikhaèl Weisser, 1809-1879), au sujet d'Èliyahou haNavi. La génération transgressait ouvertement la Tora et se livrait à l'adoration de l'idole Baâl. Èliyahou prit la décision de rassembler les prophètes de Baâl, et parvint à les tuer, puis à rétablir la couronne d'Israël. Tout le peuple se tenait à ses côtés et s'écria comme un seul homme: «L'Éternel est le vrai D-ieu, l'Éternel est le vrai D-ieu !». Mais à l'annonce de la mise à mort des prophètes de Baâl par Èliyahou, Izévelle, la femme du roi A'hav, fulmina et réclama sa tête. Or, dans le livre de Mélakhim (Livre des Rois 1, 19, 3), il est dit que «Devant cette menace, Èliyahou se leva et s'enfuit pour sauver sa vie.» Il semble donc qu'il préféra s'enfuir plutôt que d'affronter Izévelle et de risquer ainsi sa vie.

Pourtant, le Malbim explique que l'attitude d'Èliyahou ne fut en rien provoquée par la peur: n'est-il pas un prophète de D-ieu? Comment pourrait-il craindre les hommes? S'il fit ce qu'il fit, c'est parce qu'Èliyahou s'isolait chaque jour pour s'occuper de son élévation personnelle et atteindre ainsi l'accomplissement de son être. Et ce n'est que quand cela s'avérait nécessaire qu'il sortait de son isolement pour se rendre auprès du peuple. Or, après avoir vu que, malgré les miracles qui s'étaient produits au mont Carmel et bien que le peuple tout entier avait pris la résolution de revenir à la foi, Izévelle en voulait encore à sa vie, Èliyahou se rendit dans le désert pour s'isoler et parfaire son être.

Dans le recueil de Moussar, Pri Èts 'Hayim, il est dit, au nom du Gaon Rav Baroukh Rafaèl Sorotzkine Zt"l (1917-1979), qu'Èliyahou le prophète ne vit pas, dans cette impossibilité qu'il avait d'influencer Izévelle, un manque en elle, mais bien en lui! Il comprenait par là qu'il n'avait pas atteint les niveaux de perfection auxquels il était appelé, car s'il avait atteint le niveau demandé, il est évident qu'elle aurait écouté ses paroles. Ce sont là des notions très profondes. Qu'importe à un prophète qu'une scélérate refuse de se plier à sa parole, lui qui se tient déjà à un tel niveau spirituel, capable de ramener l'assemblée d'Israël à la vérité, en déclarant: «L'Éternel est le vrai D-ieu »! N'était-il pas déjà un homme à l'influence considérable?

Pourtant, Èliyahou haNavi comprit que, dans la mesure où ne serait-ce qu'une seule partie du peuple juif resterait insensible devant le dévoilement de la vérité, preuve serait faite qu'il existait encore des manquements dans son accomplissement de soi. Car si tel n'avait pas été le cas, il aurait été impossible que la moindre créature au monde ignorât la révélation de la vérité.

On retrouve cette même idée dans le livre Moussar haNéviim du Rav haGaon Yéhouda Leib Ginzburg. Il écrit en effet que ce même jour où le prophète Èliyahou devait monter au Ciel, il est dit dans le livre de Mélakhim (Livre des Rois 2, 2, 3) que: «Les prophètes de Bèt El se rendirent auprès d'Èlichâ et lui dirent: "Ne sais-tu pas que D-ieu a retiré aujourd'hui ton maître d'au-dessus de toi?"». Or, la Tosséfta du Traité Sota (chap.12, 5) nous apprend que ces prophètes étaient au nombre de cinquante et que chacun valait, à lui seul, Èliyahou haNavi. Mais ils déclarèrent à Èlichâ que D-ieu avait repris «son» maître, et non pas «leur» maître. C'est pourquoi, après qu'Èlichâ fût oint à la place d'Èliyahou, l'inspiration divine se retira d'eux. Sur quoi le Rav Ginzburg pose la question: si ces prophètes valaient Èliyahou et qu'ils étaient donc plus grands qu'Èlichâ, pour quelle raison fallait-il que ce soit ce dernier qui soit oint et non l'un d'entre eux?

Ce à quoi il répond en s'appuyant sur une Guémara du Traité Méguila (3a) qui, citant le verset: «Et j'ai contemplé, dit Daniel, cette vision; tandis que les gens qui se trouvaient à mes côtés ne la voyaient pas. Pourtant, ils furent saisis d'une grande peur, et ils s'enfuirent pour se cacher.» (Daniel, 10, 7), s'interroge: «Qui pouvaient bien être ces gens?». Et de répondre qu'il s'agissait de 'Haggaï, Zékharya et Malakhi qui étaient plus grands que Daniel, bien que lui aussi était plus grand qu'eux. Ils étaient meilleurs que Daniel dans la mesure où, à ce moment, ils étaient prophètes alors que Daniel ne l'était pas encore; mais Daniel valait mieux qu'eux, puisqu'il lui fut donné de voir cette vision, tandis qu'eux, ne la virent pas.»

Sur quoi le Rav demande à nouveau: si, contemplant cette image, Daniel valait mieux qu'eux, pourquoi étaient-ils prophètes et lui, non? Il répond en nous révélant que, pour être prophète, il n'est pas suffisant de voir des choses qui sont dissimulées à la vue. Il faut encore pouvoir avoir une influence sur les autres, dans la mesure où l'essentiel de la réalité prophétique, c'est de pouvoir montrer la voie à suivre à la multitude. Cette force faisait défaut à Daniel, ce qui l'empêchait d'être considéré comme un prophète d'Israël. C'est pour cette même raison qu'aucun des prophètes, compagnons d'Èliyahou, ne mérita de prendre sa succession, parce qu'il leur manquait cette possibilité d'influencer les autres. Cette force, en revanche, Èlichâ la possédait.

Et dans le Midrach Rabba, sur la Parachat Wayigach, on peut lire les paroles de Chélomo haMélèkh dans Michelè (20, 5): «Telles des eaux profondes, les idées abondent dans le cœur de l'homme.». Pour en expliquer le sens, le Midrach rapporte l'image suivante: il y avait un puits tellement profond dont aucune créature n'était capable de boire de son eau glacée. C'est alors que vint un homme qui accrocha une corde à une autre et qui, tout doucement, parvint à en puiser l'eau.

Par cette image, nos Sages nous enseignent la nature profonde de l'influence des hommes les uns sur les autres. Quand quelqu'un désire exercer son influence sur une autre personne, il commence à jouer sur l'une de ses cordes sensibles. Il ne parvient qu'à toucher en partie son âme; il suscite la réaction d'autres forces qu'il n'a pas pu atteindre et qui, désormais, s'opposent à son influence. Inversement, on reconnaît celui qui sait vraiment avoir de l'emprise sur quelqu'un au fait qu'il parvient à toucher toutes les cordes sensibles d'un homme en même temps, afin de pouvoir exercer son influence avec force.

Tel est le sens de ce puits, chaque homme possède des bouts de corde qu'il fait descendre au fond du puits, mais aucun n'est assez long pour en atteindre les profondeurs et en puiser l'eau. Seul l'homme avisé, accrochant entre eux tous ces morceaux de

**corde et les unifiant en une seule force, est capable d'atteindre le précieux liquide.**

# Parachat Balaq

*Quand l'habitude devient nature*

**«Puis-je mourir comme meurent les justes, et puisse ma fin être comme la leur.» (Bémidbar, 23, 10).**

**Dans le Traité Guittine (57a), on rapporte que, quand Onqélos bèn Kalonikos voulut se convertir, il fit monter de sa tombe Bilaâm bèn Béor et lui demanda: «Qui y a-t-il de plus important dans ce monde-ci?». «Israël.», répondit-il. «Et cela vaut-il la peine de s'attacher à ce peuple?» Ce à quoi Bilaâm rétorqua: «Ne t'intéresse jamais ni à leur bien-être ni à leur prospérité, tant que tu vivras (Dévarim 23, 7).».**

**Or, il y a lieu de s'interroger: dans cet épisode, Bilaâm se tient désormais dans le monde de la vérité, ayant une conscience claire du salaire qu'il perçut pour ses mauvaises actions envers Israël. Comment donc peut-il donner un si mauvais conseil, disant à Onqélos de ne pas s'approcher du peuple juif?**

**Le Gaon haRav Zitsik Zt"l répond que, même si dans le monde de vérité le mauvais penchant n'a aucune prise sur les âmes et que, par conséquent, il est donné à l'homme de percevoir la vérité dans toute sa splendeur, malgré tout, l'habitude contractée au fil des années prend la place d'une nouvelle nature chez l'homme. Et c'est ainsi qu'un homme comme Bilaâm ne peut reconnaître immédiatement son erreur, comme le disent nos Sages: «Même quand ils se trouvent à l'entrée de l'enfer, les méchants ne se repentent pas.» (Traité Êrouvine, 19a).**

**Appuyant cette idée, le Or ha'Hayim haQadoch (Rabbi 'Hayim Bèn Âttar, 1696-1743), sur le verset: «Puis-je mourir comme meurent les justes.», écrit: «Bilaâm exprima par là sa volonté d'arriver au jour de sa mort en ayant amélioré son comportement. Car il savait qu'il était un scélérat parmi les nations, que l'ânesse qu'il conduisait était sa compagne. Pourtant, Bilaâm espérait pouvoir se repentir quand surviendrait sa mort, et être aussi**

juste que les justes des nations. Mais du fait qu'il avait été toute sa vie un ignoble personnage, ayant atteint les plus hauts degrés de la méchanceté, il pria afin que lui soit offerte la possibilité de se repentir juste avant de mourir. Or, il m'est à moi-même arrivé d'entendre des gens me dire explicitement que, s'ils savaient qu'en faisant Téchouva ils mourraient sur-le-champ, ils se repentiraient immédiatement. Et ce, parce qu'ils savent qu'ils ne sont pas capables de soutenir leur Téchouva sur une longue période.».

Il ressort de ces saintes paroles que Bilaâm connaissait la nature du mauvais penchant et qu'il se savait incapable de faire Téchouva. C'est pourquoi il pria sur lui-même afin que lui soit au moins accordée la possibilité de se repentir avant sa mort, quand les tentations l'auraient laissé en paix, et que l'homme est alors sur le point de rendre son âme au Créateur.

Pourtant, non seulement Bilaâm ne fit pas Téchouva avant de mourir, mais pire, alors qu'il se trouve dans le monde de vérité, il persévère dans ses mauvaises dispositions, conseillant à Onqélos le converti de ne pas s'approcher du peuple d'Israël.

Son comportement était le fruit de ses mauvaises actions. Cette habitude qu'il avait contractée jusqu'à sa mort avait désormais pris la force d'une véritable nature, l'empêchant de faire Téchouva.

Nous sommes maintenant à même de comprendre pour quelle raison la haine de Bilaâm envers le peuple juif était si démesurée, plus grande encore que celle de Balaq, comme le dit Rachi, sur le verset: «Maudis-le moi; peut-être pourrai-je l'attaquer et l'expulser de ma terre. » (Bémidbar 22, 11). «L'expulserde ma terre», explique Rachi: «"Je ne désire que les éloigner de moi."; mais Bilaâm les haïssait encore plus que Balaq, et il essaie de les maudire pour les éliminer.».

Et nous pouvons expliquer la nature de la haine de Bilaâm à la lueur du Targoum Yonathan sur le verset: «Qayine parla à son frère Hèvèl; mais, alors qu'ils étaient aux champs, Qayine se jeta sur Hèvèl son frère, et le tua.» (Bérèchit, 4, 8), quand il dit:

«Qayine et Hèvèl se disputaient. Qayine prétendait qu'il n'y avait ni juge, ni jugement, ni monde futur, et qu'aucune récompense n'attendait les justes, ni aucune punition, les méchants, tandis que son frère Hèvèl soutenait exactement le contraire: qu'il existait un juge et son jugement, une récompense pour les justes et une peine pour les méchants. Et c'est lors de cette discussion que Qayine se leva et tua Hèvèl.»

Mais comment est-il possible que, quand deux hommes se disputent, l'un se lève et tue l'autre? Si tels étaient les rapports entre les hommes, la terre ne serait-elle pas une vaste anarchie? C'est pourquoi il est évident que Qayine aussi savait très bien que se tenaient un juge et son jugement, une récompense pour les justes, et une punition pour les méchants, seulement il désirait l'ignorer, s'obligeant à considérer ces choses comme inutiles. Mais parce que son frère Hèvèl était un authentique serviteur de D-ieu, comme cela ressort de ses actions, il n'avait de cesse de rappeler à Qayine ce qu'il voulait oublier; et c'est ainsi que ce dernier fut poussé à le tuer pour se débarrasser de lui.

Telle était la situation de Bilaâm. Il désirait se repentir, mais cela lui était impossible en vertu de la puissance de son yètsèr harâ. C'est pourquoi il fit tout pour l'oublier. Mais dès qu'il vit les enfants d'Israël, et la manière dont ils servaient D-ieu et dont ils accomplissaient les Mitswot, il fut pris d'un terrible sentiment de jalousie, comprenant qu'il était incapable d'atteindre de telles perfections. Les enfants d'Israël lui rappelaient en effet sans cesse qu'il ne parvenait pas à faire Téchouva. C'est la raison pour laquelle la haine qu'il leur portait était tellement plus farouche que celle de Balaq.

Ainsi l'homme sage apprendra de là la nécessité qu'il y a de travailler à perfectionner ses traits de caractère alors qu'il est encore jeune, et de ne jamais abandonner, jusqu'à la vieillesse.

Le Rav Chalom Mordekhaï haCohen Chvadron Zt"l (1835-1911), dans son livre Kol Dodi (p.87), décrit ceux qui, pendant tout le mois d'Èloul, pleurent sur leurs mauvaises actions sans pourtant se prendre en main pour faire Téchouva. Il

**les compare à cet animal que l'on nomme le castor qui ne se déplace que sur une ligne droite, sans jamais tourner ni à droite ni à gauche. Quand les chasseurs désirent l'attraper, ils creusent un puits profond sur sa trajectoire, sachant pertinemment qu'il n'a pas d'autre possibilité que de tomber à l'intérieur. Ainsi, quand l'animal s'approche du piège, il se met à geindre, ayant conscience que sa nature l'oblige à se diriger toujours tout droit. Et, c'est en gémissant qu'il tombe au fond du puits, pris au piège. Tel est le sens de l'expression en Yddich: «Er Weint wie aBiber.», «Il gémit comme un castor.».**

**Maintanent les paroles du Traité Êrouvine (19a) sont claires: «Rabbi Chimône bèn Lakich déclara: "Même quand ils se trouvent à l'entrée de l'enfer, les méchants ne se repentent pas."», ce qui signifie que l'homme avisé fera tout pour sortir de la voie qui le mène droit à l'entrée de l'enfer, afin d'emprunter un autre chemin et faire Téchouva. Nous découvrons ainsi la surdité de cœur des méchants. Totalement déterminés par leurs mauvaises habitudes, même aux portes de l'enfer, ils n'ont plus la perspicacité de faire Téchouva.**

**Au chapitre sur la Téchouva, dans ce même livre Kol Dodi (p.94), il est raconté l'histoire suivante:**

Le 'Hafèts 'Hayim annonça un jour qu'il organisait un grand rassemblement dans la ville de Radine afin d'y dévoiler un grand secret. La nouvelle se propagea rapidement dans toute la ville et, du plus jeune au plus vieux, tous s'étaient précipités au lieu dit pour venir écouter ce que le 'Hafèts 'Hayim avait à dire. À l'heure dite, le Rav commença son discours ainsi: «Nous disons tous les matins: "D-ieu, l'âme que tu m'as donnée est pure, c'est Toi qui l'as créée, c'est Toi qui l'as formée, et Toi qui me l'as insufflée; et c'est Toi qui, plus tard, me la reprendras et qui me la rendras à nouveau aux temps futurs.». Sur ces derniers mots, le Rav mit tout particulièrement l'accent sur la lettre Hé du mot ouLéhazi'ha, qui comporte un mapik (dagech, signe diacritique).

Le 'Hafèts 'Hayim expliqua alors le sens de cette phrase. Nous devons comprendre, dit-il, que, quand D-ieu reprend l'âme de l'homme à la fin de sa vie, Il la lui rendra aux temps futurs exactement dans le même état où elle quitta le corps. C'est-à-dire que celui qui l'aurait salie et l'aurait laissée sortir de son corps tachée, ou bien défectueuse dans l'accomplissement des Mitswot, qu'il ne pense pas recevoir dans les temps futurs une âme toute neuve! Qu'il sache plutôt que c'est la même âme qui lui sera rendue.

**Ce à quoi le Rav haGaon Chalom Mordekhaï haCohen Chvadron Zt"l (1835-1911) ajoute qu'il entendit un jour, de la bouche du Rav Èliyahou Lopian Zt"l (1876-1970), cette anecdote qui se passa à Kélem.**

Un Dibbouk avait pénétré l'âme d'une femme qui avait poussé son mari à quitter l'étude de la Tora. Le Dibbouk hurlait de peur devant les anges destructeurs qui cherchaient à l'attraper pour l'ouvrir comme un poisson. Et dans ses cris, il se mettait à proférer des paroles abjectes et abominables, au point où l'on était obligé de se boucher les oreilles pour ne pas les entendre.

Quand on lui posa la question de savoir pour quelle raison il se mettait d'abord à hurler, puis ensuite à pousser des cris d'injure, il répondit: «Il faut que vous sachiez que, tant que son jugement n'a pas pris fin, l'âme est entachée des passions qui habitaient l'homme lorsqu'il quitta ce monde. S'il était à la recherche des plaisirs, il restera ainsi! Si c'était un envieux, il restera envieux! S'il courait après les honneurs, il continuera de les rechercher! L'âme reste identique à la manière dont elle a quitté ce monde, à cette différence toutefois que dans l'autre monde, elle ne peut jamais obtenir ce qu'elle désire.».

**C'est pourquoi, dans ce monde, tout homme s'évertuera à perfectionner ses traits de caractère, bien que ce soit l'une des choses les plus difficiles à faire. Comme l'a raconté un de nos grands maîtres, il ne lui fallut pas moins de treize années pour perdre la mauvaise habitude d'être pris de bouffées de colère. Toute personne avisée fera tout pour s'en sortir, car la journée est courte et la tâche grande.**

# Parachat Pin'has

*Pour soi et ses descendants*

**«Et D-ieu parla à Mochè: "Pin'has, fils d'Èl'âzar, fils d'Aharone le prêtre, retira Ma colère contre les enfants d'Israël en exécutant Ma vengeance parmi eux." » (Bémidbar, 25, 10-11).**

**Le Kéli Yakar (Rabbi Èfrayim Chélomo de Lunchitz, 1550-1619) écrit:**

«"En exécutant ma vengeance parmi eux", et ce, afin de nous faire connaître les mérites de Pin'has qui se sacrifia corps et âme à la sanctification du Nom de D-ieu. Car, bien qu'il se trouvait au beau milieu de l'assemblée dans une situation périlleuse à cause de la proximité de Zimri, malgré tout, il n'hésita pas à se mettre en danger.».

**Et quelle est la récompense que reçut Pin'has pour s'être sacrifié au maintien de la Tora? «Et ce sera pour lui et pour sa descendance après lui une alliance de prêtrise éternelle, parce qu'il vengea son D-ieu.» (Bémidbar, 25, 13). Non seulement Pin'has mérita-t-il cet honneur pour lui-même, mais aussi pour tous ses descendants. Désormais nommés prêtres, ils serviront le Roi à l'intérieur du palais.**

**Or, la raison pour laquelle la récompense de celui qui se sacrifie pour la Tora concerne non seulement lui, mais aussi sa descendance, repose sur le fait que D-ieu Se comporte envers les hommes Midda kénègèd Midda, mesure pour mesure. Ainsi, celui qui se donnerait corps et âme à la Tora, s'il devait mourir alors qu'il se sacrifiait pour elle, cela signifierait la perte de sa descendance pour toutes les générations à venir puisque, mort, il lui serait impossible d'engendrer d'autres enfants ni de continuer à les éduquer dans la voie de la Tora. Pourtant, ayant risqué sa vie pour l'honneur de la Tora, et ayant sanctifié le Nom de D-ieu, sa récompense ne le concerne pas seulement lui, mais toute sa descendance qui se trouve, elle aussi, en danger spirituel à ce moment précis.**

**Or, cette idée du sacrifice de soi, c'est d'Avraham, le fondateur de la nation juive, que nous l'apprenons. Comme cela est dit dans le Midrach (Tan'houma Bérèchit, chap.2):**

«Rabbi Barkhia haCohen dit: Notre petite sœur, qu'a-t-on fait à notre sœur, en ce jour? En ce jour où Nimrod déclara qu'il jetterait Avraham dans la fournaise? D-ieu dit aux anges: "S'il est une muraille, Je construirai avec elle un palais d'argent". S'il se sacrifie pour la sanctification du Nom de D-ieu, "Je construirai avec lui un palais d'argent". "Et si c'est une porte, J'y mettrai un couvercle de bois de cèdre". S'il se refuse à donner son âme pour la sanctification du Nom de D-ieu, "J'y mettrai un couvercle de bois de cèdre.". De même que la figure inscrite sur le couvercle s'abîme facilement, de même lui aussi disparaîtra facilement de ce monde, et Je ne le protègerai pas. Avraham dit: "Je suis une muraille". Je me donne corps et âme à la sanctification de Ton Nom. Et pas seulement moi, mais Chadaï kaMigdalot, les enfants de mes enfants, 'Hanania, Mikhaèl, Âzaria, et la génération de 'Hanina bèn Téradion et ses compagnons, tous sacrifieront leur âme pour la sanctification de Ton Nom.».

**C'est en s'appuyant sur ce Midrach que le Machguia'h du Bèt haMidrach haGavoua de Lakewood (États-Unis), Rabbi Nathan Méir Wokhtfogel Zt"l, dans son livre Qovets Si'hot Moussar, écrit que le fondement sur lequel repose le peuple d'Israël, c'est la vertu du sacrifice de soi. Avraham Avinou était prêt à sauter dans la fournaise ardente en vertu de la confiance qu'il mettait dans le Créateur du monde, alors même qu'il n'avait encore reçu aucune révélation de la Présence divine. Et cette force se maintiendra chez ses descendants après lui jusqu'à la venue du Machia'h.**

**Dans le livre Touvékha Yabiôu, du Rav Yits'haq Zilberstein, sur la Parachat Êqèv, on lit l'anecdote suivante:**

Une famille originaire de Géorgie, habitant encore aujourd'hui à Hertslia, eut le mérite de voir tous ses fils devenir des érudits étudiant la Tora, et ses filles se marier avec des Avrékhim de renom. Le Rav haGaon Rabbi Réouven Karlstein raconte que le père de cette maisonnée lui expliqua un jour que son grand-père résidait en Géorgie à l'époque où les autorités tentèrent d'empêcher les Juifs de pratiquer la Mitswa du mikvé (le bain rituel). Or, un jour, le gouvernement avait entrepris de vérifier l'état sanitaire des bains rituels. Il ne faisait aucun doute que cette «vérification» n'était rien d'autre qu'un autre prétexte pour faire fermer le mikvé.

Ce grand-père se dépêcha d'arriver dans l'établissement avant que les préposés au gouvernement ne fassent leur entrée. Dès que ces derniers pénétrèrent à l'intérieur du mikvé, ils se mirent à hurler sur tous ceux qui se trouvaient là, prétextant que ces eaux sales n'étaient pas potables, et que l'ordre était donc donné de fermer le mikvé. À cet instant, notre homme plongea dans le bain, avec à la main une cruche qu'il remplit d'eau (non potable). Il fit semblant de prononcer une bénédiction et but le contenu de la cruche jusqu'à la dernière goutte. Puis, se tournant vers l'employé du gouvernement, il dit: «Comment peux-tu oser dire que cette eau n'est pas propre, si moi-même j'en bois?»

Ces paroles furent prononcées dans une atmosphère de sacrifice de soi au point où elles arrêtèrent net les émissaires du gouvernement chez qui la haine du Juif bouillait à grosses bulles. Ils quittèrent sur-le-champ le mikvé sans un mot. Et cet acte de bravoure honora ce grand-père de voir tous ses petits-enfants devenir des érudits hors pair, et ses petites-filles se marier avec des Avrékhim de renom.

**Dans le Traité Chabbat (130a), il est rapporté la Braïta suivante:**

«Rabbi Chimône bèn Èl'âzar dit: "Toutes les Mitswot pour lesquelles le peuple juif se donna corps et âme lors des décrets qui en interdisaient l'observance, comme ce fut le cas de la Brit Mila, jusqu'à aujourd'hui, il en tire des mérites.» Le sacrifice de soi de nos ancêtres, il y a des centaines d'années, a encore un impact sur les générations futures. Inversement pourtant, les Mitswot pour lesquelles le peuple juif ne s'est pas suffisamment battu, comme par exemple la Mitswa des phylactères pour laquelle les Juifs n'étaient pas prêts à mourir et qui est observée sans conviction, à cause de cela, elle a perdu aujourd'hui de sa vivacité. Et ce, parce que la récompense pour le sacrifice en vue de la Tora et des Mitswot se maintient «pour lui et pour sa descendance après lui».

**Une Michna du Traité Sota (49b) nous enseigne ce qui suit:**

«À la fin des temps l'effronterie grandira dans le monde. [Que] les jeunes gens se moqueront des anciens. [Que] les plus vieux se lèveront devant les plus jeunes. [Que] les fils dénigreront leur père, les filles leur mère, les brus leur belle-mère. [Que] la haine règnera dans une même maisonnée. La face de cette génération n'aura rien à envier à celle du chien, nous dit le Talmud, le fils ne ressentant aucune gêne devant son père. Sur qui pourrons-nous alors nous reposer? Sur D-ieu seul.».

**Comment éviter que ne s'accomplisse cette terrible prophétie? Qu'est-ce qui donnera le mérite de mettre au monde une noble descendance, écoutant les paroles du père et de la mère, possédant la crainte du Ciel, le respect des anciens, la pudeur devant les adultes?**

**La réponse à une telle question repose sur le principe que nous venons d'exposer: le don de soi. L'homme doit se sacrifier pour la Tora, car ce mérite lui sera compté à lui et à sa descendance, au point où il lui sera donné d'engendrer une génération droite et juste.**

**Dans le livre Maâmar Mordekhaï du Machguia'h Rabbi Mordekhaï Ména'hèm Chvob Zt"l, il est dit, au nom du Gaon haRav Chraga Feivel Mendlowitz Zt"l (1886-1948), qu'à toute génération correspond une œuvre particulière qu'il lui incombe d'accomplir. Or, pour la nôtre, c'est précisément le sacrifice de soi. Il l'explique en vertu de ce que nous trouvons dans le Traité Bérakhot (20a) au sujet de Rav Papa qui interrogea Abayé, son père, sur la raison pour laquelle la génération des Anciens bénéficiait de miracles, et non la sienne. Son père lui répondit alors que la raison en était que les Anciens se donnaient corps et âme à la sanctification du Nom de D-ieu, tandis que nous, dit-il, nous ne nous sacrifions pas suffisamment pour Son Nom. La Guémara raconte ensuite que Rav Ada bar Ahava aperçut un jour**

une Cutéenne qui portait un vêtement d'apparat et attirait ainsi à elle tous les regards. Pensant qu'elle était juive, il s'approcha d'elle et déchira son habit. Elle le traîna devant les tribunaux et l'obligea à lui payer la somme de quatre cents Zouz. Or, ce que ce passage nous enseigne, c'est que celui qui se donne corps et âme pour l'accomplissement des Mitswot se voit honoré d'une conduite du monde qui dépasse le simple cadre de la nature, les miracles.

Nous sommes dorénavant en mesure de comprendre que, l'effronterie gouvernant tout et le sens de la pudeur faisant défaut aux quatre coins du monde, un tel univers ne peut subsister. Si nous voulons mériter être dirigés dans l'éducation de nos enfants par une conduite du monde qui surpasse le cadre de la nature, il est nécessaire de nous sacrifier à la Tora et à son exigence.

Ainsi, dans le livre Maâyan Bèt haChoéva du Rav Chimône Chvob Zt"l, sur la Parachat Béchalla'h, il est dit que dans chaque génération du peuple juif qui fut obligée de se sacrifier pour la sanctification du Nom de D-ieu en public, les forces d'impureté présentes dans le monde s'affaiblirent en contrepartie. C'est la raison pour laquelle on ne vit pas de faux prophètes pendant la période du second Bèt HaMiqdach, alors qu'on pouvait en trouver sous le premier. Car c'est par le mérite du don de soi de Daniel dans la fosse aux lions et de 'Hanania, Mikhaèl et Âzaria, qui ne se prosternèrent pas devant l'idole de Néboukhadnètsar, que la puissance de l'impureté qui aurait dû plonger le peuple d'Israël dans les affres d'une prophétie mensongère fut annulée.

Le Rav ajoute que c'est pour cette même raison que la force qui préside aux anges maléfiques, présente encore à l'époque des Anciens, disparut. Ils furent des centaines de milliers de Juifs à se sacrifier à la sanctification du Nom de D-ieu, à tel point que la force du mal s'estompa progressivement. Ainsi, à chaque époque où il fallut se donner corps et âme pour la Tora et ses Mitswot s'ajoute un supplément de sainteté dans le monde, augmentant la crainte du Ciel et l'étude de la Tora.

Par exemple, après les exactions des croisés s'ouvrit cette

**période merveilleuse des Baâlé haTosséfot et des plus grands Richonim, dont la parole nous fait vibrer encore aujourd'hui. De nos jours, nombreux sont ceux qui font tous les efforts pour s'adonner à l'étude de la Tora malgré les difficultés quotidiennes, non seulement chez les hommes, mais aussi chez les femmes. Et cela fait plusieurs centaines d'années qu'une telle situation ne s'était produite. Nous le devons à cette force accrue de sainteté répandue dans le monde après la destruction du second Bèt HaMiqdach, dans la mesure où, grâce au sacrifice des enfants d'Israël d'alors, la puissance de l'impureté s'est affaiblie et les frontières de la sainteté se sont élargies.**

**Nous comprenons désormais que celui qui se sacrifie, corps et âme pour la Tora a la force de diminuer la présence de l'impureté dans le monde et d'amplifier celle de la sainteté; et son mérite est tel que cette sainteté l'abreuvera, lui et sa descendance.**

**Or, se sacrifier à la Tora, cela veut dire s'y agripper sans plus la lâcher. Ainsi, dans le livre Maâmar Mordekhaï (chap.19), de Rabbi Mordekhaï Ména'hèm Chvob, il est raconté l'histoire suivante:**

Lorsque le gouvernement polonais décréta que les Rabbins ne pouvaient exercer leurs fonctions que s'ils possédaient un diplôme rabbinique universitaire, les Juifs l'interprétèrent immédiatement comme un décret antisémite. Et le Rav haGaon, Rabbi El'hanan Wasserman Zt"l (1875-1941), raconte qu'ils se rendirent alors auprès du premier ministre, le professeur Prabeer, à qui le 'Hafèts 'Hayim demanda s'il fallait lui parler Yiddish ou Polonais. Le professeur lui répondit alors que, dans sa jeunesse, il avait appris l'Allemand et que, pour cette raison, il ferait un effort pour comprendre son Yiddish. Et telles furent alors les paroles du 'Hafèts 'Hayim: «Il y a soixante-quatre ans quand la Pologne se révolta contre l'empire de Russie qui réprima la rébellion dans le sang, je me tenais sur la place du marché de Radine d'où je pouvais voir comment on traînait les insurgés, les mains attachées et les fers aux pieds. Et je fus pris d'effroi quand je saisis de quelle manière on punissait des hommes qui ne cherchaient autre chose que de vivre librement. Je me mis même à pleurer, et je savais que “D-ieu chérit ceux qui sont pourchassés.” (Qohèlèt, 3, 15). En effet, par la grâce de D-ieu, aujourd’hui la nation polonaise est libre. Et, je me dis que, sans aucun doute, elle se souviendra des épreuves qu’elle a endurées lors de cette terrible période, et que jamais elle ne s’en prendra à d’autres peuples. Pourtant, je suis stupéfait d’entendre que vous vous tenez prêts à décréter de telles sentences sur le peuple juif, cherchant à vouloir égarer son âme, à éloigner ses enfants de l’étude de la Tora. Je m’étais inquiété de votre sort, que vous ne perdiez ni votre indépendance, ni votre État. Et voilà qu’aujourd’hui, c’est nous qui sommes les “pourchassés”, que D-ieu cherche à sauver.».

Cette histoire pénétra dans les oreilles du premier ministre qui annula sur-le-champ les nouveaux décrets. Pourtant, sept ans plus tard, la Pologne dut à nouveau goûter la soumission après une invasion sanglante.

Le ‘Hafèts ‘Hayim organisa un grand rassemblement de toutes les personnalités juives importantes d’Europe, et des centaines de Rabbanim de tous les horizons répondirent à son appel. Le ‘Hafèts ‘Hayim dit alors: «Avant tout, il faut que chacun d’entre nous se tienne prêt à se sacrifier.». Puis, à plusieurs reprises, il répéta: «Ne vous relâchez pas, ne vous relâchez pas!».

**Notre maître Rabbi Baroukh Béèr explique les mots du ‘Hafèts ‘Hayim à l’aide d’un verset du Séfèr Michelè (chap.4, verset 2): «Car Je vous donne d’utiles leçons; n’abandonnez pas Ma Tora.». D-ieu dit à Israël: «Car Je vous donne d’utiles leçons», à vous et à personne d’autre. Mais à la condition que «vous n’abandonniez pas Ma Tora», car si jamais vous la délaissiez, alors Je laisserais à celui qui le désire la possibilité de s’emparer de vous.**

**Or, à la lueur de ce qui est rapporté à la fin du livre Lèv Èliyahou, du Rav Èliyahou Lopian (1876-1970) à propos de la Téchouva (fin du chap.3), il est possible d’ajouter un commentaire sur ces saintes paroles. La Michna du Traité Yoma (37b) nous enseigne qu’un miracle se produisit aux portes de Nikanor, miracle dont on se souvient dans l’allégresse. En effet, plus loin**

(Traité Yoma, 38a), la Guémara rapporte que Nikanor s'était rendu à Alexandrie afin d'en ramener des portes de bronze qui allaient être utilisées pour l'entrée Est du Bèt HaMiqdach (le Temple). Or, alors qu'il était en chemin, la mer se déchaîna au point où le navire allait chavirer. La décision fut alors prise de jeter à la mer la précieuse cargaison, et c'est ainsi que l'une des deux portes fut glissée par-dessus bord. Pourtant, la tempête continuait à faire rage au point où l'on se demandait s'il ne fallait pas en faire autant de l'autre porte. C'est alors que Nikanor se leva de tout son séant, s'attacha fermement à la porte restante et déclara: «Si vous voulez vous en débarrasser, jetez-moi avec elle.». À peine avait-il fini sa phrase que la mer retrouva son calme. Mais Nikanor ne pouvait se consoler d'avoir perdu la première porte. Arrivé au port d'Acco, quelle ne fut pas sa surprise quand il la vit sur le rivage... C'est ainsi que Nikanor eut le mérite d'offrir ces deux portes somptueuses au Bèt HaMiqdach. Voilà la raison pour laquelle, comme témoignage de ce miracle, toutes les portes du Temple sont en or, à l'exception de celles dites «de Nikanor», qui sont en bronze.

Le Rav Èliyahou Lopian Zt"l conclut de cette histoire que, dans la mesure où Nikanor ne fut pas prêt à se sacrifier pour la première porte, elle coula au fond de l'océan, sans pourtant apaiser la tempête. Pourtant, après avoir déclaré vouloir être jeté à la mer avec la seconde, prêt donc à se sacrifier pour elle, la tempête cessa sur-le-champ. Son désespoir de n'avoir pas agi de cette manière pour sauver la première porte ne pouvait s'atténuer. Il fut témoin du miracle qui fit glisser la première porte jusqu'au rivage du port d'Acco. Le Rav explique ensuite qu'à l'époque du Bèt HaMiqdach, nous possédions deux portes par lesquelles nous continuons d'exister encore aujourd'hui: la porte de la Tora et la porte de la Âvoda (celle du service des sacrifices du Bèt HaMiqdach). Mais, à cause de nos fautes, nous fûmes exilés de notre terre, et «la porte de la Âvoda» fut lancée par-dessus bord dans l'océan des plaisirs, de la jalousie et des honneurs, ne nous laissant plus que «la porte de la Tora». Et à chaque génération vivant cet exil amer, nos ennemis se lèvent, comme une mer déchaînée, ordonnant de terribles décrets afin que nous nous débarrassions aussi de cette seconde porte, «la porte de la Tora», et que nous leur ressemblions en tout. C'est pourquoi nous devons nous tenir prêts à nous sacrifier pour la Tora et à nous attacher à la dernière porte qu'il nous reste. C'est par le mérite de notre tristesse que nous mériterons de retrouver au bout du chemin la première porte, «la porte de la Âvoda». Et à nouveau, le service du Bèt HaMiqdach reprendra, lors de la venue de notre Machia'h.

Telle était sûrement l'intention de notre maître le 'Hafèts 'Hayim, lorsqu'il déclara qu'il est interdit de nous relâcher dans l'étude de la Tora, la dernière porte que nous ayons entre les mains.

# Parachat Mattot

*L'éducation-Tora ou modernité?*

**«Et les enfants de Réouven possédaient de nombreux troupeaux, et les enfants de Gad un très grand troupeau [...]. Les enfants de Gad et de Réouven se rendirent auprès de Mochè, d'Èliâzar le prêtre, et des princes de l'assemblée [...]. Et ils déclarèrent: "Si nous avons trouvé grâce à tes yeux, que cette terre soit donnée à tes serviteurs [...]". Et Mochè dit aux enfants de Gad et aux enfants de Réouven: "Vos frères iraient-ils à la guerre et vous, vous résideriez ici?"» (Bémidbar, 32, 1-6).**

Dans la Parachat Mattot, le peuple juif se trouve au terme des quarante années passées dans le désert. Et juste avant leur entrée en terre d'Israël, les enfants de Gad et de Réouven demandent à Mochè la possibilité de ne pas traverser le Jourdain. Possédant de nombreux troupeaux, ils désirent en effet s'établir dans cette région qui se prête tout particulièrement à l'élevage. Ainsi, suivant leur logique, ce lieu est l'emplacement idéal pour leurs familles. Or, une telle requête a pour effet de déclencher la colère de Mochè Rabbénou qui leur répond: «Vos frères iraient-ils à la guerre en Terre sainte, et vous vous résideriez ici en paix?». Concéder à leur demande aurait évidemment eu pour effet de dissuader le peuple d'entrer en terre d'Israël, et de provoquer une autre attente prolongée dans le désert, comme celle causée par les Explorateurs, qui ne voulaient pas rentrer en Terre sainte. Mais les enfants de Gad et de Réouven rétorquent qu'ils s'équiperont pour la guerre, mais que, pour ce faire, ils doivent avant tout construire des enclos pour leur bétail et des villes pour leurs enfants.

Cette Paracha soulève plusieurs questions. Premièrement, pour quelle raison est-il dit d'abord «les enfants de Gad», et ensuite seulement «les enfants de Réouven»? Réouven n'était-il pas l'aîné? Deuxièmement, dans le partage définitif de la terre d'Israël, la vallée du Jourdain est donnée à Gad, à Réouven, et à la moitié de la tribu de Ménaché. Pourquoi? Ménaché pourtant ne s'était pas associé à eux lors de cette demande.

Or, se posant cette première question, le Kéli Yakar (Rabbi Èfrayim Chélomo de Lunchitz, 1550-1619) y répond en expliquant que la raison pour laquelle les enfants de Gad devancèrent ceux de Réouven tient au fait que le troupeau de Gad était plus important encore que celui de Réouven. Et c'est en vertu de leur richesse que leur cœur s'enorgueillit et qu'ils oublièrent de laisser la priorité au premier-né.

Dans son commentaire, Rabbénou Don Yist'haq Abrabanèl (1437-1508) fait remarquer que, dans les discours des enfants de Gad et de Réouven, pas une seule fois on ne trouve la mention, même allusive, du Nom de D-ieu. Par exemple, lorsqu'il est dit: «Quant à nous, nous nous armerons rapidement, à la tête des enfants d'Israël.» (Bémidbar 32, 17), il faut que Mochè vienne (Bémidbar 32, 20-22) corriger leurs propos en disant: «Si vous vous armez devant l'Éternel pour faire la guerre, et que, devant l'Éternel, vous faites traverser le Jourdain à tout homme armé, jusqu'à ce qu'il ait chassé ses ennemis, et que la terre soit conquise devant l'Éternel; et qu'après, vous vous retournerez: alors vous serez quittes vis-à-vis de l'Éternel et d'Israël. Cette terre sera alors en votre possession devant l'Éternel.».

De là, nous voyons donc que les enfants de Gad et de Réouven mirent en avant l'action de leurs mains et leur responsabilité vis-à-vis de leurs frères, tandis que Mochè souligne l'importance d'agir en accord avec D-ieu. Ce n'est qu'à la fin que, comprenant leur erreur et reprenant les paroles de Mochè, ils déclarent: «Tes serviteurs feront traverser tous les hommes armés pour la guerre, devant l'Éternel, comme mon maître l'a dit.» (Bémidbar, 32, 27).

Tel est le sens de ce verset que nous trouvons dans notre sainte Tora: «Et, engraissé, Yéchouroun se plaint, et il abandonne le D-ieu qui l'a fait.» (Dévarim, 32, 15). En effet, à cause d'un surplus de richesse et d'orgueil, ils oublièrent de mentionner le Nom de D-ieu dans toutes leurs entreprises.

Pire encore, nous avons vu que les tribus de Gad et de Réouven avaient demandé de pouvoir d'abord construire des enclos pour leur bétail et ensuite seulement des villes pour leurs enfants. Sur ce point encore, Mochè les corrige, leur disant qu'il convient d'édifier d'abord des villes pour les enfants, et seulement ensuite des enclos pour le bétail.

Nous pouvons en déduire que leur perception de la vie était telle qu'ils pensaient devoir se préoccuper avant tout des possessions matérielles, de construire les infrastructures des villes, etc., et ensuite seulement s'intéresser à l'éducation des enfants, leur construire des lieux d'étude et des structures éducatives. Toutefois, Mochè Rabbénou les reprend pour leur faire comprendre leur erreur, l'éducation étant la première chose qu'il convient de prendre en charge.

Nos Sages nous l'ont enseigné au sujet de Yaâqov qui, avant d'envoyer ses enfants en Égypte, demanda à Yéhouda de s'installer à Gochen pour mettre sur pied un Bèt haMidrach et un Bèt haTalmud, afin que, quand les enfants arriveront, ils puissent faire immédiatement leur entrée au 'Hédèr pour étudier.

Le Natsiv, Rav Naftali Tsvi Yéhouda Berlin (1816-1893) explique, dans son commentaire HaÈmèk Davar (Dévarim, 3, 16), que c'est précisément à cause de leur pauvreté en spiritualité qu'il fallait associer à ces deux tribus la moitié de celle de Ménachè. Et même s'il est vrai que les enfants de la tribu de Ménachè ne s'intéressèrent pas à l'héritage de la vallée du Jourdain, c'est par l'extraordinaire mérite de l'étude de la Tora qui était le leur qu'ils furent envoyés ensemble avec ces deux tribus, afin de les guider dans les voies de la Tora, et de leur insuffler la spiritualité nécessaire pour ne pas oublier D-ieu.

Il est vrai que les enfants de Gad et Réouven reconnurent leur erreur et que, quatorze ans plus tard, quand ils retournèrent après la conquête du pays d'Israël vers les terres qui leur étaient imparties, ils édifièrent un autel sur la rive du Jourdain, qui se trouve du côté de la terre d'Israël, comme cela est rapporté dans le livre de Yéhochouâ (22, 9). De fait, les autres tribus se mirent

**en guerre contre eux, croyant qu'ils voulaient y apporter des sacrifices pour un autre D-ieu. Les enfants de Gad et Réouven furent même contraints de se justifier devant leurs frères, leur expliquant qu'ils n'avaient nullement l'intention de profaner D-ieu, que leur place était bien avec D-ieu dans le service du Tabernacle, mais que la construction de cet autel leur servait de mémoire afin que leurs enfants ne pensent pas, au fil des années qu'ils n'avaient pas eu part au D-ieu d'Israël.**

**Dans son commentaire (22, 27), le Ralbag (Rav Lévi Ibn Gerchom, 1288-1344) explique qu'ils construisirent cet autel en réponse à la peur et la crainte qu'ils ressentaient après avoir agi comme ils l'avaient fait, ayant suivi leur bétail, c'est-à-dire leurs intérêts personnels. Ils avaient donc fait Téchouva et avaient regretté leur attitude, craignant que leurs enfants ne se détournent de D-ieu.**

**C'est à ce sujet qu'il est dit dans le Traité Soukka (56b) que les enfants reproduisent à l'extérieur ce qu'ils entendent à la maison. S'ils entendent leurs parents ne parler que d'argent et de leur travail au jour le jour, ils grandiront en ayant à l'esprit qu'il n'y a que l'argent qui compte, se détournant petit à petit de la Âvodat HaChem. En revanche, si nos enfants grandissent dans une ambiance de Tora et de crainte du Ciel, alors ils sont les enfants de D-ieu, et l'on peut espérer qu'ils deviennent de véritables Talmidé 'Hakhamim.**

**Comment réussir l'éducation de ses enfants? Dans son livre Touvékha Yabiôu, sur la Parachat 'Houqat, Rabbi Yits'haq Zilberstein fait part d'une Ségoula pour y exceller.**

Dans la ville de 'Haïfa, vivait un honorable Juif, du nom de Rav Donat, qui eut le mérite de voir de son vivant tous ses enfants devenir de grands érudits, animés d'une authentique crainte du Ciel, l'un d'eux connaissant tout le Talmud quasiment par cœur. Lors de son enterrement, on raconta l'histoire suivante. Dès l'édification de l'État d'Israël, Rav Donat possédait des actions dans une entreprise du nom de haCha'har, alors l'enseigne des autobus de la ville de 'Haïfa. Ces actions lui assuraient d'importants revenus. Pourtant, quelques temps plus tard, l'association Cha'har s'associa avec Egged, et les autobus commencèrent à circuler le Chabbat. Les détenteurs d'actions Cha'har cherchèrent le moyen de continuer leur association avec l'entreprise. Mais le Rav Donat se dit en lui-même qu'il était impossible de rester associé à une entreprise qui profanait le Chabbat, et décida de se rendre auprès du Rav haGaon A. Klein Zt"l, alors Rav de 'Haïfa, et d'exécuter à la lettre tout ce qu'il lui dirait de faire. Toutefois, en vertu du fait qu'il était très difficile de gagner sa vie à cette époque, le Rav ne voulut pas trancher et envoya notre ami chez notre maître le 'Hazon Ich Zt"l (Rav Avraham Yéchâya Karélits, 1879-1953) à Bné-Braq, lui donnant une lettre où il avait noté sa question. Ce bon Juif se dépêcha de se rendre auprès du 'Hazon Ich, mais à peine avait-il passé le pas de la porte qu'il vit une multitude de Rabbanim en train de faire la queue.

Après plusieurs heures, il eut le mérite d'entrer dans la pièce du Gadol haDor, lui présentant la lettre qu'il tenait entre les mains. Le 'Hazon Ich lui répondit avec un seul mot: «Assour», interdit. Sans aucune question, ni remarque, notre homme reprit le chemin de 'Haïfa et vendit ses actions qui constituaient alors la source de tous ses revenus. Un beau jour, alors que le Rav Donat se promenait dans un quartier résidentiel, il rencontra un vieil ami à lui qui avait été, en même temps que lui, un associé de l'entreprise Cha'har. Au cours de la discussion, son ami souligna qu'il avait acquis une luxueuse villa dans le quartier, et mentionna aussi le montant élevé qu'il percevait chaque mois, de l'entreprise en question. Puis il s'affligea sur le fait que le Rav Donat ait vendu ses actions, lui rappelant qu'il avait perdu un capital important dont il aurait pu jouir dans ce monde-ci.

Le Rav lui répondit alors d'une voix apaisée: «C'est vrai, tu as hérité d'une bâtisse resplendissante, mais moi, j'ai hérité d'enfants Talmidé 'Hakhamim qui resplendissent dans les Baté Midrach du peuple Juif. Et il me semble que cela vaut plus que toutes les actions d'une entreprise qui profane Chabbat.».

# Parachat Massê

*La prière du Grand-Prêtre*

**«L'assemblée sauvera le meurtrier de la main du vengeur de sang, et elle le ramènera vers sa ville de refuge d'où il s'était enfui. Il y résidera jusqu'à la mort du Grand-Prêtre qui a été oint avec l'huile de sainteté.»** (Bémidbar, 35, 25).

Nous apprenons, dans la Parachat Massê, les lois ayant trait au meurtrier involontaire. Fuyant vers la ville de refuge, il doit y rester jusqu'à la mort du Grand-Prêtre. Or, il y a lieu de s'interroger: en quoi consiste cette responsabilité du Grand-Prêtre pour que la Tora fasse dépendre de la mort du Grand-Prêtre le retour du meurtrier involontaire à son domicile? Cela ressemble en tous points au cas où Réouven aurait promis un trésor de pièces d'or à Chimône le jour où mourrait Lévi. Et Chimône prierait tous les jours pour le trépas de Lévi! De même ici, le meurtrier prie chaque jour pour que le Grand-Prêtre meure et qu'il puisse ainsi rentrer chez lui.

On trouve la réponse à cette question sous la plume de nos Sages, dans le Traité Makkot (11a). Rachi (Rabbi Chélomo Bèn Yits'haq, 1040-1105) le rapporte, sur le verset cité: «...parce que le Grand-Prêtre aurait dû prier pour que n'arrive pas cet accident parmi Israël de son vivant». C'est parce qu'un tel accident arriva du vivant du Grand-Prêtre, sensé avoir prié pour la paix au sein du peuple juif, que la Tora lui en fait porter la responsabilité; et le meurtrier ne pourra rentrer chez lui tant que le Grand-Prêtre n'est pas mort lui-même.

La Guémara nous raconte en effet que Rabbi Yéhochouâ bèn Lévi avait l'habitude d'étudier tous les jours avec Èliyahou haNavi. Un jour pourtant, Èliyahou s'absenta trois fois de suite. Puis, quand il se présenta à nouveau, Rabbi Yéhochouâ lui demanda la raison de son absence. Èliyahou lui répondit alors qu'à plus de quatre Parsaot de là, un lion s'était jeté sur un homme et l'avait dévoré et ce, parce que Rabbi Yéhochouâ n'avait pas prié pour empêcher un tel malheur. Il l'avait donc puni en ne lui rendant pas visite pendant trois jours.

Nous pouvons conclure de cette histoire l'importance de prier chaque jour pour le bien-être de notre famille et de notre ville afin qu'aucun incident n'arrive dans notre entourage. Mais la nature de l'homme l'amène à se demander qui il est pour devoir prier pour le bien de toute une ville. Serait-il Grand-Prêtre, ou Rabbi Yéhochouâ bèn Lévi?

Toutefois, si nous continuons à réfléchir sur la Paracha et sur les paroles de cette Guémara du Traité Makkot (11a), nous trouvons mentionné également le fait que la mère du Grand-Prêtre fournissait de la nourriture et des vêtements aux meurtriers qui se retrouvaient dans les villes de refuge, afin précisément qu'ils ne prient pas pour la mort de son fils. Là encore, il y a lieu de s'interroger: qu'y a-t-il de si grave dans le fait qu'ils prient pour la mort du Grand-Prêtre? Est-ce que D-ieu est prêt à entendre une telle prière? Ne sont-ils pas, malgré tout, rien d'autre que des meurtriers involontaires séjournant dans la ville de refuge?

Or, justement, la prière qu'un homme fait de tout son cœur, comme celle de ce meurtrier qui désire rentrer chez lui parmi les siens, a un véritable impact. Même si cet homme est un scélérat ou qu'il est effectivement coupable, D-ieu reçoit la prière qui provient des profondeurs du cœur. Et s'il en est ainsi, qu'avons-nous à répondre? Il est évident que repose sur chacun d'entre nous l'obligation de prier pour qu'aucun incident négatif ne se produise de notre vivant.

Une autre question toutefois mérite d'être posée. Même si le Grand-Prêtre ne priait pas assez pour que rien de grave n'arrive de son vivant, ne connaissons-nous pas, pourtant, les paroles de cette Guémara (Traité Sota, 21a) qui affirme que la Tora protège ceux qui l'étudient? Et s'il en est ainsi, pour quelle raison la Tora du Grand-Prêtre n'avait-elle pas la force de protéger les hommes de sa génération?

Ainsi, dans le Traité Nédarim (81a), il est demandé: «Quel est l'homme savant et avisé qui comprendra cette chose? Pour quelle raison la terre d'Israël fut-elle perdue?». Cette question fut effectivement posée aux sages, aux prophètes et même aux anges, mais aucun d'eux ne sut y répondre. Jusqu'à ce que D-ieu Lui-même intervienne, comme il est dit: «Et D-ieu dit: "N'abandonnez pas Ma Tora". Rabbi Yéhouda expliqua au nom du Rav: "C'est parce que les hommes de cette génération ne prononçaient pas en premier la bénédiction sur la Tora."»

Le Rav haGaon Èliyahou Lopian Zt"l (1876-1970), dans son livre Lèv Èliyahou, rapportant les paroles du Ran (Rabbi Nissim bèn Réouven Gérondi, 1290- 1380) au nom de Rabbénou Yona, explique que le fait de ne pas prononcer en premier la bénédiction sur la Tora met en évidence que la Tora n'était pas suffisamment importante à leurs yeux. C'est parce qu'ils ne l'étudiaient pas d'un cœur entier qu'ils dénigraient sa bénédiction.

Or, à première vue, une telle explication est surprenante. En effet, ce sont les Sages eux-mêmes qui affirment que «même si un homme étudiait la Tora pour des motifs intéressés, il en viendrait à l'étudier de manière désintéressée.»

Mais le Rav haGaon, Rabbi Yits'haq Blazer Zt"l (1837-1907), nous révèle que la solution à cette énigme se trouve dans le Traité Bérakhot (62b). La Guémara y explique en effet que «celui qui ne respecte pas les vêtements, finira par ne plus pouvoir en profiter. Ainsi que nous l'apprenons du roi David, comme il est dit: "Et David alla couper sans bruit le bord du manteau de Chaoul." (Chémouèl 1, 24, 5). Or, à la fin, il n'en tira aucun profit, puisqu'il est écrit: "Et le roi David était vieux, chargé de jours. Quand bien même l'enveloppait-on de vêtements, il n'en était pas réchauffé." (Mélakhim 1, 1, 1)».

D-ieu a fait la nature des vêtements de telle sorte qu'ils sont à même de réchauffer celui qui les porte. Toutefois, si l'on en venait à les dénigrer, D-ieu en retire la nature, et laisse à leur place de simples bouts de tissus ayant perdu la faculté de nous tenir chaud. Et c'est en ce sens qu'il nous faut comprendre la question de la Guémara: «Pour quelle raison la terre d'Israël

**fut-elle perdue? Sous-entendu: bien que les hommes de cette génération transgressèrent les trois interdits capitaux (idolâtrie, meurtre, impudicité), pour quelle raison la Tora ne les protégea pas? À cela, la Guémara répond qu'ils ne la tenaient pas suffisamment en estime. Ainsi, quand bien même D-ieu fit que la nature de la Tora serait de protéger ceux qui l'étudient, Il lui retira cette qualité, et eux-mêmes ne purent s'empêcher de transgresser ces interdits fondamentaux, provoquant ainsi la destruction du Temple.**

**Nous comprenons mieux maintenant pourquoi, si la Tora avait suffisamment d'importance aux yeux du Grand-Prêtre, elle protégeait les membres de sa génération. Et qu'inversement, le fait qu'un incident ait pu se produire de son vivant était la preuve éclatante que, non seulement sa Tora était entachée d'une certaine négligence, mais que le Grand-Prêtre n'avait pas suffisamment prié pour sa génération.**

**À nous d'en déduire alors la nécessité qui nous incombe de nous renforcer dans l'étude de la sainte Tora. Et combien il nous faut prier chaque jour devant notre Créateur afin qu'Il nous sauve, nous, les membres de notre famille et les habitants de notre ville parmi l'ensemble du peuple juif, de toutes sortes d'accidents, de même que des assauts multiples du mauvais penchant. Cette liberté est laissée à tout homme qui, en sortant de son domicile, posera la main sur la mézouza de sa maison et prononcera sa demande à D-ieu. Et il faut savoir que celui qui prie pour son prochain, alors qu'il a lui-même besoin d'aide, sera exaucé en premier.**

**Ainsi, dans son livre Touvékha Yabiôu, sur la Parachat Êqèv, Rabbi Yits'haq Zilberstein raconte, au nom d'un Talmid 'Hakham renommé de Bné-Braq, l'histoire suivante:**

Lors de la guerre de 1967, les Égyptiens avaient promis que s'ils prenaient la terre d'Israël, ils jugeraient ses habitants. Dans les journaux égyptiens, il fut précisé que l'ordre de «détruire, tuer et dévaster» ne concernait pas les habitants du quartier de Méa Chaârim à Jérusalem, bien qu'aucune explication n'en soit donnée.

Des prières furent organisées dans toutes les synagogues et maisons d'étude surtout à celles de Méa Chaârim, afin que D-ieu puisse voir le désespoir du peuple juif et qu'Il les sauve de leurs mains cruelles.

Ce n'est que plus tard que l'effroyable méchanceté et la cruauté des Égyptiens était partout visible. La raison pour laquelle ils avaient déclaré publiquement que leur décret ne visait pas les habitants de Méa Chaârim, c'est qu'ils avaient espéré que les habitants de cette ville se sentent sûrs d'être sauvés, et ainsi ils ne se mettent pas à prier ni pour eux-mêmes ni pour leur frères. Cette tactique a suscité une prise de conscience, même chez les Juifs les plus récalcitrants, de la force de la prière et des lamentations, et de leur capacité à mettre un frein aux mauvais décrets.

**En conclusion, nous voyons comment il incombe à tout Juif de se tenir toujours en situation de prière, afin d'éloigner de lui toutes sortes de maux. Et ce, parce que les ennemis d'Israël guettent cet instant où les Juifs cesseront de prier pour aussitôt pouvoir lever la main sur eux. Or, seule la prière a la force d'empêcher les attaques du mal.**

**Et il nous faut savoir enfin qu'aucune prière n'est laissée sans réponse, ainsi que l'explique le Rav haGaon, Rabbi 'Hizkyahou Yossèf Michkovatsky, dans l'une de ses allocutions:**

L'un des petits-fils de notre maître le Gaon Israël Yaâqov Kanievsky Zt"l (1899-1985) lui raconta qu'il se trouvait un jour sur le point de partir vers le Kotel haMaâravi. Le Steipeler demanda alors à son petit-fils de le mentionner dans sa prière, quand il se trouverait là-bas. Le jeune homme s'étonna et demanda à son grand-père: «Est-ce vraiment à moi de te rappeler au souvenir de D-ieu? Tes liens avec le Créateur du monde ne sont-ils pas tellement plus étroits et solides que ceux de ma prière?». Notre maître éleva alors la voix et lui dit: «Sache que toute prière et que toute demande qui sortent de la bouche d'un Juif, quel qu'il soit, fait son chemin. Et si ce n'est aujourd'hui, ce sera demain ou après-demain, dans un mois ou dans un an. La prière que tu feras pour moi aura son impact!».

# Parachat Dévarim

*Connaître toute la Tora*

**«Telles sont les paroles que Mochè adressa à tout Israël, de l'autre côté du Yardène, dans le désert, dans la plaine en face de Souf, entre Paran et Tofèl, Laban, 'Hatsèrot et Di-Zahav.»** (Dévarim, 1, 1).

**Rachi** (Rabbi Chélomo Bèn Yits'haq, 1040-1105) **commente:**

«"Entre Paran et Tofèl, Laban". Rabbi Yo'hanan a dit: Nous sommes revenus sur tous les versets, et nous n'avons pas trouvé qu'il soit fait mention une seule fois d'un lieu du nom de Tofèl ou Laban. C'est pourquoi [nous en avons déduit que par ces paroles] Mochè exerce des remontrances au peuple juif pour avoir "calomnié", Tiflou, la manne qui était "blanche", Lavan.».

**Ces paroles de Rabbi Yo'hanan nous enseignent un principe fondamental, celui de la nécessité d'une connaissance approfondie de la Tora. Quand il parvint avec ses élèves à ce verset, personne ne sut à quel lieu faisait référence le nom de Tofèl, au point où même le Rav pensait l'avoir peut-être oublié. C'est ainsi qu'immédiatement, tous se mirent à la tâche de relire tous les versets. Mais là encore, ils ne purent retrouver la référence à ce lieu. Ils en conclurent donc que Mochè faisait des remontrances au peuple juif sur le fait d'avoir «calomnié» la manne qui était «blanche».**

**Or, voilà quelque chose d'impressionnant: pour comprendre un verset de la Tora, Rabbi Yo'hanan et ses élèves sont prêts à relire tout le texte de la Tora. Ce qui signifie que leurs yeux scrutent la Tora tout entière, rien ne leur échappe, de quelque importance que ce soit, grande ou petite.**

**On trouve cette idée dans le Traité Ména'hot** (99b): **«Bèn Dema, le fils de la sœur de Rabbi Ichmaël, lui demanda: "Moi qui ai étudié toute la Tora, ai-je le droit d'étudier la sagesse**

grecque?" Il lui répondit à l'aide de ce verset: "La Tora ne quittera pas ta bouche, et tu t'y consacreras jour et nuit." Sors et trouve une heure qui ne fait pas partie ni du jour ni de la nuit pendant laquelle tu pourrais étudier la sagesse grecque.»

Là encore est soulignée l'importance de se consacrer à l'étude de la Tora: les Anciens parvenaient à étudier toute la Tora au point qu'il n'en restait aucune partie qui n'ait été abordée. Or, la question que Bèn Dema pose à Rabbi Ichmaël a des répercussions halakhiques de taille. Après avoir maîtrisé toute la Tora, demande-t-il, serait-il permis de se consacrer à l'étude d'autres sagesses? Et bien entendu, la réponse est négative, car même après avoir étudié toute la Tora, il convient de revenir sur elle, et de la répéter sans interruption.

Dans le livre Maasé LeMélèkh, on raconte que le 'Hafèts 'Hayim (Israël Méir HaCohen Kagan, 1839-1933) demanda au Gaon Rabbi Israël Lipqine Salanter Zt"l (1809 ou 1810-1883) s'il était préférable de revenir plusieurs fois sur une même notion du Talmud ou s'il valait mieux étudier différentes notions sans les approfondir. La réponse fut: «Il faut connaître la longueur et la largeur de la Tora.» Le 'Hafèts 'Hayim explique cette réponse à l'aide d'une métaphore: celui qui n'étudie qu'une partie seulement de la Tora, à quoi ressemble-t-il? À celui qui, ayant dépensé tout ce qu'il possédait pour l'achat d'un beau chapeau, n'a même plus de quoi couvrir son corps nu.

Pourtant, il y a lieu de s'interroger: comment pouvons-nous prétendre connaître toute la Tora? Ou, en d'autres termes, pourquoi ne parvenons-nous pas, dans notre génération, à connaître toute la Tora?

La réponse à cette question est sous-entendue dans les paroles du Midrach suivant (Midrach Dévarim Rabba, 8, 3):

«Les Sages disent: un idiot pénètre dans la synagogue et, voyant ceux qui se consacrent à l'étude de la Tora, il leur dit: "Comment l'homme doit-il s'y prendre pour étudier la Tora pour la première fois?" On lui répond: "Qu'il prenne d'abord une Méguila, et ensuite le Livre de la Tora, puis les Prophètes, Néviim, et les Hagiographes, Kétouvim. Après avoir terminé les textes de la Tora écrite, qu'il étudie le Talmud, puis les lois, halakhot, et ensuite la Aggada." Après avoir entendu cela, cet homme se dit dans son cœur: "Quand pourrais-je étudier tout cela et en même temps revenir sur le reste?" Inversement, que fait l'homme de bon sens? Il étudie un chapitre par jour jusqu'à terminer la Tora tout entière.».

**Il est vrai que, devant l'énormité de la tâche qui les attend, certains désespèrent avant même d'avoir commencé à étudier. Mais la sagesse consiste à nous y mettre tout de suite, et du Ciel nous sera envoyée l'aide pour finir la tâche qui nous incombe.**

Un jour, le Rav Saâdia Gaon (882-942) rencontra un tailleur occupé à recoudre une robe. Le Gaon lui demanda combien de coutures ce vêtement avait. Le tailleur lui répliqua alors: «Dis-moi, toi, combien la Tora comporte-t-elle de versets?». Et ne pouvant lui répondre, le Rav partit sur le champ compter les lettres du Séfèr Tora. Mais à chaque fois, il se trompait dans le compte. Il se mit alors à pleurer au point où, du Ciel, on eut pitié de lui, et on lui dévoila le nombre de lettres que comptait le Séfèr Tora, soit cinq mille huit cent quatre-vingt-huit versets.

**C'est pour cette raison que dans le Talmud (Qiddouchin, 30a), les Anciens sont appelés des Sofrim, parce qu'ils connaissent toute la Tora, et comptent chacune de ses lettres, et ce, afin de nous enseigner que, si nous avons fait de la Tora notre «profession», nous sommes obligés de la connaître d'un bout à l'autre.**

**Au moins deux fois par jour, nous récitons, dans le Qéryat Chemâ, le verset suivant: «Et vous enseignerez à vos enfants...» (Dévarim, 6, 7). Les Sages, dans le Traité Qiddouchin (30a), l'ont expliqué de la façon suivante: «"Et vous enseignerez" signifie que les paroles de la Tora doivent vous venir spontanément à la bouche, de sorte que si quelqu'un vous interroge sur une loi précise, vous pouvez lui répondre sans hésiter.». Il n'est donc pas suffisant d'étudier la Tora. Il faut l'avoir intégrée au point**

**d'être capable de toujours répondre de façon cohérente et subtile, de sorte que la Tora soit toujours lumineuse dans notre bouche, et que nous sachions toujours quoi répondre. Et dans le livre Léka'h Tov du Rav Yaâqov Israël Beifuss, sur la Parachat Chofétim, on trouve une anecdote que le Gaon Rav 'Hayim Chmoulévitch Zt"l racontait, au nom de son père, et qui arriva à Volozine à l'époque du Gaon Rabbi 'Hayim MiVolozine Zt"l (1749-1821).**

Un jour, au beau milieu du repas, on posa une question à l'élève le plus brillant de la Yéchiva, mais il ne réussit pas à y répondre. Après s'être rendu compte que la réponse se trouvait dans un Tosséfot, et qu'il aurait donc dû la connaître, il fut pris d'un chagrin si profond, qu'il se leva et, sans terminer son repas, ni même réciter le Birkat haMazone, il quitta la Yéchiva pour se réfugier dans un lieu caché de tous afin d'y étudier la Tora sans interruption. Il y étudia pendant sept ans, avant de devenir l'une des grandes figures d'Israël.

Plus tard, lorsqu'on demanda au Gaon Rabbi 'Hayim s'il pensait que cet étudiant avait agi comme il le fallait, le Gaon répondit que, d'un côté, il était évident qu'il avait mal agi, dans la mesure où il est interdit de quitter un repas sans réciter le Birkat haMazone. D'un autre côté, s'il était resté pour prononcer ces bénédictions, il est clair qu'il ne se serait pas enfui dans un lieu caché de tous, et n'aurait pas étudié la Tora sans interruption pendant sept ans comme il l'avait fait.

**Une autre anecdote concernant le Gaon 'Hayim MiVolozine Zt"l est rapportée dans le livre MiChèl HaAvot (3e partie, p.328).**

Rabbi 'Hayim MiVolozine Zt"l expliqua une fois à l'un de ses élèves l'extraordinaire Bekiout, vaste connaissance de nombreux sujets, qu'avait acquise son maître, le Gaon Rabbi Èliyahou MiVilna (1720-1798). Puis il fit aussi les éloges de son propre frère, Rabbi Chélomo Zalmele, dont l'érudition, malgré son jeune âge, était comparée à celle des Sages de l'époque des Tannaïm et des

Amoraïm. Puis il ajouta: «Mais quand bien même Rabbi Zalmele aurait-il vécu mille ans, il ne serait jamais parvenu au niveau du Gaon de Vilna.».

L'élève s'étonna: «Maître, Rabbi Zalmele était pourtant réputé pour sa parfaite connaissance de toute la Tora. Comment peut-on dire qu'il puisse exister une Bekiout encore plus grande?». Ce à quoi le Rav 'Hayim de Volozine répondit: «Il existe bien une Bekiout plus grande que celle de mon frère, Rabbi Zalmele. Il connaissait certes toutes les paroles des Tannaïm et des Amoraïm, de la Tora dévoilée comme de celle qui est cachée, du Talmud Babli et Yérouchalmi, du Zohar et des Midrachim. Il les connaissait même si bien, qu'il était capable de les répéter par cœur, comme nous le faisons quand nous récitons Achré trois fois par jour. Mais si l'on posait la question à chacun d'entre nous de savoir quel est le mot dans "Achré" qui précède le verset Tov HaChem lakol, nous serions bien obligés de commencer par réciter le verset précédent en entier: 'Hanoun veRa'houm... jusqu'à arriver au dernier mot du verset précédent, sans compter que, avec ces versets, c'est plutôt simple puisqu'ils sont ordonnés d'après l'Alef-Bèt. Tandis que si l'on posait la même question au sujet d'un autre passage que nous connaissons par cœur, comme Alènou léChabéa'h, ou le Birkat haMazone, nous serions obligés de prendre un Sidour et de vérifier l'ordre des mots, quand bien même nous connaîtrions cette prière par cœur.

En revanche, conclut Rav 'Hayim, le Gaon Rabbi Èliyahou MiVilna non seulement connaissait par cœur toute la Tora dévoilée et cachée, mais en plus tous les mots étaient disposés devant ses yeux, et il savait exactement lequel précédait celui-là.»

**Quand le Rav Soloveitchik miBrisk Zt"l (1853-1918) raconta cette histoire à ses élèves, l'un d'entre eux s'exclama, songeur: «Serions-nous vraiment obligés de connaître toute la Tora à l'envers?...».**

**Mais il faut savoir que le Gaon de Vilna n'avait pas seulement une mémoire plus vive ou plus puissante que celle des autres hommes. Elle fonctionnait également différemment.**

**Il ne connaissait pas les choses «par cœur», comme on l'entend d'habitude. En revanche, il «voyait» les versets littéralement «écrits» devant ses yeux, comme il est dit: «Inscrivez-les sur la tablette de votre cœur.» Or, quand la Tora est «inscrite» de cette manière, il n'y a plus aucune difficulté à retrouver l'agencement des mots de chaque verset...**

**Telle est la vertu d'une connaissance authentique de la Tora.**

# Parachat Waèt'hanan

*Qui est juif?*

**«Laisse-moi traverser, que je voie cet heureux pays qui est au-delà du Jourdain.» (Dévarim, 3, 25).**

**Dans le Midrach Rabba, (Waèt'hanan 2, 5), il est écrit:**

«Rabbi Lévi nous raconte que Mochè demanda à D-ieu: "Maître du monde, les ossements de Yossèf entrent en Terre sainte, et moi je n'y entrerais pas?". D-ieu lui répondit: "Celui qui a été reconnaissant envers sa terre, sera enterré en Terre sainte, mais non celui qui ne l'a pas été." Et d'où sait-on que Yossèf fut reconnaissant envers sa terre? Comme il est dit: "Voyez, on nous a amené un Hébreu." (Bérèchit, 39, 14). Or, Yossèf ne le nia pas, puisqu'il dit: "Car j'ai été enlevé du pays des Hébreux." (Bérèchit, 40, 15). C'est pourquoi il fut enterré sur sa terre, comme il est dit: "Quant aux ossements de Yossèf, qui furent amenés d'Égypte, ils furent enterrés à Chèkhèm." (Yéhochouâ, 24, 32). "Tandis que toi, qui ne fus pas reconnaissant envers ta terre, tu ne seras pas enterré en Terre sainte." Et d'où le sait-on? Parce que les filles de Yitro ont dit: "Un Égyptien nous a défendues contre les pâtres." (Chémot, 2, 19) et que, les entendant, Mochè n'a rien dit. C'est pourquoi il ne fut pas enterré sur sa terre, comme il est écrit: "Tu ne passeras pas le Jourdain." (Dévarim, 3, 27)».

**De ce Midrach, nous voyons que, ayant reconnu son identité juive sans honte, Yossèf eut le mérite que ses ossements soient enterrés en terre d'Israël, tandis que Mochè, qui n'affirma pas son identité, apprit que, en conséquence, ses ossements ne retourneraient pas à leur terre d'origine.**

**Nous est offert ici un enseignement fondamental: jamais nous ne devons avoir honte de notre identité juive, même quand nous nous trouvons au milieu de non juifs qui détestent Israël.**

**Le Juif doit avoir une Émouna (foi ou plutôt confiance) à toute épreuve, et être fier de son identité. On raconte, au sujet de Rav Israël Lipqine de Salanter Zt"l (1809-1883), qu'alors qu'il se trouvait un jour dans la rue, un Arabe s'approcha de lui et le gifla en lui criant au visage: «Voilà pour toi, Juif.» Les gens qui se trouvaient là s'emparèrent de l'homme pour lui infliger une bonne correction, mais le Rav leur demanda de ne lui faire aucun mal. C'est lui-même qui s'approcha et lui dit: «Je te remercie.» Personne n'en croyait ses oreilles, jusqu'à ce que le Rav déclare aux gens qui avaient assisté à la scène: «Je remercie cet Arabe qui me gifla parce que je suis Juif. Car cela signifie qu'il a su voir en moi un Juif. Et je suis heureux de savoir qu'il est possible de voir en moi le fait que je sois Juif.»**

**Or, dans notre génération, il y a trois catégories de personnes représentant différemment l'identité juive. Elles sont mises en évidence dans le livre Néout Dèchè sur la Parachat Wayé'hi, à l'aide d'une métaphore:**

Un excellent peintre professionnel avait peint un arbre si réel que tous ceux qui voyaient cette toile reconnaissaient sur le champ qu'il s'agissait d'un arbre. Au point où le peintre n'eut même pas besoin d'inscrire un titre en bas du tableau. Un autre peintre, quant à lui, réalisa un dessin qui ressemblait approximativement à un arbre ou à un champignon; puis il écrivit en dessous qu'il s'agissait d'un arbre. Ce n'est qu'en lisant l'inscription que l'on pouvait supposer qu'il s'agissait effectivement d'un arbre. Enfin, un troisième peintre essaya tant bien que mal de représenter un arbre, mais le résultat était si catastrophique, que même après avoir précisé qu'il s'agissait d'un arbre, il fallait faire un véritable effort pour saisir ce que son dessin représentait.

Ainsi, certains Juifs ont une telle apparence avec leur barbe, leurs Péïot et leurs vêtements, qu'immédiatement on reconnaît, sans avoir besoin d'une preuve supplémentaire, qu'ils sont les enfants d'Avraham, Yits'haq et Yaâqov. D'autres, en revanche, ne semblent pas vraiment Juifs, mais parce qu'ils portent autour du cou une chaîne avec un 'Haï ou un Maguèn David en médaillon, alors il est possible de supposer qu'ils sont Juifs. Enfin, il existe une dernière catégorie de personnes qui, par leur aspect extérieur et leur comportement, sont si éloignées de ce qui marque l'identité juive qu'il est difficile, voire impossible, de savoir qu'ils sont Juifs.

**Mais gardons-nous bien de penser qu'il suffise de conserver un aspect extérieur, sans prendre garde à notre forme spirituelle intérieure, pour être Juif. C'est ce que le Zohar haQadoch explique dans la Parachat Michepatim, à partir d'un verset de Daniel (1, 8), «Et Daniel prit la résolution de ne pas se souiller par les plats des rois.».**

«Nous avons appris dans le secret de cet enseignement, dit le Zohar, que mis à part les aliments interdits qui constituaient la nourriture quotidienne de ce scélérat Néboukhadnètsar, le repas dont il est question était fait de viande et de lait, de fromage fondu sur de la viande. Or, Daniel s'en était préservé. Et quand il fut contraint de descendre dans la fosse aux lions, Daniel conservait encore l'image de son Créateur (Tsèlèm Èlokim). Son apparence extérieure ne s'était pas modifiée. C'est la raison pour laquelle les bêtes féroces le craignirent et ne lui firent aucun mal. Tandis que lorsque la royauté fut retirée à Néboukhadnètsar, et qu'il partagea la vie des bêtes sauvages, ce scélérat avait perdu toute apparence humaine au point où tous les animaux qui le voyaient le considéraient comme une femelle de leur espèce, et avaient des rapports avec lui. Et parfois même, ils le dévoraient.»

**Nous apprenons de ce passage l'importance qu'il y a de conserver notre apparence intérieure, le Tsèlèm Adam, car même les bêtes sauvages le discernent. Et c'est en vertu du fait que l'homme conserve ce Tsèlèm qu'il est à l'abri d'elles.**

**Il est même possible que telle ait été l'une des intentions de nos Sages quand ils dirent que «l'homme fera toujours en sorte que son intériorité soit à la hauteur de son extériorité.» En d'autres termes, il ne suffit pas que son aspect extérieur témoigne de son identité juive, il faut aussi que son Tsèlèm, son intériorité, soit sans tache. Ainsi, dans le Midrach (Èkha Rabbati, chap.1, 41), il est dit: «Rabbi Pin'has raconte une anecdote au sujet de deux prostituées d'Achkélone qui se disputaient. Lors de leur altercation, l'une d'entre elles s'exclama: "T'es encore**

**là, avec ta tête de Juive?!" Après plusieurs jours, alors qu'elles s'étaient réconciliées, celle qui avait été insultée dit à son amie: "Je te pardonne pour ce que tu as fait. Mais de m'avoir dit que je ressemblais à une Juive, ça, jamais je ne le te pardonnerai."». Or, ces propos méritent que l'on s'y attarde afin de comprendre le bas niveau atteint lors de la destruction du second Temple. Quand un homme voulait maudire son ami, il le traitait de «Juif», et la honte ressentie était si profonde que, bien que l'on pouvait tout se pardonner, ce qualificatif demeurait inexcusable.**

**On trouve à cet égard, sous la plume de notre maître, la couronne de notre tête, le Rav Yossèf 'Hayim Zt"l (Bèn Ich 'Haï, 1832-1909), cette histoire. Elle fut publiée dans le livre Niflayim Maâssékha, qui est un recueil de toutes les histoires présentes dans les livres de notre maître et réunies par le Rav Bèn Tsion Mordekhaï 'Hazan Zt"l.**

C'est dans ce livre donc (histoire 49) qu'il est raconté comment un émir d'Ichmaël avait conquis la Terre sainte, alors sous la domination des incirconcis. Il avait décrété que tout incirconcis serait décapité. Pris de peur, les Chrétiens se déguisèrent en Ichmaélim, si bien que le tyran donna l'ordre de déshabiller celui qui serait trouvé en chemin pour vérifier qu'il était bien circoncis. Et si tel n'était pas le cas, on le dessaisirait de tous ses biens et on lui couperait la tête. Un jour, alors qu'il se trouvait avec ses soldats, l'émir tomba nez à nez avec un groupe de Philistins incirconcis qui fuyaient. Parmi eux se trouvait un Juif. À la vue du tyran, le Juif sortit du groupe et se précipita vers l'émir. Essoufflé, il dit en arabe, tout en tenant entre les mains ses Péïot: «Voyez, votre altesse, je suis Juif, et voici mes témoins! » L'émir éclata de rire et il demanda à ses soldats qu'ils sortent deux anneaux d'or du trésor royal, et qu'ils les accrochent aux Péïot de ce Juif. Notre homme déclara alors: «Mon prince, mes témoins sont forts et robustes, ils sont capables de soutenir même deux bracelets d'or.». Aussitôt dit, l'émir fit ajouter deux bracelets d'or du trésor royal à ses Péïot.

**Cet homme eut la bonne idée de proclamer ses Péïot les «témoins» de son identité juive. Non seulement elles lui sauvèrent la vie, mais en plus elles lui permirent de gagner deux anneaux**

et deux bracelets en or. Ces deux témoins, l'un se tenant à notre droite, et l'autre à notre gauche, nous couronnent du diadème de notre Judaïsme, d'où l'importance de nous en préoccuper. Non pas qu'il soit nécessaire de se laisser pousser de longues et épaisses Péïot, comme le font nos frères Achkénazes, mais que tout au moins l'on puisse en distinguer la longueur minimum: qu'elles ne soient pas comme deux brins d'herbe ridicules couchés sur le sol, mais qu'elles soient visibles.

De nos jours, nous constatons que les Ichmaélim se renforcent dans certaines manifestations extérieures de leur foi. Ils laissent pousser leur barbe et s'habillent de longues tuniques, leurs épouses s'emmitouflent la tête, sans avoir honte de leur tenue vestimentaire. Et nous, les fils d'Avraham, Yits'haq et Yaâqov, nous devrions avoir honte de porter une Kippa sur la tête? Et si cela devait être difficile, à cause des railleurs, qu'au moins, au début, on porte un couvre-chef, quel qu'il soit. Ou qu'une femme, qui aurait honte de se couvrir la tête en public, prenne au moins l'habitude de le faire chez elle, tout au moins Yom Chichi et Chabbat. Avec le temps, le yètsèr de la honte s'affaiblira sûrement, et c'est le penchant pour la Qédoucha qui les poussera à s'habiller adéquatement, jusqu'à parvenir à une Téchouva complète.

Le roi David prie: «J'erre comme une brebis égarée; mets-Toi à la recherche de Ton serviteur.» (Téhillim, 119, 176). Celui qui se serait éloigné de la Tora ressemble à cette brebis perdue par son berger et qui désire revenir auprès de son maître. Si quelqu'un trouvait cette brebis en chemin, il exigerait que le maître fournisse au moins deux signes distinctifs avant de lui rendre son bien. C'est pourquoi nous devons nous aussi conserver nos signes distinctifs afin de prouver que nous sommes Juifs: nos Péïot et notre barbe, une kippa, des vêtements discrets, etc. Ainsi, quand HaQadoch Baroukh Hou nous recherchera, Il pourra, grâce à eux, nous reprendre et nous ramener sur notre terre. Car de même que nos ancêtres en Égypte furent délivrés par le mérite de n'avoir pas changé de nom, de langue ni de coutume vestimentaire, de même nous mériterons d'être sauvés, bientôt et de nos jours, Amen Ken Yéhi Rats

# Parachat Éqèv

*Les actions des de pères*

«Enseignez-les à vos enfants et répétez-les sans cesse.» (Dévarim, 11, 19).

Nos Sages racontent, dans le Traité Baba Batra (60b), que deux plaideurs s'étaient rendus devant Rabbi Yanaï pour qu'il tranche leur différend. L'un d'eux possédait un arbre dont les branches, donnant sur la voie publique, nuisaient aux passants. Le plaignant demandait à Rabbi Yanaï qu'il ordonne à son voisin de les couper. Rabbi Yanaï les invita alors à revenir le lendemain afin de prendre connaissance de sa décision. À peine étaient-ils sortis que Rabbi Yanaï se précipita chez lui pour couper les branches de son arbre qui donnaient sur la voie publique et faisaient tort aux passants. Quand les plaideurs se rendirent le lendemain devant le tribunal rabbinique de Rabbi Yanaï, celui-ci ordonna que le propriétaire de l'arbre entaille les branches. L'intéressé ajouta alors: «Vous aussi, maître, vous possédez un arbre qui gêne la voie publique.» À quoi Rabbi Yanaï répondit:«Je l'ai déjà taillé.» Et tel est effectivement le sens que Rech Lakhich donna à ce verset: «Reprenez-vous, ressaisissez-vous!» (Tséfanya, 2), l'interprétant ainsi: «Corrige-toi d'abord, et après seulement corrige les autres.»

Et c'est dans cette même optique que nous pouvons expliquer le verset: «Enseignez-les à vos enfants et répétez-les sans cesse.» (Dévarim, 11, 19). La Tora ordonne à tout homme de l'enseigner à son fils. Pourtant, au préalable, il n'oubliera pas de la répéter sans cesse (c'est-à-dire d'étudier la Tora qu'il est sur le point d'enseigner), quand il est chez lui, ou en chemin, à son coucher et à son lever. Voyant ainsi son père se consacrer à la Tora jour et nuit, il est certain que son fils voudra lui ressembler, et qu'il voudra s'asseoir pour étudier la Tora à son tour.

La Tora promet en effet: «...afin que vos jours et ceux de vos enfant se multiplient». C'est par le fait que les pères et leurs enfants étudient la Tora qu'ils mériteront le prolongement de

**leurs jours. L'exigence de cohérence pour le père implique qu'il ne peut dire une chose et se comporter autrement: il se doit d'être un exemple vivant pour ses enfants.**

Un homme avait envoyé son fils étudier auprès d'un Rav afin qu'il se prépare à la Bar Mitswa. Un jour, le Rav donna à son élève un cours sur le Judaïsme et sur les obligations qui le concerneraient une fois atteint l'âge des Mitswot. À partir de ce jour, l'élève ne remit plus les pieds chez son Rav. Quand l'enseignant en demanda la raison à son père, celui-ci lui expliqua: «Le jour où vous lui avez appris ce que représentait le Judaïsme, mon fils est rentré à la maison et m'a demandé quand allais-je faire ma Bar Mitswa! Et quand je lui ai demandé pourquoi il me posait cette question, il m'a répondu qu'après la Bar Mitswa, on était obligé de mettre les Téfillines tous les jours. C'est pourquoi, il attendait avec impatience que l'on fête ma Bar Mitswa afin que je puisse mettre les Téfillines comme lui! Et évidemment, je n'ai pas su quoi lui répondre...».

**Voilà qui illustre à merveille ce que nous venons de souligner: un père est obligé de se consacrer à la Tora et de l'observer s'il veut mériter que son fils fasse comme lui. Une fois, un Juif s'était rendu chez le Rabbi de Kotsk (Rabbi Ména'hèm Mendel Morgensztern, 1787-1859) afin de lui demander une bénédiction pour que son fils étudie la Tora. Le Rabbi lui répondit: «Si toi-même tu t'assois et étudies la Tora, alors ton fils t'imitera et il étudiera la Tora. Mais si tu ne comptes que sur des bénédictions, alors ton fils aussi ne comptera que sur des bénédictions...».**

**Dans le Traité Baba Batra (121a), nos Sages affirment qu'«il n'y eut pas de jours de fête pour Israël comme ceux du 15 Av et de Yom Kippour.» Et la Guémara d'expliquer que le 15 Av, les Cohanim s'arrêtaient de couper le bois pour l'autel des sacrifices et ce, parce qu'à partir de cette période, l'humidité commence à recouvrir les arbres, qu'il en sort beaucoup de fumée quand on les brûle, et que les vers s'y multiplient. Par ailleurs, en cette saison, les jours raccourcissent et les nuits s'allongent. La Guémara nous enseigne qu'il incombe alors d'étudier davantage la nuit.**

Par exemple, si nous avions l'habitude d'étudier une heure, on en étudirait deux, ou tout au moins, une heure et demie. Et tel est le sort de celui qui n'agirait pas ainsi: «Celui qui n'ajouterait pas, on lui retrancherait. Et que signifie «retrancher», demande la Guémara? «Sa mère l'enterrera.».

Les commentateurs se posent la question: pour quelle raison n'est-il pas dit que son père l'enterrera? Ils répondent que cet homme qui n'aurait pas ajouté du temps à son étude pendant ces nuits a justement appris cette attitude de son père: lui non plus ne remplit pas ses obligations. C'est pourquoi, il est sûrement déjà mort..., à la différence de sa mère qui, dispensée d'étudier la Tora, est restée en vie. Ainsi, si le fils de cet homme suit la voie de son père, alors «sa mère l'enterrera.»

Comme nous l'avons déjà mentionné, l'homme est tenu de se consacrer tout d'abord à l'étude de la Tora, car ce n'est que de cette manière qu'il sera capable de l'enseigner à son fils, parce que les enfants imiteront la voie de leur père. Tel est le sens de l'expression: «Les actions des pères sont un signe pour les fils.».

Dans le Baâl haTourim, sur la Parachat Métsorâ, sur le verset: «Il me semble voir comme des taches sur ma maison.» (Wayiqra, 14, 35), Rabbi Yaâqov bèn Achèr (1269-1343) souligne que nous trouvons deux fois l'expression «Il me semble voir...»: l'une dans ce verset, et l'autre dans le verset: «Éloigné de D-ieu, il me semble voir...». Or, explique le Rav, c'est en vertu du fait qu'un homme ne sert pas son Créateur et qu'il n'emprunte pas les chemins de la Tora, qu'il s'éloigne alors de D-ieu. C'est cette attitude qui provoque les taches qu'il «semble voir sur [sa] maison». De plus, les membres de son foyer sont aussi affectés par ces taches puisque eux aussi s'éloignent de la Tora et des Mitswot. Tandis que, quand le père de famille suit la voie de la Tora et des Mitswot, alors son fils fait de même, accomplissant ainsi les paroles de nos Sages dans le Tana Débè Èliyahou (chap.25): «Quand donc mes actions atteindront-elles celles de mes pères?»

L'histoire qui suit, et que l'on trouve dans le livre Na'halat Tsvi Parachat Yitro, de Rabbi Èl'âzar Yéhouda Leib Pinter, met

**en lumière les vertus de la transmission de la Tora de père en fils.**

Un jour, un Juif érudit se rendit auprès du Rav haGaon, Rabbi Chélomo Zalman Auerbakh Zt"l (1900-1995), pour l'interroger sur la raison de n'avoir pas eu le mérite de voir ses enfants devenir de grands Talmidé 'Hakhamim, tandis que ceux de son voisin l'étaient devenus. Rabbi Chélomo Zalman l'interrogea: «Si tu entendais une Dracha que tu n'appréciais pas particulièrement, que dirais-tu au Rav?». «Je lui dirais la vérité, je lui dirais qu'il ne sait pas s'exprimer.» «Et si ton Rav répondait à l'une de tes questions, mais que sa décision ne te paraissait pas justifiée, que ferais-tu?» «Je lui dirais qu'il ne sait pas étudier.» Le Rav Chélomo Zalman lui répliqua alors: «Telle est la différence entre toi et ton voisin. Quand celui-ci écoute une Dracha, il rentre chez lui et fait l'éloge de ce qu'il a entendu, sans faire aucun reproche. De même, quand il reçoit une décision de son Rav, il l'accepte sans tergiverser. C'est pourquoi, voyant la conduite de leur père et le respect qu'il accorde aux érudits, les enfants de cet homme eurent envie eux-mêmes de devenir des Talmidé 'Hakhamim. Tandis que toi, tes fils t'ont vu dénigrer les paroles du Rav et des autres érudits. Voilà pourquoi ils se comportent comme toi, ils les rejettent de la même manière. Tu comprends maintenant pourquoi ils ne sont pas devenus des Talmidé 'Hakhamim.».

**Le 'Hafèts 'Hayim (Israël Méir HaCohen Kagan, 1839-1933) présente une métaphore qui va dans le même sens:**

Un jour, une terrible maladie d'enfant se mit à se propager. Un seul et unique médecin avait réussi à en trouver le remède. Dans sa grande générosité, il se rendait de ville en ville afin de vacciner gratuitement les enfants. Mais alors qu'il était en chemin, un brigand lui subtilisa sa malette contenant les médicaments. Quand il arriva en ville, une foule nombreuse s'était précipitée vers lui, mais c'est les larmes aux yeux qu'il dut avouer ne pas pouvoir soigner les enfants malades. Parmi tous les gens qui s'étaient rassemblés sur la place publique se trouvait un homme qui, tenant la main de son fils gravement malade, se mit à pleurer le suppliant de l'aider. Quand le médecin les aperçut, il reconnut immédiatement ce visage. Il s'agissait ni plus ni moins de l'homme qui lui avait volé sa bourse de médecin. Sur le champ, le médecin lui déclara qu'il lui pardonnait, mais qu'il devait à tout prix lui rendre sa sacoche et ses médicaments afin qu'il puisse continuer à soigner les enfants. Piteux, le voleur avoua que, ne sachant quoi faire du contenu de la sacoche, il l'avait jeté dans le fleuve. Le médecin lui dit alors: «Tu as détruit de tes propres mains la guérison de ton fils et, je suis désolé, mais je ne peux rien pour toi.».

**Ce que cette histoire met en lumière, nous enseigne le 'Hafèts 'Hayim, c'est que les Rabbanim ont entre les mains de quoi ramener les hommes à la Téchouva. Ils portent «une sacoche pleine de médicaments». Pourtant, quand le père d'un enfant, assis à la table de Chabbat avec les membres de sa famille, dénigre les paroles des Sages, il «vole pour ainsi dire les médicaments du médecin». Et quand le fils de cet homme se tiendra devant un Rav, il n'aura plus aucune envie d'entendre ses discours, tant ils ont été décriés par son père. Ainsi, comment ces parents pourraient-ils espérer que leur fils fasse Téchouva, alors qu'ils ont nié la valeur de la Tora sous ses yeux?**

**Un père se souciera donc d'accorder de la valeur aux Rabbanim devant son fils, et de lui dévoiler les vertus de la Tora en étant un exemple vivant.**

**À la lueur de cet enseignement, nous sommes en mesure d'expliquer, bé-Êzrat HaChem, un passage du Traité Qiddouchin (29b). S'intéressant à la question de savoir qui a la préséance pour l'étude de la Tora, le père ou le fils, la Guémara en conclut que, dans le cas où ne serait pas donnée la possibilité qu'ils étudient la Tora tous les deux, c'est le père qui a la priorité. Or, en vertu de ce que nous avons mentionné, la décision va de soi puisque c'est en vertu du fait que le père étudie la Tora que son fils désirera tout faire pour lui ressembler. Et dès qu'ils auront suffisamment d'argent pour que les deux étudient, le fils, enthousiaste, sautera sur l'occasion pour étudier. Tandis que si le père envoyait à sa place son fils sur les bancs de l'étude de la Yéchiva, il y a tout lieu de craindre que ce dernier veuille arrêter d'étudier pour aller travailler comme son père, dans la mesure**

**où personne ne lui aura inculqué l'importance de l'étude de la Tora.**

**Dans le livre Touvékha Yabiôu, sur la Parachat Wayèra, le Rav Yits'haq Zilberstein rapporte l'histoire suivante:**

Un homme passait ses journées au travail et, le soir, se rendait à un cours de Daf haYomi. Il se présenta chez le Rav Yits'haq Zilberstein Chlita pour lui exposer son problème. Il expliqua au Rav que, dès que l'étude commençait, il s'endormait sur sa Guémara jusqu'à la fin du cours et ce, tous les soirs. Au début, on lui avait proposé de prendre part à un cours du matin, afin d'y être présent la tête claire, mais lui, de son côté, affirmait y gagner, malgré tout, même s'il s'endormait, car ses enfants le voyaient partir tous les soirs à un cours de Tora avec sa Guémara sous le bras, en dépit de sa fatigue. Ainsi, même si un cours du matin pourrait lui apprendre davantage, pour rien au monde il n'était prêt à laisser passer l'occasion d'enseigner à ses enfants l'importance de se sacrifier pour l'étude de la Tora.
Dans ce cas, le Rav conseilla à l'homme de se rendre aux deux cours, celui du soir et celui du matin. Celui-ci écouta ce conseil, et il gagna sur les deux plans: l'étude d'une part, et l'éducation de ses enfants auxquels il inculqua le sens du sacrifice de soi pour la Tora, d'autre part.

Aussi on raconte qu'un jour un Juif se rendit auprès de notre maître le 'Hafèts 'Hayim Zt"l afin de lui demander à partir de quel âge il devait commencer l'éducation de son fils à la Tora et à la crainte du Ciel. Le 'Hafèts 'Hayim lui répondit alors: «Vingt ans avant la naissance de l'enfant». Et ce, parce que les bonnes Middot qu'un père acquiert pour lui-même passent ensuite naturellement chez l'enfant.

**Nous apprenons ici l'importance de s'éduquer soi-même et de travailler sur ses propres Middot. C'est la seule manière d'espérer parvenir à éduquer nos enfants afin qu'ils prennent notre suite.**

**Tel est le sens que l'Admour de Viznitz Zt"l donna au**

**verset de Michelè** (22, 6): **«Éduque le jeune homme d'après son comportement (Âl-pi Darko), et même à un âge avancé, il ne s'en écartera pas.» Si le jeune homme est éduqué conformément «en voyant le bon comportement du père», alors «il ne s'en écartera pas.»**

# Parachat Réè

*L'attraction magnétique*

**«Tu prélèveras la dîme du produit de ta semence, de ce qui vient annuellement sur ton champ, et tu la consommeras en présence de l'Éternel, ton D-ieu, dans la localité qu'Il aura choisie comme résidence de Son Nom; savoir, la dîme de ton blé, de ton vin et de ton huile, les premiers-nés de ton gros et de ton menu bétail, afin que tu t'accoutumes à honorer continuellement l'Éternel, ton D-ieu.» (Dévarim, 14, 22-23).**

Cette Paracha nous livre un enseignement extraordinaire. La nature de l'homme veut qu'après s'être nourri à satiété, il en arrive à oublier D-ieu. Ce danger est tel que Mochè Rabbénou nous avertit: «...peut-être que, jouissant d'une nourriture abondante, [...] ton cœur s'enorgueillira-t-il, et tu oublieras l'Éternel, ton D-ieu...» (Dévarim, 8, 12-13). Pourtant le verset cité au début affirme exactement le contraire: la Tora nous enjoint de manger la dîme à Yérouchalayim, afin d'apprendre à craindre D-ieu. Et, par le mérite de cette consommation, non seulement nous n'oublierons pas D-ieu, mais nous ferons naître en nous la crainte de l'Éternel!

C'est donc dire que certains lieux sont davantage disposés à la sainteté que d'autres. Par exemple, à Yérouchalayim, la ville sainte, l'homme est capable de vivre dans la crainte de D-ieu toute sa vie, comme cela ressort de l'expression tirée du verset: «...continuellement». Même dans le contexte d'une consommation purement matérielle qui pourrait amener l'être humain à oublier son Créateur, à Yérouchalayim, la tendance naturelle se renverse. Car ce lieu est prédisposé à la sainteté. Inversement, certains endroits ont une influence radicalement opposée à la sainteté, ainsi que l'écrit Rabbénou Rav 'Hayim Bèn Âttar (1696-1743), dans son commentaire le Or ha'Hayim, sur la Parachat Balaq: « "Et le peuple avait établi résidence à Chittim...". Il faut comprendre, dit-il, pour quelle raison nous devions connaître ce lieu. Nos maîtres nous l'ont enseignée en affirmant que cet endroit fut la cause de la prostitution, en ce sens que c'est un lieu qui, par nature, réveille les pulsions du désir animal.».

On trouve cette même idée dans un Midrach (Bémidbar Rabba, chap.20): «"Et le peuple avait établi résidence à Chittim...". Il y avait à Chittim, précise le Or ha'Hayim, une source qui augmentait la tentation à la débauche. Il y aurait différents types de sources: certaines prédisposent l'homme à s'affaiblir ou à se renforcer; d'autres, douces, ou au contraire troubles, sont susceptibles d'engendrer la discrétion, ou au contraire la dépravation. Quant à celle de Chittim, elle prédisposait à la prostitution. C'est elle qui abreuvait Sédome. Ainsi, il est écrit que, quand les anges se rendirent chez Lot, les gens de Sédome demandèrent: "Où sont les hommes qui sont venus chez toi cette nuit? Fais-les sortir vers nous que nous les connaissions!" (Bérèchit, 19, 5). Et parce que cette source est un danger, D-ieu l'asséchera et la renouvellera, comme il est dit: "En ce jour, les montagnes ruisselleront du jus de la vigne, les collines feront couler du lait... Une source jaillira de la maison de l'Éternel et arrosera la vallée de Chittim." (Yoël, 4, 18). ».

Pourquoi c'est précisément de la maison de l'Éternel que doit sortir cette source qui purifiera celle de Chittim? Avec l'aide du Ciel, je réponds à la question en disant que c'est parce qu'elle est un lieu saint. Les eaux qui en sortent possèdent par conséquent une sainteté telle qu'elles ont le pouvoir de purifier ce lieu de prostitution qu'est Chittim.

Comme Yérouchalayim, tous les lieux de Tora sont propices à la crainte de D-ieu: les Yéchivot, les Kollélim assagissent tous ceux qui s'y trouvent, comme il est dit: «Celui qui suit les sages s'assagit.», car ce sont eux que D-ieu a choisis pour faire résider Son Nom dans les quatre Amot de la Loi.

Toujours à propos de l'influence des lieux sur l'homme, le Traité 'Haguiga (14b) raconte que Rabbi Èliêzèr bèn Ârakh habitait dans une ville où il enseignait le Maâssé Merkava, «Char céleste» (terme désignant le récit de la Création d'après la Qabbale), qu'il est précisément interdit d'enseigner publiquement.

Rabbi Yo'hanan bèn Zakkaï, qui passait par là, descendit de son âne, se couvrit la tête et s'assit sur une pierre à l'ombre d'un olivier. Rabbi Èliêzèr lui dit: «Rabbi, pour quelle raison es-tu descendu de ton âne?». «Est-il possible que tu expliques le Maâssé Merkava alors que la Présence divine est parmi nous avec les anges officiants qui L'accompagnent, et que je reste à chevaucher un âne?», lui répondit Rabbi Yo'hanan. Sur ce, Rabbi Èliêzèr commença son explication, et aussitôt un feu descendit du Ciel qui brûla tous les arbres aux alentours. Tous ceux qui étaient présents entamèrent le chant de la Chira auquel un ange répondit en chantant: «Maâssé Merkava.» Rabbi Yo'hanan se leva et, embrassant le front de Rabbi Èliêzèr, déclara: «Baroukh HaChem, le D-ieu d'Israël, a donné à Avraham un fils qui sait comprendre et interpréter le Maâssé Merkava. Certains sont capables d'expliquer, mais n'agissent pas; d'autres savent agir, mais ne savent pas expliquer; toi, non seulement tu sais expliquer, mais en plus tu l'accomplis! Heureux sois-tu, Avraham Avinou, qu'Èliêzèr bèn Ârakh sorte de ta descendance!».

Dans la continuité de cette histoire, rappelons ce passage des Avot de Rabbi Nathan (chap.14), qui rapporte que, après la mort de Rabbi Yo'hanan, les amis de Rabbi Èliêzèr bèn Ârakh se tournèrent vers lui pour continuer leur apprentissage, puis ils s'associèrent aux Sages de Yavné. Toutefois, Rabbi Èliêzèr se sépara d'eux et se rendit à Damsit, une belle ville aux eaux délicieuses, si bien que son nom disparut presque de la Tora. En effet, dans le Traité Chabbat (147b), on raconte qu'après avoir passé un certain temps là-bas, Rabbi Èliêzèr bèn Ârakh voulut lire dans la Tora le verset: «Ce mois-ci sera pour vous le premier des mois», Ha'Hodech hazé Lakhem. Mais, à la place, il lut: Ha'Herech haya Libam, «Leur cœur était bouché.». Le Maharcha (Rabbi Chémouèl Èliêzèr Èdéls, 1555-1631) explique ainsi cette confusion: Rabbi Èliêzèr intervertit les lettres Rech et Dalet, Youd et Zaïn, Bèt et Kaf. Et si une telle erreur fut possible, c'est parce que son cœur était devenu sourd comme une pierre, incapable de comprendre quoi que ce soit.

Rabbi Èliêzèr était un géant de la Tora. Son maître avait pu dire de lui qu'il savait à la fois expliquer et accomplir les paroles de la Tora, ajoutant même qu'en disposant tous les Sages d'Israël sur le plateau d'une balance et Èliêzèr bèn Ârakh sur l'autre plateau, c'est ce dernier qui l'emporterait. Pourtant, Rabbi Èliêzèr n'était plus la source jaillissante qu'il avait été alors. Parce qu'il s'éloigna de Yavné où se trouvaient la Tora et les Sages, son cœur se boucha au point où il se trompa sur ce que même les Tinokot chèl Bèt Rabban, les jeunes élèves des Talmudè Tora, connaissent parfaitement.

Or, de nos jours aussi, certains Rabbanim se trouvent devant cette épreuve difficile. On leur demande en effet d'aller enseigner la Tora dans des lieux reculés, leur promettant même une paie très honorable afin qu'ils ne soient pas obligés de partir à la recherche d'un travail, pouvant ainsi continuer à étudier. Mais l'on ne doit pas oublier que tous les endroits ne se ressemblent pas, et qu'ils ne sont pas tous susceptibles de se transformer en lieu de Tora. La décision de partir nécessite l'avis et le soutien des Sages d'Israël.

C'est en ce sens que le Rav haTsaddiq Yaâqov Yehorkorvitz Zt"l m'a expliqué la Michna des Pirqé Avot (chap.6, Michna 9): «Rabbi Yossi bèn Kisma rencontra un homme, qui lui promit beaucoup d'argent s'il se rendait dans la ville où il habitait et s'il enseignait aux citadins la Tora. Rabbi Yossi lui répondit: "Même si tu me donnais tout l'or du monde, je ne résiderais que dans un lieu de Tora."».

Que signifie cette expression: «...un lieu de Tora» ?, demande le Rav. Si nous pêchions un poisson et que nous le remettions ensuite dans l'eau, est-ce qu'il pourrait dire: «Je ne veux pas nager.»? C'est impossible. Puisque tel est précisément son environnement vital, sa nature le pousse à ce qu'à l'instant même où il se retrouve dans l'eau, il nage. De même, si nous prenions un grain de blé et nous le mettions en terre, pourrait-il dire: «Je ne veux pas pousser.»? Il est évident que non, dans la mesure où telle est sa place et que c'est sa nature qui le pousse à grandir dans la terre aussitôt après y avoir été planté.

C'est à cela que doit ressembler un lieu de Tora. Quand un homme y pénètre, il ressent immédiatement l'envie de prendre

**un livre, de s'asseoir et d'étudier. Car tel est le lieu même de son existence, le sol qui le fait grandir. Y pénétrant, il lui est impossible de ne pas étudier. Toutefois, nous devons garder à l'esprit qu'un tel lieu ne doit son existence qu'à ceux précisément qui y étudient. Quand un Bèt haMidrach est rempli d'hommes qui qui étudient la Tora lichma, la Tora pour elle-même, alors c'est toute l'atmosphère même de ce lieu qui respire la Tora. Et quand quelqu'un entre, il ressent immédiatement la volonté et le désir de s'asseoir et d'étudier.**

**Bé-Êzrat HaChem, je pense qu'un enseignement du Traité Bérakhot (8a) nous permet de définir ce qu'est un Maqom Tora. En effet Rachi, écrit, sur les mots KéPitouré béFi Wéchèt:«Il y a dans l'océan Atlantique un endroit où le fer est sujet à une attraction (magnétique). C'est pourquoi, dit-il, l'on raffermit les coques des bateaux de cordes enfoncées de force dans des trous de même diamètre.». Rachi parle ici de ce que l'on a coutume d'appeler «le triangle des Bermudes». Cette zone d'une superficie de 120 millions d'hectares se situe entre les îles des Bermudes, la Floride (États-Unis) et Porto-Rico, dans laquelle des disparitions inexpliquées d'avions et de navires surviennent, probablement attirés dans les profondeurs, littéralement aspirés vers les fonds marins.**

**C'est à cela que doit ressembler un Maqom Tora. Il doit être un aimant géant, attirant à lui tous ceux qui passent à proximité, les petits comme les grands, les ignorants comme les érudits.**

**Sachons également qu'un tel lieu imprégné de l'étude de la Tora regorge de sainteté, même quand ceux qui y étudient n'y sont pas. C'est ce dont témoigne l'histoire racontée dans le livre Touvékha Yabiôu, de Rav Yits'haq Zilberstein, sur la Parachat Bé'houqotaï, au sujet du Gaon Rav 'Hayim Kanievsky.**

Alors qu'il accompagnait son cousin, le 'Hazon Ich, en promenade dans cette rue qui porte aujourd'hui son nom, ils arrivèrent dans les alentours des édifices des institutions Chomré Chabbat, entourés à l'époque de jardins. Le 'Hazon Ich s'interrompit soudain, et dit à Rav 'Hayim: «À cet endroit sont passés des Bné Yéchiva qui discutaient de Tora, je ressens ici la présence d'un surplus de sainteté.».

**Certains Tsaddiqim ont cette capacité de repérer les lieux de sainteté, et ce, en vertu du fait que les voix de la Tora sont toujours présentes dans ces chemins que des étudiants de Tora ont empruntés, et dans les lieux où ils ont discuté de Tora.**

**Nos Sages confirment ces affirmations dans le Traité Roch haChana (29b): quand le jour de Roch haChana tombait Chabbat, on soufflait du Chofar dans le Temple, mais non dans les villes, de peur que l'on en vienne à transporter le Chofar dans le domaine public sur une distance supérieure à quatre Amot. Au Temple, en effet, on ne craignait pas d'avoir à prononcer un tel décret sur un interdit des Rabbanan. Après la destruction du Temple, Rabban Gamliel ordonna que l'on souffle du Chofar à Chabbat seulement dans les endroits où se trouvait un Bèt Din. Rabbénou Nissim en explique ainsi la raison: on n'interdisait pas de sonner du Chofar un Chabbat dans les villes où se trouvait un Bèt Din, car la crainte qu'inspirait le Bèt Din était telle que son influence se faisait ressentir sur les habitants qui se comportaient avec ferveur et dans le plus profond respect de la Halakha.**

**De leur côté, les Sages du Moussar présentent une contrepartie à cette idée: à la fin des fêtes de Soukkot, nous prenons à la main la Ârava (les branches de saule) que nous frappons au sol, et ce, parce que la Ârava n'a ni goût ni odeur. Nous montrons de cette manière que, bien que cette branche de saule fût liée aux autres espèces du bouquet du Loulav pendant les sept jours de la fête, elle ne fut en rien influencée par leur sainteté, ni par leur caractère particulier. Elle resta telle qu'elle était, sans odeur ni saveur. C'est pourquoi il convient de la frapper au sol, puisqu'elle est une allusion à cet homme qui vit dans l'entourage de la Tora et de ses Sages et qui, pourtant, reste insensible à leur bonne influence. Il mérite qu'on le frappe.**

**Mais inversement aussi de l'homme qui se trouverait dans un lieu vide de toute Tora, ou au beau milieu de gens sans valeurs: l'influence peut être très néfaste. Le Rav Yossèf 'Hayim Zt"l**

**(1833-1909), dans son livre Bèn Ich 'Haï (3ème partie) rapporte l'anecdote suivante:**

Un homme, qui habitait dans une ville de railleurs et de coquins, avait une fille en âge de se marier. Il se rendit jusqu'à la Yéchiva de la capitale du pays afin de lui trouver un fiancé érudit. Plus tard, le gendre s'installa dans la ville de son beau-père, et le couple emménagea dans un petit appartement dont une pièce fut consacrée aux livres du 'Hatan. Son beau-père l'avertit: «Sache que cette ville est pleine de railleurs et de vilains, surtout ne te mêle pas à eux. Je te conseille de rester ici, entre ces quatre murs, pour y étudier la Tora sans discontinuer.». Pourtant, le jeune homme ne voulait pas écouter les conseils de son beau-père. «La Tora est comparée à la lumière, aimait-il répéter, elle aura vite fait de se propager dans la ville et de repousser cette obscurité.» Pour lui, au contraire, il convenait de se rapprocher de ces mauvaises gens, afin d'améliorer leur comportement. Et tel fut le sujet de leurs conversations plusieurs jours durant.

Un beau jour, le beau-père rendit visite à son gendre qu'il trouva plongé dans l'étude de la Tora. «Excuse-moi de te déranger, lui dit-il, mais je suis confronté à une question de Halakha à laquelle tu es le seul à pouvoir répondre. «Que voulez-vous savoir?», demanda le jeune homme? «Eh bien!, répondit-il, un employé non juif a pénétré dans notre cuisine et a fait tomber par erreur un morceau de viande Tréfa dans la marmite. Pourtant, vu sa taille, il ne fait aucun doute qu'un si petit morceau n'a pu interdire toute une marmite.» Son gendre sourit et dit: «Il n'y a pas lieu de juger d'après sa propre opinion, la Halakha est simple: il faut d'abord examiner la marmite et son contenu.». Après vérification, il s'avéra que la marmite ne contenait pas soixante fois la quantité de viande interdite, et le jeune homme fut contraint de décréter le plat interdit à la consommation et ordonna que l'on procède ensuite à l'ébouillantage de la marmite. Son beau-père s'étonna alors: «Comment un si petit morceau de viande a-t-il pu rendre toute cette marmite interdite à la consommation?! Mais si tu dis que telle est la loi, je m'y conforme.».

Le lendemain, alors qu'il était assis à l'étude dans sa chambre, son beau-père se présenta à nouveau devant le jeune homme: «Je m'excuse mille fois, mon gendre, mais je voudrais connaître ton avis sur ce qui m'est arrivé aujourd'hui.». «Que s'est-il passé?», demanda-t-il. «Eh bien!, puisque tu m'as demandé hier de jeter tout le contenu de notre marmite, je suis allé au marché pour y acheter un peu de viande. Et en empruntant une ruelle où l'on trouve des échoppes qui cuisinent de la viande pour les non juifs, j'ai fait tomber par erreur mon morceau de viande dans l'une de leurs marmites. Fou de joie, j'ai sauté sur l'occasion pour leur acheter tout le contenu de leur marmite à un prix modique, et aujourd'hui, nous allons pouvoir nous régaler de ce plat succulent!»

Le jeune homme n'en croyait pas ses oreilles: «Qu'est-ce que vous avez fait? Mais c'est de la viande Tréfa!».

«Comment ça?, reprit le vieil homme, mais c'est toi-même qui m'a appris hier que si une petite quantité de viande Tréfa tombait dans une marmite de viande kachère, elle interdirait tout. C'est donc que le contraire est vrai aussi: un simple petit morceau de viande kachère peut permettre à la consommation une grande quantité de viande tarèf! C'est simple...» Le jeune homme se leva et s'écria: «Qu'as-tu fait? Ignorant! Depuis quand la viande kachère peut-elle permettre à la consommation la viande tréfa?! Seul le contraire est vrai, c'est la viande Tréfa qui contamine la viande kachère.».

«Je m'excuse pour toute cette histoire, et c'est toi qui as raison. Comme je ne cesse de te le répéter depuis ces derniers jours, il est impossible qu'un petit Avrèkh puisse changer la nature d'une marmite pleine de la viande Tréfa de tous ces railleurs. Tandis, qu'un seul d'entre eux est capable d'abîmer un groupe entier d'étudiants intègres...»

**Et notre maître, le Rambam (Mochè bèn Maïmon, Maïmonide, 1138-1204) écrit que si un homme habitait dans un entourage de scélérats, il aurait l'obligation de déménager. Et s'il ne trouvait pas d'autre endroit, il serait préférable qu'il se rende dans le**

désert, dans un lieu où ne se trouve aucun homme.

Ainsi, dans son commentaire sur la Méguilat Ruth, le 'Hatam Sofèr (Rabbi Mochè Sofèr, 1782-1840) écrit au sujet du verset: «... habiter dans les plaines de Moav (...) Ils (Èlimélèkh et sa famille) arrivèrent sur le territoire de Moav et s'y fixèrent.»: «Quand un homme quitte un lieu de Tora pour se rendre vers un endroit qui en est démuni, il est logique qu'il attende la première occasion pour rentrer chez lui. Mais une fois qu'il s'est installé pendant quelques années dans un pays impur, alors l'endroit d'où il vient s'efface de sa mémoire. Et il prend déjà les habitudes des gens qui l'entourent. Il n'a plus aucune envie de retourner vers son lieu d'origine. C'est ce qui se passa avec Èlimélèkh et sa famille, au point où finalement ses fils se marièrent avec des non juives.»

C'est pourquoi l'homme avisé sera prévoyant et prendra soin de fixer sa résidence uniquement dans un lieu de Tora, afin qu'il en bénéficie et qu'il en fasse profiter sa descendance.

# Parachat Chofétim

*Les vrais rois*

**«Tu pourras te donner un roi. (...) Seulement, qu'il se garde d'entretenir beaucoup de chevaux et qu'il ne ramène pas le peuple en Égypte pour en augmenter le nombre.» (Dévarim, 17, 15-16).**

**Quand Israël demanda à ce qu'un roi règne sur le peuple, D-ieu lui répondit par l'affirmative. Toutefois, la Tora prescrit trois choses au roi. Et, en tout premier lieu, qu'il n'entretienne pas trop de chevaux (de même qu'il ne doit ni multiplier les concubines ni accumuler l'or et l'argent).**

**Dans le commentaire des Sifté 'Hakhamim, on mentionne que la raison de cette ordonnance repose sur le fait que les chevaux viennent d'Égypte. En effet, si le roi y envoyait ses serviteurs afin qu'ils soient sur place en permanence pour lui faire parvenir les meilleurs étalons, il ne fait aucun doute que cela provoquerait, à plus ou moins longue échéance, leur installation définitive en Égypte.**

**Le Ramban (Mochè Bèn Na'hmane, Na'hmanide, 1194-1270), quant à lui, explique que cet interdit a pour but d'obliger le roi à mettre sa confiance en D-ieu seulement, et non dans sa cavalerie.**

**Le Targoum de Yonathan bèn Ouziel en donne également une explication essentielle quand il écrit: «Qu'il n'ait pas plus que deux chevaux, de peur que les princes du roi, chevauchant les montures royales, n'en viennent à s'enorgueillir, et en oublient l'étude de la Tora...».**

**Ces paroles nous révèlent un principe fondamental, à savoir que le roi est responsable du fait que la Tora ne soit pas délaissée par ses ministres et ses serviteurs.**

Or, nous savons que le roi a l'obligation d'enseigner la Tora à son peuple. Comme il est dit dans le Traité Sanhédrine (20a): «Rabbi Chémouèl bar Na'hman a dit au nom de Rabbi Yonathan: Quel est le sens du verset: "Mensonge que la grâce! Vanité que la beauté! La femme qui craint l'Éternel est seule digne de louanges." (Michelè, 31, 30)? [...] "Mensonge que la grâce!", c'est la génération de Mochè; et "Vanité que la beauté!", c'est la génération de Yéhochouâ; "La femme qui craint l'Éternel", c'est la génération de 'Hizqiyahou ». Rachi explique que, meme si les générations de Mochè et de Yéhochouâ se consacrèrent exclusivement à l'étude de la Tora, malgré tout, leur attitude révélait une part de mensonge et de vanité, tandis que la génération du roi 'Hizqiyahou avait atteint ce niveau de "La femme qui craint l'Éternel"».

La Guémara (Sanhédrine, 94b) raconte, en effet, qu'alors que San'hèrive s'approchait de Yérouchalayim pour la détruire, le roi 'Hizqiyahou s'installa à l'entrée du Bèt haMidrach une épée à la main, et déclara que celui qui ne s'était pas consacré à la Tora, serait pourfendu par cette même épée. On examina tout le pays. Et de Dan à Béèr Chèvâ, on ne trouva aucun ignorant; de Givaât à Antipras, on ne trouva pas un enfant, ni homme, ni femme qui ne connaissât parfaitement les lois de pureté et d'impureté. Et c'est par le mérite de la diffusion de la Tora dans le monde que le peuple juif fut récompensé, comme il est dit: «Cette même nuit, un ange de D-ieu Se rendit au camp assyrien et fit périr cent quatre-vingt-cinq mille hommes; et en se levant le matin, on aperçut tous ces cadavres.» (Mélakhim 2, 19, 35).

Telle est la responsabilité du roi: diffuser la Tora à tout le peuple. C'est pourquoi, d'après le Targoum de Yonathan bèn Ouziel, la première Mitswa qui le concerne, c'est de ne pas augmenter le nombre de ses chevaux, ce qui pourrait constituer précisément l'une des causes de l'abandon de la Tora parmi ses serviteurs.

Nos Sages, dans le Traité Guittine (62a), s'appuyant sur le verset: «C'est par moi que règnent les rois» (Michelè, 8, 15), donnent le titre de rois aux Rabbanan. C'est pourquoi il incombe à tout Bèn Yéchiva de diffuser la Tora en public: à ses

**camarades, quand il est à la Yéchiva durant la semaine, et à ses proches et voisins quand il rentre chez lui pour les chabbatot et les jours de fête.» Le Bèn Tora ne se préoccupe pas des futilités de ce monde, il n'abandonne pas l'étude de la Tora, car ce faisant, il inciterait ses proches à faire comme lui, et leurs fautes lui seraient imputées, 'Haswe Chalom. Au contraire, il doit toujours chercher la meilleure manière de diffuser la Tora.**

**Le Talmud Yérouchalmi, Traité Sanhédrine (chap.10, Halakha 2), raconte à cet égard que Gui'hazi, l'élève du prophète Èlichâ, empêchait les autres élèves d'étudier la Tora. En effet, quand Èlichâ était en train de donner un cours, Gui'hazi se tenait à l'extérieur. Ainsi, quand les étudiants arrivaient et le voyaient, ils se disaient: «S'il est dehors, c'est qu'il n'y a aucune raison d'entrer.»; et ils s'en allaient. Ainsi, la Michna qu'enseignait Èlichâ restait muette, sans personne pour l'entendre. Ce qui signifie que, quand un élève a des dispositions pour étudier et qu'il perd son temps, d'autres, peut-être moins forts que lui, apprennent de ses actions, et l'imitent. Un tel étudiant, hélas, est responsable d'un dénigrement public de la Tora. L'étude assidue de la Tora constitue un moyen de parvenir à donner du mérite au plus grand nombre, comme on peut l'apprendre de cette histoire que l'on trouve dans le livre Touvékha Yabiôu, de Rabbi Yits'haq Zilberstein, sur la Parachat Bé'houqotaï.**

Un Avrèkh de la ville de Ramat El'hanan se trouvait aux côtés de son fils au service des urgences de l'hôpital Belinson à Tel Aviv. À côté de lui se tenait un homme non religieux dont le fils aussi était dans une mauvaise passe. Au beau milieu de leur conversation, cet homme exprima à travers des balbutiements un besoin de faire Téchouva. Et, plus tard dans la nuit, il interrompit le discours du Avrèkh sur l'importance de l'étude de la Tora dans les yéchivot pour demander: «Y aurait-il à cette heure tardive de la nuit des élèves de Yéchiva qui étudient encore? Je te fais la promesse que si tu m'amènes dans une Yéchiva où l'on peut trouver dix élèves en train d'étudier, je fais Téchouva sur le champ.». Il était exactement deux heures du matin. L'Avrèkh hésita. Il ne savait pas quoi répondre: «Si je le déçois, se disait-il, tout ce que j'ai dit s'envole en fumée.»

**Après quelques minutes de réflexion, cet Avrèkh décida de faire ce qui était en son pouvoir, laissant à D-ieu le soin d'accomplir le reste. Les deux hommes pénétrèrent tous deux dans un taxi et, au bout de dix minutes, se retrouvèrent dans le centre de Bné-Braq face à la Yéchiva Poniowicz. Ils gravirent les marches lentement... Qui savait ce qu'ils allaient trouver à l'intérieur?... À peine avaient-ils entrouvert la porte de la Yéchiva qu'ils furent frappés du spectacle de plus de cinquante étudiants, assis, en train d'étudier à haute voix. L'homme se tenait stupéfait, il n'en croyait pas ses yeux. Et à peine entré, il déclara: «Je fais Téchouva!».**

La fin de cette histoire est encore plus époustouflante. Il ne s'était pas passé plus d'une heure depuis que ce père de famille avait fait Téchouva que l'état de son fils, qui se trouvait entre la vie et la mort, s'était incroyablement amélioré. Quarante-huit heures après sa visite à la Yéchiva, l'enfant était rentré chez lui, en parfaite santé, les médecins ne sachant comment expliquer le revirement soudain de cette situation…

**Ceci est un exemple parmi des milliers d'autres de ce que peut entraîner l'étude assidue de la Tora.**

# Parachat Ki Tètsè

*Le chemain des yeux*

**«Quand tu iras en guerre contre tes ennemis (...). Et si tu remarques, lors de cet assaut, une femme de belle apparence, qu'elle te plaise, et que tu veuilles la prendre pour épouse...» (Dévarim, 21, 10-11).**

**L'auteur du Tsror HaMor (Rabbi Avraham Bèn Yaâqov Sabbah, 1440-1508) établit un lien entre ce verset de Dévarim et les paroles de nos Sages: «Les yeux et le cœur conduisent à la faute.». Pourquoi? Parce que la vue engage le cœur à la suivre, comme il est dit ici: «Si tu remarques, lors de cet assaut, une femme de belle apparence» et que tu désires sa beauté en ton cœur...**

**Afin de bien comprendre ces paroles, rappelons le passage du Midrach (Chémot Rabba, chap.4, 3) qui affirme, au nom de Rav 'Houna, que tous les soldats qui partaient à l'armée étaient des Tsaddiqim Gmourim, des justes accomplis, dont aucun ne faisait passer les Téfillines de la tête avant celles du bras, car si tel avait été le cas, comment Mochè aurait-il pu faire leur éloge?**

**S'il en est ainsi, comment alors est-il possible qu'un tel Tsaddiq puisse laisser son cœur vagabonder à de telles pensées, à désirer une femme de belle apparence?**

**C'est à cette question que répond le Rav Tsror HaMor: ce qu'il a vu fit pénétrer dans son cœur le désir vis-à-vis de cette femme. En ce sens, les Sages nous mettent en garde de ne pas succomber à l'interdit de la vue afin de ne pas être emportés par elle, 'Haswe Chalom, jusqu'à commettre, éventuellement, un acte interdit. Ainsi, dans le Traité Baba Batra (57b) sur le verset: «Il ferme les yeux pour ne pas se complaire au mal.» (Yéchâya, 33, 15), «Rabbi 'Hiya bar Abba dit: Il s'agit de celui qui ne regarde pas les femmes quand celles-ci font leur travail de lavandière.». Il est écrit par ailleurs: «Celui-là habitera dans les hauteurs»**

(Yéchâya 33, 16): **la Guémara s'interroge sur ce verset: de quel cas parle-t-on? De celui qui passe près des lavandières. Si quelqu'un passe près des lavandières alors qu'il y a un autre chemin, alors c'est un rachâ, mais s'il n'y a pas d'autre chemin, alors il est innocent! Pourquoi donc le verset fait-il son éloge?, demande alors la Guémara? Parce que, répond-t-elle, même quand l'homme n'a pas la possibilité d'emprunter un autre chemin, il doit tout faire pour retenir son âme. Ce que Rachi explique: «Il faut tourner son regard dans le sens opposé. C'est la raison pour laquelle le verset fait l'éloge de cet homme qui, parce qu'il sut gouverner son âme, est appelé un homme pieux.».**

**Ainsi, même quand nous sommes obligés d'emprunter un chemin où se trouvent des choses interdites à voir, celui qui tourne son regard dans la direction opposée s'appelle 'hassid. Inversement, celui qui se met délibérément dans une situation où il devient «obligé» de voir des choses interdites s'appelle rachâ.**

**L'auteur de Na'halat Tsvi** (Rabbi Èl'âzar Yéhouda Leib Pinter), **sur la Parachat Bérèchit, raconte l'histoire suivante:**

Un jour, un élève de la Yéchiva de Kfar 'Hassidim demanda au Machguia'h, le Rav Èliyahou Lopian Zt"l (1876-1970), la permission de se rendre dans un mariage d'un des membres de sa famille qui devait avoir lieu à Tel Aviv. Le Rav lui demanda alors si ce mariage respecterait les règles de tsniout: une mé'hitsa, des vêtements discrets, etc. L'étudiant répondit par la négative et ajouta, de lui-même: «Mais en ce qui me concerne, ça ne me fait rien.».

Le Rav Èliyahou lui dit alors: «Fais-moi plaisir, note ce numéro de téléphone et, avant de partir, appelle là-bas.». L'élève acquiesça et, quelques minutes plus tard, signala le numéro. À l'autre bout du fil, il entendit une voix annoncer: «Cabinet du Dr. Untel, en quoi puis-je vous être utile?». Le jeune homme, qui pensait avoir fait une erreur, rappela une seconde fois, mais là encore, la réponse fut la même. Il se rendit chez le Rav pour lui raconter ce qui s'était passé.

Rav Èliyahou lui dit alors: «Écoute, j'ai presque quatre-vingt-dix ans, je ne vois que d'un œil seulement, l'autre étant très mal en point. Pourtant, j'ai une peur bleue des images interdites. Et toi, un jeune homme dans la force de l'âge, avec deux yeux qui fonctionnent à merveille, tu te rends dans un tel endroit en me disant que ça ne te fait rien, et que tu ne tomberas pas! Il ne fait donc aucun doute que tu as besoin d'un médecin!».

**Tel est le sens des paroles de Rabbi Yéhouda ha'Hassid (1150-1217), dans son livre Séfèr ha'Hassidim (alinéa 953): «Il est préférable de ne pas accomplir une Mitswa qui impliquerait en même temps une âvèra (péché). Par exemple, il est préférable de ne pas se rendre à un mariage, même pour réjouir des fiancés, alors que l'on sait pertinemment qu'il y aura des railleurs et que la situation sera telle qu'il sera impossible de ne pas regarder ni penser à des femmes.».**

**Dans son livre Taharât haQodech, le Tsaddiq Rav Aharone Roth Zt"l écrit que la prohibition des relations interdites selon la Tora comporte trois aspects, à savoir le regard, la pensée et l'acte. En effet, le premier interdit concerne le fait même de regarder, comme il est dit: «Ne vous égarez pas à la suite de votre cœur et de vos yeux...» (Bémidbar, 15, 39). Le second interdit concerne le fait d'y penser, comme il est dit: «Et tu te protègeras de toute mauvaise chose.» (Dévarim, 23, 10). Comment nos Sages ont-ils expliqué ce verset? Le Traité Âvoda Zara (20b) donne un avertissement: que l'homme n'en vienne pas à avoir des pensées interdites le jour, de peur qu'elles ne le conduisent à l'impureté nocturne. Quant au troisième interdit, il concerne bien entendu l'acte lui-même.**

**Or, nous ne trouvons ces trois interdits du regard, de la pensée et de l'acte dans aucune des six cent treize Mitswot, sauf en ce qui a trait à l'âvoda zara, l'idolâtrie. Il est interdit de regarder les idoles, comme il est dit: «Ne vous tournez pas vers les idoles.» (Wayiqra, 19, 4). Il est interdit également de penser aux idoles: «De peur que tu n'y plonges ton regard...» ou comme il est dit: «...auxquelles vous vous prostituez», ce que les Sages ont expliqué dans le Traité Bérakhot (12b) en affirmant qu'il s'agit de l'interdit de penser à l'idolâtrie. Et enfin, il est question d'un interdit concernant l'acte lui-même de servir les idoles: «Ne**

**façonne pas pour toi d'idole.».**

**Le Rav Aharone Roth Zt"l, écrit également que le Baâl Chem Tov haQadoch demanda à ses élèves de faire très attention à la sainteté de leurs yeux. Il leur enseigna que, partout où leurs yeux se posent, ils doivent apprendre à voir la sainteté de D-ieu qui procure l'existence à toute chose, dans la mesure où chaque élément de ce monde ne doit son existence qu'aux quatre éléments fondamentaux (l'air, l'eau, le feu et la terre) qui y sont présents, en contrepartie des quatre lettres du Nom divin de la Havayia.**

**Et c'est ainsi que le Rav Yits'haq Barchechat (1326-1408), surnommé le Rivach, un Richon sépharade renommé, expliquait comment se conduire avec ses yeux: si soudain nos yeux tombent sur une femme de belle apparence, il faut que l'on se pose la question de savoir d'où lui vient cette beauté. Car, si cette femme était morte, ce charme disparaîtrait. Ce qui signifie donc que sa beauté ne lui vient précisément que de la puissance divine qui s'exprime par son intermédiaire, et qui lui procure cet attrait. L'origine même de la beauté est donc divine, et il n'y a aucun sens à s'attacher aux formes extérieures de cette beauté. Il vaut mille fois mieux se concentrer sur son origine divine, sur la Source de tous les mondes.**

**Or, il faut savoir que celui qui prend garde à ce qu'il donne à voir à ses yeux est susceptible de se sanctifier lui-même et de sanctifier le Ciel. Ainsi, le livre Touvékha Yabiôu, de Rav Yits'haq Zilberstein, sur la Parachat Chéla'h, rapporte une anecdote citée dans la préface du livre Qédouchat ha'Hayim de Rav Aharone 'Hayim Nachri.**

L'un des Avrékhim dont le Rav s'occupait avait été atteint d'un cancer foudroyant et était décédé au bout de quelques jours seulement. Cet homme était un Baâl Téchouva qui avait, auparavant, transgressé sans vergogne tous les commandements de la Tora. Un jour, alors qu'il se trouvait dans un lieu rempli d'images interdites, il se mit à observer tous ceux qui passaient par là. Il vit un Avrèkh qui baissait les yeux vers le sol. La vision de ce Bèn Tora qui maîtrisait ses yeux laissa une empreinte indélébile sur notre homme. Et, après plusieurs jours pendant lesquels il ne trouvait plus le sommeil, il prit la décision de se rendre à la Yéchiva Or Saméa'h afin de revenir vers la source d'une vie authentique.

**Arrêtons-nous un instant sur le mérite de cet Avrèkh qui, grâce au fait d'avoir baissé les yeux, ramena un Juif à la Téchouva. Il ne fait aucun doute que dans le Ciel l'attend une grande récompense pour avoir ramené cet homme, ses enfants et les enfants de ses enfants vers la Tora, même sans l'avoir fait intentionnellement.**

**Par ailleurs, grâce au fait de protéger ses yeux, il est même possible de sanctifier le Nom de D-ieu devant les anges eux-mêmes, comme il ressort de ce Midrach Yalqout sur la Parachat Way'hi (161), rapporté dans le Bèn Ich 'Haï du Rav Yossèf 'Hayim Zt"l (1833-1909) sur les Halakhot de la Parachat Waèt'hanan (1ère année).**

Rabbi Matia bèn 'Harâch étudiait au Bèt haMidrach. Son visage avait l'éclat du soleil, et sa figure rayonnait comme celle des anges célestes parce que, de toute sa vie, il n'avait jamais porté le regard sur une femme. Mais un jour, le Satan s'approcha et fut jaloux de lui. Il dit: «Est-il possible que cet homme n'ait jamais fauté?». Il se présenta devant D-ieu et lui dit: «Maître du monde, Rabbi Matia bèn 'Harâch, qu'est-il pour Toi?». D-ieu répondit: «Un Tsaddiq Gamour» (un juste authentique). Le Satan reprit: «Laisse-moi faire et je le ferai fauter.». D-ieu dit: «Tu n'y arriveras pas.». «Ce n'est pas grave.» «Très bien, va.»

Le Satan se présenta à lui sous la forme d'une si belle femme, qu'il n'y en avait pas eu d'aussi belle depuis Néama, la sœur de Touval Qayine qui fit même fauter les anges, comme il est dit: «Et les enfants de D-ieu virent les filles des hommes.» (Bérèchit, 6, 2). Dès qu'il la vit, Rabbi Matia détourna la tête. Le Satan se plaça sur sa gauche. Il se tourna vers sa droite. À chaque fois, cette femme se plaçait dans son champ de vision. Il dit: «J'ai bien peur que mon instinct me dépasse et qu'il me fasse fauter.». Et que fit ce Tsaddiq? Il appela l'élève qui l'accompagnait et lui dit: «Va, apporte-moi des braises et des clous.». Dès qu'il les reçut, Rabbi

Matia se les enfonça dans les yeux. Décontenancé par cet acte, le Satan perdit l'équilibre et tomba à la renverse.

C'est alors que D-ieu fit venir l'ange Rafaël et lui dit: «Va, guéris Rabbi Matia bèn 'Harâch.». L'ange se rendit jusqu'à lui, et Rabbi Matia demanda: «Qui est là?». «C'est moi, l'ange Rafaël. D-ieu m'envoie pour te guérir.» Il lui répondit: «Laisse-moi. Ce qui est fait est fait.». L'ange se rendit vers D-ieu et lui rapporta: «Maître du monde, voilà ce que m'a dit Matia.». D-ieu reprit: «Retourne lui dire que Je me porte garant que plus jamais le yètsèr harâ ne le tourmentera.». Aussitôt, l'ange le soigna. De cette histoire, nos Sages tirent la conclusion que le yètsèr harâ n'a aucune emprise sur celui qui ne regarde pas les femmes, à plus forte raison la femme de son ami.

**Nous apprenons de ce Midrach que, devant la sainteté de Rabbi Matia, même le Satan fut pris de tremblement, au point de tomber à la renverse.**

**Et notre maître le 'Hida (Rabbi 'Hayim Yossèf David Azoulaï, 1724-1807), dans son livre Ayïn Zokher (10, lettre 16), rapporte au nom du Séfèr haPardes, des livres manuscrits de Rachi, que le grand Talmudiste Rav avait atteint dix niveaux de sainteté. Quand il mourut, ses élèves voulurent chacun atteindre l'un de ces niveaux. Rav Chèchét prit sur lui de ne pas regarder au-delà de ses quatre coudées. Après un certain temps, prenant conscience qu'il ne pourrait tenir bon, il fut obligé de fermer les yeux. Et dans le livre Séfèr haDorot, du Rav 'Hida, il est dit qu'il s'enferma dans une pièce obscure pendant quarante jours, puis demanda qu'on lui apporte des cristaux qu'il regarda en pleine lumière, devenant ainsi aveugle.**

**Pourtant, partout dans le Talmud, Rav Chèchét parvient à voir des choses que ses camarades ne voient pas. Comme cela est rapporté par exemple dans le Traité Yévamot (56b) où il est dit: «Rav Âmram déclara: "Cette chose, c'est Rav Chèchét qui nous l'a dite, et il éclaira nos yeux dans cette Michna."», c'est-à-dire qu'il mérita ainsi l'appellation de Méir Ayïné 'Hakhamim (Lumière des yeux des Sages).**

**De même, à la fin du Traité Bérakhot (58a), il est dit que Rav**

**Chèchét se rendit un jour pour assister au défilé de l'empereur. Là-bas se trouvait un Sadducéen qui se moqua de lui parce que, bien qu'étant aveugle, il était venu «voir» l'empereur. Voyant les centaines de personnes qui accompagnaient l'empereur à grands cris, le Sadducéen déclara: «Voilà l'empereur!». Ce à quoi Rav Chèchét répondit: «Non, pas encore». Arriva alors un autre groupe, et le Sadducéen dit: «Ça y est! Cette fois-ci, c'est l'empereur!». Mais Rav Chèchét lui répliqua: «Non, toujours pas.». Quand un troisième groupe fit son entrée, un silence se fit sentir, et Rav Chèchét dit alors: «Voilà maintenant l'empereur.».**

**Et d'où lui venait cette possibilité de voir mieux que ses contemporains? C'est justement par le fait qu'il protégeait ses yeux d'images interdites qu'une aide du Ciel lui fut envoyée.**

**C'est dans le même sens qu'il faut lire l'histoire suivante, extraite du livre Chémirat Âyïnaïm.**

Cette histoire décrit l'attitude de l'auteur du livre Chèmèn Rokéa'h Zt"l, qui, quelques jours avant son départ de ce monde, et alors qu'il était devenu aveugle depuis un certain nombre d'années, avait réuni autour de lui tous les membres de sa famille, déclarant qu'il désirait leur prouver l'existence du Créateur. Il dit alors: «Sachez que de la même manière qu'il existe un sens matériel qui se nomme la vue, il existe une vue purement spirituelle. Et quand un Tsaddiq le veut, il peut tout voir.». Et c'est alors qu'il commença à décrire dans le détail les vêtements des gens qui se trouvaient à ses côtés: ici, un bouton, un fil, etc. Il décrivit également tout ce qui se trouvait dans la pièce où il était couché, dévoilant à tous, la puissance de la sainteté.

**Cela signifie que celui qui sanctifie sa vue en empêchant ses yeux de voir des choses interdites, et maîtrise son désir de suivre les choses de ce monde matériel, aura la chance d'attirer à lui une aide du Ciel hors du commun. Son champ de vision spirituel se développera, et il méritera de plonger son regard dans les profondeurs de la vérité.**

# Parachat Ki Tavo

*Éloigne-toi du mal*

**«Et lorsque tu seras arrivé dans le pays, (...) tu prendras des prémices de tous les fruits de la terre.» (Dévarim, 26, 1-2).**

**Dans la majorité des cas, on lit Parachat Ki Tavo juste avant Roch haChana. Or, la raison pour laquelle elle est lue précisément avant l'heure où toutes les créatures de la terre sont jugées ne relève pas d'un hasard.**

**En effet, depuis le mois d'Èloul déjà, le peuple commence à examiner ses actions, à se purifier et à s'améliorer avant de se retrouver devant le Roi, le jour où le souvenir de toutes les créatures passe devant Lui. Or, dans le livre des Téhillim (Psaumes), il est dit: «Éloigne-toi du mal et accomplis le bien.» (Téhillim, 34, 15). Qu'est-ce à dire? Afin d'atteindre les plus hauts degrés devant D-ieu, concrétisés par l'expression «accomplis le bien», il convient au préalable de «s'éloigner du mal», car ce n'est qu'ensuite seulement que nous serons à même d'accomplir le bien.**

**Par ailleurs, les Sages du Moussar expliquent que la remise des prémices (Akravat haBikourim) a pour but d'éradiquer la recherche de la jouissance purement matérielle et les sentiments d'orgueil. En effet, à cet homme qui s'est tellement dépensé pour parvenir à ce jour où il pourra enfin profiter des produits de son travail, la Tora ordonne de «prendre les prémices de tous les fruits de la terre», ces fruits qu'il a tant désirés, et de les amener au Bèt HaMiqdach (le Temple). Ce faisant, il brise ses tendances au plaisir et à l'orgueil, et éloigne de lui cette pensée erronée que seuls sa propre force et son labeur ont produit ces fruits. Car D-ieu possède tout, et cet homme est dans l'obligation de lui offrir les prémices de la récolte de sa terre.**

**Cet homme se rend donc au Temple, «chez le Cohen qui sera alors en fonction», comme l'explique Rachi, «car tu n'as pas**

d'autre Cohen que celui-ci»; et même si tu étais plus érudit que lui, tu as l'obligation de te prosterner devant lui et de briser ton sentiment d'orgueil.

Les Bikourim ont donc pour fonction principale d'«éloigner le mal ». L'homme doit s'habituer à briser ses mauvaises tendances, sa recherche du plaisir et son orgueil, et à être disposé à accomplir des actes vertueux.

C'est pour cette même raison que la Mitswa des Bikourim fut observée seulement après l'entrée des enfants d'Israël en Terre sainte et après le partage: la conquête de la terre où régnaient les trente-et-un rois aurait pu les inciter à penser que c'est par leur propre force et leur propre investissement qu'ils ont obtenu ces résultats, la conquête et la production des fruits. Ainsi, il était nécessaire qu'ils apportent les Bikourim, afin de ne pas oublier que seul D-ieu leur avait donné la force de réaliser de telles œuvres.

Par ailleurs, il est écrit, sous la plume de nos Sages, que l'époque où il est possible d'amener les prémices au Temple correspond précisément à cette période qui sépare Chavouôt de Soukkot. Toutefois, il paraît logique que chacun fasse en sorte de les apporter avant Roch haChana, afin d'être à même de se tenir, le jour du jugement, libre de toute dette envers le Tout-Puissant. Encore aujourd'hui, la plupart des gens font tout leur possible pour payer leurs dettes avant Roch haChana. Et comme il est agréable pendant cette période de s'évertuer à accomplir le verset «Éloigne-toi du mal»!

Puis, dans la suite de la Paracha, il est fait mention de la Mitswa de maâser, la dîme, ainsi qu'il est dit: «Lorsque tu auras achevé de prélever toute la dîme de tes produits, (...) que tu l'auras ensuite donnée au Lévi, à l'étranger, à l'orphelin et à la veuve qui, l'ayant mangée dans tes portes, s'en seront rassasiés...». Ainsi, ayant retiré de lui les mauvaises dispositions et les ayant brisées, cet homme commence alors à travailler sur ses qualités positives en faisant du bien à son prochain. Et à l'heure du Vidouï (sa confession) devant le Créateur, il dira: «J'ai agi comme Tu me l'as ordonné.». Rachi commente ainsi ce passage: «Je m'en suis réjoui et j'ai réjoui les autres par le biais de Tes commandements.», sous entendu: «J'ai fait du bien à mon prochain.».

Or, il ne fait aucun doute que celui qui a vaincu ses mauvaises dispositions pour ensuite se consacrer aux bonnes œuvres s'est considérablement élevé aux yeux du Saint béni soit-Il. Ainsi, à l'heure du Vidouï (sa confession), il dira: «Penche-Toi du haut de Ta résidence céleste, et bénis Ton peuple Israël.». Pourtant les commentateurs s'interrogent à ce propos, car partout où il est dit qu'Il «Se penche», l'expression a une connotation négative, comme on le voit par exemple au sujet de Sédome où il est dit que «D-ieu S'est penché au-dessus de Sédome.».

Qu'en est-il? La réponse est qu'Israël a le pouvoir d'inverser la mesure de Rigueur (Middat haDin) en une mesure de Miséricorde (Middat haRâ'hamim). Ainsi, cet homme qui s'est «éloigné du mal» pour «réaliser le bien» se trouve-t-il dans une disposition telle qu'il est capable de renverser l'attribut de Rigueur en attribut de Miséricorde. Il peut se présenter méritant au jour du jugement, et en faire bénéficier aussi les autres, comme il est écrit: «Et bénis Ton peuple Israël.».

Or, les Sages nous ont déjà enseigné que l'homme qui ne se repentirait pas de ses fautes, quand bien même il continuerait à bien agir, c'est-à-dire qu'il ne se serait pas éloigné du mal tout en faisant le bien, cet homme ressemblerait à celui qui se trempe dans un bain rituel (Tévila) pour se purifier, mais tient dans la main un animal impur sur lequel la Tévila n'a aucun effet.

Telle était précisément l'attitude d'Êssaw: «Et il prit pour femme, en plus de ses femmes, Ma'halate, fille d'Ichmaël, fils d'Avraham, la sœur de Névayot.» (Bérèchit, 28, 9). Le Midrach (Bérèchit Rabba, chap. 67) écrit en effet: «Rabbi Yéhochouâ bèn Lévi dit: "Il voulut se convertir." Rabbi Èliêzèr rajoute: "Si du moins il s'était séparé des premières, soit, mais il est écrit: "En plus de ses femmes", il ajouta une blessure à une autre."».

Quand le Midrach affirme qu'il voulut se convertir, son intention est de nous dire qu'il voulut faire Téchouva, changer son mode de vie. Pourtant, Êssaw n'y parvint pas. Et dans le livre Kol Dodi (p.74), un recueil des allocutions et des textes du Rav haGaon Chalom Mordekhaï haCohen Chvadron Zt"l (1835-1911), il est expliqué que la cause de ce refus nous est révélée dans les versets qui précèdent ce passage: «Et Êssaw vit...». Que vit-il? «...que Yits'haq avait béni Yaâqov et l'avait envoyé à Padan-Aram, pour qu'il prenne de là-bas une femme, tout en le bénissant» (Bérèchit, 28, 6). Il vit la position privilégiée qu'occupait Yaâqov aux yeux de son père, et le fait que c'est ce qui lui valut de recevoir ses bénédictions. Êssaw pensait que la raison de ce statut privilégié se trouvait dans le fait que Yaâqov avait choisi une femme considérée aux yeux de Yits'haq son père. Puis il vit encore que son père «lui avait ordonné de ne pas prendre une femme parmi celles de Canaân». C'est-à-dire qu'en plus de l'ordre positif (Koum weAssé) de prendre une femme pieuse, il y avait aussi un interdit (Lo Taâssè): ne pas prendre une femme parmi celles de Canaân. Puis, dans le verset qui suit, il est dit: «Et Yaâqov obéit à son père et à sa mère, et se rendit à Padan-Aram.». Là, Êssaw se réveille et jalouse son frère de cette jalousie des Sages qui procure la sagesse: «Yaâqov obéit et agit, et qu'en est-il de moi?», se demande Êssaw. Ainsi, dès le verset suivant, Êssaw continue sa Téchouva: «Êssaw vit que les filles de Canaân étaient déplaisantes aux yeux de son père Yits'haq.», sous entendu qu'il parvient à cette conscience que son père ne veut pas des filles de Canaân, qui, en elles-mêmes, sont déplaisantes à ses yeux.

Et à la suite de cette longue description par la Tora de la Téchouva d'Êssaw, que fit-il? Le texte dit: «Et il prit pour femme, en plus de ses femmes, Ma'halate, fille d'Ichmaël, fils d'Avraham, la sœur de Nevayot»! Êssaw ajouta donc encore à son mauvais comportement. Il aurait dû tout d'abord se séparer des femmes cananéennes auxquelles il s'était marié, c'est-à-dire d'abord «s'éloigner du mal» pour, ensuite seulement, prendre Ma'halate pour épouse afin de s'attacher au bien.

Et le Rav Chvadron Zt"l d'expliquer que c'est son éveil à la Téchouva qui déclencha son mauvais penchant, dans la mesure où Êssaw aurait dû agir avec circonspection, avancer par étapes, du plus simple au plus compliqué. S'il s'était comporté ainsi, il aurait compris que le choix d'une femme pieuse revenait à

**son frère Yaâqov qui avait atteint la perfection. Tandis que lui, il devait tout d'abord retirer de lui-même une partie d'Êssaw... Être moins orgueilleux, moins concupiscent, être moins «un homme des plaines», ich hasadé. Il aurait dû commencer par pénétrer dans le Bèt haMidrach afin d'y étudier un peu. Et ensuite seulement, après s'être éloigné de la faute et du mal, prendre une femme pieuse et commencer ainsi à pratiquer le bien. Mais le problème était qu'il désirait pouvoir se saisir des Mitswot sans abandonner ses voies tortueuses, c'est pourquoi, en fin de compte, il ajouta à son mauvais comportement.**

**Au contraire, les justes agissent tout autrement. Ils cherchent au préalable à faire une Téchouva complète, et à corriger leurs comportements, comme cela est rapporté dans le Midrach Rabba, sur la Parachat Péqoudè:**

«"Et ils apportèrent le Michkan.". Quel est le sens du verset: "Force et splendeur est son vêtement, car elle se réjouira au dernier jour."? Écoute l'histoire de Rabbi Abahou qui, alors qu'il quittait ce monde, aperçut tous les bienfaits qui l'attendaient dans le monde futur. Il se réjouit et déclara: Tout cela pour Abahou! "Et j'ai dit, j'ai atteint le néant, le chaos; et vaines, j'ai dépensé toutes mes forces." (Yéchâya, 49): Malheur!, "Car elle se réjouira au dernier jour."».

**Pourtant, dans la mesure où il est impossible d'affirmer que Rabbi Abahou avait un doute quant à la nature de la récompense qui l'attendait dans le monde futur, comment a-t-il pu dire: «...j'ai atteint le néant, le chaos; et vaines, j'ai dépensé toutes mes forces»? L'Artisan du monde n'est-Il pas digne de foi? Ne nous paiera-t-Il pas ce qu'Il nous doit?**

**Dans le livre Michelè Yaâqov (Machal 140), le Maguid Yaâqov de Douvna (1740-1805) rapporte cette métaphore:**

Quelqu'un venait de perdre sa maison dans un incendie, et les voisins avaient fait de cet endroit une décharge publique. Après plusieurs jours, le gouverneur de la ville décida de construire à cet emplacement un véritable palais. Le nouveau propriétaire demanda alors que l'on retire tous les détritus afin qu'il puisse commencer les travaux. Et voilà notre homme qui se rend donc sur place pour en vider tous les gravats, avant que ne vienne le prince pour y construire son palais tel qu'il l'avait annoncé. Pourtant, quelque temps plus tard, le gouverneur apprend que cet homme se vante d'être son associé. Aussitôt, le gouverneur lui rend visite et lui déclare: «Dis-moi, j'ai entendu que tu racontais partout que nous sommes associés dans cette construction. Peut-être voudrais-tu bien me faire l'honneur de me montrer tes parts dans ce projet? ». «Mais bien sûr.», lui répondit-il, sortant de sa poche un carnet sur lequel étaient inscrites les heures passées à décharger les détritus qui jonchaient le sol des futures fondations. Le prince éclata de rire et s'exclama: «Imbécile! Tu penses vraiment que quelqu'un t'en est redevable? C'est toi-même qui, avec tes voisins, avez laissé là-bas vos ruines. Tes services n'ont eu d'autre conséquence que de réparer ce que tu as toi-même abîmé. Mais l'édifice n'appartient qu'à moi seul!».

**Ce que cette métaphore met en lumière, c'est l'idée que l'homme s'imagine être apte à recevoir de D-ieu un salaire en contrepartie des efforts qu'il aurait pu fournir pour éloigner de lui les futilités de ce monde. Combien de jeûnes, de coups a-t-il dû donner à son corps pour pouvoir le purifier de sa saleté? Rabbi Abahou haQaddoch pensa en lui-même que, pour ce genre de peines, on ne perçoit aucun salaire. Car qui donc s'est habitué à ce genre de plaisirs? L'homme lui-même! Sur le fait de devoir vider la décharge publique, on ne reçoit aucun salaire, puisque cela relève du principe «d'éloigner le mal», «nettoyer le corps». Et en ce qui concerne la partie d'«accomplir le bien», on ne reçoit aucun salaire non plus, dans la mesure où c'est D-ieu qui nous donne la possibilité d'accomplir les Mitswot.**

**Pourtant, quand Rabbi Abahou vit le trésor qui l'attendait dans le monde futur, il s'en réjouit et s'exclama: «Tout cela pour Abahou?». L'auteur l'explique à partir des paroles de nos Sages dans le Traité Soukka (52a). Dans les temps futurs, est-il dit, D-ieu fera venir le yètsèr harâ pour l'égorger sous les yeux des méchants et des justes réunis tous ensemble. Ces derniers le verront comme une montagne, tandis que les méchants le**

verront sous les apparences d'un cheveu. Ceux-ci et ceux-là pleureront. Les justes s'exclameront: «Comment avons-nous fait pour gravir une si haute montagne?». Tandis que les méchants se lamenteront: «Comment avons-nous pu ne pas surmonter un simple cheveu?». Et une question se pose, à savoir pour quelle raison les justes se mettent-ils à pleurer? Ne devraient-ils pas au contraire se réjouir d'être parvenus à dominer un penchant pour le mal aussi puissant? La réponse est simple: la part de l'homme dans son respect de la Tora ne dépasse pas le cadre de ses efforts pour «s'éloigner du mal». C'est D-ieu qui, dans Sa grande générosité, l'aide à tenir bon devant le yètsèr harâ, et plus le yètsèr harâ est grand, plus l'homme comprend combien il lui était impossible de le vaincre seul, sans l'aide de D-ieu à ses côtés...

C'est pourquoi les justes pleurent à la vue du yètsèr harâ: ils craignent de ne pas pouvoir recevoir leur part dans le respect de l'injonction de la Tora, «Éloigne-toi du mal», dans la mesure où il est évident que D-ieu a tout fait pour eux. Et même la partie qui correspond à l'injonction d'«accomplir le bien», en définitive, seul D-ieu élève ces «grands édifices» que sont les Mitswot. Ce n'est qu'en vertu de Sa grande générosité que D-ieu offrira leur récompense à ceux qui Le craignent vraiment.

# *Parachat Nitsabim - Wayèlèkh*

*Le chas d'une aiguille*

**«Si tu reviens vers D-ieu et que tu écoutes Sa voix en tout ce que Je te prescris aujourd'hui, toi, ainsi que tes fils, de tout ton cœur, de toute ton âme...» (Dévarim, 30, 2).**

**Le Rav haGaon Yossèf Tsarfati Zt"l (1642-1718), dans son livre Yad Yossèf (imprimé à Amsterdam en l'année 1701), sur la Parachat Ki Tètsè, écrit que tous les Richonim sont d'accord pour dire qu'il existe des maladies de l'âme de même que des maladies du corps. Et qu'il existe également des remèdes pour le corps et des remèdes pour les âmes. Les maladies de l'âme sont les fautes, et leur remède, c'est la Téchouva, comme il est dit: «...qui expie toutes les fautes, et guérit tous les maux» (Téhillim, 103, 3).**

**Pourtant, il y a une différence de taille entre la médecine des corps et celle des âmes. La première se trouve entre les mains de D-ieu, «Médecin de toute chair», ainsi qu'il est dit: «C'est Moi qui frappe et qui guéris.» (Dévarim, 32, 39), tandis que la médecine de l'âme se trouve entre les mains de l'homme. S'il ne se repent pas et ne soigne pas son âme, D-ieu ne le fera pas à sa place. Car tout est entre les mains du Ciel, exception faite de la crainte du Ciel. C'est la raison pour laquelle D-ieu nous demande de lui ouvrir le chas d'une aiguille, afin de nous ouvrir les portes de Son palais.**

**Dans son livre Na'halat Tsvi, sur la Parachat Waèra, Rabbi Èl'âzar Yéhouda Leib Pinter rapporte une métaphore tirée du livre Michpat Tsèdèq, sur le sens de l'expression: «Ouvrez-Moi le chas d'une aiguille».**

Il s'agit d'un immeuble haut de mille étages et sur le dernier étage est accrochée une corde qui descend jusqu'au sol. D-ieu a envoyé l'un de ses prophètes pour ordonner à chacun des membres de l'assemblée de saisir cette corde et de gravir les mille étages. Richesse et gloire sont promises à celui qui atteindrait le haut de l'immeuble. Quand les hommes prirent connaissance du message de D-ieu, ils se réunirent tous au pied de la tour. Certains, devant l'ampleur de la tâche, firent immédiatement marche arrière, tandis que d'autres entreprirent l'ascension. Pourtant, après quelques étages, nombreux furent ceux qui abandonnèrent. Seulement une poignée d'hommes parvint à escalader un peu plus haut, mais voyant qu'ils ne pouvaient atteindre le but qui leur avait été fixé, ils se laissèrent redescendre jusqu'en bas.

Un seul homme toutefois se dit à lui-même: «Si D-ieu l'a demandé, c'est que c'est possible, même si cela ne nous le semble pas.». Et aussitôt, il commença son escalade. Quand il parvint au dixième étage, il sentit ses forces l'abandonner. Mais, se rappelant tout de suite que D-ieu l'avait ordonné, il se remit à grimper. Quand il arriva au vingtième étage, il sentit qu'il ne pourrait aller plus loin, et il lui fallut un grand déploiement de forces et de courage pour tirer encore sur ses bras, dépensant ses dernières énergies. Car, se disait-il, même si elles devaient l'abandonner et qu'il doive se briser les os, il aurait fait la volonté du Tout-Puissant. Parvenu enfin au trentième étage, il comprit que c'était fini, qu'il n'avait plus aucune force. Malgré lui, ses mains, lentement, glissaient sur la corde et, alors qu'il était sur le point de lâcher prise, un aigle gigantesque se plaça en-dessous de lui, et l'emporta jusqu'au sommet de l'immeuble.

**Cet homme a ouvert le chas d'une aiguille, et D-ieu lui ouvrit les portes de Son palais. Car D-ieu aide celui qui le désire vraiment. En revanche, si l'homme ferme son cœur, il va sans rien sentir, sans but précis.**

**Le livre de Yéhochouâ (6, 26) rapporte que le peuple d'Israël se battit à Jéricho, jusqu'à ce que la ville tombât entre leurs mains. Parce que ce jour était un Chabbat, Yéhochouâ ordonna que Jéricho reste pour toujours un amas de pierre que l'on ne rebâtirait plus. Il menaça même celui qui désirerait la reconstruire: «son premier-né en sera les fondations, et son plus jeune garçon ses portes», sous-entendant que celui qui tenterait**

de l'édifier à nouveau, posant les premières pierres, perdrait son premier-né et, au fur et à mesure des travaux, ses autres enfants, puis, arrivé au terme de son projet, au moment de poser les portes, il perdrait son dernier garçon.

Pourtant, un homme du nom de 'Hiyel, qui n'accordait aucun crédit aux malédictions de Yéhochouâ, entreprit de reconstruire Jéricho. Au début de son œuvre, il perdit son premier-né; et ainsi de suite, tout au long des différentes étapes de le reconstruction de Jéricho, jusqu'au moment où il plaça les portes de la ville et perdit son plus jeune fils (Voir IMélakhim, 16, 19-20). À chaque fois qu'on essayait de l'en dissuader en parlant à son cœur, il répondait que tout cela n'était que le fruit du hasard et en rien le résultat de la malédiction d'un Sage.

Cet homme vécut à l'époque du prophète Èliyahou, alors que le peuple se prosternait devant les idoles de Baâl. Èliyahou haNavi, s'étant tourné vers le peuple, avait alors déclaré: «Jusqu'à quand clocherez-vous entre les deux partis? Si l'Éternel est le vrai D-ieu, suivez-Le; si c'est Baâl, suivez Baâl!» (Mélakhim 1, 18, 21). C'est pourquoi Èliyahou décida d'organiser un concours entre lui et les adorateurs de Baâl. «Qu'on nous donne deux taureaux: ils en choisiront un pour eux, le dépèceront, l'arrangeront sur le bois, mais sans y mettre le feu; moi, je préparerai l'autre et le placerai sur le bois sans y mettre le feu. Alors vous invoquerez votre divinité et moi j'invoquerai l'Éternel; le dieu qui répondra en envoyant la flamme, celui-là sera le vrai D-ieu.» Il demanda à ce que ces derniers offrent deux taureaux identiques en taille et en apparence sur un autel qu'ils auraient construit, et où chacun d'eux approcherait un taureau. Celui qui serait entendu de son dieu, qu'un feu descendant du Ciel viendrait consumer le sacrifice, serait déclaré vainqueur et aurait le droit de tuer son adversaire.

Les adorateurs de Baâl savaient que leur idole ne valait rien, mais parce qu'ils désiraient que le peuple les suivent, ils placèrent sous l'autel qu'ils avaient construit un homme muni de torches qui les allumerait quand ils invoqueraient leur divinité, afin qu'il mette le feu au sacrifice. Et de la sorte, ils étaient sûrs de remporter cette épreuve. Mais D-ieu fit en sorte de contrecarrer leurs plans et Il envoya un serpent tuer l'homme placé sous l'autel. Ainsi, quand les hommes de Baâl commencèrent à invoquer leur dieu, rien ne se passa. Et, en fin de journée, Èliyahou demanda à approcher son sacrifice. Il purifia d'abord l'autel, il y hissa son taureau, puis se tournant vers le Ciel, il déclara: «Réponds-moi, D-ieu, réponds-moi.». Aussitôt, un feu descendit du Ciel et consuma le sacrifice. Puis tout le peuple qui se trouvait sur place entonna: «L'Éternel est le vrai D-ieu ! L'Éternel est le vrai D-ieu ! »

Èliyahou haNavi s'empara alors des prophètes de Baâl et les passa au fil de l'épée. Le peuple revint alors vers D-ieu. Quand on se rendit sous l'autel pour voir qui s'y était caché, on découvrit 'Hiyel en personne. Il n'avait donc pas suffi qu'il perde tous ses enfants, il fallait qu'il perde aussi la vie.

La mise en garde de notre Paracha est explicite: «Qu'il n'y ait pas parmi vous d'homme ou de femme, de famille ou de tribu, dont le cœur se détourne aujourd'hui de l'Éternel, notre D-ieu, pour aller servir les dieux des nations (...). En entendant les paroles de ce serment, il pourrait se bénir en son cœur et dire: "La paix sera sur moi, même si je suis les impulsions de mon cœur (...)". D-ieu ne voudra pas lui pardonner (...). Et toutes les malédictions inscrites dans ce livre s'abattront sur lui.» (Dévarim, 29, 17-19).

Tout commence dès que l'homme ferme son cœur et se dit en lui-même: «Sois tranquille, mon âme.». Car dès lors, il est enclin à toutes les déviations, comme ce fut le cas de 'Hiyel bèt HaÈli. C'est pourquoi D-ieu nous demande de lui ouvrir le chas d'une aiguille, afin qu'Il puisse nous ouvrir les portes de Son palais.

Et si nous nous demandons ce qu'il faut faire pour ouvrir notre cœur comme le chas d'une aiguille, reportons-nous à ces paroles du Rambam (Mochè bèn Maïmon, Maïmonide, 1135-1204) dans son livre Yessodé haTora (chap.1): «Le principe des principes, et le pilier de toutes les sagesses, consiste à reconnaître qu'il y a un Créateur. Or, ce savoir est un commandement positif, comme il est dit: "Je suis l'Éternel ton D-ieu."».

Or, dans la Aggada de Pessa'h Qinian Tora, nous apprenons que ces paroles du Rambam firent difficulté à notre maître le Rav Èliêzèr Ména'hèm Man Chakh Zt"l (1898-2001).

Pendant près de soixante ans, le Rav Chakh avait de la difficulté à comprendre ces paroles du Rambam jusqu'au jour où, discutant avec un médecin à l'hôpital, il trouva la réponse à sa question. En effet, le Rambam écrit que le fait de savoir qu'il y a un Créateur est non seulement le principe des principes, mais en plus le fondement de toutes les sagesses. Or, à première vue, cela semble évident, il suffit de regarder attentivement la création pour y deviner la main de son Auteur. Seul l'imbécile qui se laisse bernerpar l'idéologie athéiste, comme il est dit dans le verset: «L'homme de peu ne le sait pas, et l'imbécile ne le comprend pas.», seul celui-là n'est pas à même de voir la vérité. Alors, pour quelle raison la Tora nous donnerait-elle cette injonction sous la forme d'un commandement positif? De plus, s'il n'y a que l'imbécile qui soit capable de renier la vérité d'un Créateur, ne savons-nous pas que «l'imbécile est dispensé des commandements»?

C'est ainsi que le Rav Chakh raconte qu'il s'était rendu à l'hôpital pour visiter un érudit au cœur malade. Là-bas, il s'était entretenu de son état de santé avec le médecin et, à la fin de leur discussion, il avait dit au médecin: «Je vous envie.». «De quoi? », demanda le médecin, étonné. Le Rav répondit: «Nous remercions le Créateur du monde ainsi: "Achèr Yatsar et haAdam bé'Hokhma ouVara vo Nékavim Nékavim, 'Haloulim, 'Haloulim"... Pourtant, nous sommes des gens simples qui ne voient que les aspects extérieurs du corps. Tandis que vous, qui tenez le scalpel, vous pouvez entrer dans les profondeurs du corps, découvrant chaque jour la grandeur et la sagesse de D-ieu. Votre foi se renforce quand vous vous rapprochez ainsi du Créateur.». Le professeur regardait le Rav Chakh avec étonnement: «Je ne comprends pas ce que vous voulez dire, le cœur n'est rien de plus qu'une pompe perfectionnée.». «C'est exactement ce à quoi je pensais, vous pouvez voir comment cette pompe est faite, dans tous ses détails, avec ses cavités et ses ouvertures!» «Je ne comprends toujours pas où vous voulez en venir, le cœur n'est rien de plus qu'une pompe... Rien de plus!». Le Rav s'approcha alors du médecin et lui dit: «Dites-moi, cette table est une bonne table, n'est-ce pas?». «Oui, excellente et très robuste.» «Qui l'a faite?», demanda le Rav. «Un menuisier, quelle est votre question?», répondit le professeur. «Y en a-t-il de meilleure que celle-là?» «Sûrement.» «Mais d'après vous, reprit le Rav, est-ce que le cœur est plus parfait que cette table?» «Sans aucun doute!», confirma le professeur. «Qui donc, pensez-vous, a conçu le cœur?» «Je ne comprends pas votre question. Le cœur n'est rien d'autre qu'une pompe perfectionnée...».

Et c'est ainsi que notre maître le Rav Chakh en conclut qu'il devait à cet homme de lui avoir apporté la réponse à la question qu'il se posait sur ce Rambam. «Je fus obligé de reconnaître, dit-il, que cet homme de science, un professeur détenteur des plus hauts diplômes de l'université, qui côtoie tous les jours les miracles de la création, ce médecin, malgré une conscience aiguë des limites humaines, ne parvenait pas à comprendre qu'il y a un Créateur du monde, se refusant à le croire. C'est pour cette raison que le Rambam écrit que cette connaissance est un commandement positif.».

C'est en ce sens que le Saba de Kélem, dans son livre 'Hokhma ouMoussar, explique à son fils la différence qu'il y a entre la génération des Anciens et la nôtre. Nous voyons, dit-il, une chose extraordinaire dans les paroles de nos Sages: nombreux furent les scélérats qui, alors qu'ils étaient complètement enfoncés dans la faute, en l'espace de quelques instants, réussirent pourtant à faire Téchouva, et à devenir des hommes engagés dans une authentique recherche du bien et de la justice. Comment est-il possible que de tels individus, collés à la faute, aient eu la possibilité de briser leur nature avec autant de facilité? Inversement, dans notre génération, nous assistons quotidiennement à des miracles qui toutefois ne laissent pas sur nous leur empreinte, car nous nous rendons imperméables.

La raison en est que, dans les générations précédentes, même les pires croyaient en D-ieu. Ils étaient capables de se représenter en leur cœur le sens du monde à venir, du salaire et de la punition, ils parvenaient à comprendre le sens du monde. Toutefois, leur foi n'était pas suffisamment imprégnée en leur

**cœur pour les tenir éloignés de la faute et, à la moindre occasion, ils étaient pris d'un vent de folie, laissant leur mauvais penchant les entraîner là où il le désirait. C'est la raison pour laquelle une simple réflexion les remettait sur la bonne voie, les amenant à réparer leurs actions: ils revenaient de toutes leurs forces dans le droit chemin. Mais sur celui qui n'a pas de rapport à la foi, les événements ou les remontrances n'auront aucun effet.**

**Voilà qui est clair: celui qui recherche la vérité est capable de voir la réalité divine dans chaque chose et en tout lieu.**

Dans le livre Lèv Èliyahou du Rav Èliyahou Lopian Zt"l (1876-1970), sur la Parachat Térouma, on raconte que, dans la génération de l'auteur, en Pologne, se trouvait un professeur spécialisé dans la science de la nature, et qui, observant la perfection des fleurs, des plantes et des arbres, arriva à la conclusion qu'il est impossible que ce monde ne fut pas gouverné par un Créateur. Et c'est ainsi qu'il commença à s'étonner: comment se faisait-il que le Créateur n'ait pas révélé à Sa création la vérité profonde sur laquelle elle repose? Puis il en arriva à la conclusion que le but de la création était que les hommes étudient la Tora afin de connaître la puissance du Créateur.

**C'est en ce sens que le Rav Lopian explique le verset: «Comme elles sont grandioses Tes actions, D-ieu, toutes Tu les as faites avec sagesse, la terre est pleine de Tes œuvres.» (Téhillim, 104, 24). De la démultiplication des œuvres de D-ieu, en nombre et en qualité, nous pouvons conclure qu'elles sont le fruit de l'action d'un Créateur. Car c'est Toi, D-ieu, le Maître de tout, du passé, du présent et du futur. «Toutes Tu les as faites avec sagesse...»: la science qui se trouve en chacune d'elles révèle que c'est Toi qui les a faites. «La terre est pleine de Tes œuvres...»: toute chose qui ne s'inscrit pas dans un but, exprime son vide, c'est la raison pour laquelle nous disons que «la terre est pleine». Car rien de ce qui se trouve sur terre ne fut créé en vain, tout est Ton œuvre, en vue d'un but précis.**

**Ainsi, dans le Midrach Téhillim (Mizmor 34):**
«De David, alors qu'ayant simulé la folie devant Avimélèkh...»

**, il est dit: «Tel est le sens du verset: "Tout a été fait avec perfection au moment opportun." (Qohèlèt, 3, 11): tout ce que D-ieu fait dans Son monde, Il le fait avec perfection. David déclara devant le Créateur: Tout ce que Tu réalisas, Tu le fis à la perfection, et la sagesse est plus belle que tout, comme il est dit: "Comme elles sont grandioses Tes actions, D-ieu, toutes Tu les as faites avec sagesse.". Tout ce que Tu fis, Tu le fis avec sagesse, Tu le fis à la perfection, sauf l'imbécillité. David déclara devant D-ieu: "Maître du monde, quel profit le monde tire-t-il de l'imbécillité de cet homme qui se promène au marché avec les enfants courant après lui et se moquant de lui? Cela peut-il être acceptable à Tes yeux?".**

D-ieu lui répondit: "Tu te moques de l'imbécillité?! Sur ta vie, que tu n'en aies jamais besoin!". Ainsi est-il dit: "Qui dédaigne un ordre en éprouve du dommage." (Michelè, 13, 13), et cela lui est compté, comme il est écrit: "On ne saisira comme gage, ni la meule inférieure, ni la meule supérieure." (Dévarim, 24, 6). D-ieu dit à David: "Attriste-toi, et prie pour elle, jusqu'à ce qu'elle te soit accordée."

**David ne le fit pas jusqu'au jour où il se rendit auprès de Akhich, comme il est dit: "Et David se leva le jour même, toujours fuyant devant Chaoul, puis il arriva chez Akhich, le roi de Gat." (Chémouè 1, 21, 11). D-ieu dit à David: "Tu te rends chez Akhich? Hier tu tuais Goliat, et aujourd'hui tu te réfugies chez Akhich, son épée à la main. Le frère de Goliat n'est autre que le garde personnel du roi, et toi, tu te rends chez lui alors que le sang de Goliat n'a pas encore séché?". "Quand il arriva, etc." On lui dit: "David, celui qui a tué ton frère se rend chez Akhich, tuons celui qui a tué notre frère!". À cette heure-ci, David prit peur et dit: "Le jour de ma crainte, c'est en Toi que je mets ma confiance." (Téhillim, 56, 4). David se mit à implorer et à prier: "Maître du monde, réponds-moi!". À cet instant, D-ieu lui dit: "Que veux-tu?". Et David répondit: "Donne-moi, je T'en prie, de cette stupidité que Tu as créée.". "Ne t'ai-Je pas dit pourtant: "Qui dédaigne un ordre en éprouve du dommage"? Et tu demandes l'imbécillité?!".**

C'est pourquoi, il est dit de David, "qu'ayant simulé la folie devant Avimélèkh", il se fit passer pour un idiot, et simula la folie, comme il est dit: "Alors, il changea sa manière d'être en leur présence, en contrefaisant le fou au milieu d'eux." (Chémouèl 1, 21, 14). Il écrivait sur les portes et s'écriait: "Akhich, le roi de Gat m'est redevable de la somme de cent Ribo, et sa femme de la somme de cinquante Ribo." Or, la femme de Akhich et sa fille, folles elles aussi, criaient et s'affolaient de l'intérieur, tandis que David criait et s'affolait du dehors. Akhich dit alors à ses serviteurs: "Me manque-t-il d'imbéciles pour que vous m'ayez amené celui-ci pour me rendre fou?" (Chémouèl 1, 21, 16). À ce moment, David fut rempli de joie et composa un chant suivant l'ordre des lettres de l'Alèf-Bèt. Il s'exclama: "Maître du monde, comme elle est bonne la folie, comme il est dit: "Et tu béniras D-ieu à chaque instant, toujours Sa louange sera dans ta bouche.", à l'heure de la sagesse comme à l'heure de la folie. Tout comme on le voit dès le début de Bérèchit : "Et l'Éternel vit tout ce qu'Il avait fait, et tout était pour le bien." (Bérèchit, 1, 31).»

# Parachat HaAzinou

*Où en suis-je ?*

**«Le Rocher qui t'a engendré, tu Le dédaignes, et tu oublies D-ieu qui t'a donné le jour.» (Dévarim, 32, 18).**

**Dans son livre Michelè Yaâqov, le Maguid de Douvna (1740-1805) explique ce verset à l'aide d'une métaphore. Réouven doit à Chimône de l'argent. Il se rend auprès de Lévi pour lui demander conseil sur la manière dont il doit s'y prendre pour s'acquitter de sa dette face à Chimône qui le harcèle. Lévi lui conseille alors de se faire passer pour fou: quand Chimône se présentera à lui, il n'a qu'à chanter, à rire, et à danser en rond. Et c'est ce qu'il fit. Voyant Réouven devenu fou, Chimône s'éloigna. Après quelques temps, Réouven se présente à nouveau auprès de Lévi pour lui demander un prêt d'argent pour quelques jours. Et Lévi acquiesce. À la date prévue pour le remboursement, Lévi se rend chez Réouven pour récupérer son argent, mais celui-ci se met à danser et à rire devant lui, comme il l'avait fait avec Chimône. Lévi s'empare alors d'un bâton et frappe Réouven: «Immonde créature! C'est moi-même qui t'ai donné ce conseil! Te l'aurais-je donné pour que tu l'utilises à mon désavantage?!».**

**Il en est ainsi de la vertu de l'oubli: D-ieu l'offre à l'homme pour atténuer l'impact de certaines situations désagréables. Car sans l'oubli, l'homme n'en viendrait jamais à construire une maison ou à se marier. Par conséquent, l'oubli est fait pour le bien de l'homme. Seulement ce dernier l'utilise pour négliger D-ieu. Tel est le sens du verset: «Le Rocher qui t'a engendré, tu Le dédaignes», sous-entendant que D-ieu a engendré cette qualité nommée le «dédain», et il a donné la possibilité de l'oubli pour le bien de l'homme. Pourtant, celui-ci l'utilise contre Lui: «Et tu oublies D-ieu qui t'a donné le jour.».**

**Et si nous nous interrogions sur les facteurs qui poussent l'homme à oublier son Créateur? Nous serions alors amenés à reconnaître le fait que l'homme est plongé dans la matérialité: il en vient de ce fait à oublier son propre Créateur, Lui qui pourtant lui procure tous les bienfaits.**

**Dans le recueil Léka'h Tov du Rav Yaâqov Israël Beifuss, sur la Parachat Way'hi, on raconte l'histoire suivante:**

Un Juif se rendait aux champs de course pour y faire des bénéfices qu'il amenait aussitôt à sa maisonnée. Quand il s'y rendait, il avait la tête complètement plongée dans les paris. Un jour, alors qu'il était en chemin pour aller jouer aux courses, il entendit qu'on tapait à une fenêtre. Levant les yeux dans cette direction, quel ne fut pas son étonnement de voir son Rav lui faire signe de le rejoindre. À peine était-il entré dans la pièce, que son Rav se mit à le sermonner: «Comment un Juif qui observe la Tora et les Mitswot peut-il jouer de l'argent comme le font les non juifs? As-tu oublié que tu as été créé pour étudier la Tora?». Et tandis que le Rav continuait de parler, l'élève sortit de sa poche les billets de banque qu'il avait gagnés et les laissa tomber sur le sol. Voyant cela, le Rav reprit de plus belle: «Que fais-tu? Ramasse tout de suite cet argent et remets-le dans tes poches!». Entendant ces paroles, l'élève fut complètement brisé, il ne savait plus ce qu'il devait faire: continuer à jouer, ou s'arrêter. Comprenant son ahurissement, le Rav lui dit: «Je vois que tu n'as pas encore compris le sens de mes paroles, laisse-moi te raconter une histoire.».

Et c'est ainsi que le Rav raconta: Dans un village lointain vivaient deux paysans qui, chaque soir, se retrouvaient dans la taverne du coin, vidant des verres et discutant de la pluie et du beau temps. Un soir pourtant, l'un des paysans se tourna vers son camarade et lui dit: «Tu n'as pas la même tête que d'habitude, qu'est-ce qui t'arrive?». Après plusieurs moments d'hésitation, son ami réussit à lui dire: «Écoute, cela fait plusieurs nuits que je fais un rêve bizarre qui m'inquiète.». «C'est vrai?, lui répondit son compagnon, ça alors! Moi aussi, je fais un drôle de rêve ces derniers temps. Dis-moi le tien, je te raconterai le mien.» Ils constatèrent, d'après leurs récits, qu'ils faisaient le même rêve: la récolte de l'année suivante amènerait un terrible malheur à ceux qui en mangeraient. Celui qui s'en nourrirait deviendrait fou. Ils ne savaient pas quoi faire. Si la chose était vraie et qu'ils ne consommaient pas de cette récolte, ils ne deviendraient pas fous; mais d'un autre côté, s'ils étaient les seuls à ne pas en manger, ils sortiraient du lot, et cela leur posait problème.

En fin de compte, ils décidèrent d'aller prendre conseil auprès du vieillard du village. Quand il entendit leur histoire, le vieil homme sourit et dit: «J'ai fait aussi le même rêve que vous, mais je ne sais pas si je vivrai jusqu'à l'année prochaine. Voilà pourtant ce que je vous conseille de faire: au début de la prochaine année, vous allez faire chacun d'entre vous un nœud à votre ceinture, et après seulement vous irez semer et récolter, puis vous mangerez de la nouvelle récolte afin de devenir fous comme les autres. Mais après avoir mangé de la récolte, vous regarderez le nœud que vous aurez fait à votre ceinture, et grâce à lui vous saurez que vous êtes devenus fous. Ainsi, bien que fous comme les autres, vous au moins, vous saurez que vous êtes devenus fous.».

À ce moment là, le Rav se tourna vers son élève et lui dit: «Il est certain que tu as l'obligation de nourrir ta famille, quitte à jouer aux courses et à tout faire pour gagner, mais il ne te faut jamais oublier que les affaires ne sont qu'un moyen: "Sans farine, pas de Tora". Nous ne devons jamais oublier que ces préoccupations relèvent de la pure folie. Et c'est ce qui nous différencie des autres: ils sont fous sans savoir qu'ils le sont. Tandis que nous, nous avons conscience de cette folie. Notre seul but est le fondement même de notre vie: la sainte Tora.».

**Il existe toutefois une autre sorte de folie, positive celle-là. Comme cela est dit dans le livre Or ha'Hayim haQadoch, de Rabbi 'Hayim Bèn Âttar (1696-1743), sur la Parachat Ki Tavo: «Il n'y a pas d'autre bien que la Tora. Et si les hommes pouvaient ressentir les plaisirs et la bonté de la Tora, ils en deviendraient littéralement fous et seraient prêts à tout pour elle. L'or et l'argent n'auraient plus aucun intérêt à leurs yeux, puisque la Tora rassemble en elle tous les trésors du monde.».**

**Ainsi, dans la bénédiction avant une étude de Tora, nous demandons à D-ieu: «Rends douces les paroles de ta Tora, dans notre bouche, et dans les bouches de ton peuple, la maison d'Israël.». Nous demandons à Hachem de savourer le goût sucré de la Tora, qu'il soit pour nous succulent. Cette anecdote, racontée par le Gaon Rabbi Avraham Dayan Zt"l, dans la Haggada de Pessa'h Yossèf Daât, le montre bien:**

Un homme richissime obligeait son fils à étudier la Tora avec assiduité. Un jour, son fils lui dit: «Jusqu'à quand serai-je dépendant de toi? Dès que je le pourrai, je commencerai à faire des affaires, et à gagner mon pain.». Le père lui dit alors: «Crois-moi, il vaut mieux s'occuper de la Tora que des affaires de ce monde.». À ces paroles, le fils se replongea dans son étude. Le soir, alors que le père était rentré de son travail, il trouva son fils concentré sur ses livres. Il se réjouit et lui demanda: «Qu'as-tu étudié aujourd'hui?». «Telle loi.», lui répondit-il. Sortant une pièce d'or de sa poche, il la tendit à son fils et lui dit: «Voilà, tu as aujourd'hui gagné une pièce d'or. Tandis que moi, de toute ma journée de travail, je n'ai gagné qu'une seule pièce d'argent.».

Le lendemain, l'enfant se rendit au marché où il acheta, pour la valeur d'une demi-pièce d'or, une très grosse quantité d'objets de toutes sortes. Mais plutôt que de payer, il se lança dans un long raisonnement talmudique sur la Halakha qu'il avait apprise la veille. Quand il eut fini, il dit enfin: «Voilà, maintenant tu me dois une demi-pièce d'or.». Le marchand n'en croyait pas ses oreilles, il ne savait comment réagir. Le pressant, l'enfant rajouta: «Alors, j'attends. Mon père m'a dit que cette Halakha valait une pièce d'or, déduis-en le prix de mes achats, et donne-moi une demi-pièce d'or.». Le propriétaire de l'échoppe, perdant enfin patience, jeta l'enfant hors de sa boutique, criant et lui infligeant une terrible honte. Fou de rage, l'enfant courut alors jusqu'au magasin de son père, et s'exclama: «Écoute ce qui m'est arrivé! Tu m'as dit que cette Halakha valait une pièce d'or, eh bien! en échange, je n'ai reçu que honte et colère!».

Le père mit alors dans la main de son fils des pierres précieuses et lui dit: «Rends-toi au marché des fruits et légumes et demande aux vendeurs combien ils sont prêts à te les acheter.

Mais attention, ne les vends pas sans être d'abord venu me dire combien ils t'en proposent...». Les pierres en main, l'enfant passa d'étal en étal. Chacun des marchands était impressionné par ce qu'il voulait vendre, mais tandis que l'un en proposait une Prouta, l'autre n'en donnait qu'une demie... De retour chez son père, le fils dit: «L'offre la plus intéressante s'élève à un demi-dinar.». Le père prit alors son fils par la main et l'emmena chez un bijoutier. Devant la rareté des pierres, l'orfèvre déclara: «Tout ce que je possède ne vaut pas la valeur de ces pierres. Mais si tu me les laisses en dépôt, je pourrais t'en donner déjà mille pièces d'or, et une fois vendues à la maison royale, je te donnerais le reste de leur valeur.». «Non merci, dit le père, je voulais juste savoir quel était leur prix.» L'enfant ne comprenait plus rien: comment avait-on pu lui proposer si peu au marché des fruits et légumes, alors que cet homme était prêt à en payer déjà mille pièces d'or, seulement pour l'acompte? Sur la route du retour, son père lui dit: «Tu as entendu la valeur de ces pierres précieuses. Mais seuls ceux qui s'occupent de tels trésors en connaissent la valeur réelle. C'est la même chose en ce qui concerne la Tora: toutes les richesses du monde ne valent pas son prix. Pourtant, seuls ceux qui en connaissent la valeur le savent. C'est pourquoi il ne faut pas t'étonner s'il y a des gens qui, dès qu'ils entendent qu'on s'apprête à donner un cours de Tora, s'enfuient à l'autre bout de la ville. D'autres, au contraire, sont si bien cramponnés à leur page de Guémara qu'il est impossible de la leur faire lâcher.».

**Et dans le livre MiChèl HaAvot, on raconte que notre maître le Gaon Rabbi Yaâqov Israël Kanievsky Zt"l, le Steipeler (1899-1985), pouvait étudier trente-deux heures sans s'interrompre, et quand il commençait à être fatiguer, il parvenait encore à étudier vingt-quatre heures d'affilée, avant de finalement s'endormir.**

**Par ailleurs, certaines personnes, sous l'influence de leur yètsèr harâ, se rendent au casino, et sont capables d'y rester assises très longtemps sans interruption. Nous pouvons apprendre de là une loi à fortiori: si une telle concentration est possible en ce qui concerne les choses de ce monde, à plus forte raison doit-elle l'être en ce qui concerne les choses du Ciel...**

# Parachat WeZot haBérakha

*Le mérite du plus grand nombre*

«Voilà ce que Mochè dit de Yéhouda: “Écoute, ô D-ieu, la voix de Yéhouda, et ramène-le à son peuple; que ses mains combattent pour lui. Viens-lui en aide contre ses ennemis.”» (Dévarim, 33, 7).

Il est mentionné, dans le Traité Sota (7b), que durant toutes les années qu’Israël passa dans le désert, les os de Yéhouda roulaient dans son cercueil, jusqu’à ce que vienne Mochè et qu’il prie pour leur repos. Il s’adressa à D-ieu en ces termes: «Maître du monde, qui donc a poussé Réouven à reconnaître son acte en public (quand il dérangea la couche de son père)? Yéhouda, comme il est dit: “Voilà ce qu’il dit de Yéhouda”». Aussitôt D-ieu écouta la prière de Mochè, et les os de Yéhouda trouvèrent le repos. Pourtant, il ne lui fut pas permis de pénétrer dans la Yéchiva des mondes supérieurs. Alors Mochè reprit sa prière: «Ramène-le à son peuple.» Il lui fut alors donné d’entrer dans la Yéchiva, pourtant, on ne lui permit pas encore de converser avec les Sages qui s’y trouvaient. Jusqu’à ce que Mochè plaide: «Que ses mains combattent pour lui.». Toutefois, il n’avait toujours pas le mérite de prononcer des paroles qui soient acceptées des autres. Là encore, Mochè dut intercéder: «Viens-lui en aide contre ses ennemis.».

Dans l’un de ses discours (Maâmar 94), le Gaon haRav ‘Hayim Chmoulévitch Zt”l prouve, à partir de ce texte, que le fait d’accorder du mérite au plus grand nombre a plus de poids encore que la Mitswa elle-même. Car tous les mérites que mentionna Mochè Rabbénou au sujet de Yéhouda, qui avait reconnu ses agissements lors de l’épisode de Tamar, n’eurent d’impact que parce qu’il avait poussé Réouven à reconnaître sa faute. Le mérite de Yéhouda n’était pas en soi moindre que celui de Réouven, dans la mesure où, par son acte, il avait reconnu être le père de ses deux enfants, il avait sauvé la vie de trois âmes (les deux enfants et Tamar). Malgré tout, Mochè ne mentionna que la vertu d'avoir donné du mérite aux autres, à Réouven en particulier.

Une autre preuve peut être apportée à ce principe fondamental. En effet, à l'heure de l'édification du Michkan, les princes des douze tribus s'y rendirent pour apporter leurs sacrifices afin d'en accomplir l'inauguration. Et c'est D-ieu Lui-même qui décida qui présenterait son sacrifice en premier, qui en second, etc. Or, dans la Tora, il est écrit que «le second jour, Netanaël, fils de Tsouâr, prince de la tribu d'Yissakhar, fit l'offrande; il présenta pour offrande...» (Bémidbar, 7, 18-19). Ce sur quoi Rachi écrit: «Pourquoi le texte écrit-il "présenta pour offrande", ce qui n'est pas dit pour les autres tribus? C'est que, répond-il, Réouven était venu protester en disant: "Déjà mon frère Yéhouda m'a précédé, qu'au moins ce soit mon tour après lui!" Mochè lui répondit alors: "Il m'a été enjoint de laisser les offrandes suivre l'ordre de marche des bannières.". C'est pourquoi il est écrit Iqriv ("il présenta") sans le Youd, afin de nous signifier qu'il est possible de lire ce terme sous une forme impérative: "Présente!", le Tout-Puissant lui ayant commandé: "Présente!". Et pourquoi est-il dit deux fois, le terme Iqriv afin de nous faire savoir que Netanaël mérita pour deux raisons le fait de présenter son offrande en deuxième position. D'abord, "cette tribu était versée dans l'étude de la Tora", comme il est dit: "Des hommes d'Yissakhar, des experts dans la connaissance des temps" (Chir haChirim, 12, 33). Et ensuite, cette tribu avait donné conseil aux princes de faire ces offrandes (Sifri). Et dans le livre de Rabbi Mochè haDarchan (XIe siècle), conclut Rachi, j'ai trouvé que Rabbi Pin'has bèn Yaïr avait dit: "C'est Netanaël, fils de Tsouâr qui leur a donné ce conseil."».

Ainsi, de ces paroles de Rachi, il ressort que ces deux raisons ont permis aux princes de la tribu d'Yissakhar d'avoir le mérite de présenter leurs offrandes en seconde position. Or, il ne suffisait pas qu'ils aient consacré toute leur vie à l'étude de la Tora, ils devaient aussi posséder cette vertu de donner du mérite au plus grand nombre, en poussant les princes à présenter leurs offrandes sur l'autel du Michkan. C'est à ce propos qu'il est dit dans le Talmud: «Plus grand est celui qui pousse les autres à agir

**que celui qui agit lui-même.»** (Traité Baba Batra, 9a).

**Ainsi, dans le livre LeChikhéno Tidréchou, il est fait mention d'une requête présentée au 'Hafèts 'Hayim** (Israël Méir HaCohen Kagan, 1839-1933):

Les hommes de la communauté d'une ville voisine avaient demandé au Rav qu'il leur envoie l'un de ses talmidim afin de prendre la place de Chalia'h Tsibbour pendant les Jours Redoutables, Yamim Noraïm. Le 'Hafèts 'Hayim avait donc appelé l'un de ses élèves et lui avait demandé d'aller faire l'office dans cette communauté. Mais l'élève avait répondu au Rav que, précisément pendant cette période des Jours Redoutables, il préférait rester dans l'entourage de son maître et de la Yéchiva. Le 'Hafèts 'Hayim lui dit alors que l'homme n'avait pas été créé que pour s'occuper que de lui-même, mais aussi pour répandre le bien autour de lui, et que telle était aujourd'hui la tâche qui lui incombait.

**C'est dans le même sens qu'il faut lire l'anecdote rapportée dans le livre MiChèl HaAvot.**

Le Rav Yits'haq Rosental Zt"l, alors directeur du Kollèl Midrach Bné Tsion et fondateur de l'association Kérèm Tsion, s'était rendu un jour chez le Rav haGaon Issèr Zalman Meltzer Zt"l (1870-1953) pour lui demander si, après avoir amélioré la situation financière du Kollèl, il lui était permis d'abandonner ses fonctions de directeur et de ne garder que celles de l'association, afin de pouvoir consacrer son temps à l'étude de la Tora. Rav Issèr Zalman Meltzer lui répondit alors qu'il devait agir selon sa propre opinion, mais qu'il désirait d'abord qu'il écoute cette histoire:

Un Juif érudit, représentant officiel de la Yéchiva de Slotske pendant de nombreuses années, avait désiré mettre un terme à ses activités afin de prendre lui-même la fonction de Rabbin communautaire. Il avait alors expliqué au 'Hafèts 'Hayim que les voyages lui devenaient de plus en plus pénibles et, pire, qu'il avait du mal à se concentrer pendant ses prières, dérangé qu'il était par des pensées étrangères à propos de tel ou tel donateur. Il n'avait même plus le temps de s'asseoir pour étudier. C'est pourquoi, expliqua-t-il, il désirait prendre un poste de Rabbin dans un village avoisinant afin de trouver à nouveau la possibilité d'étudier et de prier avec toute sa tête.

Après avoir pris connaissance de sa requête, le 'Hafèts 'Hayim déclara: «Bonne chance.». L'émissaire le remercia et prit le chemin du retour. À peine allait-il passer le pas de la porte que le 'Hafèts 'Hayim l'appela et lui demanda: «Dis-moi, sais-tu combien peut coûter une paire de chaussures?». «Pas exactement, répondit l'homme, cela fait bien longtemps que je n'ai pas acheté de nouvelles chaussures. Mais il me semble que cela doit valoir tant.» Voyant l'homme s'engager à nouveau vers la sortie, le 'Hafèts 'Hayim lui demanda encore s'il avait une idée du bénéfice que pouvait faire un cordonnier sur chaque paire de chaussures qu'il fabriquait. «Je n'en ai pas la moindre idée.», répondit l'envoyé. Et c'est alors que le 'Hafèts 'Hayim l'invita à rester à ses côtés afin qu'ils évaluent ensemble les coûts et les bénéfices de la fabrication et de la vente de souliers.

Après qu'ils eurent fini leur évaluation, l'homme s'apprêta à partir. Mais quand il arriva à la porte, le 'Hafèts 'Hayim l'interpella à nouveau: «Dis-moi, je t'en prie, en dehors du cordonnier, y a-t-il quelqu'un d'autre qui fabrique des chaussures?». «Oui, répondit-il, à part les cordonniers, on fabrique aussi des chaussures en usine.» «Et quelles sont les chaussures qui valent le plus cher? Celles du cordonnier, ou celles qui sortent de l'usine?» «Il ne fait aucun doute, répondit l'homme, que celles qui sont confectionnées par le cordonnier ont le plus de valeur.» «S'il en est ainsi, reprit le 'Hafèts 'Hayim, cela signifie que le cordonnier fait plus de profit qu'une usine?» «Non, le propriétaire de l'usine est beaucoup plus riche que le simple cordonnier, parce qu'en usine on peut confectionner nettement plus de chaussures que ce que le cordonnier est capable de faire. Celui-ci gagne beaucoup moins qu'un directeur d'usine.»

«Si c'est comme ça, écoute-moi bien, dit le 'Hafèts 'Hayim. En abandonnant tes fonctions d'envoyé pour la Yéchiva, tu vivras certainement plus au calme, et tu pourras te concentrer davantage dans ta prière et à ton étude, mais au bout du compte, tu seras le seul à en profiter vraiment. Tandis que si tu réfléchis une minute à ton activité de ramasser de l'argent pour la Yéchiva, tu comprends facilement que tu donnes ainsi la possibilité à des centaines d'élèves de rester à l'étude et de prier sans se soucier du lendemain. Et tu vois que, de cette manière, tu fais beaucoup plus pour la Tora et la crainte du Ciel. Le mérite du plus grand nombre est dépendant de toi, et la récompense qui t'attend dans le Ciel est immense.»

**Le Gaon Rabbi Yossèf Yéhouda Bloch Zt"l (1859-1930), dans son Chiouré Daât (2e partie, Maâmar 'Hayim, p.182), écrit: «Quand bien même un artisan aurait dans les mains des dons exceptionnels, il n'a pas les capacités de gagner tant au point de devenir millionnaire, puisque seul celui qui possède une usine pleine d'un millier d'artisans, d'une multitude de mains qui travaillent pour lui, a les possibilités de s'enrichir énormément.». Et c'est à la lueur de cette idée que le Rav explique ce passage du Traité Bérakhot (34b).**

La Guémara y raconte en effet l'histoire de Rabbi 'Hanina bèn Dossa parti étudier la Tora auprès de Rabbi Yo'hanan bèn Zakkaï. Or, alors que le fils de Rabbi Yo'hanan était tombé gravement malade, celui-ci dit: «'Hanina, mon fils, demande miséricorde pour mon fils afin qu'il vive. ». C'est ainsi que Rabbi 'Hanina se mit la tête entre les genoux et qu'il pria pour lui. Et l'enfant se rétablit sur le champ. Rabbi Yo'hanan déclara alors: «Même si bèn Zakkaï avait posé sa tête entre ses genoux toute une journée, le Ciel ne l'aurait pas protégé.». Sa femme lui demanda: «'Hanina serait-il plus grand que toi?». «Non, dit-il, mais il est comme un serviteur devant le roi (n'ayant pas besoin de demander la permission pour entrer), tandis que moi je suis comme un prince devant le roi.».

**Le Rav Bloch Zt"l explique que dans ce dialogue il nous est donné à voir ce qui distingue un Rav de son élève. Pour ce qui est de la prière, Rabbi 'Hanina bèn Dossa pouvait faire plus que son maître, dans la mesure où la prière demande que l'on soit attaché à D-ieu et que l'on se trouve dans son entourage sans interruption. De ce point de vue, Rabbi 'Hanina bèn Dossa était comme le serviteur devant le roi, tandis que Rabbi Yo'hanan**

bèn Zakkaï ressemblait à ce directeur d'usine «produisant» de la Tora, et de qui le mérite du plus grand nombre dépendait. Telle était la raison pour laquelle Rabbi 'Hanina bèn Dossa se rendit étudier à ses côtés.

Tel est le sens des paroles de Ba'hiya Ibn Paqoda (1050-1120), auteur du 'Hovot haLèvavot, dans le Chaâr Ahavat HaChem: «Il est important de savoir, dit-il, que même si l'homme atteignait les plus hauts niveaux qui soient dans l'élévation de son âme devant D-ieu, même s'il ressemblait déjà au prophète, ayant atteint la perfection de leurs qualités, ainsi que leurs comportements dignes d'éloge, et qu'il avait donné tout son être au service du Créateur, malgré tout, ses vertus n'atteindraient pas encore celles de celui qui oriente les hommes vers le droit chemin et qui rapproche les âmes perdues de D-ieu.».

Comme cela ressort de ce passage du Yalqout Chimôni (Chémouèl 1, la lettre 77), sur le verset: «Et cet homme monta...». «À l'époque d'Èlqana, est-il écrit, la Mitswa de se rendre au Bèt HaMiqdach (Temple), pendant les fêtes de pèlerinage fut oubliée. Èlqana prenait sa femme, ses fils et leurs sœurs, et tous ses proches, et les emmenait au Bèt HaMiqdach pendant les fêtes. Ils logeaient là-bas dans les rues de Yérouchalayim, à même le sol. Et les autorités elles-mêmes, s'en étant rendues compte, étaient venues lui demander: "Où allez-vous?". Il leur avait alors répondu: "Nous allons à la maison de D-ieu qui se trouve à Chilo, car c'est de là que sortent la Tora et ses Mitswot. Mais vous-mêmes, pourquoi ne pas vous y rendre avec nous?". Et sur le champ, leurs yeux se remplirent de larmes, et ils dirent: "Nous partons avec vous.". L'année suivante, ce sont cinq familles qui montèrent avec eux. L'année d'après, dix. Jusqu'à ce qu'enfin tout le peuple d'Israël se rende à Yérouchalayim comme auparavant. D-ieu dit alors: "Èlqana, tu as donné du mérite au peuple d'Israël; tu l'as éduqué aux Mitswot, et c'est tout le peuple qui y gagna grâce à toi. Je te donnerai un fils qui donnera du mérite à Israël et éduquera mon peuple aux Mitswot.". Apprends de là, conclut le Midrach, que c'est par le mérite d'Èlqana que naquit le prophète Chémouèl.»

Èlqana eut un grand mérite d'amener le peuple d'Israël à

**monter au Temple lors des fêtes de pèlerinage, alors que cette Mitswa avait été oubliée. Il ramena le cœur des enfants d'Israël vers leur Père qui se trouve dans le Ciel. En contrepartie, D-ieu lui donna en récompense cet enfant qui valait autant que Mochè et Aharone, eux-mêmes deux hommes ayant donné de grands mérites à Israël.**

**Nous sommes maintenant mieux à même de comprendre ce passage des Pirqé Avot (chap.5, Michna 18): «Celui qui dirige le peuple vers le bien ne faillira jamais (...). Mochè était vertueux et dirigea le peuple vers le bien, aussi le mérite des autres lui fut-il attribué, comme il est dit: "Il a pratiqué la justice de D-ieu et il a fait régner Ses lois en Israël." (Dévarim, 33, 21).». Or, il y a lieu de s'interroger: pour quelle raison n'est-il pas fait aussi mention d'Èlqana dans cette Michna, alors qu'il aida aussi le plus grand nombre à réaliser le bien?**

**Le mérite de Mochè fut encore plus grand que celui d'Èlqana, dans la mesure où la Mitswa de se rendre au Bèt HaMiqdach, pendant les fêtes de pèlerinage, fut annulée après la destruction du Temple, tandis que l'étude de la Tora du peuple d'Israël perdura pendant toutes les générations jusqu'à nos jours. Le mérite de Mochè de nous avoir enseigné la Tora augmentera encore jusqu'à l'arrivée du Machia'h. C'est la raison pour laquelle la Tora porte son nom, comme le dit le prophète, au Nom de HaChem: «Souvenez-vous de la Loi de Mochè, Mon serviteur.» (Malakhi, 3, 22).**

**Pour la réussite de**

**SYLVIA & LEON**
**AZOULAY**
**et famille**

**Alain et Roland Harari**

**À la mémoire de leurs chers parents**

**Liliane bat Rachel z''l et**
**Ovadia Raymond ben Merav z''l**

**FAMILLE REVIVO**
**Daniel Louna et leurs enfants**

**A la mémoire de**
**Aaron Revivo bar Esther z''l**
**Simy Revivo bat Aida z''l**

**Réfoua Chéléma à**

**Messod Prosper bar Simy**
**Ben Haim ben Yaffa Toami**

**FAMILLE COHEN**

לעלוי נשמת

פנחס הכהן בר חנה ז"ל
כג' טבת תשס"ב
אברהם רפאל הכהן בר סול ז"ל
ח"י טבת תשס"ד

**Leiluy Nichmat**

**SHEMUEL BENOUDIZ BAR RA'HEL Z''L**

**de la part de ses enfants**

**JOSEPH, JACQUES, EVELYNE & ALBERT ISAAC**

**Leiluy Nichmat**

**RIVKA BE'HAIM BAT FRE'HA Z''L**

**de la part de ses enfants**

**JOSEPH, JACQUES, EVELYNE & ALBERT ISAAC**

**Pour la réussite de**
**Yigal & Levana**
**BODOKH**
**et famille**

**L'ILOUY NICHMAT**

**Moché bar Esther z''l**

**MICHEL AOUTE ET FAMILLE**

**pour leurs**
**réuisite, bonheur, santé et joie**

**AMEN**

**DONNA PINTO**
**à la mémoire de**

**Samy Chlomo David**
**ben Donna z''l**

**DANY & ILANIT JURNO**
**à la mémoire de**

**M. Yits'haq Corcos z''l**

**FAMILLE HARROCHE**
**à la mémoire de**

**Mme. Simy Malka bat Hassiba z''l**
**26 Kislev 5771**

**MESSOD BENALAL**
**à la mémoire de sa mère**

**JEANINE ARARI z''l**
**et ses Grands-Parents**

**RALPH BENATAR**
**à la mémoire de sa mère**

**Mme. Rivka bat Ra'hel z''l**
**M. Mordechai ben Ra'hel**
**z''l**

**YOSSI ET ELLA MOUYAL**
**ET FAMILLE**

**En mémoire de notre oncle**
**Prosper Messod Loutati**
**ben 'Hanna z''l**

**Un homme exceptionnel qui**
**a su toucher la vie de tous**
**autour de lui**

FAMILLE TORDJEMAN
à la mémoire de leur père

Meir Amram ben Donna z"l

FAMILLE DADOUN

à la mémoire de
Raphael Dadoun
z"l
le 2 Sivan

Ra'hel Assor z"l
le 16 Chevat

FAMILLE LEVY
à la mémoire de

Avraham Levy
bar Fre'ha z"l
4 Av 5763

FAMILLE
ABOU'HATSERA

L'Ilouy Nichmat

Avraham ben Ra'hel
Abou'hatsera z"l

Eliyahou ben Sarah z"l

Rena bat Esther z"l

**FAMILLE MEDALSY**
à la mémoire de

Leurs Parents et
Grands Parents

Eli Meir Bensim'hon z"l
Lea Bensim'hon z"l

**RAPHAËL MEDALSY**
à la mémoire de

Victoria Géoula bat Mira Z"l
Nora bat Victoria Géoula Z"l
Messod ben Nina Z"l

Et Réfoua Chéléma à
'Hanania Ilan ben Géoula

**FAMILLE BOUZAGLO**

L'Ilouy Nichmat

Nissim Bouzaglo z"l
'Hanna Bouzaglo z"l

BERA'HA ET HATSLA'HA

YOSEF COHEN
ET FAMILLE

YAAKOV BENYAIR
ET FAMILLE

**FAMILLE BOHBOT**

L'Ilouy Nichmat
Louna bat Myriam z''l
16 Tamouz 5761

**MESSOD ET 'HAYA (VIDA) BENARROCH**
à la mémoire de

Sydney Salomon Benarroch
bar Aicha Z''l
Claude Yossef Kesslasy
ben Fre'ha Z''l

**FAMILLE DAYAN**

pour leurs
réuisite,bonheur,
santé et joie

AMEN

**FAMILLE ROUIMI**

L'Ilouy Nichmat

Issachar bar Rachel Rouimi
Z''l
Tamar bat Esther Rouimi Z''l
Shlomo bar Mamar Dahan Z''l

Réfoua Chéléma

Mordechai Rouimi
Miryam Rouimi
Fiby Dahan

Félicitations à
notre chère Rabbin
Rav Ronen A. Abitbol
pour son nouveau livre

de la part de
MOISE ET NATALIE
ELKESLASSY

Ingram Content Group UK Ltd.
Milton Keynes UK
UKHW042021210723
425591UK00002B/33